国内外经典教材辅导系列·法学类

张文显《法理学》(第5版)
笔记和课后习题(含考研真题)详解
(修订版)

主编：圣才考研网
www.100xuexi.com

中国石化出版社

内 容 提 要

本书是全国高等教育法学专业核心课程教材《法理学》(第5版，张文显主编)的学习辅导书。本书遵循该教材第5版的章目编排，共分为26章，每章由三部分组成：第一部分为复习笔记(含知识框架)，总结本章的重难点内容；第二部分为课后习题详解，对该教材的习题进行了详细的分析和解答；第三部分为考研真题与典型题详解，精选近年的法考真题和名校考研真题，并提供了详细的参考答案。

圣才考研网(www.100xuexi.com)提供张文显《法理学》网授精讲班【教材精讲+考研真题串讲】、电子书、题库。购书享受大礼包增值服务【本书电子书(手机版、电脑版)+全国名校考研真题汇编电子书】。手机扫码(本书封底左上角)领取本书大礼包。

图书在版编目(CIP)数据

张文显《法理学》(第5版)笔记和课后习题(含考研真题)详解/圣才考研网主编.—2版.—北京：中国石化出版社，2021.2
(国内外经典教材辅导系列·法学类)
ISBN 978-7-5114-6136-0

Ⅰ.①张… Ⅱ.①圣… Ⅲ.①法理学-研究生-入学考试-自学参考资料 Ⅳ.①D90

中国版本图书馆CIP数据核字(2021)第030308号

中国石化出版社出版发行
地址：北京市东城区安定门外大街58号
邮编：100011 电话：(010)57512500
发行部电话：(010)57512575
http://www.sinopec-press.com
E-mail:press@sinopec.com
武汉市盛宏源印务有限公司印刷
全国各地新华书店经销
*
787×1092毫米16开本19印张475千字
2021年4月第2版 2021年4月第1次印刷
定价：58.00元

序　言

国内外经典教材辅导系列是一套全面解析当前国内外各大院校权威教科书的辅导资料。我国各大院校一般都把国内外通用的权威教科书作为本科生和研究生学习专业课程的参考教材，这些教材甚至被很多考试(特别是硕士和博士研究生入学考试)和培训项目作为指定参考书。为了帮助读者更好地学习专业课，我们有针对性地编写了一套与国内外教材配套的复习资料，并提供配套的名师讲堂和题库。

张文显主编的《法理学》是我国高校采用较多的法理学权威教材之一。作为该教材的学习辅导书，本书具有以下几个方面的特点：

1. 框架图表体系，通俗易懂易记

本书每章的知识框架图和考点归纳表，在全方位把握核心考点的同时，提纲挈领地以思维导图形式，呈现重要的考点、难点，脉络清晰，一目了然，更容易记忆。

2. 下划线＋星级标记，透彻剖析必考点

本书每章的核心考点均按重要程度分为一星(一般了解)至五星(熟练掌握)，并对关键词用下划线作了标记，方便考生更有针对性地复习。

3. 精选法考、考研真题，解析课后习题

本书精选了近年的法考真题、法律硕士真题，以及部分名校近年的法理学考研真题。所选考研真题均以该教材作为考研参考教材。所选习题涵盖的知识点全面，特别注重理论联系实际，凸显当前热点。

要深深牢记：考研不同一般考试，概念题(名词解释)要当作简答题来回答，简答题要当作论述题来解答，而论述题的答案要像是论文，多答不扣分。有的论述题的答案简直就是一份优秀的论文(其实很多考研真题就是选自一篇专题论文，完全需要当作论文来回答)！

购买本书享受大礼包增值服务！手机扫码(本书封底左上角)领取本书大礼包。具体包括：①本书电子书(手机版、电脑版)；②全国名校法理学考研真题汇编电子书。

圣才考研网(www.100xuexi.com)是圣才学习网旗下的考研考博专业网站，提供考研公共课和全国各高校法学类专业考研考博辅导班【一对一辅导(面授/网授)、网授精讲班等】、电子书、题库、全套资料(历年真题及答案、笔记讲义等)、国内外经典教材名师讲堂、考研教辅图书等。

考研辅导： kaoyan.100xuexi.com(圣才考研网)

法学考试： www.100xuexi.com(圣才学习网)

圣才考研网编辑部

目　录

第一编　法理学导论

第二编　法理学基本概念

第三编 法的起源和发展

第四编 法的运行

第五编　法的价值

第六编　法治与法治中国

第一编 法理学导论

第一章 法 学

1.1 复习笔记

【知识框架(庖丁解牛)】

- 法学
  - 法学的研究对象：法
  - 法学的历史：中国法学、西方法学
  - 法学与相邻学科：哲学、政治学、经济学、社会学、历史学、逻辑学
  - 法学的研究方法
    - 概述：含义、基本原则
    - 阶级分析方法
    - 价值分析方法
    - 实证研究方法
      - 社会调查方法
      - 历史研究方法
      - 比较研究方法
      - 逻辑分析方法
      - 语义分析方法
  - 当代中国的法学体系
    - 法学学科体系的形成与划分
    - 构建中国特色法学体系
      - 不足
      - 体系创新
        - 加强基础学科建设
        - 促进传统学科转型升级
        - 大力发展新兴学科
        - 支持扶持交叉学科
  - 法学教育
    - 历史与现状：西方、中国
    - 当代中国的法学教育

【通关提要(提纲挈领)】

本章主要介绍法学的基本知识，比较基础。学习时，要重点掌握法学的研究方法，熟悉不同研究方法的特点并能正确使用，了解中西方法学的历史发展脉络。本章单独考查较少，一般作为背景知识形成论述题答题要点，偶尔单独考查简答题，复习时可记忆答题要点，将关键词、关键句进行扩充与发散。

【考点难点归纳(厚积薄发)】

考点一：法学的历史 ★★

1. 中国法学的历史发展(见表1-1)

表1-1　中国法学的历史发展

时期	具体内容
夏、商、西周时期	古代法的思想内核初步形成，出现了以天命和宗法制度为核心的法律思想
春秋战国时期	中国法律思想兴盛和大发展的时期，儒、法、墨、道四家对法学的兴起和发展作出了贡献
秦汉时期	①秦：重视法；主张法令由一统；缘法而治；严刑峻法。 ②汉：以儒为主的儒法合流，德主刑辅、礼法合一，汉代出现“律学”
魏晋南北朝时期	融合了儒道思想的玄学对法学产生重要影响；东晋以后，官方注释逐渐取代私人注释
隋唐时期	中国法学发展的成熟时期
宋代	理学思想对法学产生深刻影响
元明清时期	传统法学走向衰弱
鸦片战争至民国时期	中国近代法学通过移植西方法学的发展经验和成果建立起来，并非在继承中国古代法学[律学]的基础上产生
新民主主义革命时期至今	以马克思主义为指导的中国社会主义法学产生并快速发展

2. 西方法学的历史发展(见表1-2)

表1-2　西方法学的历史发展

时期	具体内容
古希腊时期 [代表：雅典]	①没有独立的法学，成文法不多，但以习惯法为主体的法律制度已有较大程度的发展。 ②哲学等学科探讨的最为基本的法理学问题，深刻影响西方法学
古罗马时期 [古代西方法律制度发展的顶峰]	①罗马的成文法(主要是私法)和法学极为发达。 ②奥古斯都建立了法学家官方解答权制度。 ③第一次形成了职业法学家集团，出现了法律教育和法学学派，产生了法学著作
中世纪时期	法学附属于宗教。后期以复兴罗马法为中心任务，再次出现了职业法学家集团，诞生了注释法学派
文艺复兴和宗教改革时期(13~16世纪)	文艺复兴和宗教改革运动使西方法学朝着世俗化的方向发展和变革，人文主义法学派产生
资产阶级革命时期(17~18世纪)	出现以自由、平等、人权和法治为核心的法权世界观，如自然法学派的“社会契约论”和“天赋人权论”

续表

时期	具体内容
18世纪末到19世纪末	①法学作为独立学科出现的标志：分析法学派的出现。 ②19世纪中期以后，法学才真正独立于哲学和政治学
20世纪初到二战前	法的社会化成为时代潮流，社会法学派诞生
20世纪50年代中期以后至今	各法学派纷纷涌现

考点二：法学的研究对象和研究方法（见表1-3） ★★★

表1-3 法学的研究对象和研究方法

要点	具体内容		
研究对象	一切法律现象的总和，即法律现实		
相邻学科	哲学、政治学、经济学、社会学、历史学、逻辑学，关系密切		
研究方法	阶级分析方法	运用阶级斗争的理论剖析各种社会现象，厘清利益关系	
	价值分析方法	根据一定的价值标准对特定的研究对象（事物或活动）进行价值分析［价值认知＋价值评价］	
	实证研究方法	含义	在价值中立的前提下，通过对经验事实的观察、分析、比较并以此为依据来建立和检验各种理论
		类型	①社会调查方法；②历史研究方法；③比较研究方法；④逻辑分析方法；⑤语义分析方法

【真题链接】

（1）简述法学方法论的含义以及法学研究的主要方法。［简答题，南航2017年研］

（2）论法学的研究方法。［论述题，南航2015年研］

考点三：当代中国的法学体系（见表1-4） ★★

表1-4 当代中国的法学体系

要点	具体内容		
法学学科体系的划分	法律部门	宪法学、行政法学、民法学、商法学、经济法学等学科	
	认识论	理论法学	研究法的基本原理、概念、思想和规律
		应用法学	研究法的具体制度及其制定、解释和适用
构建中国特色法学体系	现实法学体系的不足	①不能适应建设中国特色社会主义法治体系的目标和实践。 ②缺乏对国内国际法治的一体化思考。 ③对国家治理现代化的研究不深入，不能提供有效的理论支持	
	体系创新的四个方面	①加强基础学科建设，构建中国特色社会主义法学理论体系。 ②促进传统学科转型升级。 ③大力发展新兴学科。 ④支持扶持交叉学科	

1.2　课后习题详解

1. 什么是法学？

答：(1)法学是研究法律这一社会现象及其发展规律的学问，是以法为研究对象的各种科学活动及其认识成果的总称。它以特定的概念、原理讨论法律现象，寻求法律问题的答案。法是实践经验的总结，它来源于社会实践，又反过来为实践服务。

(2)法学的特征：

①法学的研究总是指向法律现象或法律问题。法学的兴衰注定与一个国家法律制度的发展相关联：法制兴则法学繁荣；法制衰则法学不振。其他学问的发展，并不一定以法制和秩序的存在为条件。

②法学是实践性较强的学科，具有务实性。法学是一门实践性的科学，是人们在社会实践的基础上建立和发展起来的。法学必须关注和面向社会的世俗生活，为人们社会生活中的困惑、矛盾和冲突寻找到切实的法律解决方案，确立基本的原则，或为法律的决定作出合理而有说服力的论证。

③法学是反映人的经验理性的学问，是人的法律经验、知识、智慧和理性的综合体现。

④法学是职业性知识体系，它所使用的语言是冷静的、刚硬的、简洁的、合逻辑的，是经过法学家们提炼、加工和创造出的行业语言，与“日常语言”存在较大差别。

⑤法学是反映研究者一定的价值立场或价值取向的学问，在法学中很难做到“价值无涉”或进行无立场的研究。

2. 如何认识和理解法学与相邻学科之间的关系？

答：法学与相邻学科联系紧密。法学吸收其他学科的认识成果深入了解法的本质和价值基础，同时法学以自己的认识成果推动其他学科的发展和新学科的产生。法律现象的许多问题并非纯粹的法学问题，很多是法学与其他学科的交叉学科问题。法学与其他学科关系密切。

(1)法学与哲学。哲学是人类知识的总结和概括。在思想史上，法学属于哲学思想的组成部分；后期法学从哲学中分化出来，成为一门独立的学科。法学的任务在于把马克思主义哲学原理，具体地应用于法律现实。法理学(法哲学)是对法的一般基础理论的哲学反思。

(2)法学与政治学。政治学的研究对象是政治现象及其发展规律，涉及国家、政府、政党等，而国家、政府的组织与活动、各政党在国家中的地位等又脱离不了法律。法是政治活动和实现政治目标的一种常规形式。任何法治背后都有其政治逻辑，法学和政治学有着内在联系。加强对政治学的研究，有助于理解法律和法治建设。

(3)法学与经济学。法律已经成为市场体制的重要支撑，法学必然要关注经济学的研究成果和发展变化。法学与经济学联系密切，二者均要研究法与经济的关系。法学从法律制度、法律关系、法律行为的角度来研究法与经济的关系，而经济学则从生产力、经济制度、经济规律和经济活动的角度来研究。二者的关系具体表现为：①法所反映的统治阶级意志及法所界定的权利和义务，是由社会物质生活条件决定的。②法律既能推动也能阻碍社会生产力的发展，对经济起能动作用。③民主和法治是商品经济、市场经济发达的产物。

④将经济学的理论模式和研究方法引入法学领域，可以丰富人们对法律的认识。

(4)法学与社会学。法学与社会学关系尤为紧密，法学要研究社会中的法，社会学也要通过法律研究社会。法学与社会学互相结合的需要推动了法律社会学的产生和发展。法律社会学既是法学的分支学科，也是社会学的分支学科。

(5)法学与历史学。法学与历史学有密切的关系，表现为：法律是历史的产物，其生命不仅是逻辑，更重要的是经验。而历史学的实证研究方法也是法学研究的重要方法之一。

(6)法学与逻辑学。逻辑学是研究思维及其规律和规则的科学。二者共同关注的焦点是法律推理问题。逻辑问题贯穿于法律运行的各个环节，而严谨的逻辑思维能力、规范的逻辑表达形式是法律人职业能力的重要组成部分。法律逻辑学也是法学教育的基础科目。

3. 法学研究的基本方法有哪些？

答：参见本章考研真题简答题第1题答案。

4. 怎样认识中国特色法学体系？

答：中国特色法学体系是中国特色哲学社会科学体系的重要组成部分，也是中国特色社会主义法治体系的重要组成部分。努力构建具有中国特色、中国风格、中国气派的哲学社会科学，是改革开放以来中国特色社会主义的伟大理论工程。近年来，法学界坚持把构建中国特色法学体系作为新时代中国法学发展的总主题、总目标、总抓手，以习近平新时代中国特色社会主义思想为指导，致力于构建中国特色法学学科体系、学术体系和话语体系。目前虽已取得阶段性成果，但仍有很大提升空间。

(1)我国当前法学体系存在的不足，参见本章考点难点归纳相关内容。

(2)创新中国特色法学体系的构建应当重点关注以下四个方面：

①加强基础学科建设。法理学、法史学等基础学科在发展过程中积累了丰富的智识资源，是法学体系构筑的理论基础和学理支撑，必须加强建设才能构建完善的中国特色法学体系。

②促进传统学科转型升级。一些传统学科与全面依法治国、推进国家治理现代化的实践进程相比，仍存在理论脱离实际、概念和命题老化、研究方法陈旧等问题。尤其是宪法学、刑法学和民法学等，它们在法学学科体系中体量大、内容多、影响广，必须以研究和解决中国问题、凸显中国特色为导向，更加注重立足国情和本土资源，对复杂现实进行深入分析、作出科学总结、提炼规律性认识，来推动其升级和改造。

③大力发展新兴学科。最近几年发展起来的法治学、立法学、司法学、网络法学、数据法学、计算法学、人工智能法学、空间法学等就是诸多新兴学科的代表。

④支持扶持交叉学科。全面依法治国各领域各环节中的诸多问题，仅靠法学一个学科难以解决，需要哲学、政治学、伦理学、管理学、经济学、社会学、统计学、网络工程学、生物科学、数学等学科的共同参与，需要文理工医等学科领域的协同攻关，因而交叉学科的创新发展尤为必要。

5. 如何看待中国法学教育的基本模式与特征？

答：与美国模式、欧洲模式并立，我国法学教育的基本模式及特点如下：

(1)多元化、多层次的教育体系。法学教育的中国模式可以概括为：以法学本科教育为起点和基础，在此基础上实行多元化研究生教育的高等法学教育体系。研究生教育包括硕士、博士研究生教育。

(2)多种类型教育有机结合，实行基本教育、特色教育和拓展教育有机结合的法律教育和人才培养模式。同时，不同层次、不同类型、不同特色的法学院系也可根据实际情况实施适宜的法学教育拓展计划。

(3)秉承素质教育与专业教育并重、德法兼修的教育理念。法学教育关注法律人的素质教育，强调德法兼修。素质教育是法律专业教育的基础和核心。

(4)法学专业教育与职业培训有机结合。除普通高校的法学本科教育外，我国先后建立了国家法官学院、国家检察官学院和中央司法警官学院这三所学院，主要从事法官、检察官、司法警官和律师等法律职业人员的职业培训。

(5)法学教育与法律职业资格考试良性互动、有效衔接。统一法律职业资格考试连接了法学教育和法律职业，旨在推进法学教育发展和改革。

1.3 考研真题与典型题详解

一、单项选择题

关于法学思维与法学方法，下列说法不正确的是（　　）。[中国政法 2013 年研]

A. 法学思维追求“实践的知识”

B. 法学思维主要关注的不是真假判断

C. 法学方法的主要任务是为裁判寻找依据

D. 法律适用时不存在成文法，法学方法就无法起作用

【解析】AB 两项，法学思维是法学者在研究法律现象时所持的思考立场、态度、观点、价值和方法。法学思维的特点之一是实践思维，法学是实践的知识。同时，法学思维是评价性思维，以正义和公正为主要价值取向，因此其主要关注的是价值判断而非事实判断(真假判断)。C 项，法学方法是指法律适用的方法，如法律解释、法律推理和法律论证等。法学方法的主要任务是指导法官和其他法律从业者发现法律，即从有效的法律中获得法，为其所面临的法律问题或纠纷找到裁判的根据。D 项，在缺乏现有成文法的时候，法学方法可以通过扩大解释、类推(比)推理等方式实现具体案件的解决。

二、多项选择题

下列关于法学的认识，能够成立的有（　　）。[2015 年法硕真题]

A. 法学以法为研究对象，通常先有法后有法学

B. 法学作为科学，它与神学、哲学和道德学说之间没有联系

C. 法学考察法的产生、发展及其规律，具有社会科学的性质

D. 法学为人们在规则下生活提供精神导向，具有人文科学的性质

【解析】A 项，法学是以法或法律现象为研究对象的科学，但并非与法同时产生，法学是在法发展到一定阶段才产生的。B 项，法学作为科学，它与神学、哲学和道德学说之间

D ▎ ACD

有密切联系，法学的产生与其息息相关。同时，法学、道德等是规范社会秩序的不同手段。C项，法学考察法的产生、发展及其规律，研究各种法律规范、法律制度的性质、特点及其相互关系，研究法的内部联系和调整机制，研究法与其他社会现象的联系、区别及相互作用，因此具有社会科学的性质。D项，法学是一门以法（或法律）这一社会现象及其规律为研究对象的人文社会科学。

三、概念题

1. 理论法学与应用法学［中南财大2003年研］

答：理论法学和应用法学是从认识论的角度对法学所作的分类。理论法学综合研究法的基本概念、原理和规律等；应用法学主要研究国内法和国际法的结构和内容及其制定、解释和适用。

（1）二者的联系。二者一体，是法学学科的两大组成部分。从静态意义上讲，二者作为法学学科组成部分有机结合构成法学体系，共同服务于法学发展。从动态意义上讲，法学发展的过程是由理论法学到部门法学的进程，即将部门法理运用到应用法制度，遵循着从抽象到具体、从理论到运用的进程。这是法学发展的必然导向，而二者是其发展过程中的自然分工。法理学与部门法之间“有一层前者向后者提供产品或服务，后者向前者供应原料的关系”。

（2）二者的相互作用。理论法学为应用法学提供理论渊源、理论指导、体系范式。理论法学主要指法学理论，是由本体论、价值论、社会论、法治论、方法论等组成的科学体系。其中，法的本体、法的价值为应用法学提供理论渊源与方向指引。应用法学对理论法学的作用在于应用法理、提供研究素材、发现疑难问题。刑法、民法、经济法、诉讼法等应用法学部门为理论法学的研究与发展提供了实践性素材。

2. 法学研究的价值分析与实证分析［武大2010年研］

相关试题：实证研究方法［华侨大学2015年研］、**实证分析方法**［南京大学2010年研］

答：（1）价值分析方法是通过价值认知和价值评价来分析社会现象，从而揭示、确证或批判一定社会价值或理想的方法。

（2）实证分析方法又称实证研究方法，是在价值中立的条件下，以对经验事实的观察为基础来建立和检验知识性命题的各种方法的总称。法学研究中的实证研究方法主要有五种：①社会调查方法；②历史研究方法；③比较研究方法；④逻辑分析方法；⑤语义分析方法。

（3）二者的区别：价值分析强调通过认知和评价社会现象的价值属性，将法律作为实现一定价值的手段来研究，因而价值分析方法中始终贯穿着价值判断，而这种价值判断决定了其主观性。实证分析是在价值中立的条件下对法律进行研究，不能进行价值判断，因而具有更强的客观性。

（4）二者的联系：作为法学研究的两种重要方法，二者具有互补性。价值分析将价值判断引入法学研究，体现了研究的主观性；而实证分析体现了一种客观性。两种研究方法并用能够达到主客观的统一，使法学研究更具有科学性和有效性，因而二者都是法学研究中不可或缺的研究方法，在研究中可以并用。

3. 法学方法论[常州大学2018年研]

答：参见本章考研真题简答题第1题答案。

四、简答题

1. 简述法学方法论的含义以及法学研究的主要方法。[南航2017年研]

相关试题：

(1)简述法学的实证研究方法有哪几种。[扬州大学2016年研]

(2)论法学的研究方法。[论述题，南航2015年研]

(3)试述实证研究方法的含义和种类。[论述题，吉大2014年研]

(4)简述法学中主要的实证研究方法。[南航2012年研]

(5)简述法学实证研究方法的基本类型。[中山大学2011年研]

答：(1)法学方法论是指法律人在了解、认识并运用特定国家现行有效的实在法的内容或意义的过程中必须遵循的一系列标准和规则，其中包含了各种法学研究方法和对这一方法体系的理论说明。法学方法论的内容包括法学方法论的原则和各种法学方法。原则对各种方法的适用发挥着导向功能，方法则在实际研究法律问题时发挥作用。

(2)法学研究的主要方法：

①阶级分析方法，指运用阶级斗争的理论剖析各种社会现象、厘清利益关系的方法。

②价值分析方法，参见本章考研真题简答题第2题答案。

③实证研究方法，指在价值中立的条件下，以对经验事实的观察为基础来建立和检验知识性命题的各种方法的总称。其特点是，通过对经验事实的观察、分析、比较并以此为依据来建立和检验各种理论，在事实领域之外，则运用逻辑和数学加以推论和判断。实证研究方法包括：

a. 社会调查方法，指研究者提出问题，拟订方案，通过观察和实验收集资料和数据，进而提出知识性命题的方法。

b. 历史研究方法，指对法律进行历史性的脉络回溯，总体上把握法律现象与经济、政治、文化相互作用的历史脉络，深化对现实法律问题的认识的方法。

c. 比较研究方法，指对两个或两个以上事物进行比较研究的方法。

d. 逻辑分析方法，其重要性在于法律规则本身的逻辑性、由规则所构成的法律制度和法律体系的逻辑性以及法律规则适用的逻辑性。法学研究中的逻辑分析主要在四个层次上被使用：第一个层次是法律概念与法律事实之间的逻辑关系；第二个层次是法律规则之间的逻辑关系；第三个层次是法律规则与法律原则之间的逻辑关系；第四个层次是法律原则之间的逻辑联系。

e. 语义分析方法，指通过分析语言的要素、句法、结构、语境等来揭示词和语句意义的研究方法。

2. 法学方法论之价值分析方法。[首经贸2018年研]

相关试题：

(1)试述价值分析方法对于法学的意义。[苏州大学2015年研]

(2)价值分析方法是法学的基本方法，简述该方法中价值认知和价值评价的主要内容。

[武汉理工2008年研]

答：(1)价值分析方法是指根据一定的价值标准对特定的研究对象(事物或活动)进行价值分析的方法。即通过认知和评价社会现象的价值属性，从而揭示、确证或批判一定社会价值或理想的方法。价值评价是对事物价值的评价，其前提是价值事实和人们的价值观。

(2)价值分析方法的意义。法学的基本任务之一是回答"法应当是什么"，以揭示法的应然状态或价值属性。法作为调整社会利益关系的规范体系，其本身是一定价值观念的体现，因而价值分析法有其独特意义。

五、论述题

试论阶级分析方法在法学研究中的意义及其不足。[南京大学2007年研]

答：(1)阶级分析方法在法学研究中的意义：

阶级分析方法可以广泛地应用于各门社会科学和人文学科，是法学方法体系的指导原则，为法学研究具体方法的使用提供基本的指导思想和宏观的思维框架，在法学研究中占有重要地位。

①对法学理论建构而言，它是避免走入唯心主义法学误区的必要指南，这一方法的运用会使人们的视线自然投射在现实生活的社会分层、利益结构之上。因为阶级分析方法强调法律是统治阶级的意志，而统治阶级的意志是经济利益的反映。

②对法律现象的历史考察而言，它是探索法律制度和法律思想历史演变规律的基本线索。阶级分析方法从阶级的产生甚至国家的产生，以及社会的发展去分析研究法律，这就说明阶级分析方法是把法律放到历史发展过程中去研究。

③对古今中外的法律制度的定性研究而言，它是有力的分析工具：a. 阶级分析方法强调法律的阶级性，从而揭示其本质属性；b. 阶级分析方法又将法律放到具体的历史发展过程中研究，分析阶级的不同表现形式，进而看出古今中外法律制度的差别。

④对法制实践而言，它是确定和坚持我国法制根本宗旨的重要理论参照。实践是检验真理的唯一标准，而实践又是历史的。阶级分析方法既遵循历史唯物主义，又利用唯物辩证法去分析法律，而我国法制的根本宗旨来源于实践和理性，故确定和坚持我国法制的根本宗旨有坚实的理论基础。

⑤阶级分析方法不仅在社会主义国家得到普遍的认同，而且西方的法学家们对阶级分析方法也显示出极大的兴趣。

(2)阶级分析方法在法学研究中的不足：

①阶级分析方法的运用吞噬了法学的社会独立性。它的运用遮蔽了人类社会生活的多维性和社会关系的多样性。因此，社会关系的阶级属性使法学领域的研究对象带有浓厚的意识形态色彩。它不再以中立和审慎的眼光，在丰富多彩的社会关系中选择基本、重大的社会关系将其上升为法律关系，而是将所有的社会关系政治化、意识形态化。在这一过程中，法学的独立社会品质消失了，成为政治学的附庸。

②阶级分析方法的运用对我国的社会现状存在危害性：

a. 会颠覆社会主义理论。改革开放以来，我国社会资本和社会财富的流动性显著增强，但却越来越集中在少数人手中，政府片面追求经济发展的高效率而长期搁置了社会公平问题，导致了一系列的社会问题。因此，运用阶级分析会使我国在原有阶级结构中出现一个新的剥削阶级——权贵资产阶级，它所主导的是权贵资本主义，对内实行修正主义，对外实行投降主义，而广大工农成为被剥削阶级，我国主流的意识形态和政治理论——社会主义，为实现共同富裕和社会和谐的人道的社会主义将被颠覆，使我国陷入社会形态的真空。

b. 会促使社会矛盾激化。阶级分析方法是一种革命理论和革命性分析，运用阶级分析会过分强调社会发展中的张力，凸显社会冲突和矛盾，从而使社会有机体的动态平衡被任意扩大化的矛盾所毁灭，并预示社会将以革命方式实现社会公平。

③阶级分析方法的运用更多地体现为社会主义服务。对法的“阶级意志论”的结构式解读从一个侧面反映了阶级分析方法的式微。如果说“法是统治阶级意志的体现”是我国法学界在20世纪50年代以来积极运用阶级分析方法批判资本主义法律制度的虚伪性、局限性和彰显社会主义法律制度的真实性、优越性的背景下所作的关于法的本质的基本命题，那么今天法学界从不同角度对法的阶级性的否定无疑是对人们在进行法学研究中所选用的研究方法和理论思维的质疑。

④阶级分析方法本身的局限性：

a. 阶级分析方法不能解释所有的社会现象。阶级分析方法是以阶级作为基本范畴来解释社会现象、分析社会问题的方法，把阶级范畴作为一个基本的解释范畴去理解社会，可以让社会生活变得更容易理解。但使用阶级分析方法要适度，只能适用于阶级社会，不能把人民内部矛盾随意归结为阶级矛盾。“任何一个有思想的马克思主义者都不能说只有阶级范畴是有解释力的，或者说阶级范畴可以解释所有社会现象”。

b. 阶级分析方法比较抽象。“阶级分析方法本身是一种粗线条的分析方法”，阶级这一范畴是对在社会生产——即生产关系中居于相同地位的人们的一种群体性存在的一种抽象，但是当马克思比较具体地谈到一个特定社会阶级时，他似乎常常运用比“生产关系”这个经济标准更为粗略的标准。

第二章　法理学的性质与对象

2.1　复习笔记

【知识框架(庖丁解牛)】

- 法理学的性质与对象
  - 法理学的性质
    - 法学的一般理论
    - 法学的基础理论
    - 法学的方法论
    - 法学的意识形态
  - 法理学的研究对象
    - 研究对象："法理"
    - "法理"的语义和意义
  - 学习法理学的意义和方法
    - 学习法理学的意义
    - 学习法理学的方法

【通关提要(提纲挈领)】

本章主要介绍法理学的性质与对象。学习时，要掌握法理学的性质，从一般理论、基础理论、方法论和意识形态四个角度理解法理学的性质。本章非重点章节，极少单独考查主观题，重在理解。

【考点难点归纳(厚积薄发)】

考点：法理学概述(见表2-1)　★★

表2-1　法理学概述

<table>
<tr><th>要点</th><th colspan="3">具体内容</th></tr>
<tr><td>定义</td><td colspan="3">指以"法理"为主题和研究对象而形成的知识体系、理论体系和话语体系，是关于法律这种社会现象的最基本、最一般和最理论化的分析，对每一法学学科中带有共同性的问题和原理进行考察</td></tr>
<tr><td rowspan="4">研究对象：法理</td><td>含义</td><td colspan="2">法和法治的一般原理、基本的法律原则、基本概念、共同价值、法律制度及其运行机制</td></tr>
<tr><td rowspan="3">法学三个层面</td><td>规范层面</td><td>法律规范本身</td></tr>
<tr><td>事实层面</td><td>法律在社会生活中的实际状态</td></tr>
<tr><td>价值层面</td><td>人们对法律的期望</td></tr>
</table>

续表

要点	具体内容	
性质	法学一般理论	法理学从宏观、整体的角度来研究法律现象的一般性、普遍性问题
	法学基础理论	法理学提供法的抽象的、基础的理论，具有基础性，是研究法的根本性、普遍性问题的理论
	法学方法论	①法理学对法学研究具有方法论价值。 ②法学方法论是法理学的重要研究内容
	法学意识形态	法理学深受一定意识形态的影响，其本身也是意识形态的重要组成部分。中国特色社会主义法理学是当代中国法学的意识形态

2.2 课后习题详解

1. 如何理解法理学在法学体系中的地位和意义？

答：参见本章考研真题简答题答案。

2. 如何理解法理学的研究对象？

【真题链接】法理学的概念及范围。[山东大学2017年研]

答：(1)法理学是我国法学体系中处于基础理论地位的理论学科，它是系统阐述马克思主义法律观，从总体上研究法和法律现实的一般规律，研究法的产生、本质、作用、发展等基本问题，研究法的创制和实施的一般理论，并着重研究我国社会主义法和法治的基本理论问题的理论学科。

(2)法理学的研究对象是"法理"，即法和全部法律现象及其规律性，特别是我国社会主义法的基本理论问题。即它要研究有关一般的法，特别是有关我国社会主义法的产生、本质、特征、作用、形式、发展以及法的制定和实施等基本概念、原理与知识。

法理学研究的是法学理论的基本问题，一般包括：

①法哲学的基本问题，如法的产生、法的发展、法的本质和特征等。

②法社会学的基本内容。法与政治、经济、国家、道德、科学文化等其他社会现象的关系。

③法发挥作用的机制的一些基本问题，包括法的创制、实施及实现、法律规范和法律关系、违法与法律责任等。

3. 阐述作为法理学研究对象的"法理"的语义和意义。

答：关于"法理是什么"目前尚没有一个统一的、精准的定义。作为一个统合性的概念，其语义和意义主要体现在以下几个方面：

(1)法之道理。"法理"属于所有法源之基础。

(2)法之原理。学说对各种原理进行探求，获得公众认同后会演变成公认的法理。

(3)法之条理。条理泛指事物的规矩性。条理是社会生活中处理事务的当然之理、伦理纲常、道德教义。条理有时候也与判例关联，判例是条理的载体之一。

(4)法之公理。法理蕴含着正义、良善、信念等公理。

(5)法之原则。法理包含原则性的理念，而原则是整个法律活动的指导思想和出发点。

(6)法之美德。法理，也意味着法的美德，法蕴含美德则为良法。

(7)法之价值。秩序、自由、平等、正义等价值内在于法理之中。

(8)法之理据。法治的合法性、正当性等需要解释或论证，而法理即是立法之合法性、合理性、可行性的核心理由。

(9)法之条件。法理可作为法的形式合理性要件。

(10)法之理论。“法理”已成为“法的理论”“法理学”的简称。

4. 在当代中国，学习法理学的意义是什么?

答: 在当代中国，学习法理学的意义主要体现在以下几个方面:

(1)有助于树立马克思主义法律观。学习法理学，能够让学生树立正确的马克思主义法律观，引导学生准确把握中国特色社会主义法律制度的核心价值和时代精神。

(2)有助于培养中国特色社会主义法治理念。学习法理学，有助于熟悉以习近平新时代中国特色社会主义法治思想为主体的中国特色社会主义法治理论体系，为投身法学建设事业打好基础。

(3)有助于培养法律思维、开阔法学视野。法理学的一个重要功能是培养人们的法律思维方式。法律职业者只有用法律思维方式来思考和分析法律问题，才能得出合乎法律精神和逻辑的结论。法律思维即对具体的法律事件做类型化的概括的能力，法律思维方式的养成离不开法理学的学习。首先，法律思维所运用的基本概念由法理学加以清晰界定和解释。其次，法律思维规律的领悟和把握离不开法理学的学习。法理学不仅揭示法律实践活动的规律，也揭示法律思维、认知活动的规律，它向人们展示法律的文化内蕴，揭示法律的内在精神、原则、价值和理念，提高人们的法学境界，扩展法学研究的视野。

5. 找一个司法案例，体会案例中的法理学。

答: (1)案例：里格斯诉帕尔默案，具体材料略。

(2)本案判决所体现的法理学知识:

①认为不应当剥夺帕尔默继承权的法官采用了语义分析方法，即通过分析语言的要素、句法、结构、语源、语境来揭示词和语句意义的研究方法。则可根据法律的规定认为遗嘱真实有效，可以依据该有效的遗嘱继承被害人的遗产。

②认为应当剥夺帕尔默继承权的法官采用了价值分析方法。从违法行为中获得利益是法律所不允许的，这一方面不符合社会的公平正义理念，另一方面如果法律纵容这样的行为，也会在社会上引发道德风险。

当具体的法律规则与法律原则发生冲突时，若严格甚至机械地遵循法律规则，可能会导致极端的不正义，此时应根据具体的案件情况在不同利益之间进行协调。运用原则对法律规则进行解释，使得法律能够通过善的价值和理念进行评价和引导。

2.3　考研真题与典型题详解

一、单项选择题

下列有关法理学的表述，哪一个是正确的？(　　)［中国政法 2006 年研］

A. 法理学是一门理论法学，因而没有实践价值

B. 汉语中“法理学”一词来自日语，与法哲学没有任何关系

C. 法理学既是沟通法学诸学科的桥梁，也是法学与其他科学相联系的纽带

D. 法理学在整个法学体系中具有基础地位，因此部门法学对法理学的研究没有影响

【解析】A 项，法理学具有实践价值，是法律实践经验的系统化和理性化。B 项，法理学与法哲学关系紧密。D 项，部门法学对法理学的研究有影响。

二、多项选择题

下列关于法理学的表述，能够成立的有(　　)。［2013 年法硕真题］

A. 法理学研究的是法学的一般理论、基础理论

B. 法理学与部门法学之间是一般与特殊的关系

C. 法理学从总体上阐释法和法律现象的一般规律

D. 当代中国法理学的研究起点与归宿是建设中国特色社会主义法治国家

【解析】法理学是从总体上研究法和法律现象的一般规律，研究法的产生、本质、特征、作用、形式、发展、实施等基本知识、概念和原理，研究法的创制和实施的一般理论，并着重研究社会主义法和法治的基本理论问题的理论学科。法理学和部门法学是一般与特殊的关系，其研究起点和归宿是建设中国特色的社会主义法治国家。

三、简答题

简述法理学在学科体系中的地位和意义。［吉大 2014 年研］

相关试题：

(1)法理学在法学学科体系中的地位和作用。［中南财大 2024 年研］

(2)法理学在法学体系中的地位是怎样的？［浙江财大 2015 年研］

(3)论述法理学在法学体系中的地位。［论述题，中财 2013 年研］

答：法理学是以“法理”为研究对象，总体上研究法和法律现象的一般规律的一门理论法学学科。在现代法学学科体系中，法理学具有特殊的地位和作用。

(1)法理学是法学的一般理论。法理学把法律现象作为一个整体，从宏观、整体的角度来研究法律现象，研究其产生、发展规律、本质和作用等基本问题，它研究的是法的一般性问题的一般理论。

(2)法理学是法学的基础理论。法理学是法的抽象的、基础的理论，为当时的法律体系和法学体系的建立寻求思想基石或者为法律制度和法学变革提供精神动力。法理学也是构建部门法学的基石，是沟通法学诸学科的桥梁。法理学基础理论能够影响整个法学发展的

C　┃　ABCD

水平。

(3)法理学是法学的方法论。法理学的理论对法学研究具有方法论价值，其科学理论为人们进一步认识法律现象提供思路。同时，法学方法论也是法理学的重要研究内容之一，研究方法是否正确和有效对法学研究至关重要。

(4)法理学是法学的意识形态。法理学具有强烈的政治属性和意识形态色彩。法理学本身是法学的意识形态组成部分，提炼和浓缩了法学的基本立场、观点和方法，是法学体系的理论基础和方法论的核心。其内在的观念体系在观察、认识和分析法学领域的一系列大是大非问题时能够体现政治方向、理论导向和时代精神。

总之，法理学是基础理论或者说是一门导论性或绪言性的学科，既是学习和研究法学的入门学科，又是在部门法学知识的基础上作进一步概括和深入的学科。

四、分析题

请对下面这段文字表达的观点给予分析评论。[中南财大 2013 年研]

“法理学所涉及的问题，所使用的视角，大部分与法律实务者的日常关系相距甚远：它所涉及的问题无法参照或根据常规的法律文件推理而加以解决，它所运用的视角也无法演绎出法律原理和法律推理。”

答：(1)观点的出处：美国著名学者波斯纳出版的《法理学问题》一书的序言。

(2)观点解析。对波斯纳而言，“法理学”实际上探求的是法律原则、规则背后的抽象因素，而不是原则、规则本身。具体如下：

①“法理学”更多的是一种理论、一种思想，而与“法律实务者的日常关系相距甚远”。

②“法理学”的内容并不局限于单纯的法律层面，还包括道德、经济、文化、政治、哲学等社会的各个方面，所以“它所涉及的问题无法参照或根据常规的法律文件推理而加以解决”。

③“法理学”内容的广泛性使其思维方式与单纯的法律有所区别。哲学理论、社会学理论、经济学理论等都可以对以法律根本问题为主的法律现象进行研究。而不同的角度会出现不同的结论，因而“它所运用的视角也无法演绎出法律原理和法律推理”。

综上，波斯纳认为的“法理学”是从广义上定义的，即不仅有法学理论，还有涉及法哲学、法律经济学等各种与法律相关的理论。

(3)对该观点的评价。由于法理学研究的是一般的法，具有抽象性、一般性等特点，所以从实务角度看，法理学与法律实践的“日常关系相距甚远”。但法理学研究的一般问题是来源于具体的法律实践的，是对实践的抽象，并且法理学的结论要用于解释或指导实践，法理学与法律实践紧密相连。因此，应当正确看待法理学与法律实践的关系，并充分发挥法理学对法律实践的指导作用。法理学对法律实践的指导作用主要包括：①法学学科体系内的指导作用；②促进法律实践理性化的功能；③填补实在法空缺和纠正实在法失误，以及解决疑难案件的功能；④培养公民参政意识、提高公民参政能力的功能，这有利于法治国家建设。

第三章　马克思主义法理学的产生与发展

3.1　复习笔记

【知识框架(庖丁解牛)】

- 马克思主义法理学的产生与发展
  - 马克思主义法理学的形成与发展
    - 马克思主义法理学的形成
    - 马克思主义法理学的发展
    - 马克思主义法理学的伟大革命
      - 本体论意义
      - 价值论意义
      - 方法论意义
    - 列宁对马克思主义法理学的继承与发展
  - 马克思主义法理学中国化的进程
    - 第一次历史性飞跃：毛泽东法律思想
    - 第二次历史性飞跃
      - 邓小平法治理论
      - 江泽民“三个代表”重要思想
      - 胡锦涛科学发展观
    - 第三次伟大飞跃：习近平新时代中国特色社会主义法治思想

【通关提要(提纲挈领)】

本章围绕马克思主义法理学展开，学习时要了解其形成与发展过程，重点掌握马克思主义法理学中国化的进程，熟知三次历史性飞跃。本章主要考查简答题，要记忆重点，并加以发散答题。

【考点难点归纳(厚积薄发)】

考点一：马克思主义法理学的伟大革命(见表3-1)　★★★

表3-1　马克思主义法理学的伟大革命

意义	具体内容
本体论意义	①在社会大系统中考察法的现象，科学地确证其在系统中的地位。 ②对法的现象的本体属性进行思辨，深入分析其与社会生活条件的关系。 ③准确把握法的现象与社会系统之间的相互作用，揭示法的现象与经济基础之间的相互作用
价值论意义	①致力于分析法的现象的功能状态。 ②把握法权关系发展的社会人类学向度。 ③深入探讨法的现象的价值基础

续表

意义		具体内容
方法论意义	研究方法	从具体到抽象
	叙述方法	从抽象上升到具体

【**真题链接**】为什么说马克思主义法学的产生是文明社会法学史上的伟大革命？［论述题，宁夏大学2018年研］

考点二：马克思主义法理学中国化的进程（见表3-2）　★★

表3-2　马克思主义法理学中国化的进程

要点	具体内容
第一次历史性飞跃	毛泽东法律思想是以毛泽东同志为主要代表的中国共产党人运用马克思主义法律观的一般原理来解决中国革命和建设中的法律问题的具体产物，是马克思主义法理学中国化进程的第一次历史性飞跃
第二次历史性飞跃	①邓小平法治理论开启了马克思主义法理学中国化进程的第二次历史性飞跃。 ②江泽民“三个代表”重要思想的提出促进了马克思主义法理学中国化进程的第二次历史性飞跃。 ③胡锦涛的科学发展观深化了马克思主义法理学中国化进程的第二次历史性飞跃，开辟了新境界
第三次伟大飞跃	习近平新时代中国特色社会主义法治思想标志着21世纪中国马克思主义法理学的新飞跃。习近平新时代中国特色社会主义法治思想是当代中国马克思主义法学、21世纪马克思主义法学，充分展现了21世纪中国马克思主义法理学的巨大理论逻辑力量

3.2　课后习题详解

1．为什么说马克思主义法理学的产生是文明社会法学史上的伟大革命？

答：马克思主义法理学是一个具有高度科学性和强大生命力的法学理论体系，经历了一个曲折复杂的形成与发展过程。它的诞生，标志着文明社会法学发展史的伟大革命，拓展了文明社会法学发展的崭新天地。这不仅体现在法学本体论和法学价值论上，也体现在法学方法论上。参见本章考点难点归纳相关内容。

2．列宁对马克思主义法理学的发展作出了哪些重要贡献？

答：列宁的法律思想把马克思主义法理学推到了一个新的历史发展阶段，是马克思主义法理学在帝国主义和无产阶级革命时代的创造性运用和发展。列宁深刻阐述了历史唯物主义法律思想的基本原理，揭示了俄国社会法权关系变动的规律性及其内在特征，不仅坚定地确立了马克思主义法律观，还丰富了历史唯物主义社会哲学与法哲学的理论内容。其对马克思主义法理学的发展作出的重要贡献如下：

（1）丰富和深化了历史唯物主义法学的理论内容。列宁认为，法的关系根源于物质生活关系。他从唯物史观方法论原则的高度，批判黑格尔哲学，深刻地把握了马克思主义历史唯物主义法学的精髓，推动了马克思主义法学的新发展。

（2）系统阐述了马克思主义国家观和认识论。列宁资产阶级国家的阶级实质，即政权总是操控在资本家手中。列宁坚持马克思主义的认识论，面对俄国的无产阶级革命，具体论述了专政与法律的关系、民主与法律的关系、政党与法律的关系、经济与法律的关系等，形成了适合国家发展的马克思主义法律思想。

(3)创造性地提出了社会主义法制的基本理论。列宁第一次比较系统地阐述了社会主义法制建设，奠定了其思想理论基础。

3. 如何理解马克思主义法理学中国化进程的第一次历史性飞跃？

答：毛泽东法律思想是马克思主义法理学中国化进程的第一次历史性飞跃：

(1)1919年五四运动后，马克思列宁主义日益与我国革命的具体实践相结合，逐渐形成并创立了毛泽东思想——标志着马克思主义与中国革命实际相结合的第一次历史性飞跃。毛泽东思想法学理论的形成，不是对马克思主义法学理论的简单照搬复制，而是根据中国具体法律革命实践的需要，将马克思主义法学基本理论与中国具体法律革命实践相结合，走实践主导模式，在中国具体的法律革命实践的探索中逐步形成的。

(2)东西方国家的国情差异大，把马克思主义法理学理论成功地运用到中国需要很大的勇气和创造精神。在新民主主义革命时期，毛泽东强调，要反对公式的马克思主义法学，主张将马克思主义法学基本原理与中国革命实践相结合，遵循从具体实践中发现问题、在具体实践中发展马克思主义法学理论、靠实践检验马克思主义法学理论、靠实践推动马克思主义法学理论发展的路径。经过不懈的探索实践，新民主主义法制确立了一系列重要的法律原则与法律制度，体现了新民主主义法律文化的基本性质，为中国特色社会主义法治发展创造了条件。

4. 如何理解马克思主义法理学中国化进程的第二次历史性飞跃？

答：(1)邓小平法治理论开启了马克思主义法理学中国化进程的第二次历史性飞跃。

邓小平法治理论的形成是与社会主义建设实践密切联系在一起的。邓小平通过对新中国成立以来的社会主义法制建设的曲折过程进行反思，强调法的重要性和价值。他强调民主和法制建设一定要有步骤、有领导，同时提出要大力加强法制教育。邓小平还在实践中探索"一国两制"的法律制度框架，将法制与社会主义紧密结合，形成了社会主义法制体系，从而创造性地发展了马克思主义法学理论，为马克思主义法理学和部门法学作出了重要理论贡献。

(2)江泽民"三个代表"重要思想的提出推动了马克思主义法理学中国化进程的第二次历史性飞跃。

中国共产党第十三届中央委员会第四次全体会议后，以江泽民同志为主要代表的中国共产党人提出了"三个代表"重要思想，正确回答了建设中国特色社会主义法治实践中迫切需要解决的重大问题。江泽民指出，中国共产党"必须始终代表中国先进生产力的发展要求，代表中国先进文化的前进方向，代表中国最广大人民的根本利益"。"三个代表"重要思想蕴含着丰富的马克思主义法理学思想，是对马克思主义法理学的发展和创新，把马克思主义法理学中国化的理论探索提高到了一个新水平。

(3)胡锦涛科学发展观深化了马克思主义法理学中国化进程的第二次历史性飞跃。

中共十六大以来，以胡锦涛同志为主要代表的中国共产党人在科学发展观的指导下，将马克思主义法学理论与中国的法治实践相结合，在认真总结中国法治建设实践经验和教训、借鉴世界法治文明优秀成果的基础上形成了“以人为本的法律观”“依法执政观”“和谐法治观”“法治理念观”和“民生法治观”。以人为本的法律观使人们更好地理解文明社会法律发展的基本尺度，更好地理解建设社会主义法治国家的价值准则，深切地体会到：在一个法治社会里，法律不仅应该保障和促进公民的权利，而且要创造一个正常的社会生活条件，使个人的合法愿望和尊严能够在这些条件下实现。以人为本的科学发展观闪烁着马克思主义法哲学的理论光辉。

5. 为什么说习近平新时代中国特色社会主义法治思想标志着21世纪中国马克思主义法理学的新飞跃？

答：习近平新时代中国特色社会主义法治思想，是以马克思列宁主义、毛泽东思想、邓小平理论、“三个代表”重要思想、科学发展观和新时代中国特色社会主义思想为指导，坚持党的领导、人民当家作主、依法治国有机统一，坚定不移地走中国特色社会主义法治道路，坚决维护宪法法律权威，依法维护人民权益、维护社会公平正义、维护国家安全稳定，是为实现“两个一百年”奋斗目标、实现中华民族伟大复兴中国梦提供有力法治保障的中国特色社会主义法治理论体系。从马克思主义法理学发展史的角度来说，习近平新时代中国特色社会主义法治思想开辟了中国马克思主义法理学的新境界，其标志着21世纪中国马克思主义法理学的新飞跃，具体原因如下：

(1)深入阐释了全面依法治国的战略考量。习近平新时代中国特色社会主义法治思想的一个显著特点在于，不是就法治论法治，而是注重在中国特色社会主义事业的“五位一体”总体布局和“四个全面”战略布局中悉心思考和筹划全面依法治国，坚持在推进国家治理体系和治理能力现代化的进程中悉心思考和谋划全面依法治国；突出“创新、协调、绿色、开放、共享”的新发展理念对全面依法治国的引领作用；着眼于确保党和国家长治久安这个重大根本问题悉心思考和谋划全面依法治国。

(2)科学指明了全面依法治国的根本遵循。习近平新时代中国特色社会主义法治思想阐释了中国特色社会主义法治道路的核心要义，回答了党的领导与依法治国的关系的重大问题。全面依法治国必须坚持中国共产党的领导，必须坚持中国特色社会主义制度，必须贯彻中国特色社会主义法治理论。

(3)深刻阐明了全面依法治国的基本方略。“十四个坚持”是新时代坚持和发展中国特色社会主义的基本方略，其中第六个“坚持”——“坚持全面依法治国”，集中体现了习近平新时代中国特色社会主义法治思想的核心要义，是全面推进依法治国的发展目标和总抓手，是发展中国特色社会主义法治事业的时代基本要求，是中国特色社会主义国家制度和国家治理体系的显著优势，为全面推进依法治国、加快建设法治中国提供了基本准则。

(4)着力构建了全面依法治国的战略安排。全面依法治国是“四个全面”战略布局的重要组成部分，要坚定不移地推进全面依法治国，深化依法治国的理论和实践，加快建设社会主义法治国家，到2035年基本建成法治国家、法治政府、法治社会。中共十九大报告提出新时代中国特色社会主义发展的战略安排，提出了新“三步走”战略构想，指明了全面建设法治中国的宏伟愿景。

(5)辩证揭示了全面依法治国的动力机制。习近平始终把法治领域改革作为统筹全面依法治国这件大事的重大议程加以谋划和推进，强调全面依法治国“是国家治理领域一场广泛而深刻的革命”，高度重视本土资源，努力推动传统法律文化的创造性转换，是全面推进依法治国的深厚文化动力。在中国特色社会主义法治文化建设中，应以开放的胸襟和气度，尊重人类法治文明发展的基本规律，借鉴人类法治文明优秀成果。

(6)坚持统筹国内法治和国际法治两个大局，推进全球治理体制变革，推动构建人类命运共同体。中共十八大以来，习近平悉心把握文明社会历史发展大势，提出构建人类命运共同体。在法治领域，要正确处理国内、国际法治的关系，更好地运用国内、国际规则体系维护我国的合法利益。

3.3 考研真题与典型题详解

一、单项选择题

马克思曾说：“社会不是以法律为基础，那是法学家的幻想。相反，法律应该以社会为基础。法律应该是社会共同的，由一定的物质生产方式所产生的利益需要的表现，而不是单个人的恣意横行。”根据这段话所表达的马克思主义法学原理，下列哪一选项是正确的？(　　)［2007 年法考真题］

A. 强调法律以社会为基础，这是马克思主义法学与其他派别法学的根本区别

B. 法律在本质上是社会共同体意志的体现

C. 在任何社会，利益需要实际上都是法律内容的决定性因素

D. 特定时空下的特定国家的法律都是由一定的社会物质生活条件所决定的

【解析】马克思主义法学认为，法律是社会的产物。社会性质决定法律性质，社会物质生活条件归根结底最终决定着法律的本质。不同的社会就有不同的法律。A 项，法律以社会为基础，但这一观点不仅是马克思主义法学的主张，其他派别如西方的社会法学派也有此主张，所以不是根本区别。B 项，与马克思主义法学的基本观点明显不符，马克思主义法学认为，法律在本质上是社会上占统治地位的阶级意志的体现。C 项，利益最终是由特定社会物质生活条件所决定的，从而决定法律内容。D 项，依照马克思主义的观点，法律归根结底是由物质生活条件决定的，这是一普遍规律。

二、多项选择题

“法律只是在自由的无意识的自然规律变成有意识的国家法律时，才成为真正的法律。哪里法律成为实际的法律，即成为自由的存在，哪里法律就成为人的实际的自由存在。”关于这段话，下列说法正确的有(　　)。［2016 年法考真题］

A. 从自由与必然的关系上讲，规律是自由的，但却是无意识的，法律永远是不自由的，但却是有意识的

B. 法律是“人的实际的自由存在”的条件

C. 国家法律须尊重自然规律

D. 自由是评价法律进步与否的标准

D ▎ BCD

【解析】根据马克思的这段话，法律是人的意识的产物，只有反映自由的自然规律的法律才是真正的法律，即自由的存在。即自由是衡量国家法律是否是真正的法律的评价标准，未能反映自由的无意识的自然规律的法律不是真正的法律，而真正的法律是人的实际自由存在的条件。

三、论述题

1. 为什么说马克思主义法学的产生是文明社会法学史上的伟大革命？［宁夏大学2018年研］

相关试题：简述马克思主义法学的方法论意义。［简答题，厦门大学2007年研］

答：参见本章课后习题第1题答案。

2. 试论邓小平理论对马克思主义法学的贡献。［中南财大2009年研］

答：参见本章课后习题第4题答案。

第二编　法理学基本概念

第四章　法、法律

4.1　复习笔记

【知识框架(庖丁解牛)】

- 法、法律
  - “法”“法律”的语义分析：古今汉语、西文
  - 法的本质
    - 马克思主义经典作家关于法的本质的论述
    - 法的阶级本质
      - “意志”的体现
      - “统治”阶级意志的反映
      - 统治“阶级”的意志的反映
      - “被奉为法律”的统治阶级的意志
    - 决定因素：特定社会的物质生活条件
  - 法的基本特征
    - 规范性
    - 国家意志性
    - 权利义务性
    - 国家强制性
  - 法的作用
    - 法的作用的原理
    - 法的作用的分类
    - 法的局限性
  - 法的定义
    - 法学史上的法定义
    - 马克思主义的法定义

【通关提要(提纲挈领)】

本章主要介绍法和法律的一般知识，属于核心重点章节。学习时，要重点掌握法的本质、法的基本特征、法的作用等。在把握主要脉络的基础上，不能忽略细节，如法的作用中的规范作用和社会作用、法的局限性均为重要考点。另外，法的定义要结合法的本质和基本特征来理解。本章主要考查简答题和论述题，要深入理解各知识点的本质含义。

【考点难点归纳(厚积薄发)】

考点一：关于法的本质的主要学说(见表4-1) ★★

表4-1 关于法的本质的主要学说

划分角度	学说	主要观点	代表人物
法的本体[形式特征]	规则说	法即规则	管仲、沈家本、阿奎那、哈特
	命令说	法即命令	霍布斯、边沁、奥斯丁、黑克、刘熙
	判决说	法即判决	格雷、卢埃林、弗兰克
	行为说	法即行为	布莱克
法的本源	神意说	法即神意	亚里士多德
	理性说	法即理性	西塞罗、朱熹
	意志说	法即意志或其反映	卢梭、罗伯斯比尔、黑格尔
	权力说	法即权力	韩非、霍贝尔
	规律说	法即规律	孟德斯鸠
法的作用或功能	正义工具说	法是体现、实现正义的重要工具	亚里士多德、梁启超
	社会控制说	法是社会控制手段	桓宽、欧阳修、庞德
	事业说	法是使人们的行为服从规则治理的事业	富勒

【真题链接】论述法律思想史上各种不同的“法”的概念。[论述题，华侨大学2013年研]

考点二：法的本质(见表4-2) ★★★★

表4-2 法的本质

要点	具体内容	
马克思主义经典作家对法的本质的揭示	马克思主义的法定义	法是由国家制定或认可并依靠国家强制力保证实施的，反映由特定社会物质生活条件所决定的统治阶级意志，规定权利和义务，以确认、保护和发展对统治阶级有利的社会关系和社会秩序为目的的行为规范体系
	与资产阶级法学家关于法的本质的对比	①马克思主义的论述揭示了法与统治阶级的内在联系。 ②马克思主义的论述揭示了法与国家的必然联系。 ③马克思主义的论述揭示了法与社会生产方式的因果联系
法的层级本质	初级本质：国家意志性	法是国家意志的体现
	二级本质：阶级意志性	法是被“奉为法律”的统治阶级的意志，是统治阶级的共同意志
	终极本质：物质制约性	法的本质由特定社会的物质生活条件决定： ①物质资料的生产方式在社会物质生活条件中起决定性作用。 ②其他影响因素：政治、思想、道德、文化、历史传统、科技等

考点三：法的特征（见表4-3） ★★★★

表4-3 法的特征

特征		具体表现
基本特征	规范性	法是调整社会关系的行为规范。 ①法通过规范人们的行为来调整社会关系。 ②法在形式上具有规范性、一般性和概括性。 ③法具有指引、评价、预测、教育和强制等规范作用
	国家意志性	法是由国家制定或认可的行为规范。 ①法律规范是由国家制定或认可的普遍适用于一切社会成员的规范。 ②法具有国家意志性、高度的统一性、极高的权威性
	权利义务性	法是规定权利和义务的社会规范。 ①法以权利和义务为机制，影响和指引人们的行为，调节社会关系。 ②法属于“应然”的范畴
	国家强制性	法是由国家强制力保证实施的社会规范。 ①对违法、犯罪行为，国家将通过一定的程序对违反者进行强制制裁。 ②法是“理”[基本]与“力”[必要]的结合，二者缺一不可
衍生特征	普遍性	又称“法的普遍适用性”“法的概括性”，指法作为一般行为规范在国家权力管辖范围内具有普遍适用的效力和特性
	程序性	法是强调程序、严格规定程序和实行程序的规范

【真题链接】简述法的基本特征。[简答题，杭师大2020年研；浙工大2019年研]

考点四：法的作用（见表4-4） ★★★★

表4-4 法的作用

要点	具体内容	
法的作用的原理	①法的作用是指法对社会生活的影响，表现为统治阶级或人民的意志对社会生活的作用。 ②法的作用是法作为社会上层建筑对经济基础反作用的表现，取决于社会生活的需要。 ③法的作用的目的在于改变社会，是一个从自发到自觉、从个别到一般的过程	
法的作用的分类	按一般与特殊的逻辑关系分	一般作用、具体作用
	按法的作用范围分	整体作用、局部作用
	按立法目的和法的实际效果分	预期作用、实际作用
	按法作用于社会生活的方式分	直接作用、间接作用
	按法的社会意义分	积极作用、消极作用
	按法作用的不同对象及其内容分	①规范作用：告知、指引、评价、预测、教育和强制作用。 ②社会作用
法的局限性	①法作为上层建筑，受到生产力水平和客观规律的限制，作用范围有限。 ②法不能调整所有的行为和社会关系，只调整部分重要的人类行为和社会关系。 ③法具有滞后性，不能对不断变化的社会生活迅速作出反应。 ④法只是调整社会关系的众多方法之一，并不唯一。 ⑤法的作用发挥依赖一系列的社会条件，如物质、精神条件等因素	

【真题链接】

(1)简述法的作用。[简答题，广西民大2020年研]

(2)简述法的规范作用。[简答题，北邮2020年研；华中农大2017年研]

4.2 课后习题详解

1. 马克思主义法学关于法的本质的认识有何进步意义?

答: (1)马克思主义关于法的本质的论述。即法是统治阶级意志的体现，法的本质由特定社会的物质生活条件决定。马克思主义法律观最主要的特征是从“国家—阶级关系—物质生活条件”的关系链来理解法的本质。这一关系链反映了人们对法的认识从现象到本质、从初级本质到深层本质的过程。法是被奉为法律的国家意志，这是对法的认识的现象层次；法是统治阶级意志的体现，这是对法的认识的第一层次的本质；而法所反映的意志受到物质生活条件的制约，这是对法的认识的深层本质。

(2)马克思主义关于法的本质的认识的进步意义：

①马克思主义经典作家的论述揭示了法与统治阶级的内在联系。在阶级对立社会，法是统治阶级意志的体现。资产阶级法学家没有分析法与统治阶级的关系，没有认识到法是统治阶级意志的体现，故并未揭示法的本质。马克思主义经典作家的论述则做到了这一点，从而为人们理解法的本质提供了一把金钥匙。

②马克思主义经典作家的论述揭示了法与国家的必然联系。法是以国家意志形式表现出来的统治阶级意志。而资产阶级法学家掩盖资本主义国家的阶级本质，大多将与国家没有必然联系的规范作为法。

③马克思主义经典作家的论述揭示了法与社会物质生活条件的因果联系以及法与上层建筑各要素之间的相互作用。对历史上出现的一切法，既不能从法本身来理解，也不能从人类的精神世界来理解，而必须从法赖以存在的社会生产方式来理解。资产阶级法学家对法的本质理解仍停留在精神层面，没有追溯到更深层次，而马克思主义经典作家则揭示了物质生活条件对法的根本性和决定性作用。

马克思主义经典作家揭示了法与阶级、国家、物质生活条件之间的深刻关系，引起了法学理论的变革。

2. 法的基本特征有哪些?

答: 参见本章考研真题论述题第2题答案。

3. 如何理解法的局限性?

答: 参见本章考研真题简答题第9题答案。

4. 如何理解法的定义?

答: 参见本章考点难点归纳相关内容。

5.《说文解字》记载：“灋，刑也，平之如水，从水；廌，所以触不直者去之，从去。”请结合该语境，从法的基本特征的角度，谈谈你对法的强制性和正当性的理解。

答：《说文解字》的这句话很好地说明了法的基本特征之一：法是由国家强制力保证实施的社会规范。具体分析如下：

(1)“灋，刑也”，在古代文献中，“法”和“刑”是通用的。古代的“刑”字含刑戮、罚罪之意，也有“规范”的意义，这体现的是法的强制性。法是由国家强制力保证实施的社会规范。法不同于其他社会规范，它具有特殊的强制性，即国家强制性。国家运用强制力保证法的实施，也必须依法进行，受到法律规范的约束。

(2)“廌，所以触不直者去之，从去”表明法有“明断曲直”之意或“神明裁判”之威严，体现的是法的正当性。

①主张法自神出，从法的本源角度体现了法的权威性。法代表国家权威，由国家强制力保证实施，不可违抗。通过“法即神意”说明法有“神意授予”之意，是凭天道维护的社会规则和行为规范，体现了法的强制性和正当性的效力来源。

②“触不直者去之”表明，法具有强制性。法律的强制作用在于制裁违法行为。通过制裁可以加强法律的权威性，保护人们的正当权利，体现了法的公平和正义价值。

(3)“法是‘理’与‘力’的结合”是关于法律基本特征的深刻表述。“理”是基本的，“力”是必要的，二者缺一不可。

6. 如何理解“法是‘理’与‘力’的结合”？

答：法是由国家强制力保证实施的社会规范。法律的正当性是法律实施的前提。孙国华教授认为，“法是‘理’与‘力’的结合”，并对此作出了深刻诠释。

(1)“理”：

①从法的客观性方面看，法受制于社会物质生产方式和社会关系中的客观利益格局。对社会关系进行调整时，必须遵循社会关系的客观规律，在科学上有“理”。即“理”是人们关于客观规律的某种程度的真理性认识，是科学上的“理”。

②从法的主观性方面看，法体现着社会主体的意志。因此，它对社会利益关系的调整是有目的、有选择的。目的性和选择性体现着社会中占主导地位的价值观念、道德观念和正义观。即“理”是体现社会利益关系的正义观、道德观、价值观，是法律所体现的人们心目中的“公理”。

③从法对社会关系调整的角度看，法对社会利益关系的调整要维护稳定、发展的局势，法对权利和义务的规定总是体现了一定的民主、秩序、自由、正义和法治原则。即“理”是价值领域的“道理”。

④从法律经验和技术的角度看，法是对社会关系客观状况的反映，但这种反映不是机械的，法的内容包含着主体调整社会关系的创见和智慧，凝结了人们反作用于社会关系的经验和手段，使得法具有了预设性、可操作性、明确、肯定、有保障等一系列特征。即法律凝结了人们运用权威性规则调整社会关系和人们行为的创见和智慧，是人类法律文化中的“合理性”。

(2)“力”。“力”是“理”上升为法所需要的国家强制力，具有国家强制性，如有违反则为违法行为，会受到法律的制裁。

(3)“理”与“力”的关系。法是内容与形式、“理”与“力”的辩证统一。“理”是基本的，“力”是必要的，二者缺一不可。“理”是法的内容和根据，是法被社会成员自觉遵守的合理内核；而“力”是“理”成为法的形式和保障。强调法是“理”与“力”的结合，就是要将法的“应然性”和“实然性”结合，将“理想的法”与“现实的法”结合。

4.3　考研真题与典型题详解

一、单项选择题

1. 关于法律概念，下列说法错误的是(　　)。[2019 年法考真题]

A. 法律概念具有一定的独立性，特定案件事实符合该法律规范中的法律概念的特征，才能将该法律规范适用于该案件

B. 含有评价性概念的语句涉及适用者的主观价值判断，没有真假之分。在实务中，描述性概念往往会被转化为评价性概念

C. 论断性概念是指基于对某个事实的确认来认定另一个事实的存在的概念，“宣告死亡”即属于论断性概念

D. 不确定性法律概念可以区分为描述性不确定性概念和规范性不确定性概念

【解析】B 项，评价性概念涉及适用者的主观价值判断，没有真假之分，其核心是“好不好”的问题。由于描述性概念以事实为标准，而评价性概念则带有各方的价值判断，较难达成一致。因此，实务中往往将评价性概念转化为描述性概念。

2. 王某参加战友金某婚礼期间，自愿帮忙接待客人。婚礼后王某返程途中遭遇车祸，住院治疗花去费用 1 万元。王某认为，参加婚礼并帮忙接待客人属帮工行为，遂将金某诉至法院要求赔偿损失。法院认为，王某行为属出道德规范的情谊行为，不在法律调整范围内。关于该案，下列哪一说法是正确的？(　　)[2016 年法考真题]

A. 在法治社会中，法律可以调整所有社会关系

B. 法官审案应区分法与道德问题，但可进行价值判断

C. 道德规范在任何情况下均不能作为司法裁判的理由

D. 一般而言，道德规范具有国家强制性

【解析】A 项，法律的调整范围有限，不能调整所有的社会关系，如恋爱、同居等社会关系。B 项，对法律问题的判断可以分为价值判断和事实判断，法官审案当然可以进行价值判断。C 项，道德规范作为法的非正式渊源，有的情况下也可以作为司法裁判的理由。D 项，法律强制是一种国家强制，是以军队、宪兵、警察、法官、监狱等国家暴力为后盾的强制；而道德规范的强制是内在的，主要依靠内在良知认同或责难，而非国家强制性。

3. 近期，无人驾驶汽车在公共交通道路行驶，公众围绕其是否违法、事故后是否需要担责、如何加强立法进行规制展开讨论，下列说法中正确的是(　　)。[2018 年法考真题]

A. 若无人驾驶汽车上路行驶引发民事纠纷被诉至法院，因法无明文规定，法院不得裁判

B. 科技发展引发的问题只能通过法律解决

C. 现行交通法规对无人驾驶汽车上路行驶尚无规定，这反映了法律的局限性

1B　2B　3C

D. 只有当科技发展造成了实际危害后果时，才能动用法律手段干预

【解析】A 项，根据禁止拒绝裁判原则，法官不得以法律没有规定或规定的不清楚为理由拒绝裁判。因此，在民事案件的处理过程中，在法律没有明文规定的情况下，法官仍可以采用非正式法源或法律漏洞填补技术对案件进行处理。B 项，法律的作用具有局限性，在社会治理的过程中，除了可以利用法律手段来处理社会问题外，还可以依靠政策、道德等其他社会规范来进行规制。因此，像无人驾驶汽车等伴随科技发展引发的新问题并非只能通过法律手段才能解决。C 项，现行交通法规对无人驾驶汽车上路行驶尚无规定，这本身就属于立法空白，正是法律局限性的具体表现。D 项，立法本身就应当具有一定的前瞻性，完全可以对可能出现的社会问题进行事前预防。因此，并非只有当科技发展造成了实际危害后果时，才能动用法律手段干预。

4. 关于法的规范作用，下列哪一说法是正确的？（　　）[2014 年法考真题]

A. 陈法官依据诉讼法规定主动申请回避，体现了法的教育作用

B. 法院判决王某行为构成盗窃罪，体现了法的指引作用

C. 林某参加法律培训后开始重视所经营企业的法律风险防控，反映了法的保护自由价值的作用

D. 王某因散布谣言被罚款 300 元，体现了法的强制作用

【解析】A 项，体现的是法的指引作用，即法对本人（陈法官）行为的引导作用。B 项，体现的是法的评价作用，即判断、衡量他人（王某）行为合法与否的作用，法院判决实际就是对行为人行为的评价。C 项，林某的行为体现的是法的指引作用，而“法的保护自由价值的作用”说的是法的社会作用而不是规范作用。D 项，强制作用即制裁违法犯罪行为，针对的是违法者的行为（散布谣言）。

二、多项选择题

在小说《悲惨世界》中，心地善良的冉阿让因偷一块面包被判刑，他认为法律不公并屡次越狱，最终被加刑至 19 年。他出狱后逃离指定居住地，虽隐姓埋名却仍遭警探沙威穷追不舍。沙威冷酷无情，笃信法律就是法律，对冉阿让舍己救人、扶危济困的善举视而不见，直到被冉阿让冒死相救，才因法律信仰崩溃而投河自尽。对此，下列说法正确的是（　　）。[2017 年法考真题]

A. 如果认为不公正的法律不是法律，则可能得出冉阿让并未犯罪的结论

B. 沙威“笃信法律就是法律”表达了非实证主义的法律观

C. 冉阿让强调法律的正义价值，沙威强调法律的秩序价值

D. 法律的权威源自人们的拥护和信仰，缺乏道德支撑的法律无法得到人们自觉地遵守

【解析】A 项，“不公正的法律不是法律”是以内容的正确性作为法的概念的唯一定义要素，属于非实证主义的法的概念。持此观点的学者认为不公正的法律不是法律，进而得出冉阿让并未犯罪的结论。B 项，“笃信法律就是法律”属于法实证主义中的分析主义法学的法的概念。C 项，冉阿让坚持非实证主义的法的概念，强调法的正义价值；而沙威主张实

4D　　❙　　ACD

证主义的法的概念，强调法的秩序价值。D 项，法律的具体实施固然离不开国家强制力的保障，但其权威亦源自人们的拥护和信仰，缺乏道德支撑的法律无法获得认同和自觉遵守。

三、概念题

1. 法的本质［山东大学 2012 年研］

答： 法的本质，是指法这一特殊社会现象的深层的、稳定的内部联系，是法存在的基础和发展变化的推动力量。法的本质是法存在和发展的基础和决定力量。法的本质与法的现象是一对范畴，二者分别从内部依据和外部显现的角度来研究“法”。这是马克思主义经典作家关于法的本质的论述。法的阶级本质，即法是被“奉为法律”的统治阶级的意志。法的本质由特定社会的物质生活条件决定。

2. 法的预测作用［杭师大 2016 年研；厦门大学 2011 年研；南京大学 2007 年研］

答： 法的预测作用是指法规定人们的权利和义务，规范人们可以做什么、应该做什么、禁止做什么，人们根据法律可以预先估计相互间将有怎样的行为以及行为的后果等，从而对自己的行为作出合理的安排。法的预测作用的对象是人们的相互行为。法的预测作用能够降低甚至避免社会生活和社会关系的偶然性和盲目性，减少社会成本，提高行为效率，降低行为代价和风险。

3. 法的强制作用［南京大学 2003 年研］

答： 法的强制作用是指法对违法犯罪行为的制裁和惩罚。通过制裁可以加强法律的权威性，保护人们的正当权利。不同法律规范中的制裁形式不同：刑法中的制裁包括管制、拘役、有期徒刑、无期徒刑、死刑等；民法中的制裁包括停止侵害、排除妨碍、消除危险、返还财产、恢复原状、赔偿损失、赔礼道歉、消除影响、恢复名誉、支付违约金等；行政法中的制裁包括警告、罚款、没收违法所得、拘留等；宪法中的制裁包括罢免、弹劾等。

4. 规范作用［华中农大 2018 年研；中南财大 2014 年研］

答： 法的规范作用，是指法通过对人们思想的影响，实现对人们行为的评价、指引和预测，以及对合法行为的保护和对非法行为的谴责、制裁、警示和预防的作用。法的规范作用是法对人们的意志、行为或社会关系的直接影响，对人们的行为所产生的保障和约束作用。法的规范作用根据其作用的主体范围和方式的不同，可以分为：告知作用、指引作用、评价作用、预测作用、教育作用和强制作用；按照作用的方式不同，可分为法的调整作用和保护作用。

四、简答题

1. 简述法与法律的区别。［清华大学 2013 年研］

答： 法是调整社会关系的应有规则，存在于社会中。法律是由社会物质生活条件所决定的，主要反映掌握国家政权的社会集团的共同意志和根本利益，由国家制定或认可并由国家强制力保证实施，通过规定权利与义务以维护社会秩序的一种特殊的行为规范体系。法律是将法成文化，法是解释法律的依据。法与法律的区别是当代西方法解释学的基本理论。具体而言：

(1)广义的“法”同人类社会共始终。人类将继续着自己的生命历程，不管国家这种历史现象还将存在多久，人类的存在和发展都需要秩序，需要社会规范和行为规则。而狭义的“法”则仅指国家出现以后的一种社会存在。狭义的“法”即法律，与国家密切相关，因此，与国家一样，法律也是一种历史现象。

(2)法与法律还可以从“应然法”与“实然法”的角度进行区分。法是指“应然法”，即事物的客观规律和人类普遍的理性要求；而法律是指“实然法”，即国家制定的具体的法律规则。从这种意义上说，法律只是法的表现形式。

(3)在欧洲一些国家中，法与法律通常用不同的词来表达，表示广义的法的词含有权利、正义之意，表示狭义的法律的词则含有规律、法则之意。

2．辨析：根据马克思主义法学的观点，法在本质上是社会成员公共意志的体现。[北师2007年研]

答：这种观点是错误的。根据马克思主义法学的观点，法在本质上是统治阶级意志的体现，具体分析参见本章考研真题论述题第1题答案。

3．根据马克思主义关于法的一般理论，简述法的定义且说明其特点。[公大2009年研]

答：(1)法的定义。法是指由国家专门机关制定或认可的、以权利义务为调整机制并通过国家强制力保证实施的调整行为关系的规范，它是意志与规律的结合，是阶级统治和社会管理的手段，它应当是通过利益调整从而实现社会正义的工具。马克思主义关于法的定义具有如下科学性：

①揭示了法与统治阶级的内在联系，深刻地阐明了法的内容是以统治阶级的利益为出发点和归宿的。法是从统治阶级的立场，根据统治阶级的利害标准和价值观念，来调整社会关系的。

②揭示了法与国家之间的必然联系，直接指明了国家在统治阶级的意志客观化为法的过程中有“中介作用”。没有这个中介，任何阶级意志都不能成为社会的“共同规则”而具有统一性、权威性和普遍约束力。

③揭示了法与社会物质生活条件的因果联系。它不是从精神世界或权力意志中寻找法的本源，而是深入到法的物质基础即经济基础中来理解法的本源。

(2)法的基本特点，参见本章考研真题论述题第2题答案。

4．对“现代社会，一切社会关系都应纳入法律调整的范围”的说法进行评述。[南航2018年研]

答：这种观点是不正确的。具体分析如下：

(1)法调整的社会关系范围具有局限性。法作为社会规范，只能对它能够调整且较为重要的行为和社会关系发生作用。

(2)法的作用范围是有限的。尽管法影响政治、经济、文化、生活等方面，但并非所有领域都能由法律调整，并非所有问题都能通过法律手段解决，如思想、认识、信仰、情感等内容不能通过法律手段调整。法作用于社会生活的范围，存在一定的局限性，主要表现在以下几个方面：①法只是众多社会调整方法中的一种；②法的作用范围不是无限的，也并非在任何问题上都是适当的；③法对千姿百态、不断变化的社会生活的涵盖性和适应性存在一定的局限；④在实施法律所需的人力资源、精神条件和物质条件不具备的情况下，法不可能充分发挥作用。

(3)法具有局限性，因此要将法的调整机制与其他调整机制有机结合，将依法治国与以德治国相结合，采用多元综合的手段来维护社会秩序。

5. 简述法律作用的实质。［中财2012年研］

相关试题：试论法的作用的实质。［首经贸2003年研］

答：马克思主义法学彻底揭示出法的作用的实质。具体如下：

(1)法的作用本质上是法通过调整人们的行为关系维护统治阶级或者人民的意志。

法的作用体现了法的本质。法维护统治阶级或者人民意志的作用主要通过法对社会关系的调整来体现。

(2)法的作用体现了国家意志和国家强制力。

法是国家制定或认可并由国家强制力保证实施的，因此法主要借助国家权力保障法律的实施。

(3)法的作用取决于生产方式，同时也影响生产方式。

法属于上层建筑，生产方式属于经济基础。生产方式决定法的内容、形式和效力，法反作用于生产方式。法能够推动和促进先进、合理的生产方式，而在落后于社会的生产方式中，法难以发挥其预期的作用。因此，法与生产方式相互作用、相互影响。

6. 法的作用的分类。［山东大学2017年研］

答：法的作用的分类主要有：

(1)按一般与特殊的逻辑关系，可分为：①法的一般作用，是所有法律都具有的共同和抽象的作用，即通过规范社会关系，维护统治阶级或者人民的意志；②法的具体作用，指不同时期、不同类型的法律各自的作用。历史时期不同，立法目的不同，法律的具体作用也不同。

(2)按法的总体与各法律部门的作用范围，可分为：①整体作用，指法作为统一的法律体系在社会生活中的作用；②局部作用，指法律体系中个别法律部门或法律规范在社会生活中的作用。不同法律规范的具体作用并不相同。

(3)按立法目的和法的实际效果，可分为：①预期作用，是立法者的立法目的；②实际作用，是法律在调整社会生活中实际起到的作用。二者差别不大，表明法律具有实效；反之，法律缺乏实效。

(4)按法作用于社会生活的方式，可分为：①法的直接作用，指各法律规范对特定社会关系的具体调整；②法的间接作用，指法律规范对特定社会关系的调整影响到其他社会关系。

(5)根据法的社会意义，可分为：①积极作用，指人们依据一定的价值标准对法律的作用的肯定评价；②消极作用是对法律的否定评价。

(6)按法作用的不同对象及其内容之间的区别，可分为：①法的规范作用，是指法律对人的行为产生的影响，包括告知、指引、评价、预测、教育、强制等作用；②法的社会作用，是指法律对社会关系产生的影响。法的规范作用是从法作为社会规范的角度理解的，法的社会作用是从法的本质和目的角度理解的。前者为手段，后者为目的。该分类由拉兹提出，能够较为深入且具体地研究法的作用的分类。

7. 法的指引作用是一种规范指引而非个别指引，如何理解规范指引与个别指引的关系？［公大2005年研］

答：法的规范作用体现为对本人行为具有指引作用。指引作用是指法对人们的行为起到导向、引路作用。对人的行为的指引可以分为两种：一种是个别指引（或称个别调整），即通过一个具体的指示就具体的人和情况的指引；另一种是规范性指引（或称规范性调整），即通过一般的规则就同类的人或情况的指引，其对象是每个人自己的行为。法的指引是一种规范指引，它不同于个别指引。

(1)个别指引虽然针对性强、很具体，但完全依赖于个别指引，会存在如下缺点：①在时间、精力和经济上会带来浪费；②不适应系统化的社会管理需要；③偶然性、个别性因素太大，缺乏统一性；④缺乏确定性、安全感，容易导致人们的不稳定心理等。在人类社会生活中，个别指引在很多情况下必不可少。这种指引方式也有其优越性，但只有在一种关系很单纯、人数比较少的群体中，才可能仅依靠个别指引。在一种关系比较复杂、人数很多的社会中，仅依靠个别指引，难以建立持久稳定的社会秩序。

(2)规范指引虽然很抽象，存在针对性弱的一面，但是它能克服个别指引的上述缺点。规范指引具有连续性、稳定性和高效率的优势，是建立社会秩序必不可少的条件和手段。当然，规范性指引也有其局限性，如比较抽象，对个别特殊情况不一定适用，因而在这种情况下，还需要有个别指引或其他补救办法。

8. 简述法的评价作用。［中财2010年研］

答：法的评价作用，是指法律规范作为一种标准和尺度对人们的行为进行判断和衡量的作用。法是“理”与“力”的结合，是建立在道德与理性之上的上层建筑，不仅能够判断行为是否合法，还能判断行为是否善良正确。在现实生活中，法并不是评价人们行为的唯一标准，道德规范、宗教规范、风俗习惯和社会团体的规章等也具有对行为的评价作用。但法所作出的评价却有着与它们不同的特点：

(1)法的评价具有比较突出的客观性。即什么行为是正当的，什么行为是不正当的；什么行为是可做的，什么行为是不可做的，在法律规范中有明确的规定。因此，法对行为的评价大体上不会因人而异。当然，在利用法律规范对行为进行评价时，评价者对规范的理解也可能发生细微的有时甚至是重大的差别。不过，这种差别在其他评价标准中就更为明显和经常。

(2)法的评价具有普遍的有效性。普遍性是指能够针对不特定对象反复适用，针对相同的情况作出相同的处理。在同一个社会，由于人们的道德观念和宗教信仰不同，或者由于接受的风俗和纪律不同，每个人对一定的行为所作的评价只有在与该人具有相同标准的那些人中间才是有效的。对法律规范来说则不同，不论人们的主观愿望如何，只要其行为进入了法律行为的范畴，法律规范的评价就是有效的。如果不想受到法的制裁，其行为必须在客观上与法的评价协调起来。

9. 法有哪些局限性？［山东大学 2018 年研］

相关试题：

（1）简述法的局限性。［浙江财大 2017 年研；扬州大学 2016 年研；南航 2016 年研；北师 2008 年研］

（2）如何理解法的作用的局限性？［温州大学 2016 年研］

（3）法律作用的局限性。［清华大学 2014 年研］

（4）简述法的作用的局限性。［中山大学 2011 年研；吉大 2007 年研］

（5）简述法的局限性的主要表现。［武汉理工 2010 年研］

（6）论法的规范作用及其局限性。［论述题，中山大学 2009 年研］

（7）"在加强法治的同时，也要注意不能夸大法律的作用。"请分析之。［论述题，厦门大学 2008 年研］

答：法作为上层建筑，由生产方式决定，但是也能够反作用于生产方式，并对社会的经济、政治、文化发展产生重要影响。法作为调整社会关系的一种方式和手段，具有重要作用，但是也不可避免地具有局限性，主要表现为：

（1）法作为上层建筑，受到生产力水平和客观规律的限制，作用范围有限。立法者不可能脱离社会的生产力发展水平和客观规律而随意立法。

（2）法不能调整所有的行为和社会关系，只调整部分重要的人类行为和社会关系。由于法是维护统治阶级或者人民意志的工具，所以只有被统治阶级或者人民认为是具有重要意义的社会关系才能够得到调整。

（3）法具有滞后性，其所调整的社会关系范围并非一成不变。立法者不能预测立法后出现的所有情形，同时为了确保法律规范的权威性和可适用性，法律规范需要具有一定的稳定性、概括性、抽象性，因此法具有滞后性。

（4）法只是众多社会调整方法中的一种，并不唯一，其作用范围有限。道德、纪律、政策、村规民约、宗教规范等都具有调节社会关系的作用，且在某些情形下，在解决问题的便捷程度、信服度、经济成本等方面具有弥补法的局限性的作用。

（5）法的作用的发挥依赖一系列的社会条件。物质、精神条件等因素都会影响法的作用。人力资源、物质条件、精神条件等不可能总是完全具备，这些因素会影响法律的实际效果，如执法者和司法者缺乏职业道德和专业素质则很难发挥法的预期作用。

法具有局限性，因此要将法与其他社会规范有机结合，将法治和德治相结合，采用多元综合的手段来维护社会秩序。

五、论述题

1. 试述马克思主义法学关于法的本质的学说。［中南财大 2013 年研］

相关试题：

（1）马克思主义法的本质。［中南财大 2024 年研］

（2）简述马克思主义法的本质。［简答题，广西民大 2020 年研］

答：（1）马克思主义关于法的本质的论述：

①法是统治阶级意志的体现，主要表现为：

a. 法是“意志”的体现。作为社会结构中的上层建筑，法反映人们的意识活动，体现立法者的意志。

b. 法是“统治”阶级意志的反映。“统治阶级”作为掌握国家政权的阶级，通过法律巩固自己胜利的果实，稳固国家政权。

c. 法是统治“阶级”的意志的反映。法具有阶级意志性，是掌握国家权力的阶级即统治阶级共同意志的反映。

d. 法是被“奉为法律”的统治阶级的意志。法是统治阶级通过国家机关将其意志上升为国家意志的产物。国家意志只有被奉为法律，即体现在由国家制定或认可的由国家强制力保障的“法律”中的统治阶级意志，才是法。

②法的本质由特定社会的物质生活条件决定。社会物质生活条件是指人类社会赖以存在和发展的地理环境、人口和物质资料的生产方式等物质要素的总和，其中物质资料的生产方式是决定性因素。法是统治阶级的意志，但归根结底还是由社会物质生活条件决定。法最终取决于社会生活特别是经济关系发展的客观需要。

(2)古典自然法学派认为，法在本质上是一种客观规律，立法者所制定的法律必须以客观规律为基础，这种客观规律是宇宙、自然、事物以及人的本性，是“理性”的反映。资产阶级启蒙思想家们对此存在两种观点，大多数人认为法是人类理性的产物。他们把法划分为自然法和制定法(又称成文法)。自然法先于人类而存在，而制定法是国家建立以后制定的，后者必须服从前者，必须体现和反映人性的要求。卢梭的观点与此不同，他把法的本质归结为“公意的体现”，这种观点在法国《人权宣言》中得到肯定和体现：“法律是公众意识的体现”。

2. 试述法的基本特征。［河南师大 2018 年研］

相关试题：

(1)简述法的基本特征。［简答题，杭师大 2020 年研；浙工大 2019 年研；四川师大 2018 年研；浙江财大 2018 年研；常州大学 2018 年研；扬州大学 2016 年研；温州大学 2016 年研；中山大学 2015 年研；社科院 2011 年研；北师 2009 年研］

(2)与其他社会相比，法有哪些基本特征？［简答题，温州大学 2018 年研］

(3)论述法的特点。［浙江财大 2017 年研］

(4)法律的基本特征是什么？［简答题，中财 2015 年研］

(5)有关自然资源的使用和保护的法律，直接保护对象并非某种社会制度或社会关系，而是某种自然现象，因而它们调整的不是人们的社会关系。［概念辨析题，首师大 2014 年研］

答：法的特征，即法的外在特点，是法的本质的外在表现，是法所固有的、确定的、客观存在的特点。法的基本特征可概括为以下四点：

(1)法调整人的行为和社会关系。首先，法具有规范性。法调整人们的行为和社会关系，能够为人们的行为提供方向和标准，从而发挥指引、评价、预测、教育和强制的作用。其次，法具有一般性。法适用的对象是一般的行为和社会关系，不是特定的任何事；法在生效期间对相同的情况反复适用。最后，法不能调整所有的行为和社会关系，只调整部分重要的人类行为和社会关系。

(2)法由国家制定或认可。

①法有两种生成方式，即国家制定或认可。前者一般为成文法；后者一般为习惯法，由习惯、教义、礼仪等演化而成，并得到有权机关的认可。

②法具有权威性、普遍性和统一性。

a. 法的权威性，指法代表国家主权即最高权力的意志。

b. 法的普遍性，指法在主权范围内普遍有效。一切个人和组织都需要遵守法律，依法享有并行使法定职权与权利，承担并履行法定职责与义务。

c. 法的统一性，主要指各法律规范的根本原则相互一致，法律体系相互协调，立法、执法、司法、法律解释、法律监督等方面的协调统一。

(3)法规定人们的权利和义务。法规定或确认法律意义上的权利和义务，调整社会关系。这种调整和指导方式使得法与道德、宗教等规范相区别。法对权利和义务内容的规定，反映了法的现实性属性，即法律具体规定了人们可以或不可以、应该或不应该作出一定行为。

(4)法由国家强制力保证实施。国家强制力是指一定的阶级为了一定的统治目的而建立起来的军队、警察、法庭、监狱等国家暴力，它由专门的国家机关按照法定程序来运用。法必须由国家强制力保证其实施，对违法行为实行不同形式的追究以至制裁。

3. 试述法的规范作用与社会作用。［华南理工 2016 年研］

相关试题：

(1)简述法的规范作用。［简答题，北邮 2020 年研；华中农大 2017 年研；中南财大 2012 年研；南开大学 2011 年研；首师大 2009 年研］

(2)法律的规范作用是什么？［简答题，清华大学 2018 年研；湘潭大学 2017 年研］

(3)法的规范作用有哪些？［简答题，杭师大 2018 年研；温州大学 2018 年研］

(4)阐释法的规范作用。［中山大学 2015 年研］

(5)如何理解"法不是万能的，没有法是万万不能的"这句话？［简答题，杭师大 2015 年研］

(6)论法的社会作用。［山东大学 2022 年研］

(7)简述法的规范作用的内容。［简答题，中财 2012 年研］

(8)法律的预测作用。［简答题，复旦大学 2012 年研］

答：法的作用是法自身表现出来的、对人们的行为或社会关系的可能影响。根据法对人的行为和社会关系的不同作用，法的作用分为规范作用和社会作用。前者是从法作为社会规范的角度理解，指法律对人的行为所产生的影响，包括告知、指引、评价、预测、教育、强制等作用；后者是从法的本质和目的理解，指法律作为调整社会生活的工具和手段，对社会关系产生的影响。

(1)法的规范作用：

①指引作用，指法作为一种行为规范，通过规定人们的权利和义务，为人们提供某种行为模式，引导人们可以、应当为或者不为一定的行为。包括两种情况：

a. 有选择性的指引，即为人们提供可选择的余地，由人们自行决定为或者不为该行为，这种指引一般以授予权利的方式出现。

b. 确定性的指引，即要求人们必须为或者不为一定的行为，一般通过规定义务的形式表现，主要有作为义务和不作为义务。

法的指引作用针对所有相同的情况，具有稳定性和持续性。

②评价作用，指法对人们的行为是否合法或违法及其程度，具有判断、衡量的作用。

a. 法的评价作用具有客观性，一般不会因人而异，因此不同于道德、习俗等具有主观性。

b. 法的评价作用具有普遍有效性，即人们的行为只要属于法律的调整范围，法律评价即为有效。法的评价作用的普遍有效性受到其客观性的影响。

③预测作用，指法规定人们的权利和义务，规范人们可以、应当为或不为一定的行为，使人们可以根据法律规范的规定可事先估计到当事人双方将如何行为及行为的法律后果，以降低决策的盲目性和偶然性。法的预测作用包括人们通过法对行为的预测和对后果的预测两种情形。

④教育作用，指通过法律的实施，法律规范对人们今后的行为发生直接或间接的诱导影响。

a. 正面作用，指法保护、赞许或奖励合法行为，对一般人的行为起到表率、示范作用。

b. 反面作用，指法通过制裁违法犯罪行为，对包括违法犯罪者本人在内的一般人产生警示和警戒作用。

总之，法将社会的价值观念上升为法律符号，使其需要宣扬的价值观念内化于民众之心，并通过法律的实施对人们产生影响。

⑤强制作用，指法运用国家强制力制裁、惩罚违法行为，保障自己的实施。法通过制裁加强法的权威性，保护人们的正当权利，维护社会的秩序。

(2)法的社会作用：

①很多法律制度都对物质文明具有直接或间接的促进或推动作用。通过法律肯定主体的物质利益，鼓励主体增进物质利益；通过法律确认和保护产权关系，鼓励主体进行物质的占有、使用和交换；确认、保护和创造具有经济利益的经济制度，使之能够容纳更多的生产关系等。

②法对精神文明的作用是多方面的。法通过把一个社会的最低限度的道德义务法律化、制度化，使其成为全社会一致遵行的法律制度，从而保障社会的基本道德水准；由于法往往是社会占主导地位的社会价值观和意识形态的体现，法的实施过程也就是对社会价值观进行道德整合的过程。

③法对政治文明的作用特别显著。法以保障基本人权和约束公共权力为价值追求，为公共权力的获得、行使和运行确立基本的法律规则、程序，建立和维护宪政构架下的民主政治体制，同时保障公民的自由、权利不受公共权力的非法侵犯。

④法对生态文明的作用主要体现在现代的环境与资源保护法。制定专门的保护环境、资源的法律规范，同时将绿色原则确立为法律的一项基本原则，指导立法活动以及法律主体的行为方式。

⑤法对促进社会文明具有重要作用。社会文明包含主体文明、关系文明、思想文明、制度文明和行为文明，上述文明的实现都离不开法律规则的保障。

第五章　法的渊源、分类和效力

5.1　复习笔记

【知识框架（庖丁解牛）】

- 法的渊源、分类和效力
  - 法的渊源
    - 法的渊源的含义
    - 法的渊源的内涵
    - 法的渊源的类别
      - 成文法（制定法）
      - 不成文法（非制定法）
    - 当代中国法的渊源
      - 正式渊源
      - 非正式渊源
  - 法的分类
    - 国内法和国际法
    - 公法和私法
    - 成文法和不成文法
    - 实体法和程序法
    - 根本法和普通法
    - 一般法和特别法
  - 法的效力
    - 概念
    - 法的效力与法的实效
    - 法的效力范围
      - 法的对象效力
      - 法的时间效力
      - 法的空间效力
    - 法的效力冲突及其处理原则
      - 根本法优于普通法
      - 上位法优于下位法
      - 新法优于旧法
      - 特别法优于一般法

【通关提要（提纲挈领）】

本章主要介绍法的渊源、分类和效力，属于重点章节。学习时要重点掌握当代中国社会主义法的渊源、法的效力范围以及冲突处理等，熟悉法的渊源和分类。本章主要考查概念题和简答题，复习时需把握其具体内容，重点记忆。

【考点难点归纳(厚积薄发)】

考点一：法的渊源(见表5-1) ★★★★

表5-1 法的渊源

要点	具体内容	
含义	法的历史渊源	指引起特定法律原则或规则产生的历史背景或历史事件和行为
	法的理论渊源	指对一国法律制度、法律规范起指导作用的理论原则和思想体系
	法的文献渊源	指说明法律规则的权威性文件
	法的效力渊源	又称法的形式渊源或法律规范的渊源，指法的创制方式和表现形式
内涵	包括两个要素：①与法的效力直接联系；②表现为一定的法律外部形式	
类别	成文法[制定法]	①国内制定的规范性法律文件；②国际协定、条约
	不成文法	又称非制定法，包括：①习惯法；②判例法；③惯例，又称"通例"
当代中国法的渊源	正式渊源	①宪法[核心]；②法律；③行政法规；④地方性法规；⑤自治法规；⑥经济特区的经济法规；⑦特别行政区的法律、法规；⑧国际条约与协定；⑨法律解释
	非正式渊源	①习惯；②政策；③指导性案例；④道德规范和正义观念；⑤法理

考点二：法的分类(见表5-2) ★★★

表5-2 法的分类

划分标准	具体分类
制定法律的主体和适用范围	国内法、国际法
调整范围、调整机制和保护的利益	公法、私法
法的创制方式和表现形式	成文法、不成文法
法规定的内容不同和价值取向	实体法、程序法
法的效力等级、基本内容和制定程序	根本法、普通法
法的适用范围	一般法、特别法

考点三：法的效力与法的实效(见表5-3) ★★★

表5-3 法的效力与法的实效

要点	法的效力	法的实效
概念	法的基本属性，即法的各种约束力。 三要素：适用对象、时间和空间	指法产生了预期的实际效果
区别	法律对法律主体的约束力或拘束力	法律规范实际上被服从和适用
	"应然"范畴	"实然"范畴
联系	法的效力是法取得实效的前提，法的实效是法的效力实现的结果	

【真题链接】法的效力与实效的区别与联系。[简答题，吉大2019年研]

考点四：法的效力范围(见表5-4) ★★★★

表5-4 法的效力范围

要点	具体内容		
法的对象效力［何人］	属人主义原则		以人的国籍和组织的国别来确定
	属地主义原则		以领土来确定
	保护主义原则		以保护本国利益为目的来确定
	综合主义原则		以属地主义为主，结合属人主义和保护主义原则来确定
法的时间效力［何时］	法的生效时间		法律一般自公布之日起生效。例外情况：①法律本身规定一个具体生效时间；②该法律规定具备某种条件后生效；③以法律文本送达的时间为生效时间；④该法规定试行，待试行后生效
	法的终止		①明示终止；②默示终止
	法的溯及力		一般而言，“法不溯及既往”，只适用于它生效后发生的行为、事件和形成的关系。但这不绝对，绝大多数国家都采用“从旧兼从轻”的原则
法的空间效力［何地］	含义		直接体现国家主权，即适用于该国主权的一切领域，包括领土、领水及其底土、领空，以及作为领土延伸的本国驻外使馆、在外船舶及飞机等
	分类	域内效力	①在全国范围有效。如宪法、法律、行政法规。②在局部地域有效。③在香港、澳门有效
		域外效力	我国某些法律或某些法律条款具有域外效力

【真题链接】简述法的效力范围。［简答题，中国政法2020年研］

考点五：法的效力冲突及其处理原则(见表5-5) ★★★

表5-5 法的效力冲突及其处理原则

要点	具体内容
法的效力等级	又称法的效力位阶，指在一国的法律体系中，因制定法的国家机关的地位不同而形成的法律规范在效力上的等级差别
处理法的效力冲突适用原则	①根本法优于普通法；②上位法优于下位法；③新法优于旧法；④特别法优于一般法

5.2 课后习题详解

1. 当代中国法的正式渊源有哪些？

答：参见本章考研真题简答题第3题答案。

2. 法的效力与法的实效的区别和联系是什么？

答：参见本章考研真题简答题第7题答案。

3. 如何处理法的效力冲突？

答：参见本章考点难点归纳相关内容。

4. 法谚有云："实体从旧，程序从新。"请结合法的时间效力的相关内容，阐述其中的法理。

答：(1)法的溯及力是指法律溯及既往的效力，即新法颁布以后是否适用于其生效以前或正在发生的事件和行为的问题。如果适用，该法就有溯及力；如果不适用，该法就不具有溯及力。

(2)"实体从旧，程序从新"是指实体法不具有溯及既往的效力，而程序法在特定条件下可以溯及既往。因为实体法关系到一个法律关系的最重要的内容问题，不能轻易地改变，法律不能对其颁布以前的事进行调整。程序法规定的主要是在诉讼过程中当事人的权利、义务以及程序问题，不会涉及实体问题，所以颁布了新的法律就适用新的法律。

5. "法律的效力是以它所引起的爱戴和尊重为转移的，而这种爱戴和这种尊重是以内心感到法律公正和合理为转移的。"请结合本章内容，阐述其中的法理。

答：(1)法的效力与法的实效的概念、联系和区别，参见本章考研真题简答题第7题答案。

(2)一般而言，"法不溯及既往"，法律应具有一定的可预测性，因此，一般应只适用于它生效后发生的行为、事件和形成的关系。如果用将来的法规制过去的行为，会使人们内心感到不公正与不合理，从而不拥护法，影响法律效力的实现。但在现代社会，法不溯及既往的原则不是绝对的，绝大多数国家都采用"从旧兼从轻"的原则，不禁止有利溯及。

5.3　考研真题与典型题详解

一、单项选择题

1. 某法院在审理一起合同纠纷案时，参照最高法院发布的第15号指导性案例所确定的"法人人格混同"标准作出了判决。对此，下列哪一说法是正确的？(　　)［2017年法考真题］

A. 在我国，指导性案例是正式的法的渊源

B. 判决是规范性法律文件

C. 法官在该案中运用了类比推理

D. 在我国，最高法院和各级法院均可发布指导性案例

【解析】A项，我国正式的法的渊源包括宪法、法律、行政法规、部门规章和地方政府规章、地方性法规、民族自治法规、经济特区的规范性文件、特别行政区的法律、国际条约、国际惯例等。指导性案例是非正式的法的渊源。B项，规范性法律文件具有普遍适用、反复适用的效力。而判决只是针对具体个案、具体当事人的适用，不具有普遍效力，属于非规范性法律文件。C项，类比推理是从个别到个别的推论。法官参照指导性案例作出判决，实际就是参照类案作出类似判决，属于类比推理。D项，指导性案例只能由最高人民

1C

法院发布，其他各级人民法院均无权发布指导性案例。

2. 有法谚云："法律为未来作规定，法官为过去作判决"。关于该法谚，下列哪一说法是正确的？(　　)[2016 年法考真题]

A. 法律的内容规定总是超前的，法官的判决根据总是滞后的

B. 法官只考虑已经发生的事实，故判案时一律选择适用旧法

C. 法律绝对禁止溯及既往

D. 即使案件事实发生在过去，但"为未来作规定"的法律仍然可以作为其认定的根据

【解析】ABC 三项，该法谚表达的主要是法律不溯及既往的一般原则，"法律为未来作规定"指的是不能用明天的法律来要求人们今天的行为，也不能用今天的法律来要求人们昨天的行为；"法官为过去作判决"指的是法官只能根据行为当时的法律对该行为作出判决。但法律不溯及既往并非绝对。比如刑事法律中，各国采用的通例是"从旧兼从轻"原则，即新法原则上不溯及既往，但是新法不认为犯罪或者处刑较轻的，适用新法。这个原则也可以称为"有利原则"，它同样具有正当性或合理性基础。

3. 原告与被告系亲兄弟，父母退休后与被告共同居住并由其赡养。父亲去世时被告独自料理后事，未通知原告参加。原告以被告侵犯其悼念权为由诉至法院。法院认为，按照我国民间习惯，原告有权对死者进行悼念，但现行法律对此没有规定，该诉讼请求于法无据，判决原告败诉。关于此案，下列哪一说法是错误的？(　　)[2014 年法考真题]

A. 本案中的被告侵犯了原告的经济、社会、文化权利

B. 习惯在我国是一种非正式的法的渊源

C. 法院之所以未支持原告诉讼请求，理由在于被告侵犯的权利并非法定权利

D. 在本案中法官对判决进行了法律证成

【解析】A 项，原告有权对死者进行悼念，该权利不属于经济、社会、文化权利，而应归入人身权的范畴。B 项，非正式的法的渊源是指不具有明文规定的法律效力，但具有法律说服力并能够构成法律人的法律决定的大前提的准则来源的资料。在我国，习惯是一种非正式的法的渊源。C 项，原告对死者进行悼念是一种习惯权利，属于非正式的法的渊源，不具有明文规定的法律效力。D 项，法律证成是指为了使法律决定得以成立而提供充足理由的活动或过程。法律适用过程就是一个法律证成的过程，即给一个决定提供充足理由的过程。

二、多项选择题

1. 李某驾驶摩托车与高某驾驶的出租车相撞，李某死亡。交警部门认定高某、李某承担事故的同等责任。在交警部门主持下，高某与死者李某之妻达成调解协议，由高某赔偿李某家属各项费用 12.2 万元，双方永无纠葛。不久，李某之妻发现自己已有身孕，并在 7 个月后生下女儿小鑫。李某之妻依据全国人大制定的《民法通则》第一百一十九条将受偿主体确定为死者生前"扶养"的人的规定，向高某索要女儿的抚养费。高某以国务院制定的《道路交通事故处理办法》第三十七条将受偿主体确定为死者生前"实际扶养"的人为由，拒

2D　3A　｜　1AC

绝做出赔偿。下列说法错误的是(　　)。[2018 年法考真题]

A. 根据特别法优于一般法的原则，本案应当优先适用《道路交通事故处理办法》

B. 双方当事人及律师关于本案法律适用问题的辩论，属于外部证成

C. 法官对本案案件事实的确定过程，是一个纯粹的事实判断的过程

D. 李某之妻和高某的举动，均显现了法律的指引作用

【解析】A 项，特别法优于一般法是同一位阶的法律渊源冲突解决原则。本案中，《民法通则》是基本法律，其效力层级高于属于行政法规的《道路交通事故处理办法》。B 项，双方当事人及律师关于本案法律适用问题的辩论，属于对法律渊源的辩论(围绕大前提展开)，是典型的外部证成。C 项，案件事实是法官在法律规范的立场下，通过目光在事实与规范之间的往返流转所得到的结果，案件事实本身就带有鲜明的规范性立场和裁判者价值判断，所以注定不是一个单纯的事实判断过程。D 项，指引作用是指法对本人的行为具有引导作用。在这里，行为的主体是每个人自己。两人均根据相应的法律指引自己的行为，提起相应的诉讼请求，作出相应的反驳。

2. 某区质监局以甲公司未依《食品安全法》取得许可从事食品生产为由，对其处以行政处罚。甲公司认为，依特别法优先于一般法原则，应适用国务院《工业产品生产许可证管理条例》(以下简称《条例》)而非《食品安全法》，遂提起行政诉讼。对此，下列哪些说法是正确的？(　　)[2017 年法考真题]

A. 《条例》不是《食品安全法》的特别法，甲公司说法不成立

B. 《食品安全法》中规定食品生产经营许可的法律规范属于公法

C. 若《条例》与《食品安全法》抵触，法院有权直接撤销

D. 《条例》与《食品安全法》都属于当代中国法的正式渊源中的“法律”

【解析】A 项，《条例》规范的对象是工业产品，《食品安全法》规范的对象是食品，二者不是特别与一般的关系；即使是特别法与一般法的关系，特别法优于一般法的原则也只适用于相同位阶的法律渊源，不同位阶的法律渊源应当适用上位法优于下位法原则。二者并不是同一位阶，因此甲公司说法不成立。B 项，《食品安全法》中规定食品生产经营许可的法律规范，是关于行政许可的规定，属于公法中的行政法规范。C 项，《立法法》第 108 条第 2 项规定，全国人民代表大会常务委员会有权撤销同宪法和法律相抵触的行政法规，有权撤销同宪法、法律和行政法规相抵触的地方性法规，有权撤销省、自治区、直辖市的人民代表大会常务委员会批准的违背宪法和本法第 85 条第 2 款规定的自治条例和单行条例。则如《条例》与《食品安全法》抵触，则应由全国人大常委会撤销。D 项，当代中国法的正式渊源中的“法律”是指全国人大及其常委会制定的规范性文件。而《条例》由国务院制定，属于行政法规，不是当代中国法的正式渊源中的“法律”。

三、概念题

1. 法的渊源[中国政法 2017 年研]

相关试题：法律渊源[中国政法 2024 年研；宁夏大学 2016 年研；苏州大学 2014 年研；

2AB

中山大学 2011 年研；南师 2009 年研；浙大 2007 年研]

答：法的渊源简称“法源”，又称法律渊源，是指具有不同来源、不同法律效力的法的外在表现形式。关于法的渊源的解释主要有两种不一致的说法：①“立法中心主义说”，把“法的渊源”看成是立法机关制定法律所依据的材料，主张把“法的渊源”与“法的形式”分开。②“司法中心主义说”，认为法源之法特指法官用于裁判的法律。

2. 规范性法律文件[中国政法 2017 年研；中财 2014 年研]

答：规范性法律文件，是指国家机关按照法定权力范围，依据法定程序制定出来的、以权利义务为主要内容的、有约束力的、要求人们普遍遵守的行为规则的总称。其特点有：①规范性，即规定行动模式，明确权利义务，确定行为后果。②强制性，即一般以教育引导人民自觉遵守，同时以国家强制力为后盾，对不遵守者予以制裁。③公开性，即公之于众。④一般性，即针对其调整范围内的所有人反复适用。

3. 习惯法[上海交大 2021 年研；浙江财大 2018 年研]

相关试题：习惯与习惯法[中南财大 2006 年研]

答：习惯法是指以习惯为内容的、经国家认可为法的行为规范。习惯是社会生活中，经过长期实践而形成的为人们共同信守的行为规则。习惯成为法的渊源，必须具备一定的条件：①长期以来确有人们惯于遵守的事实；②其内容有比较明确的规范性；③现行法中没有关于该项行为的规定，且与现行法基本原则没有抵触；④需经国家认可并由国家强制力保证其实施。

4. 制定法与判例法[中南财大 2005 年研]

相关试题：判例法[华东师大 2019 年研；南航 2015 年研；中南财大 2013 年研；南京大学 2011 年研]

答：(1)制定法又称成文法，系指由国家机关依照一定程序制定颁布的，通常以条文形式表现出来的规范性法律文件。广义上，制定法既包括国家立法机关制定的法律，也包括国家中央行政机关、地方国家权力和行政机关在职权范围内制定发布的规范性文件。

(2)判例法，与制定法相对，是指由有约束力的判例中所包含的法律规则或原则形成的法。普通法系实行“遵循先例”原则，遵循先例是指只要前后两个案件的基本事实相同或相似，法官就应当遵从先前判例所确定的规则来处理案件。

(3)在普通法法系国家，判例法和制定法是法的渊源的两种主要形式；而在民法法系国家，制定法是正式的法的渊源，判例法则被认为是非正式的法的渊源。

(4)二者的区别：

①制定法是由立法机关及其他有权创制法律规范的国家机关制定的，而判例法是由法官通过司法判决创制并发展的。

②制定法规则表现在规范性法律文件中，而判例法的法律规则或原则存在于法院的个案判决中。

③制定法规则通常以明确的条文为表现形式，其内容也比较确定；而先前判例中究竟包含了何种规则或原则往往需要由法官来归纳、抽象和认定。

5. 实体法[中南财大 2023 年研；南航 2016 年研；杭师大 2014 年研；公大 2009 年研]、**程序法**[中南财大 2014 年研]

答：按照法规定的内容不同和价值取向的差异，可将法分为实体法与程序法。实体法一般是指规定主要权利和义务（或职权和职责）的法律，如民法、刑法等。程序法一般是保障法律关系主体的权利义务的实现以及规定诉讼过程中带有程序性的法律关系主体权利义务的法律规范的总称，如民事诉讼法、刑事诉讼法、行政诉讼法等。

6. 法的效力[中南财大 2024 年研；广外 2021 年研；华侨大学 2017 年研；河北大学 2017 年研；武大 2007 年研]

答：法的效力，泛指法所具有的约束力。人们应当按照法律规定的要求去行为，必须服从法律。一般而言，法的效力来自制定它的合法程序和国家强制力。法有效力，意味着人们应当遵守、执行和适用，不得违反。其特征有：①法的效力是一种应然的力量。法的效力的根据永远是规范而不是事实。②法的效力是法本身的要求。法律规范对一般人行为的影响、指引、控制的力量与法律规范本身同在，是法律规范本身固有的力量和特性。③法的效力作用于一定对象。人是法律调整首先的、唯一的主体对象，而其行为则是其首先的、唯一的客体对象。

7. 法的实效[华侨大学 2011 年研；厦门大学 2008 年研；南京大学 2007 年研]

答：法的实效是指法产生了预期的实际效果，是一个强调实际结果的范畴，所展示的是一种事实。法的实效与法的效力既有区别又有联系。一般来说，现行法都是有效的；但这些现行有效的法，并不一定都能得到很好地遵守。在很多情况下，许多法是未能充分实现其效力的，许多违法犯罪行为往往逃脱了法的追究。法的实效是法的效力实现的结果，是动态的法的效力。

8. 属人原则[华侨大学 2018 年研]

答：属人原则又称属人主义原则，是以人的国籍和组织的国别为标准而确立的。即法适用于具有本国国籍的公民和在本国登记注册的法人，而不论其在本国领域内还是在本国领域外。外国人在本国境内犯法，不适用本国法。

9. 法的溯及力[中南财大 2024 年研；中国政法 2023 年研；山东师大 2018 年研；南航 2017 年研；杭师大 2017 年研；南京大学 2013 年研；厦门大学 2012 年研；公大 2010 年研]

答：法的溯及力，是指法溯及既往的效力，即新法颁布以后对其生效以前发生的事件和行为是否适用的问题。若适用就有溯及力；若不适用就不具有溯及力。关于法的溯及力的原则，主要有两个：一是"法不溯及既往"原则；二是"有利追溯"原则。在法的溯及力问题上，各国采用的原则一般有五种：①从旧原则；②从新原则；③从轻原则；④从新兼从轻原则；⑤从旧兼从轻原则。

10. 从旧兼从轻原则[北化 2010 年研]

答：从旧兼从轻原则，是指新的法律颁布后，原则上，对其生效以前所发生的事件和行为一律不适用，除非新法处罚轻于旧法处罚。法不溯及既往的原则不是绝对的，实践中，还须遵循"有利追溯"的原则。在我国民法中，"有利追溯"原则表现为，如果先前的某种行为或关系在行为时并不符合当时法律的规定，但依现行法律则是合法的，并且对相关各方都有利，就应当依新法承认其合法性并予以保护。在我国刑法中，“有利追溯”表现为“从旧兼从轻”原则，即新法在原则上不溯及既往，但新法不认为是犯罪或处罚较轻的，适用新法。

四、简答题

1. 简述法的起源、法的渊源、法的效力来源的区别。［首经贸 2007 年研］

相关试题：

（1）法的起源［概念题，中南财大 2013 年研］

（2）法律渊源即为法律的起源。［辨析题，首师大 2011 年研］

答：（1）三者的定义：

①法的起源，又称“法的产生”，是指法在历史上的形成过程。

②法的渊源，简称法源，在语义上指法的来源或根源。法的渊源是指具有不同来源、不同法律效力的法的外在表现形式。首先，法的渊源必然与法的效力相联系；其次，任何法律规范都必须有一定的表现形式。就每一具体法律渊源来说，其本质内容是具有法律效力，形式要求是一定的表现形式，二者相统一才构成法的渊源。

③法的效力来源，又称法的形式渊源或法律规范的渊源，指根据不同的创制途径而产生的法所表现出来的不同形式。法的形式可分为成文法和不成文法两大类别。

（2）三者的区别。法的起源是法的产生过程；法的渊源是指各种法的表现形式；法的效力来源在一定程度上即通常所说的法的渊源，是在效力层面上法的表现形式。

2. 法的渊源的基本构成要素。［浙江理工 2016 年研］

答：法的渊源包含两个不可分割、缺一不可的要素：

（1）法的渊源与法的效力必然联系。法的渊源必然是能产生法的效力的法律文本或其他规范，这实际上也是立法或司法的必然要求。影响法的效力的因素多种多样，如传统的影响、心理因素的促成和习惯势力的约束等，但最关键的因素是国家强制力，没有国家强制力为后盾，法很难被适用和执行。

（2）法的渊源必然要表现为一定的法的形式。法律形式是指法律的存在状态、外部形态或者表现形式。任何具有法律效力的规范性文件或非规范性文件，都必须以一定的法的形式表现出来，而这些法律形式的具体名称则因各国国情和文件等级的不同或效力范围的差异而有所不同。对成文法国家，以我国为例，存在着各种不同的法律形式，如宪法、法律、行政法规、地方性法规、行政规章、自治条例和单行条例等。对不成文法国家，不成文法一般称为“习惯法”或“判例法”，有法律文本的一般称为“法”。

3. 当代中国法的主要渊源。［山东大学 2022 年研；中南财大 2009 年研］

相关试题：

（1）简述当代中国法的正式渊源。［扬州大学 2024 年研；宁夏大学 2018 年研］

（2）简述非正式法律渊源的种类。［杭师大 2016 年研］

（3）当代中国主要法的形式有哪些？［南航 2016 年研］

（4）试述我国当前的法律渊源。［论述题，山东师大 2015 年研］

(5)论法律渊源。［中山大学 2014 年研；山东大学 2008 年研］

(6)中国现时法的基本形式和渊源。［北大 2011 年研］

(7)中国的法律形式(渊源)包括哪些？［中山大学 2008 年研］

答：当代中国法的主要渊源具体如下：

(1)以宪法为核心，主要表现形式为制定法。

人民代表大会制度是我国的根本政治制度；全国人大是我国的最高权力机关，享有立法权。因此，法的渊源必然以宪法为核心，以制定法为主导。这与我国的传统文化和公民心理等因素有关。

(2)正式渊源(制定法)：

①宪法。宪法是国家的根本大法，是我国社会主义法的主要渊源。宪法所规定的内容，宪法的制定和修改程序以及宪法的效力，都不同于其他法律、法规。宪法规定了当代中国的根本的社会、经济和政治制度，公民的基本权利和义务，各主要国家机关的组成和职权、职责等，涉及社会生活各个领域的最根本、最重要的方面。

②法律。指由全国人大及其常委会制定的规范性法律文件。法律可分为两类：a. 基本法律，即由全国人大制定和修改的规范性法律文件；b. 其他法律，即由全国人大常委会制定和修改的规范性法律文件。

③行政法规。指国家最高行政机关即国务院根据并为实施宪法和法律而制定的关于国家行政管理活动的规范性文件，是我国一种重要的法的渊源。行政法规地位仅次于宪法和法律。国务院所发布的决定和命令，凡属于规范性的，也属于法的渊源之列。

④地方性法规。按宪法规定的权限，地方人民代表大会及其常委会根据本行政区域的具体情况和实际需要，在不同宪法、法律、行政法规相抵触的前提下，可以制定地方性法规。

⑤自治法规。民族自治法规是民族自治地方的权力机关所制定的特殊的地方规范性法律文件，即自治条例和单行条例的总称。自治条例是民族自治地方根据自治权制定的综合的规范性法律文件；单行条例则是根据自治权制定的调整某一方面事项的规范性法律文件。自治法规须履行严格的报批程序。

⑥经济特区的经济法规。经济特区的经济法规、规章不能与宪法、法律、行政法规相抵触，否则无效。但当它同其他法规、规章不一致时，特区则按其经济法规办事。

⑦特别行政区的法律、法规。按照有关规定，香港、澳门两个特别行政区有权制定在各自辖区内生效的法律、法规和命令。但特别行政区制定的法律、法规不能同全国人大制定的本特别行政区的基本法相抵触，必须符合“一国两制”的精神，且只能在特别行政区有效。

⑧国际条约与协定。特指我国缔结或参加的国际条约与协定。凡我国缔结或参加的国际条约与协定在我国具有法律效力，属于当代中国法的渊源之一。

⑨法律解释。法律解释是通过对法律、法规等法律文件条文、概念、术语的说明，揭示其中所表达的立法者的意志和法的精神，进一步明确法定权利和义务或补充现行法律规定不足的一种国家活动。只有被授权的国家机关才能进行法律解释，法律解释属于官方解释或有权(有效)解释。

(3)非正式渊源(非制定法):

①习惯。习惯是人们在长期社会生活中逐步、自发地形成的。当代中国法的渊源主要是成文法(制定法),但在某些情况下,也认可习惯。在我国的民事司法裁判中,习惯是一种非正式的法的渊源,但是它的适用不得违背公序良俗。

②政策,包括国家政策和政党政策。在中国,作为非正式法源的政策是指那些没有被整合到法律之中的政策,它既包括了国家政策,也包括了中国共产党的政策。

③指导性案例,由最高人民法院、最高人民检察院、公安部分别发布或共同发布,在处理类似案件时有参照的拘束力。

④道德规范和正义观念。这也是具有普遍性的法的渊源。

⑤法理。法理是一个综合性、普适性概念,其内涵十分丰富和深邃,可作为补充渊源或兜底性法源。

4. 简述法的渊源及其分类。[华中农大2018年研]

相关试题:结合我国实际论述法的基本分类。[论述题,中山大学2009年研]

答:(1)法的渊源,参见本章考研真题简答题第3题答案。

(2)法的分类,是指按一定标准或从一定角度对一国的法进行划分。一般公认和适用的法的分类有:

①国内法和国际法。根据法的制定和实施的主体不同,可将法分为:

a. 国内法,是指一个主权国家制定的实施于本国的法律。

b. 国际法,是指国际法律关系主体参与制定或公认的适用于各个主体之间的法律。国际法律关系的主体主要是国家。

②公法和私法。这种分类方法最早出现在古罗马法,主要存在于大陆法系,是大陆法系划分部门法的基础。一般认为,公法是主要调整国家与普通个人之间关系的法律,私法主要调整国家与公民个人之间的关系。例如,宪法、行政法和刑法属于公法,而民法、商法属于私法。

③成文法和不成文法。根据法所创制和表达的形式不同,可将法分为:

a. 成文法又称制定法,是指国家机关制定和公布的,以文字符号形式表现出来的法律。

b. 不成文法,指国家虽认可其有法的效力,但未以文字符号形式表现出来的法律,如习惯法、判例法等。

④实体法和程序法。根据法所规定的内容不同,可将法分为:

a. 实体法是指所规定的主要是法律关系主体的实体权利和义务(或者职责、职权)的法律。

b. 程序法是指所规定的主要是保证法律关系主体的权利和义务得以实施的程序或方式。

⑤根本法和普通法,主要适用于成文法国家。根据法的内容、法律效力和制定程序不同,可分为:

a. 根本法,即宪法,是指在一个国家中,规定国家的最根本的经济、政治和社会制度、公民的基本权利和义务以及国家机构组织和活动的基本原则,具有最高的法律地位和效力，其制定和修改需要特别的程序。

b. 普通法，是指其内容一般调整某一类或者某些社会关系，效力低于根本法，制定和修改必须符合根本法，程序较简单的法律。

⑥一般法和特别法。根据法的调整范围不同，可以分为：

a. 一般法，是指对一般人和事在不特别限定地区和期间内有效的法律。

b. 特别法，是对于特定人和事，在特定的地区、时间内有效的法律。

此外，有些法的分类仅适用于某一类国家或地区，如固有法与继受法、联邦法与联邦成员法、普通法与衡平法等。

5. 简述根本法与普通法的划分标准及意义。［中南财大 2013 年研］

答：（1）根本法与普通法的划分标准，参见本章考研真题简答题第 4 题答案。

（2）根本法与普通法划分的意义：

①区分根本法和普通法，使得各种不同的社会关系和内容在法律上统归于相应类型的法律调整。其中，根本法规定了国家制度和社会制度的根本问题，其他问题则由普通法来调整。

②区分根本法和普通法，能够明晰各个层次法律的效力范围。在效力上，根本法具有最高的法律效力，其他法律效力低于根本法。

③区分根本法和普通法，能够分别设置各层次法律的制定和修改程序。在制定和修改程序上，根本法具有更为严格的程序，其他法律的制定和修改程序远远没有根本法严格。

6. 试述法的特殊分类。［华南理工 2016 年研］

答：法的一般分类是指世界上绝大多数国家公认和适用的法的分类。法的特殊分类指那些适用于个别国家或一定历史时期的国家的法的划分方式。

（1）固有法和继受法。西方法史学界普遍采用的一种分类，意在揭示法的源流关系。固有法，是指按照本国固有文化和法的历史传统制定的法。继受法，是指主要参照、吸收和借鉴国外先进立法而制定本国法。在当代，一般法律都是固有法与继受法的统一。

（2）普通法和衡平法。这是普通法法系国家的一种法的分类。这里的普通法，不同于法的一般分类中的普通法概念，专指英国在 11 世纪后由法官通过判决形式逐渐形成的适用于全英格兰的一种判例法；而衡平法是指英国在 14 世纪后通过对普通法的修正和补充而出现的一种判例法。

（3）联邦法和联邦成员法。这是实行联邦制国家的一种法的分类，单一制国家没有这一分类。联邦法是指由联邦中央制定的法律，而联邦成员法是指由联邦成员制定的法律。其法律地位、适用范围、效力等均由各联邦制国家宪法和法律规定，没有一种统一的模式。

7. 简述法的效力与法的实效的区别和联系。［山东师大 2018 年研］

相关试题：

（1）请谈谈你对法的效力与法的实效之间的关系，并论述你认为判断法的实效的标准有哪些。［论述题，四川大学 2023 年研］

（2）法的效力与实效的区别与联系。［吉大 2019 年研］

（3）简答法律实效。［中山大学 2018 年研］

(4)法的效力与法的实效有何不同?[浙江财大2018年研]

(5)如何理解法的效力与实效?[华南理工2015年研]

(6)法的效力与法的实效。[武大2012年研;西南政法2010年研]

(7)判断:法的效力就是法的实效。[南开大学2011年研]

答:(1)概念:法的效力泛指法所具有的约束力,这种约束力的存在不以涉法行为是否发生为转移。法的实效即法律对社会成员的实际的或事实上的约束力,是指法的功能和作用实现的程度和状态,它主要是一个强调实际结果的范畴,所展示的是一种事实。法的效力是保证法的实施的约束力,其结果有两种可能,即立法目的的实现和未实现。

(2)二者的区别在于:①法的效力是指法律规范是有约束力的,它意味着人们应该按照法律规范所规定的行为模式行动;而法的实效是指规范事实上被服从和适用;②法的效力主要表明立法者的主观愿望,也是任何法律规范区别于其他社会规范的重要标志,属于"应然"范畴;法的实效表明的是法的实现的客观结果与状态,属于"实然"范畴。

(3)二者的联系。法的效力是法取得实效的前提,法的实效是法的效力实现的结果。

一般来说,法只要是现行的,它就是有效的。但在很多情况下,许多法是未能充分实现其效力的,许多违法犯罪行为往往逃脱了法的追究。换言之,没有得到有效遵守的法,只是表明它没有获得好的实效,而并不表明它没有效力。法的效力并不只是在对违法行为实施处罚时才存在或浮出水面,所以法的实效不等于法律效力。

8. 某教师说:"在我国现行法律制度中,法律有广狭两种含义,这两种含义仅有范围大小之别,无效力之异。"运用所学法学理论和知识对之进行分析。[公大2009年研]

答:该教师的说法是错误的,具体分析如下:

(1)在我国现行法律制度中,广义的"法律"指包括宪法、法律、行政法规、地方性法规以及自治条例和单行条例等的整体;狭义的法律仅指全国人大及其常委会制定的法律。

(2)从范围上看,广义的法律与狭义的法律有范围大小之别,即广义的法律范围宽于狭义的法律。

(3)广义的法律与狭义的法律在内容和效力上有差别,并非"无效力之异"。

①就内容而言,广义的法律包括宪法、行政法规等,其所调整和规范的社会关系与基本法律和其他法律有明显的差别。

②就效力而言,宪法在我国法律体系中居于根本法的地位,具有最高的法律效力,基本法律和其他法律及行政法规等不得违背宪法的原则和精神;同时,行政法规与基本法律和其他法律也不在一个效力层次上,行政法规必须依据宪法和法律来制定,不得同后者相抵触。

9. 简述有条件的"特别法优于一般法"的规则。[对外经贸2009年研]

答:特别法优于一般法的规定。《立法法》第103条规定,同一机关制定的法律、行政法规、地方性法规、自治条例和单行条例、规章,特别规定与一般规定不一致的,适用特别规定;新的规定与旧的规定不一致的,适用新的规定。这是我国法律首次对"特别法优于一般法"规则的明文确认,也是首次对该规则适用条件的明确规定。

(2)对特别法优于一般法的理解。同一位阶上的法律,特别法优于一般法。但特别法与相关的法律在基本精神上应保持一致，且不能同宪法和其他上位法相抵触。

①“优先”通常指：a. 在适用对象方面，对特定主体和特定事项有效的法优先于对一般主体和一般事项有效的法；b. 在适用时间和空间方面，对特定时间和特定区域有效的法优先于对平时和所有区域有效的法。

②“有条件”是指应在同一主体制定的法之间适用这一规则。同位阶法与同一机关制定的法之间是不等同的，同位阶的法不限于同一机关制定的，不同机关制定的法也有属于相同位阶的，如国务院不同部门制定的规章之间。《立法法》确立“同一机关”这一适用条件，更符合我国立法主体多层次性和法律体系复杂性的实际情况，按照这一规定，“特别法优于一般法”规则只能适用于同一机关制定的法之间。

五、论述题

1. 试述公法与私法。［南航 2014 年研］

答：（1）公法和私法的划分主要存在于大陆法系，最早可追溯到古罗马法，是大陆法系划分部门法的基础。

①公法，指有关公共权利和义务的法律规定，如关于国家机关职权和职责的规定，涉及国家权力在社会生活中的地位、作用、运行程序等，包括宪法、行政法、刑法等。

②私法，指有关私人权利和义务的规定，如关于公民、法人等非国家组织的权利和义务的规定，包括民法、商法等。

（2）公法与私法的划分标准在于法所保护的利益是国家公益还是私人利益。凡保护国家或公共利益的法为公法，保护私人利益的法为私法。随着公法私法化和私法公法化，二者的区别日益变小。

（3）二者的区别在于：

①从利益保护的重心来看，公法以维护公共利益即“公益”为主要目的，私法则以保护个人或私人利益即“私益”为依归。

②从调整的社会关系即对象来看，公法调整的是国家与公民之间、政府与社会之间的各种关系，主要体现为政治关系、行政关系及诉讼关系等；私法调整私人之间的民商事关系即平等主体之间的财产关系和人身关系。

③公法以权力为轴心，严守“权力法定”的定律；私法则以权利为核心，适用“权利推定”的逻辑。

④公法奉行“国家或政府干预”的理念，私法遵循“意思自治”“私法自治”的原则。

2. 试论述法的效力范围。［南京大学 2012 年研］

相关试题：

（1）法的对人效力原则。［简答题，中南财大 2023 年研］

（2）简述法的效力范围。［简答题，中国政法 2020 年研］

（3）在法对人的行为的效力上通常遵循哪些基本原则？［简答题，浙江财大 2016 年研］

（4）法的效力范围是什么？［简答题，浙江财大 2015 年研］

（5）试阐述法的效力范围。结合当前实际谈一谈你对法的溯及力的理解。［中山大学 2014 年研］

答：参见本章考点难点归纳相关内容。

3. 从法律安定性和变动性的角度分析“法不溯及既往”原则及其例外。［中山大学2015年研］

相关试题：法不溯及既往的原则应适用于一切法律领域，无论什么情况都不得改变。［辨析题，首师大2013年研］

答：(1)法的溯及力是指新法颁布后对在此以前的行为和事件是否适用的问题，即是否溯及既往的问题，如果适用，则该法有溯及力；反之，则没有溯及力。关于法的溯及力原则有以下几类：①从旧原则，即无溯及力；②从新原则，新法有溯及力；③从轻原则，即比较新旧两法，适用那个对被处罚人处理较轻的法律；④从新兼从轻原则，即新法原则上溯及既往，但旧法对行为人的处罚较轻时则从旧法；⑤从旧兼从轻原则，即新法原则上无溯及力，但新法对行为人处罚有利时则从新法。我国按照“以人为本”的要求，灵活适用溯及力原则，基本上适用从旧兼从轻原则。

(2)“法不溯及既往”是一项基本的法治原则：

①禁止溯及既往(禁止事后法)原则源于法律的本质。法律规范起着指引、促进或者决定人们行为的作用。如果法律规范溯及既往，人们对法律规范的正当期盼的失落，会导致对法律规范失去信心，进而摧毁法的社会机能。

②禁止溯及既往是保障国民自由的要求。因为现行有效的法律可以预见，所以国民根据其计划来实施自己的行为，在法律允许的范围内自由行事。如果现在的合法行为，会被将来的法律宣告为非法，进而给予制裁，国民就没有丝毫自由可言。禁止事后法只是禁止不利于被告人的溯及既往，如果新法有利于被告人，则可以溯及既往。

③禁止溯及既往既是司法原则，也是立法原则。因为刑法适用上的溯及既往与刑事立法上的溯及既往都会损害国民的预测可能性、侵犯国民自由；即使一般来说，新法优于旧法，但旧法也是适应当时社会的法律，不可认为新法能适应以往时代的需要。

(3)“法不溯及既往”原则的例外情形：

①从轻例外。即当新的法律规定对行为人的处罚比旧法规定的处罚较轻时，作为法律不溯及既往原则的一种例外，新法可以溯及既往。从轻例外通常适用于公法领域，如在刑法的溯及力问题上，各国普遍采取从轻原则。但是从轻例外不适用于私法领域，不适用于民事上的惩罚措施，如违约金。

②补缺例外。如果新法是在原来没有相关法律规定的基础上制定而弥补已有的立法空白的，新法公布后但未正式生效前的事件和行为起诉到人民法院的，或者正在审理过程中的案件可能适用到新法规定的新制度、新规则的，人民法院不得拒绝裁判。此时，人民法院应当适用或者参照适用新法。补缺例外通常既可以适用公法领域又可以适用于私法领域。

③自治例外。自治例外主要适用于私法领域，是指当新的法律在符合当事人意思自治原则时可以具有溯及既往的效力。

④从宽例外。从宽例外通常适用于私法领域，是指当新的法律规定认定某种民事法律行为有效而旧法认定无效时，作为法律不溯及既往原则的一种例外，新法可以溯及既往。

此外，我国法律适用中还存在一些例外，体现在与人身相关的案件纠纷中。

4. 论述法律效力的冲突与协调。［华南理工 2017 年研］

相关试题：

(1) 简述解决法的效力冲突一般适用的原则。［简答题，河北大学 2018 年研；山东师大 2018 年研；扬州大学 2017 年研］

(2) 地方性法规与部门规章不一致时，应当如何处理？［简答题，南航 2018 年研］

(3) 新法与旧法的冲突与协调。［简答题，南航 2014 年研］

(4) 法的位阶和效力冲突。［首经贸 2012 年研］

(5) 我国法律效力冲突的解决原则和方法。［简答题，武大 2012 年研］

(6) 试述法的效力冲突及其解决方法。［南京大学 2011 年研］

答：(1) 法的效力是指法对其所指向的人们的强制力或约束力，是法不可缺少的要素。由于法的数量非常之多，同时由多方面的立法主体制定或认可，或由多方面的司法机关所创制，且产生的时间和针对的侧重点不同，使得它们之间常有冲突。

(2) 法的效力冲突与协调：

①上位法和下位法的冲突。处理不同层级的法之间所发生的冲突，应遵循上位法优先于下位法的原则：

a. 宪法具有最高的法的效力。

b. 法律的效力高于行政法规、地方性法规和规章；行政法规的效力高于地方性法规和规章；地方性法规的效力高于本级和下级地方政府的规章；省、自治区人民政府制定的规章，效力高于本行政区域内较大市的人民政府制定的规章。

c. 法律、行政法规、地方性法规、自治条例和单行条例、规章超越权限，它们中的下位法违反上位法规定的，由有关机关依照《立法法》所确定的权限予以改变或撤销。

②特别法和一般法的冲突。即常见的不同种类的法之间的冲突。同一机关制定的法的冲突适用“特别法优先于一般法”的原则。不同机关制定的法的冲突则要具体情况具体分析。

③新法和旧法的冲突。法是在不同时间产生的，它们对同一对象发生效力时，往往存在新法和旧法的冲突。

a. 处理这种冲突应遵循有条件的“新法优先于旧法”的原则，即以同一位阶特别是同一主体制定或认可为前提，来适用这一原则。

b. 不同位阶的法，不适用“新法优先于旧法”的原则；在许多情况下，属于同一位阶但却不属于同一立法主体所制定的法，也不适用“新法优先于旧法”的原则。

④根本法和普通法的冲突。这里专指成文法国家，其根本法是宪法，它是该国立法的基础，其法律效力最高，普通法必须以宪法为基础，不能与之相抵触。

六、案例分析题

根据人民法院报去年 8 月份的一篇文章，关于郑州市中原区人民法院实行先例判决制度改革。结合法理学，来分析自己的看法。［北大 2006 年研］

如今到河南省郑州市中原区法院打官司的当事人，在介入诉讼前可以通过查阅这里汇编成册的大量先例判决案例，了解自己案件类似的判决结果。此间法学界人士认为，中原区法院试行的“先例判决”制度，是推进审判制度改革的重大探索，不仅有利于增加法院审判的透明度和权威性，而且有利于促进司法公正和提高审判效率。中原区法院试行的“先例判决”制度，是指经过某种程序被确认的先例生效判决对本院今后处理同类案件具有一定的拘束力，其他合议庭或独任审判人员在处理同一类型、案情基本相同的案件时，应当遵循先例作出大体一致的判决。在前期先例判决的制作方面，中原区法院审判委员会或专业小组对判例的类型、程序和实体的处理、判例的形式和内容等进行了严格的审核，确认后严格规范先例判决文书，定期汇编成册，予以公布。

据悉，中原区法院试行“先例判决”制度一年来，收到了令人满意的效果。法官办案更加透明了，法院审判工作效率大大提高了，当事人上诉的少了，案件被改判或发回重审现象基本杜绝。

答：(1)“先例判决制度”是指经过某种程序被确认的“先例判决”对今后处理同类案件具有一定的拘束力，其他合议庭或独任审判人员在处理同类案件时应当参照。中原区法院勇于开拓，尝试了“先例判决”的实践。它既不同于英美法系的判例法制度，又吸收了英美国家判例法制度中合理的法治内核，同时考虑了我国现行司法制度的基本原则，对促进我国司法制度的完善和法治的发展有重要的意义。

(2)从法理学的角度分析，主要有以下几点意义：

①先例判决制度有利于促进司法在适用法律上的统一。我国作为成文法国家，成文立法需适用于多种复杂实际情况，因而其内容往往具有较高的概括性。在具体案件处理中，不同法院和法官对同一法律规范的理解可能存在差异，导致同一法律规范在司法实践中被赋予不同含义。这种解释上的分歧可能引发裁判结果的不一致，进而导致司法标准的混乱。但是，在先例判决制度下，只要作为先例的判决对同一法律规范的含义作出了明确解释，在此后的其他案件中，法官就只能在同一意义上适用这一法律规范。这种制度在一定程度上限制了法官在解释法律上的任意性，可以有效地防止司法在适用法律上的混乱和司法不公。

②先例判决制度有利于促进法官公正地行使自由裁量权。司法不公不仅表现在不同的判决从不同的意义上适用同一法律规范，还表现为在法官对同一法律规范的意义没有分歧的情况下，从不同的角度适用法律授予的自由裁量权而对案情相同或相近的案件作出不同的判决结论。但先例判决制度可以有效地解决这个问题，法官在审理案件时，只要发现过去有过对于案情相同或相近的案件的判决，就应当参照先例作出相同或相近的裁判。这种对案情相同的案件所作的判决在处理内容上的一致性，能够很典型地体现司法的公正性。

③“先例判决制度”有利于促进法官形成和增强遵循先例意识，并预防法官腐败。即使在我国，从理论上说，生效判决所确认的事实、对法律的解释对以后的裁判也应当有约束力，司法的统一性也要求司法遵循统一的标准。中原区法院的“先例判决”制度虽然只是肯定了部分判决对于以后判决的约束力，但它对于促进法官们认识“遵循先例”和统一的司法标准的必要性无疑有着重要意义。

④中原区法院尝试的先例判决制度借鉴和吸收了英美国家判例制度中的合理内核，同时又充分考虑了我国国情。先例判决制度不要求法官造法，因而不违反我国立法至上的人民代表大会制度和成文法传统；但另一方面，先例判决制度又要求法官遵循审判委员会研究作出的判决中对有关法律规范的解释和对案情处理的裁量标准，这无疑有利于在适用法

律和行使有关的司法自由裁量权上统一司法准绳，充分体现司法公正，同时也真正体现了对成文立法的尊重，对完善我国司法制度有重要的现实意义。

遵循先例制度的基本要求和内容之一就是下级法院必须遵循上级法院所作出的生效判决，像中原区这样的基层法院自身不可能真正创造和实现一种司法制度，更不可能真正完全实现先例判决制度。中原区法院关于“先例判决”的尝试只是一个统一司法标准的具体模式和实验，真正要关注的应该是它所蕴含的一个必须和如何尊重司法规律、实现司法公正的启示。

第六章　法律体系

6.1　复习笔记

【知识框架（庖丁解牛）】

- 法律体系
  - 法律体系概述
    - 概念和特点
    - 其他相近概念：法制体系、法学体系、法系
  - 法律部门及其划分标准
    - 概念和特点
    - 划分标准
      - 法律规范所调整的社会关系
      - 法律规范的调整方法
  - 中国特色社会主义法律体系
    - 宪法及宪法相关法
    - 民法商法
    - 行政法
    - 经济法
    - 社会法
    - 环境资源法
    - 军事法
    - 刑法
    - 诉讼与非诉讼程序法

【通关提要（提纲挈领）】

本章主要内容包括法律体系和法律部门，学习时要掌握法律体系这一基本概念，能够准确区分其与法制体系、法学体系、法系等概念的不同，熟悉中国特色社会主义法律体系。同时要掌握法律部门的划分标准，了解各个法律部门的特点。本章主要考查概念题和简答题，须准确记忆基础概念。

【考点难点归纳（厚积薄发）】

考点一：法律体系概述（见表6-1）★★★

表6-1　法律体系概述

要点	具体内容
概念	又称部门法体系，指一国的全部现行法律规范，按照一定的标准和原则，划分为不同的法律部门而形成的内部和谐一致、有机联系的整体

续表

要点	具体内容	
特点	①由一国全部的现行法律构成。 ②由不同法律部门分类组合而形成的具有逻辑联系的有机整体。 ③其理想要求是门类齐全、结构严密、内在协调。 ④是主客观有机统一结合的产物	
法律体系与法制体系	区别	法律体系强调静态法律的体系构成。 法制体系强调动态法制的运转机制系统
	联系	法制体系包含法律体系
法律体系与法学体系	区别	①本质区别：法学体系属于思想范畴，是一国法律的学科体系，法律体系属于理论范畴，是一国现行的法律规范体系，具有实际的法律效力。 ②法学体系的内容和范围比法律体系大。 ③法律体系具有属国性；法学体系具有跨国性
	联系	①法律体系是法学体系形成的前提和基础。 ②法学体系指引法律体系的发展与完善
法律体系与法系	法系跨越历史和国度，偏重横向与纵向的动态比较。 法律体系是一个国家的现行法律规范的有机组合，是一种静态的研究	

【真题链接】

(1)简述法律体系的特点。[简答题，广财 2018 年研；扬州大学 2016 年研]

(2)论述法律体系和法学体系的联系和区别。[论述题，杭师大 2017 年研]

考点二：法律部门(见表 6-2) ★★★

表 6-2　法律部门

要点	具体内容	
概念	又称部门法，指根据一定标准和原则对一国现行的全部法律规范进行划分所形成的同类法律规范的总称	
划分标准	调整对象	法律规范所调整的社会关系
	调整方法	法律规范的调整方法
划分原则	①整体性原则；②适当平衡原则；③前瞻性原则；④实用性与逻辑性兼顾原则；⑤发展原则	

考点三：中国特色社会主义法律体系 ★★★

中国特色社会主义法律体系按照调整对象和调整方法的不同，可分为九个主要法律部门：宪法及其相关法、民法商法、行政法、经济法、社会法、环境资源法、军事法、刑法、诉讼与非诉讼程序法。

【真题链接】

(1)试述中国特色社会主义法律体系的基本框架。[论述题，北邮 2020 年研]

(2)简述中国特色社会主义的法律体系。[简答题，杭师大 2020 年研；南航 2014 年研]

6.2 课后习题详解

1. 如何理解法律体系的概念和特征?

答：参见本章考研真题简答题第1题答案。

2. 如何理解法律部门的概念及划分标准?

答：参见本章考研真题概念题第4题和简答题第5题答案。

3. 中国特色社会主义法律体系的主要法律部门有哪些?

答：参见本章考研真题简答题第6题答案。

4. 凯尔森认为：“法并不是像有时所说的一个规则，它是具有那种我们理解为体系的统一性的一系列规则。如果我们将注意力局限于个别的孤立的规则，那就不可能了解法的性质。”请结合该语境，谈谈你对建立和完善中国特色社会主义法律体系的必要性的理解。

答：(1)法律体系是指由一国现行全部法律规范按照不同的法律部门分类组合、相互配合而构成的具有逻辑联系并内在统一的整体。其理想化要求是门类齐全、结构严密、内在协调；它是客观法则和主观属性的有机统一。中国特色社会主义法律体系的形成，赋予法律体系概念以新的含义。

(2)中国特色社会主义法律体系形成的更为深远的意义在于它圆了近代以来中国人民建设一个法律制度完备的强大国家的百年梦想。

①法律体系被看作是制度的载体。一个国家法律体系的状况，反映着这个国家政治、经济和社会制度的发展和完善程度状况。法律体系完备的国家，都是制度比较成熟的国家。因而，法律体系的完备程度是现代国家的一项重要制度指标。

②法律体系被看作社会政治价值观的载体。法律反映社会政治价值观，是指法律通过发挥自身功能可以保护和促进国家的政治目标和社会理想。

③法律体系被赋予保障法律规范和谐统一的功能。法律体系是由法律规范构成的，一个法律规范可能分别表现在不同的法律条文，或者不同层级的法律条文之中。法律体系的内部结构要求保证法的原则、目的与价值的一致性，法律规范的一致性。

④法律体系被看作法律平衡发展的指标。通过不同国家法律体系的比较，以及对本国法律体系中不同法律部门的比较，可以发现制度建设的“短板”。

6.3 考研真题与典型题详解

一、单项选择题

“当法律人在选择法律规范时，他必须以该国的整个法律体系为基础，也就是说，他必须对该国的法律有一个整体的理解和掌握，更为重要的是他要选择一个与他确定的案件事实相切合的法律规范，他不仅要理解和掌握法律的字面含义，还要了解和掌握法律背后的意义。”关于该表述，下列哪一理解是错误的?(　　)[2017年法考真题]

C

A. 适用法律必须面对规范与事实问题

B. 当法律的字面含义不清晰时，可透过法律体系理解其含义

C. 法律体系由一国现行法和历史上曾经有效的法构成

D. 法律的字面含义有时与法律背后的意义不一致

【解析】C 项，法律体系是一国现行法构成的体系，它不包括历史上废止的已经不再有效的法律，一般也不包括尚待制定、还没有生效的法律。

A 项，适用法律解决具体个案的过程在形式上就是逻辑中的三段论推理过程，即大前提、小前提和结论。具体来说，法律人适用法律解决个案纠纷的过程，首先要查明和确认案件事实，作为小前提；其次，要选择和确定与上述案件事实相符合的法律规范，作为大前提；最后以整个法律体系的目的为标准，从两个前提中推导出法律决定或法律裁决。

B 项，研究法律体系对科学地进行立法预测、立法规划，正确地适用法律解决纠纷，全面地进行法律汇编、法典编纂，合理地划分法律学科、设置法学课程等都具有重要的意义。循此规律要求法律人在解释某个法律规范时，就必须将该法律规范置于其上下文、整部法律、该国的整个法律体系的脉络中进行理解和解释。

D 项，法律解释需要将条文与案件事实结合起来进行，法律解释的主要任务是要确定法律规定对某一特定的法律事实是否有意义，因此在进行法律解释的时候不仅要理解字面含义，还要理解其背后的意义，而法律的字面含义与背后意义有时不完全一致。

二、多项选择题

1. 下列关于中国特色社会主义法律体系特征的表述，正确的有（　　）。[2019 年法硕真题]

A. 体现中国特色社会主义的本质要求

B. 体现改革开放和现代化建设的时代要求

C. 体现结构内在统一而又多层次的国情要求

D. 体现继承中国法律文化优秀传统和借鉴人类法治文明成果的文化要求

【解析】中国特色社会主义法律体系，是以宪法为统帅，以法律为主干，以行政法规、地方性法规为重要组成部分，由宪法及宪法相关法、民商法、行政法、经济法、社会法、刑法、程序法等多个法律部门组成的有机统一整体。它的形成，体现了中国特色社会主义的本质要求，体现了改革开放和社会主义现代化建设的时代要求，体现了结构内在统一而又多层次的国情要求，体现了继承中国法律文化优秀传统和借鉴人类法治文明成果的要求，体现了动态、开放、与时俱进的社会发展要求，是中国社会主义民主法治建设的一个重要里程碑。

2. 关于法律部门与法律体系的关系，下列表述正确的有（　　）。[2014 年非法学真题]

A. 法律体系是法律部门的基础

B. 法律体系包括多个法律部门

C. 法律部门是法律体系的构成要素

1ABCD　2BCD

D. 不同法律部门的有机结合构成一国的法律体系

【解析】法律体系，是指一国的部门法体系，包括多个法律部门。法律体系是将一国现行的全部法律规范根据一定的标准和原则分成不同的法律部门，并由这些法律部门所构成的具有内在联系的统一整体。法律部门又称部门法，是指一个国家根据一定原则和标准划分的本国同类法律规范的总称。法律部门是法律体系的构成要素，是法律体系的基础，不同法律部门的有机结合构成一国的法律体系。

三、概念题

1. 法律体系［扬州大学 2024 年研；四川大学 2024 年研；广西民大 2023 年研；中南财大 2022 年研；浙工商 2021 年研；广财 2020 年研；湖南师大 2020 年研；华东师大 2019 年研；浙江理工 2019 年研；中国政法 2018 年研；山东大学 2018 年研；河北大学 2018 年研；常州大学 2018 年研；中财 2016 年研；北邮 2016 年研；浙江财大 2015 年研；华侨大学 2015 年研；厦门大学 2011 年研］

答：法律体系即法律规范的体系，又称“法的体系”或“法体系”，是指由一国现行全部法律规范按照不同的法律部门分类组合形成的一个有机联系的统一整体。法律体系通常具有以下特征：①法律体系是由一国的法律规范所构成的体系；②法律体系是一国全部现行有效法律规范所构成的体系；③法律体系是由一定组织结构（法律部门）所构成的体系；④法律体系是一个有机联系的整体。

2. 法学体系［中南财大 2010 年研］

答：法学体系是指一个国家的有关法律的学科体系，是由法学分支学科构成的有机整体。法学体系是以人们对各种法律知识所研究的对象和范围不同作为标准所进行的分类，其基本单位是法学分支学科。它体现了对古今中外各国的法律现象进行研究所形成的法律知识状态。其研究的中心问题是解决由法律知识形成的法学分支学科的分类问题，属于理论、社会科学范畴，具有意识形态和思想文化属性。

3. 立法体系［浙大 2006 年研］

答：立法体系是指以规范性法律文件的不同分类组合而形成的一个统一体系。立法体系以各法律规范的制定机关在整个国家法律创制中的地位及与此相联系的法律规范的效力范围和效力等级为分类组合标准，侧重于法的调整的外部形式。当立法体系是法典式的法的形式时，它同法律体系的法律部门所调整的社会关系是大体一致的。

4. 法律部门［中国政法 2020 年研；扬州大学 2018 年研；广财 2018 年研；温州大学 2018 年研；南航 2017 年研；广财 2017 年研；华南理工 2016 年研；山东师大 2015 年研；杭师大 2015 年研；中山大学 2014 年研］

答：法律部门又称部门法，是指根据一定的标准和原则，对一国现行的全部法律规范进行划分所形成的同类法律规范的总称。从范围来看，它是具有共同调整对象和调整方法的法律规范的总称；从内部结构来看，它是由若干个子部门组成的体系。法律部门是由同类法律规范构成的，是构成法律体系的基本要素。其形成是不断变化和发展的。法律部门还可以进一步划分为若干的子部门，且部门法之间也存在着交叉。

四、简答题

1. 简述法律体系的特点。［广财2018年研；扬州大学2016年研；中南财大2009年研］

相关试题：

(1)试述法律体系的概念和特征。［浙江财大2016年研］

(2)“法律体系的理想化要求门类齐全、结构严谨、内在协调”。［分析题，厦门大学2015年研］

(3)什么是法律体系？法律体系有何基本特征？［南师2008年研］

答：(1)法律体系即法律规范的体系，又称“法的体系”或“法体系”，是指由一国现行全部法律规范按照不同的法律部门分类组合形成的一个有机联系的统一整体。

(2)法律体系的特点如下：

①法律体系是一国全部现行法律构成的整体。它只包括一个国家调整本国社会关系和社会秩序的法律规范状况，而不包括与本国无关的适用于其他国家或地区的法律规范，是由一个主权国家的法律构成的整体；它只反映一个国家目前正在生效施行的法律规范状况，而不反映本国目前没有生效施行和已经废止的法律规范状况，只包括现行的国内法和被本国承认的国际法。

②法律体系是一个由法律部门分类组合而形成的体系化的有机整体。法律体系不是法律规范的简单相加所形成的整体，而是根据一定标准或原则对一国全部法律规范进行分类，继而由这些划分的类别或结构所形成的有机整体。一国法律体系的各个组成部分之间既相对独立又协调统一，这既是法律体系的客观构成，也是法律体系的一种理性化要求。

③法律体系的理想要求是门类齐全、结构严密、内在协调。门类齐全是指在一个法律体系中，在宪法的统摄下，调整不同社会关系的一些最基本的法律部门应该具备，不能有缺漏；结构严密是指不但在整个法律体系之间要有一个严密的结构，而且在各个法律部门内部也要形成一个从基本法律到和基本法律相配套的一系列法规、实施细则等的严密结构；内在协调是指在一个法律体系中，一切法律部门都要服从宪法并与其保持协调一致，即普通法与根本法相协调，程序法与实体法相协调等。

④法律体系是主观属性和客观法则的有机统一。法律体系具有主观的一面，这是因为法是人们创制出来的，而且法律部门的划分标准也与人的认识活动紧密相关。同时，立法者也不能忽视客观规律。法律体系反映着社会运动，反映了客观存在的社会关系。

2. 一国法律体系的统一性决定于哪些因素？［南师2018年研］

相关试题：

(1)法律体系统一性的原因。［南师2010年研］

(2)什么是法律体系？一个国家法律体系的统一性取决于哪些因素？［南师2006年研］

答：法律体系的统一性取决于以下两个原则的贯彻：

(1)合宪性原则，即一切立法必须以宪法为依据。这是由我国的国家结构形式决定的。我国是单一制国家，全国人民代表大会是最高权力机关，其他国家机关均由它产生，并对它负责。宪法是我国的根本大法，在我国法律体系中具有最高法律地位和效力，是其他所有立法的依据。一切违背宪法的法律、法规和其他规范性法律文件均属无效。宪法内容具有全面性和极端重要性。宪法规定国家和社会生活各主要方面最重要的内容。因此，宪法具有最大权威性，是我国法律体系的核心和基础，其他立法是宪法内容的体现和具体化。遵循合宪性原则应做到以下两点：

①各有权的国家机关严格按照宪法赋予的立法权限进行立法活动，不得超越立法权限。

②各有权的国家机关在立法活动中，要根据宪法的规定，严格遵循各种法律渊源间的效力从属关系，切实做到一切立法不得与宪法相违背，低层次立法不得与高层次立法相违背。

(2)体系协调性原则，即要注意法律体系各个层次的协调一致。现代国家已形成以宪法为核心、部门法林立的庞大的法律体系，这就要求在立法中要注意各部门法之间的相互补充和配合，但同时也要避免不必要的重复。因此，要避免同一类规范性法律文件之间的矛盾和同一规范性法律文件内部的自相矛盾；要注意避免不同层次的规范性法律文件之间的矛盾。

一国法律体系的统一程度对本国法律秩序的形成和稳定发展具有决定作用，尽管统一协调的法律体系不一定必然导致和谐的法律秩序，但如果法律体系处于不统一的紊乱状态则必然导致不和谐的社会状态。当然，在一定区域内，法律体系的协调统一是相对的，即使法律体系在形式上完备也难免出现法律规则的冲突缺陷。

3. 法律体系与法制体系的关系如何？［武汉理工2010年研］

答：参见本章考点难点归纳相关内容。

4. 简述法系与法律体系的区别。［山东大学2014年研；浙大2007年研］

相关试题：

(1)法系与法律体系［概念题，中财2013年研；武大2008年研］

(2)判断：法系即是指法律体系。［南师2009年研］

答：(1)概念：法系是指具有某种共性或共同历史传统的法律的总称，它是一种超越若干国家和地区的法律现象的总称。法律体系是指一国内由现行法律规范按照一定的原则和标准划分而成的各个法律部门组成的统一整体。

(2)二者的区别：

①侧重点不同。法律体系侧重于一国现行全部法律规范的内在和谐一致和体系性联系。法系是指根据历史传统的联系和表现形式上的共同特征而对各国的法律体系进行的宏观分类，它侧重于各国法律比较。

②范围不同。法律体系仅包括一个国家某一时期现行的法律规范。而法系则不仅包括若干国家现行的法，而且还包括这些国家历史上的法，以便从中发现这些国家的法的发展过程、历史演变以及各国法的相互影响。

③法律体系是一种静态的研究，而法系则偏重横向与纵向的动态比较。

5. 法律部门划分的标准是什么？［浙江财大2015年研］

相关试题：结合我国情况论述法律部门及其划分标准。［论述题，南航2012年研］

答：法律部门的划分标准如下：

(1)法律规范所调整的社会关系。法律是调整社会关系的行为准则，调整社会关系的内容决定着法律规范的性质。法律所调整的社会关系是多种多样的，各种社会关系的内容、性质不同，国家调整社会关系的活动范围、方式也不同，因而当这些不同领域的社会关系成为法律调整的领域之后，它们便成为法律部门形成的基础，从而形成不同的法律部门。

(2)法律规范的调整方法。法律调整方法主要是指实施法律制裁的方法和确定法律关系主体不同地位、权利义务的方法，包括：①确定权利义务的方式、方法；②权利和义务的确定性程度与权利主体的自主性程度；③法律事实的选择；④法律关系主体的地位和性质；⑤保障权利的手段和途径。

法律规范所调整的社会关系的性质是划分法律部门的重要标准，但如果仅以此作为划分法律部门的标准是不够的，因为它们既无法解释一个法律部门(如刑法法律部门)可以调整不同种类的社会关系，也不能解释同一社会关系需要由不同的法律部门来调整这一社会现象。只有将法律规范调整的对象与其他的标准结合起来，才能使法律部门的划分具有实际意义。

6. 简述中国特色社会主义法律体系主要的法律部门。[扬州大学2017年研]

相关试题：

(1)论中国特色社会主义法律体系。[论述题，北邮2024年研]

(2)简述当代中国的法律体系。[浙江财大2017年研]

(3)简述中国特色社会主义的法律体系。[杭师大2020年研；南航2014年研]

(4)试述中国特色法律体系的结构和特征。[论述题，人大2012年研]

(5)中国特色社会主义法律体系的基本框架。[武大2010年研]

答：中国特色社会主义法律体系按照调整对象和调整方法的不同，可分为九个法律部门：

(1)宪法及其相关法。宪法是国家的根本法，它规定国家的根本制度和根本任务、公民的基本权利和义务、国家生活的基本原则和社会生活的根本准则，在法律体系中居于核心和统帅的地位，具有最高的法律效力。宪法相关法是与宪法相配套、直接保障宪法实施的宪法性法律规范的总和，主要包括四个方面的法律：①有关国家机构的产生、组织、职权和基本工作制度的法律；②有关民族区域自治制度、特别行政区制度、基层群众自治制度的法律；③有关维护国家主权、领土完整和国家安全的法律；④有关保障公民基本政治权利的法律。

(2)民法商法。指规范民事、商事活动的法律规范的总称，调整的是自然人、法人和其他组织之间以平等地位而发生的各种社会关系。民法商法部门大体可分为民法、商法和知识产权法三个方面的法律。民法调整的是平等主体的自然人之间、法人之间、自然人与法人之间的财产关系与人身关系，主要包括物权、债权、人格权、婚姻家庭、继承、侵权责任等方面的法律规范。商法主要包括公司、破产、证券、期货、保险、票据、海商等方面的法律规范。知识产权法是调整知识产权的取得、使用、管理和保护所产生的社会关系的法律规范。

(3)行政法。指规范行政管理活动的法律规范的总称，包括有关行政主体、行政行为、行政程序、行政监督以及国家公务员制度等方面的法律规范。行政法调整的是行政主体与行政管理相对人(公民、法人和其他组织)之间因行政管理活动而发生的法律关系，总体上可以称为纵向关系。

(4)经济法。指调整因国家从社会整体利益出发对市场经济活动实行干预、管理、调控所产生的社会关系的法律规范的总称。我国经济法部门可分为行业经济管理法和综合职能管理法两方面法律。

(5)社会法。指规范劳动关系、社会保障、社会福利和特殊群体权益保障等方面社会关系的法律规范的总称。社会法调整的是政府与社会之间、社会不同部分之间的法律关系。我国社会法部门包括劳动保障法、社会保障法、社会公益与慈善法三个方面的法律。

(6)环境资源法。指关于保护、治理和合理开发自然资源，保护环境、防止污染和其他公害，维护生态平衡的法律规范的总称。它包括环境污染防治法和资源法两方面法律。

(7)军事法。指有关国防和军队建设的法律规范的总称。我国现行有效的军事法包括《国防法》《兵役法》《现役军官法》等主要法律文件和规范，国务院和中央军委联合制定的军事行政法规，以及中央军委制定的军事法规等。

(8)刑法。指规范犯罪、刑事责任和刑事处罚的法律规范的总称。从广义上说，刑法部门不仅包括规范犯罪和刑罚的刑法，还包括预防犯罪、改造犯罪方面的法律规范，如《预防未成年人犯罪法》《监狱法》《社区矫正法》等。

(9)诉讼与非诉讼程序法。指规范解决社会纠纷的诉讼活动与非诉讼活动的法律规范的总称。我国程序法部门包括诉讼程序法和非诉讼程序法两个子部门，其中诉讼程序法包括刑事诉讼法、民事诉讼法和行政诉讼法，非诉讼程序法包括仲裁法和调解法。我国法律体系中现行有效的诉讼与非诉讼程序法包括《刑事诉讼法》《民事诉讼法》《行政诉讼法》等。

五、论述题

1. 结合法理学关于法律部门的划分标准和原则，谈谈对我国现行法律体系的理解。［中山大学2010年研］

相关试题：

(1)法律部门的划分原则。［简答题，公大2010年研］

(2)简述划分法律部门的标准和原则。［简答题，中财2008年研］

答：(1)法律部门的划分标准。我国学者在法律部门划分标准问题上一般持双重标准说：一是，法律规范的调整对象，即特定的社会关系；二是，法律规范的调整方法，即法律责任的承担方式和法律制裁的方式。尽管二者都是法律部门划分的标准，但前者是主要标准，后者是辅助标准。

(2)法律部门的划分原则：

①整体性原则。以整个法律体系为划分对象，划分结果必须囊括一国现行法律的全部内容，使法律体系中的所有同类法律都归属于某一法律部门。

②均衡原则。划分法律部门时应当考虑各法律部门之间法律规范的规模或数量之间保持大体上的均衡，不能使某些法律部门的内容(即规范)特别多，而有些法律部门的内容则特别少。当然，这种均衡只是相对均衡，主要还要取决于各法律部门的实际需要和调整幅度。

③前瞻性原则。以现行法律为主，兼顾即将制定的法律。法律是发展的，法律体系的

内容也在不断发生变化。划分法律部门虽要以现行法律为基础，但也要考虑法律的发展变化，否则就不可能在法律发展的动态过程中保持法律体系的相对稳定。

④实用性与逻辑性兼顾原则。划分法律部门既要有逻辑性，也要结合划分标准与划分结果的实用性。

⑤发展原则。法律部门划分的标准具有相对稳定性，但随着社会关系领域的日益变化和人们认识的提高，法律部门的划分标准也会有某些变化。

(3)法律部门与法律体系：

①法律部门与法律规范的相互关系：

a. 法律规范是构成法律部门的基本要素，没有法律规范就没有法律部门。

b. 法律部门是由在一定标准下划分的同类法律规范构成的，单独的法律规范不可能构成一个法律部门。法律部门是对调整同类社会关系的法律规范的系统化整理。如刑法部门是由调整犯罪、刑罚以及与之直接关联的法律规范构成，民法部门由调整平等主体之间人身关系、财产关系以及与之直接关联的法律规范构成。

②法律部门的划分具有一定的相对性。虽然可以按照一定的标准将法律规范划分为不同的法律部门，但这种划分不是绝对的，这主要表现在两个方面：

a. 从横向上看，法律部门之间存在着交叉。这是由于社会关系错综复杂、彼此联系，因此法律部门之间往往很难截然分开。事实上，相当数量的社会关系需要几个法律部门进行调整。

b. 从纵向上看，同一法律部门还可以进一步划分为若干子部门。这些子部门由构成该法律部门的法律规范中调整更加具体的同类别的社会关系的特殊法构成，是该法律部门的分支。

③法律部门是不断发展变化的。一个法律体系究竟由哪些法律部门构成，并非一成不变，它也会随着社会和社会关系的发展变化而改变。随着有些社会关系的特殊性日益凸显，调整这类社会关系的法律规范便从原所属的法律部门中独立出来，成为单独的法律部门。随着社会对某类社会关系认识的逐步加深和理论上的发展，某些法律规范也会从原法律部门中独立出来，形成新的法律部门。

(4)当代中国的法律部门。当代中国的法律体系包含九个重要的法律部门，即宪法及宪法相关法、民法商法、行政法、经济法、社会法、环境资源法、军事法、刑法、诉讼与非诉讼程序法。

2. 论述法律体系和法学体系的联系和区别。［杭师大 2017 年研］

答：(1)法律体系与法学体系的区别：

①本质区别：法学体系是由法学分支学科构成的体系，其中心问题是解决由法律知识形成的法学分支学科的分类问题，属于意识形态范畴。法律体系是指一个国家现行的法律规范体系，其中心问题是解决对法律规范形成的法律部门的划分问题，属于理论范畴。

②范围不同。法学体系的范围比法律体系的范围要广。法律体系只研究一国现行的国内法。而法学体系不仅研究国内法也研究外国法和国际法，不仅研究现行法也研究历史上的法和未来的法。

③构成的基本要素及其划分的依据不同。构成法律体系的基本单元是法律部门，法律

部门的划分依据是法律调整的对象和调整的方法；而法学体系的基本要素是法学的各分支学科，其划分的依据主要是研究的对象和范围。

④一般情况下，一个国家只有一个法律体系，而法学体系则可以多种并存。法律体系具有属国性，一般在一个主权国家的主权范围内发生效力；法学体系具有跨国性，不同国家的法律之间可能存在相同或相通之处。

(2)法律体系与法学体系的联系：

①法律体系是法学体系赖以建立和存在的前提和基础。

②法律体系为法学体系的发展提供动力，即为法学体系提供条件和对象。没有法律体系也就很难进行法学学科的分类和研究。

③法学体系为健全和发展法律体系指明方向、目标和任务。没有法学体系，就无法从理论上得知法律体系的缺陷和问题，就无法科学地丰富和完善法律体系。法学体系指引法律体系的发展与完善，从理论上揭示法律体系的缺陷和问题。

第七章 法的要素

7.1 复习笔记

【知识框架(庖丁解牛)】

- 法的要素
  - 法的要素概述：概念、特征、分类
  - 法律概念
    - 概述：定义、来源、功能
    - 分类
      - 按涉及内容分：涉人概念、涉事概念、涉物概念
      - 按功能分：描述性概念、规范性概念
      - 按确定性程度分：确定性法律概念、不确定性法律概念
      - 按涵盖面大小分：一般法律概念、部门法律概念
  - 法律规则
    - 概述：定义、逻辑结构、特征
    - 分类
      - 按内容分：授权性规则、义务性规则、权义复合性规则
      - 按形式特征分：规范性规则、标准性规则
      - 按功能分：调整性规则、构成性规则
      - 按强制性程度分：强行性规则、指导性规则
  - 法律原则
    - 概述：概念、功能
    - 与法律规则的区别
      - 调整方式性质、初始性特征
      - 适用范围、适用方式
    - 分类
      - 按产生基础分：政策性原则、公理性原则
      - 按覆盖面分：基本法律原则、具体法律原则
      - 按内容分：实体性原则、程序性原则
    - 适用
      - 适用特点
      - 司法适用规则

【通关提要(提纲挈领)】

本章主要介绍法的要素，包括法律概念、法律规则和法律原则，属于基础章节。学习时要掌握三者的分类，注意区分法律规则与法律原则。本章主要考查简答题或论述题，要在理解基础上记忆；同时要牢记司法适用规则，能在具体案例中正确适用规则和原则。

【考点难点归纳(厚积薄发)】

考点一：法律概念(见表7-1) ★★★

表 7-1　法律概念

要点	具体内容	
概念	指对各种法律事实进行概括，抽象出其共同特征而形成的权威性范畴	
来源	①日常概念；②法学创造	
功能	①表达功能；②认识功能；③构成功能；④提高法律合理化程度的功能	
分类	按内容分	涉人概念、涉事概念、涉物概念
	按功能分	描述性概念、规范性概念
	按确定性程度分	确定性法律概念、不确定性法律概念
	按涵盖面分	一般法律概念、部门法律概念

【真题链接】法律概念分哪几类？举例说明。［简答题，北邮 2014 年研］

考点二：法律规则 ★★★★★

1. 法律规则概述（见表 7-2）

表 7-2　法律规则概述

要点	具体内容		
概述	指以一定的逻辑结构形式具体规定人们的法律权利、法律义务及其相应的法律后果的一种法律规范，是构成法律的主要元素		
逻辑结构	三要素说［占主导地位］	假定	适用规则的前提、条件或情况
		处理	具体要求人们做或禁止做什么，即权利和义务
		制裁	行为人要承担的否定性法律后果
	二要素说	行为模式	分为三种：可为模式、应为模式、勿为模式
		法律后果	两种形式：肯定性/合法后果、否定性/违法后果
	新三要素说	假定、行为模式和法律后果	
特征	①可重复适用性；②适用的普遍性；③微观指导性；④较强的可操作性；⑤较高的确定性		
功能	①明确的指引性；②可预测性；③直接适用性		

2. 法律规则的分类（见表 7-3）

表 7-3　法律规则的分类

划分标准	种类	具体内容
内容	授权性规则［居首要地位］	指规定人们有权作一定行为或不作一定行为的规则。 其特点是具有任意性、无强制性
	义务性规则	指直接要求人们作为或不作为的规则，特点：强制性、必要性、不利性
	权义复合性规则	指兼具授予权利、设定义务两种性质的法律规则。其特点有： ①被指示的对象有权按法律规则的规定作出一定行为。 ②作出这些行为是其不可推卸的义务

续表

划分标准	种类	具体内容
形式特征	规范性规则	指内容明确、肯定和具体，且可直接适用的规则
	标准性规则	指部分或全部内容不甚具体和明确，需根据具体情况或特殊对象加以解释和适用的规则
功能	调整性规则	指对已有行为方式进行调整的规则，功能在于控制行为，行为先于规则
	构成性规则	指组织人们按规定的行为去活动的规则，行为在逻辑上依赖规则
强制性程度	强行性规则	指要求行为主体必须作为或不作为的规则
	指导性规则	指只提供指导，行为人可自主选择行为方式的规则

【真题链接】

(1)法律规则的种类。[简答题，浙江理工 2018 年研]

(2)简述法律规则的逻辑结构与常见分类。[简答题，华侨大学 2018 年研]

考点三：法律原则 ★★★★

1. 法律原则概述(见表 7-4)

表 7-4　法律原则概述

要点	具体内容	
概念	指可作为法律规则的基础或本源的综合性、稳定性原理和准则	
功能	指导功能	是法律解释和推理的依据，指导法律规则的正确适用
	评价功能	对法律规则甚至法的效力进行实质评判
	裁判功能	作为规范标准用于案件裁判，直接作为审判依据
分类	按产生基础分	政策性原则、公理性原则
	按覆盖面分	基本原则、具体原则
	按内容分	实体性原则、程序性原则

【真题链接】

(1)法律原则的特点和功能。[简答题，上海交大 2021 年研]

(2)试述法律原则的功能与作用。[论述题，中山大学 2018 年研]

2. 法律原则与法律规则的区别(见表 7-5)

表 7-5　法律原则与法律规则的区别

区别	法律原则	法律规则
调整方式性质	只规定了一些笼统的、模糊的概括性要求	有严密的逻辑结构，设定了明确、具体的假定条件、行为模式和法律后果
适用范围	具有宏观指导性，有更大的覆盖面和抽象性，其适用范围比法律规则广	只调整或适用某一类型的行为
初始性特征	只具有初始性特征	一般具有确定性特征，例外时具有初始性特征
适用方式	较为模糊，适用比较灵活	较为明确，以“全有或全无方式”应用于个案

【真题链接】简述法律规则与法律原则的区别。[简答题，清华大学 2019 年研；常州大学 2018 年研]

3. 法律原则的适用(见表 7-6)

表 7-6 法律原则的适用

要点	具体内容
法律原则适用特点	①存在于法律运作的全过程。 ②法律原则可“部分”适用。 ③适用法律规则会发生个案不公正时，法律原则的适用可排斥规则的适用
法律原则适用条件	①穷尽法律规则，方得适用法律原则。 ②除非旨在实现个案正义，否则不得舍弃法律规则而适用法律原则
司法适用规则	①只能适用法律原则。禁止适用道德原则、政治原则等非法律原则。 ②法律规则优先适用。法律原则例外适用，“禁止向一般条款逃逸”。 ③充分说明理由

【真题链接】简述法律原则的适用规则。[简答题，浙江财大 2020 年研]

7.2 课后习题详解

1. 如何理解法律概念?

答：参见本章考研真题简答题第 2 题答案。

2. 法律原则与法律规则的区别是什么?

答：参见本章考研真题简答题第 7 题答案。

3. 在司法裁判中，法律原则有哪些功能?

答：参见本章考研真题论述题第 3 题答案。

4. 德沃金认为：“实证主义者把法律描绘成一幅规则体系的图画，也许由于它太简单，对我们的想象力起着一种坚韧的限制作用。如果我们从这一规则模式中解脱出来。我们也许能够去建立一种对我们错综复杂的实践更为真实的模式。”请结合本章内容，谈谈你是否同意该观点，并说明理由。

答：我同意该观点。理由如下：

(1)德沃金的该观点表明其在法的要素的“模式”问题上不同意“规则模式”的观点。规则模式认为法律是一个规则系统，法律规则可分为主要规则和次要规则。该模式将法律归结为法律规范这一单一要素，即德沃金所言“把法律描绘成一幅规则体系的图画”。

(2)德沃金认为，法的要素应为规则—政策—原则三要素模式。单靠规则不足以构成法律，法律中还有政策和原则这两个要素。政策是指为特定共同体在经济、政治或社会方面的某种改善而制定的标准规范。原则是指规定某种有关正义或公平的要求或其他道德维度的要求的标准规范。

(3)法律规则是指以一定的逻辑结构形式具体规定人们的法律权利、法律义务及相应的法律后果的一种法律规范。法律规则是构成法律的主要元素，但单一法律规则不足以构成法律。除了法律规则，法律概念和法律原则在法律体系中的地位也不可忽视，具体参见本章考研真题简答题第2题和论述题第3题答案。

7.3　考研真题与典型题详解

一、单项选择题

1. 全兆公司利用提供互联网接入服务的便利，在搜索引擎讯集公司网站的搜索结果页面上强行增加广告，被讯集公司诉至法院。法院认为，全兆公司行为违反诚实信用原则和公认的商业道德，构成不正当竞争。关于该案，下列哪一说法是正确的？(　　)[2016年法考真题]

A. 诚实信用原则一般不通过"法律语句"的语句形式表达出来

B. 与法律规则相比，法律原则能最大限度实现法的确定性和可预测性

C. 法律原则的着眼点不仅限于行为及条件的共性，而且关注它们的个别性和特殊性

D. 法律原则是以"全有或全无"的方式适用于个案当中

【解析】A项，不管是法律规则还是法律原则都具有语言的依赖性，都必须借助"法律语句"的形式表达出来。B项，法律规则的规定是明确具体的。法律原则较为笼统、模糊，灵活性较大。法律规则通过预先设定假定条件、行为模式和法律后果，能最大程度地实现法律的确定性和可预测性。C项，法律规则着眼于主体行为及各种条件的共性，目的是削弱或防止法律适用上的"自由裁量"。法律原则的着眼点不限于行为及条件的共性，还关注它们的个别性。D项，法律规则是以"全有或全无"的方式适用于个案当中；而法律原则比较笼统、模糊，在适用时具有较大的余地供法官选择和灵活应用。

2.《刑事诉讼法》第五十六条规定："采取刑讯逼供等非法方法收集的犯罪嫌疑人、被告人供述和采用暴力、威胁等非法方法收集的证人证言、被害人陈述，应当予以排除。"对此条文，下列哪一理解是正确的？(　　)[2015年法考真题]

A. 运用了规范语句来表达法律规则

B. 表达的是一个任意性规则

C. 表达的是一个委任性规则

D. 表达了法律规则中的假定条件、行为模式和法律后果

【解析】A项，表达法律规则的特定语句通常是一种规范语句。该条文属于规范语句中的命令句。B项，该条文内容具有强制性，不允许人们随意变更，表达的是一个强行性规则。C项，该条文内容明确肯定，表达的是一个确定性规则。D项，该条文表达的假定条件为"采取刑讯逼供等非法方法收集犯罪嫌疑人、被告人供述和采用暴力、威胁等非法方法收集的证人证言、被害人陈述"，法律后果为"予以排除"，没有行为模式。

1C　2A

3. 尹老汉因女儿很少前来看望，诉至法院要求判决女儿每周前来看望1次。法院认为，根据《老年人权益保障法》第十八条规定，家庭成员应当关心老年人的精神需求，不得忽视、冷落老年人；与老年人分开居住的家庭成员，应当经常看望或问候老年人。而且，关爱老人也是中华传统美德。法院遂判决被告每月看望老人1次。关于此案，下列哪一说法是错误的？(　　)[2014年法考真题]

A. 被告看望老人次数因法律没有明确规定，由法官自由裁量

B.《老年人权益保障法》第十八条中没有规定法律后果

C. 法院判决所依据的法条中规定了积极义务和消极义务

D. 法院判决主要是依据道德作出的

【解析】D项，《老年人权益保障法》第18条属于法律规则的内容，法院据此判决，依据的是法律规则而不是道德。当然，该规则本身也是道德规则，是道德内容的法律化。

二、多项选择题

1. 下列关于法律规则、法律原则和法律条文的说法，错误的是(　　)。[2018年法考真题]

A. 法律规则在逻辑上由假定条件、行为模式和法律后果三部分组成，上述任何一个部分，在具体条文的表述中，均可能被省略

B. 法律条文既可以表达法律规则，也可以表达法律原则，还可以表达规则或原则以外的内容，而规范性条文就是直接表达法律规则的条文

C. 在诉讼过程中，与当事人有利害关系的，应当回避，这是一个法律原则，其行为模式为应为模式

D. 法律规则与法律条文的关系为内容与形式的关系，因此，法律规则既可以通过法律条文来表达，也可以通过法律条文以外的形式来表达，典型如判例和习惯

【解析】A项，法律规则的逻辑结构三要素，在表述中均可以被省略，在逻辑上缺一不可。B项，规范性条文是指直接表达法律规范的条文，其既可以表达法律规则，也可以表达法律原则。C项，假定、行为模式和法律后果是规则的逻辑结构，对于原则不适用。D项，规则和条文的关系为内容与形式的关系，二者可以随意对应。规则可以通过条文来表述，也可以通过条文以外的其他形式，如判例和习惯来表述。条文既可以表达规则这一内容，也可以表达规则以外的其他内容，如法律概念，法律原则等。

2. 法律规则和法律原则的区别，下列哪些表述是正确的？(　　)[2018年法考真题]

A. 对一般情形之个案，两个冲突规则，一个有效，另一个就无效

B. 对一般情形之个案，两个竞争原则，一个有分量，另一个就无分量

C. 对一般情形之个案，须穷尽规则，方可适用原则

D. 对一般情形之个案，可以先适用原则再适用规则

【解析】法律规则以全有或全无的方式适用于个案，法律原则则以权衡强度或分量的方式适用于个案，规则竞争的结果是获胜的规则排除与其相竞争的规则，原则竞争的结果则

3D　　Ⅱ　1BC　2AC

是分量重的原则优先适用。落败的原则并非毫无分量，只是分量较轻不主导案件的裁判。法律规则因其内容明确具体，能够最大限度地实现法律的可预测性价值且能够有效地限制法官的自由裁量，因此在案件裁判中具有通常的优先地位，但这并不意味着法律原则无法用于司法裁判，只不过法律原则的适用条件更为严格，具体包括：①穷尽法律规则，方得适用法律原则。②除非为了实现个案正义，否则不得舍弃法律规则而直接适用法律原则。没有更强理由，不得径行适用法律原则。

3. 甲公司派员工伪装成客户，设法取得乙公司盗版销售其所开发软件的证据并诉至法院。审理中，被告认为原告的"陷阱取证"方式违法。法院认为，虽然非法取得的证据不能采信，但法律未对非法取证行为穷尽式列举，特殊情形仍需依据法律原则具体判断。原告取证目的并无不当，也未损害社会公共利益和他人合法权益，且该取证方式有利于遏制侵权行为，应认定合法。对此，下列哪些说法是正确的？（ ）[2017 年法考真题]

A. 采用穷尽式列举有助于提高法的可预测性

B. 法官判断原告取证是否违法时作了利益衡量

C. 违法取得的证据不得采信，这说明法官认定的裁判事实可能同客观事实不一致

D. 与法律规则相比，法律原则应优先适用

【解析】A 项，法律列举越详细，法的确定性和可预测性程度越高。B 项，法官判断原告取证是否违法时作了利益衡量，即认为原告取证目的并无不当，也未损害社会公共利益和他人合法权益，且该取证方式有利于遏制侵权行为，应认定合法。C 项，违法取得的证据不得采信，是为了维护社会公共利益和他人合法权益而在一定程度上放弃了客观事实，这会导致法官认定的裁判事实与客观事实有可能不一致。D 项，在使用条件上，应当优先适用法律规则，穷尽法律规则，方得适用法律原则。

三、概念题

1. 法的要素[四川师大 2018 年研；中山大学 2017 年研；北航 2007 年研]

答：参见本章考研真题简答题第 1 题答案。

2. 法律概念[中国海大 2022 年研；宁波大学 2020 年研；山东科大 2018 年研；常州大学 2018 研；广财 2018 年研；山东大学 2017 年研；南师 2016 年研；中南财大 2010 年研]

相关试题：一般法律概念[浙江财大 2020 年研]

答：参见本章考研真题简答题第 2 题答案。

3. 法律规则[杭师大 2020 年研；扬州大学 2020 年研；河北大学 2018 年研；浙江财大 2017 年研；中国政法 2016 年研；温州大学 2016 年研；北航 2015 年研；中山大学 2015 年研；南航 2014 年研；中南财大 2012 年研；北交 2007 年研；武大 2006 年研]

答：参见本章考研真题简答题第 4 题答案。

4. 处理[北邮 2010 年研]

答：处理是法律规范中为主体规定的具体行为模式，即权利和义务，它指明人们可以

3ABC

做什么、应该做什么、不能做什么，以此指导和衡量主体的行为。处理是具体要求人们做什么或禁止人们做什么，是法律规则中的核心部分，是行为人的指导规范。处理是法律规则的一部分，法律规则逻辑结构的三要素说认为，法律规则由假定、处理、制裁三部分构成。

5. 授权性规则［浙江财大 2018 年研；首经贸 2011 年研；武汉理工 2010 年研；厦门大学 2008 年研］

答：参见本章考研真题简答题第 5 题答案。

6. 调整性规则与构成性规则［武大 2012 年研］

相关试题：调整性规则［南京大学 2022 年研；河北大学 2016 年研；中财 2014 年研］、**构成性规则**［南京大学 2011 年研；武大 2007 年研］

答：参见本章考研真题简答题第 5 题答案。

7. 法律原则［中财 2018 年研；华中农大 2018 年研；浙江理工 2017 年研；南师 2016 年研；中南财大 2014 年研；南京大学 2010 年研；厦门大学 2010 年研］

相关试题：法律基本原则［南航 2018 年研］

答：法律原则是指可以作为法律规则的基础或本源的综合性、稳定性原理和准则。法律原则的功能有：①为法律规则和概念提供基础或出发点，对法律的制定具有指导意义，对理解法律规则也有指导意义；②直接作为审判的依据；③可以作为疑难案件的断案依据，以纠正严格执行实在法可能带来的不公。

8. 法律原则与法律价值［武大 2007 年研］

答：(1)法律原则是指可作为法律规则的基础或本源的综合性、稳定性原理和准则。通常反映出立法者以法的形式所选择确定的基本价值，体现了法律的主旨和精神品格。

(2)法律价值是指法对个人、阶级、社会的积极意义，是法的存在、作用和变化对这些主体需要的满足及其程度。其内容包括：①法律在发挥其社会作用时能够促进或保护和增加哪些价值；②法本身具有哪些价值；③在不同类价值之间或同类价值之间发生矛盾时，法根据什么标准来对它们进行评价。

(3)法律原则是法律价值的具体体现，但不同部门法价值取向的侧重点不同，规定的法律原则也有所区别。

四、简答题

1. 简述法的要素。［中山大学 2018 年研；北邮 2016 年研］

相关试题：

(1)试论法的要素。［论述题，北航 2014 年研；中山大学 2010 年研］

(2)法的构成要素。［山东大学 2011 年研］

答：(1)法的要素即构成法律的基本元素，是指彼此互相联系、互相作用从而构成完整的法的系统的各种元素。在研究法律的过程中，若离开了法的要素的指导，势必导致法律陷入虚无主义与空想主义的泥潭；在理解法律的过程中，如脱离了法的要素的指引，必然陷入主观主义的困境之中，法律在此时也便失去了生机与活力。

(2)作为与法律系统相对应的法的要素具有以下特征：

①具有个别性和局部性。法的要素表现为一个个元素或个体。但它不是孤立的个体，而是作为有机体的细胞的个体。它的性质取决于它所处的系统。法律要素只有在法律系统中才有法的性质和意义。

②具有多样性和差别性。各个法律要素在法律系统中有着不同的地位、起着不同的作用，因而不同要素之间也有差别，即法的要素可以分为不同的种类。而相同种类的法的要素也存在不同的个性。

③具有整体性和不可分割性。法的要素作为法律系统的构成元素，是不可分割的。法的要素作为一个整体起作用，而且每个要素的作用都是整体作用的一部分，都受整体作用的制约。

(3)法的要素质量的优劣影响法律合理化、科学化程度。法的要素的质量越高，法律的可预测性和确定性的程度就越高，法律也就更具理性。而判断一个社会的法的要素质量高低的标准，通常包括其含义的明确性与确定性程度、要素间联系的紧密性及协调性程度以及专门化、技术化程度。

(4)法的要素的学说众多，其中法律概念、法律规则、法律原则三要素说对认识法律具有重要的工具价值。

2. 简述法律概念的功能。［中财 2011 年研］

相关试题：法律概念的基本价值。［湘潭大学 2023 年研］

答：(1)法律概念是指对各种法律现象或法律事实加以描述、概括的概念。法律概念本身不是法律规则或法律原则，而是表述规则和原则的内容的工具。法律概念本身并未规定主体的权利、义务及相应的法律后果，但它却是确定主体的权利、义务和责任的前提。法律概念是法律的构成要素之一，是对各种法律事实进行概括，抽象出它们的共同特征而形成的权威性范畴。法律概念与日常生活用语中的概念不同，它具有明确性、规范性等特点。

(2)法律概念在法的系统中的功能主要表现在以下方面：

①认知功能。人们要借助法律概念来认识和理解法律，进行法律交流，并在此基础上进行法律实践活动。

②表达功能。法律概念是立法者表达其立法意图的重要工具。法律概念间的连接使法律得以表达。

③构成功能。无论是规则还是原则，在形式逻辑上都表现为一定的判断，而任何判断都是两个以上概念的结合，因此法律概念是构成法律规则和原则的基本要素。

④提高法律合理化程度的功能。法律的明确化程度和专业化程度，乃至作为独立职业的法律工作，都需要有丰富、明确的法律概念。

3. 简述法律规则逻辑结构中的假定(条件)。［中财 2010 年研］

答：法律规则的逻辑结构，是指从逻辑角度看法律规范是由哪些部分组成的，每一个法律规范必须具备的构成要素有哪些。法学界关于法律规则的逻辑结构主要有两种观点：三要素说和二要素说。其中，三要素说认为，每一法律规范通常由假定、处理和制裁三个要素组成。

假定(条件)又称“条件”或“条件假设”，是指法律规则中有关适用该规范的前提、条件或情况的部分。即法律规则在什么时间、什么空间、对什么人适用以及在什么情境下法律规则对人的行为有约束力的问题。

规则具有一般性、概括性，且以一般人为调整对象，但任何规则，无论是法律规则，还是其他行为规则，都只能在一定的范围内被适用，即只有当一定的条件具备时，该规则才能对人的行为产生约束力。这里所说的“一定范围”“一定情况”，就是由法律规则中的假定部分来明确的。

4. 什么是法律规则？它有哪些特点？[南航2018年研]

相关试题：

(1)与法律原则相比，法律规则有哪些特点？[山东大学2018年研]

(2)试述法律规则的确定性、模糊性与开放性的涵义。[苏州大学2015年研]

答：(1)法律规则是指以一定的逻辑结构形式具体规定人们的法律权利、法律义务及相应的法律后果的一种法律规范。法律规则是法的要素中最基本、最主要的内容，具有严密的逻辑结构。关于法律规则的逻辑结构，法学界有三要素说和二要素说两种观点。三要素说是占主导地位的学说，其主要内容是：法律规则由假定、处理和制裁三部分构成；二要素说将法律规则的结构分为行为模式和法律后果两部分。

(2)法律规则的特点：

①与个别性命令不同，法律规则具有可重复适用性，是普遍的行为模式。同时法律规则不针对特定的个人，对具有相同特性的个体普遍适用，即具有普遍适用性。

②与法律原则相比，法律规则具有以下特点：

a. 微观的指导性，即在规则所覆盖的相对有限的实施范围内，可以指导人们的行为。其通过对有关权利和义务的规定，为人的行为提供了确定的标准和方向，从而对人们的行为产生明确的指引作用。

b. 可操作性较强。由于法律规则明确规定了行为的条件、模式和后果，因此，执法人员和司法人员可以直接适用法律规则处理各种行为，保护合法，制裁违法；一般公民也能较容易地依据规则选择自己的行为方式。

c. 确定性程度较高。法律规则的内容相对具体，效力也较为确定。其通过对有关法律后果的规定，表达了国家对人们的合法行为或违法行为所持的明确态度。

5. 法律规则的种类。[浙江理工2018年研]

相关试题：

(1)说明强行性规则和指导性规则。[河北大学2017年研]

(2)从规则的功能上看，规则分为哪两类？举例说明。[北邮2015年研]

(3)强行性规则即义务性规则，包括命令性、禁止性规则。[辨析题，首师大2014年研]

(4)简述法律规则在理论上的主要分类。[南航2012年研]

(5)举例分析法律规则的分类及其意义。[论述题，南京大学2009年研]

答：按照法律规则的性质、特征、功能等不同，可对法律规则作出不同的分类：

(1)按法律规则的内容不同，可分为：

①授权性规则，指指示人们可以作出或可以要求别人作出一定行为的规则。其作用在于，赋予人们一定的权利去建立或改变他们的法律地位和法律关系，以建立或调节国家所需要的法律秩序。授权性法律规则的特点是具有任意性，既不强令人们必须作出一定行为，也不禁止人们不得作出一定行为。

②义务性规则，指直接要求人们从事或不从事某种行为的规则。它表现为对义务主体的约束，为权利的实现、人际互助、维持社会安全提供保障。义务性规则具有强制性、必要性和不利性。义务性规则依其规定人们行为的方式，分为命令式规则和禁止式规则。命令式规则是要求人们必须作出某种行为的规则。禁止式规则是禁止作出某种行为的规则。

③权利义务复合性规则，指兼具授予权利和设定义务两种性质的法律规则。这类法律规则绝大多数是有关国家机关及其工作人员的组织和活动的规则。

(2)按法律规则的形式特征不同，可分为：

①规范性规则，其“假定”“行为模式”“后果”都是明确、肯定和具体的，且可以直接适用，而不需要加以解释。如“每一选民在一次选举中只有一个投票权”。

②标准性规则，其有关构成部分(事实状态、权利、义务或后果)不甚具体和明确，往往需要根据具体情况或特殊对象加以解释和适用。如“民事活动应当尊重社会公德，不得损害社会公共利益”。

(3)按法律规则的功能，可分为：

①调整性规则，其功能在于控制人们的行为，使之符合规则概括出来的行为模式。其所涉及的行为在逻辑上先于或独立于这些规则之外，无论是否存在调整性规则，人们都有可能从事或不从事这些行为。在调整性规则存在的情况下，遵守调整性规则是能够从事这些规则所调整的活动的充分条件。

②构成性规则，其功能在于组织人们按照规则授予的权利(权力)去活动。其所涉及的行为在逻辑上有赖于这些规则，即构成性规则先于由它所调整的活动。遵守构成性规则是能够从事这些规则所调整的活动的必要条件(但不是充分条件)。

(4)按法律规则的强制性程度不同，可分为：

①强行性规则，指内容规定具有强制性质，不允许人们随便加以更改的法律规则。绝大多数义务性规则属于强行性规则。在体现人们个人意志的活动(如民事活动)中，强行性规则不允许当事人有个人意思表示，如果当事人之间签订了规定其他行为条件的协议，则该协议被认为是无效的。

②指导性规则，指在一定范围内，只提供指导，允许人们可自主选择行为方式的规则。其只具有指导意义而不具强行性。

6. 试述法律原则的分类。[浙江财大2018年研]

相关试题：简述法律原则的含义及其分类。[华侨大学2011年研]

答：法律原则按不同的标准可以作出不同的分类。对法学研究和法律适用有较大价值的分类有三种：

(1)按照产生基础不同，法律原则可分为：

①公理性原则，指由法律原理构成的或从法律上的事理推导出来的原则，它得到社会

广泛公认并被奉为法律准则。公理性原则又分为一般公理性原则和法律公理性原则，前者是指人类一般公理在法律中的确认，如一天为24小时等；后者特指现代法律公认的准则，各国大多类似，如“法律面前人人平等”等。与政策性原则相比，公理性原则有更大的普适性。

②政策性原则，指国家在管理社会事务的过程中为实现某种长期、中期或近期目标而作出的政治决策。政策性原则具有针对性和时代性。

(2)按照对社会关系的覆盖面宽窄和适用范围大小，法律原则可分为：

①基本原则，指体现法的总体指导思想、基本精神和价值取向的原则，其内容较具体原则更抽象、稳定，通常可以适用于整个法律系统。如法律面前人人平等原则。基本原则的要求只有通过大量的具体原则才能在不同领域中获得体现。

②具体原则，是基本原则在不同领域或法律调整过程不同阶段的具体化，构成某一法律领域的法律规则的基础或出发点，如契约自由原则。具体原则的适用必须以基本原则为指导。

(3)按照法律原则涉及的内容和问题不同，可分为：

①实体性原则，指直接涉及实体性权利和义务的原则。如罪刑法定原则、诚实信用原则等。

②程序性原则，指直接涉及程序法或诉讼法的原则。如公开原则、非法证据排除原则等。

7．简述法律规则与法律原则的区别。［中南财大2023年研；上海交大2022年研；宁波大学2021年研；清华大学2019年研；北航2017年研；首经贸2016年研］

相关试题：法律规则与法律原则。［辨析题，华南理工2017年研；武大2009年研］

答：法律规则是指以一定的逻辑结构形式具体规定人们的法律权利、法律义务及其相应的法律后果的一种法律规范。法律原则是为法律规则提供某种基础或本源的综合性的、指导性的原理或价值准则的一种法律规范。法律规则与法律原则同为法律的要素，其区别如下：

(1)性质不同：

①法律规则是一种“应该做”的规范，它直接要求规范主体“做”或“实施”某行为或活动。

②法律原则是一种“应该是”的规范，它不直接要求规范主体做或实施某行为或活动，而是要求规范主体的行为或活动符合某种性质或实现某个目标以及行为或活动的结果符合某种性质或达到某种性质状态。

因此，法律规则以法律原则为前提或基础，是法律原则或理念和价值的具体化和详细化，是对在事实情况下的许多法律原则与目标进行平衡或衡量的结果。法律原则处于法律的深层面，而法律规则处于法律的浅层面。

(2)内容不同：

①法律规则的规定是明确具体的，它着眼于主体行为及各种条件(情况)的共性；其明确具体的目的是削弱或防止法律适用上的“自由裁量”。

②法律原则的要求比较笼统、模糊，它不预先设定明确的、具体的假定条件，更没有

设定明确的法律后果，在适用时具有较大的余地供法官选择和灵活应用。

(3)适用范围不同：

①法律规则由于内容具体明确，它们只适用于某一类型的行为。

②法律原则对人的行为及其条件有更大的覆盖面和抽象性，它们是对从社会生活或社会关系中概括出来的某一类行为、某一法律部门甚或全部法律体系均通用的价值准则，具有宏观的指导性，其适用范围比法律规则宽广。

(4)适用方式不同。在是否适用的确定性方面，法律原则较为模糊，法律规则较为明确。法律规则是以“全有或者全无的方式”应用于个案。法律原则的适用方式则不同，它不是以“全有或者全无的方式”应用于个案当中的。不同的法律原则具有不同的强度，这些不同强度的原则甚至冲突的原则都可能存在于一部法律当中。

(5)功能与作用不同。法律规则直接规范行为，提供明确的行为标准和法律后果，通过明确规则降低司法成本。法律原则则补充规则不足，指导规则的解释与适用，填补法律漏洞。

(6)初始性特征不同。初始性特征一般是指开始具有可行性，但可因其他理由，这种可行性可被推翻。法律原则只具有初始性特征，因为法律原则可以在不同程度上被满足，而且满足的程度依赖于事实上的可能性和法律上的可能性。一般来说，法律规则具有确定性特征，但在一个法律规则存在例外的情况下，法律规则就不具有确定性特征而具有初始性特征。

(7)在变化的速率方面，法律原则有较强的稳定性；法律原则蕴含着普遍的价值，不会轻易改变。相比之下，法律规则更易改变。

8. 简述法律原则的适用规则。［浙江财大 2020 年研］

相关试题：

(1)简述法律原则的适用条件。［清华大学 2025 年研；宁波大学 2019 年研；中山大学 2015 年研］

(2)简述法律原则适用的特点。［河海大学 2019 年研；中财 2018 年研］

(3)法律原则的司法适用必须遵守哪些规则？［南航 2017 年研］

(4)请谈谈在司法审判中法律原则的适用。［首经贸 2017 年研］

(5)法律原则的适用特点与适用规则。［厦门大学 2015 年研］

(6)简述法律原则的概念及其适用特点。［河北大学 2015 年研］

答：(1)法律原则是指可以作为法律规则的基础或本源的综合性、稳定性原理和准则。与法律规则相比，法律原则的适用的特点是，贯穿法律运作的全过程，可“部分”适用，可以排斥规则的适用。

(2)法律原则适用的条件：

①穷尽法律规则，方得适用法律原则，即有规则依规则。在有具体的法律规则可以适用时，不应直接适用法律原则。只有当出现无法律规则可以适用的情况时，法律原则才可以作为弥补“规则漏洞”的手段发挥作用。

②除非旨在实现个案正义，否则不得舍弃法律规则而适用法律原则。一般情况下，法官应该依据法律规则来裁判案件，但如果适用法律规则可能导致个案的极端不公正的结果，

则需要舍弃法律规则而适用法律原则。这时就需要运用立法手段、援引法律原则等方式对法律规则的正确性进行实质性审查。实质性审查首先应当借助于立法的手段，即遵循法律效力等级原则以及法律效力冲突的解决机制；其次可以通过法官的“法律续造”的技术和方法选择法律原则作为适用标准。

(3)法律原则的适用方式是从内在方面保证法的确定性，从整体上来说是衡量，即如果法律人适用法律原则裁判一个具体案件，往往是至少有两个法律原则都可适用于该案件，法律人的工作就是在这些相竞争的原则之间进行衡量。这是法律原则特性的必然结果。法律原则的适用方式包括：①确定有哪些法律原则可以适用于一个具体案件；②确定原则与原则之间的优先关系；③确定具体案件符合哪一种优先性的条件；④将优先性条件得到满足的法律后果适用于该案件。

(4)法律原则的司法适用必须遵守以下规则：

①只能适用法律原则，禁止适用道德、政治原则等非法律原则。适用非法律原则，将破坏法律本身的体系化，法律对社会的调整将缺乏权威性和有效性，最终无法保障权利。

②法律规则优先适用。在选用法律时，优先选择法律规则，适用法律原则是例外，即“禁止向一般条款逃逸”，亦即“穷尽法律规则，方得适用法律原则”。只有在出现无法律规则可以适用的情形下，法律原则才可以作为弥补“规则漏洞”的手段发挥作用，即在特殊情况下，才允许排斥法律规则而适用法律原则。

③充分说明理由。在没有可适用的规则而适用法律原则时，特别是在排斥规则而适用法律原则时，法律适用者有充分说明理由的义务。

五、论述题

1. 论述法律规则的逻辑结构。[常州大学2018年研]

相关试题：

(1)简述法律规则的逻辑结构。[简答题，西南政法2023年研；四川大学2022年研；上海交大2013年研]

(2)简述法律规则的逻辑结构与常见分类。[简答题，华侨大学2018年研]

(3)理论界对法律规则的构成要件有多种不同的观点，包括二要素说和三要素说等，请阐述这些观点，并说明你的观点。[简答题，杭师大2017年研]

答：关于法律规则的逻辑结构的观点如下：

(1)三要素说，是占主导地位的学说。即法律规则由假定、处理和制裁三要素构成。假定是指法律规则中所规定的适用该规则的条件或范围；处理是指法律规则所要求的作为和不作为；制裁是指法律规则规定的主体违反规则规定所应当承担的法律责任。

这种学说在一定程度上揭示了法律规则的三大要素。其缺陷有：①“假定”“处理”在用语上与法律语言的表达习惯不符，不利于人们理解法律规则的含义和作用。②把法律后果片面地归结为制裁，既忽视了肯定性法律后果，也排除了否定性法律后果中的非惩罚性因素。③它不能对全部法律规则作出合理解释，只能对部分法律规则作出说明，而且把法律规则简单、片面地视为一种制裁手段，忽视了法的社会调整性功能。

(2)二要素说，即认为法律规则由行为模式和法律后果两要素构成。行为模式是指法律规则中为主体如何行为提供标准或准则的范式。行为模式可以分为三类：可以这样行为；应当这样行为；不得这样行为。法律后果是指法律对具有法律意义的行为赋予某种结果。法律后果可以分为两类：一类是肯定性的法律后果，即法律承认行为合法、有效并加以保护甚至奖励；另一类是否定性的法律后果，即法律不承认某种行为或禁止某种行为，并对这种行为予以撤销或制裁。

二要素说的不足主要在于：法律规则除了行为模式和法律后果之外，还有“假定”这一要素，而该要素并不能包括在行为模式之中。

(3)新三要素说，即认为法律规则由假定条件、行为模式和法律后果三要素构成。

①假定条件，指法律规则中有关适用该规则的条件和情况的部分。主要包括两种条件：a. 法律规则的适用条件；b. 行为主体的行为条件。

②行为模式，指法律规则中规定人们如何具体行为之方式的部分。

a. 可为模式，指在假定条件下，人们“可以如何行为的模式”。

b. 应为模式，指在假定条件下，人们“应当或必须如何行为”的模式。

c. 勿为模式，指在假定条件下，人们“禁止或不得如何行为”的模式。

③法律后果，指法律规则中规定人们在作出符合或不符合行为模式要求的行为时应承担相应的结果的部分。

a. 合法后果，又称肯定式的法律后果，是法律规则中规定人们按照行为模式的要求行为而在法律上予以肯定的后果，它表现为法律承认这种行为合法有效并加以保护。

b. 违法后果，又称否定式的法律后果，是法律规则中规定人们不按照行为模式的要求行为而在法律上予以否定的后果，它表现为法律对人们行为的制裁、不予保护、撤销、停止，或要求恢复、补偿等。

2. 试举例说明法律规范与法律条文的关系。[中山大学 2011 年研]

相关试题：法律规范和法律条文的区别和联系。[简答题，南师 2010 年研]

答：(1)法律规范与法律条文是既有联系又有区别的两个概念。法律规范是由国家制定或认可、反映掌握国家政权阶级的意志、具有普遍约束力、以国家强制力保证实施的行为规则。二者区别有：

①法律规范是行为规则本身，而法律条文则是法律规范的外部表现形式。并不是所有的法律条文都直接规定法律规则，也不是一个条文都完整地表述一个规则或只表述一个法律规则。

②法律规范是法的基本构成要素。而法律条文则是法律内容的文字表述，以“条”为基本单位。

③法律条文可以分为规范性条文和非规范性条文。规范性条文是表述法律规范的条文，即规定具体权利、义务的条文。非规范性条文是指并不具体设置权利、义务的条文，通常在规范性文件的总则和附则条文中，或者是在开头的几条中表述立法的根据、目的、任务、原则、概念和技术性规定等。

(2)在立法实践中，通常采取两种不同方式来界定行为规范，并通过不同条文来加以规定。具体而言，大致有以下几类情形：

①一个完整的法律规则由数个法律条文来表述。

②法律规则的内容分别由不同规范性法律文件的法律条文来表述。

③一个条文表述不同法律规则或其要素。

④法律条文仅规定法律规则的某个要素或若干要素。

3. 论法律原则的功能。［首经贸 2018 年研；上海交大 2013 年研；中山大学 2011 年研］

相关试题：

(1)法律原则的特点和功能。［简答题，上海交大 2021 年研］

(2)简述法律原则的概念及其功能。［简答题，广财 2018 年研］

(3)试述法律原则的功能与作用。［中山大学 2018 年研］

(4)试述法律原则在法律实践中的作用。［南师 2018 年研］

(5)法律原则的功能有哪些？［山东科大 2018 年研；南航 2016 年研］

(6)论法律原则的作用。［河北大学 2017 年研；清华大学 2016 年研］

(7)法律原则在法律适用过程中的作用。［复旦大学 2013 年研；浙大 2007 年研］

(8)法律原则的主要功能。［简答题，中南财大 2010 年研］

答：法律原则的功能主要有：

(1)指导功能。指法律原则可以作为解释和推理的依据，为法律规则的正确适用提供指导。面对相互冲突的法律规则或存在对法律条文有多种解释可能时，法律原则就成了取舍和说理的依据。借助于法律原则的指导，能够作出合乎法律精神的正确解释。

(2)评价功能。指法律原则可以对法律规则甚至整个实在法的效力进行实质的评判，说明实在法及其规则是否有效、是否正确、是否公正的理由，揭示法律规则缺乏正当的根据，指出法律规则的例外情形等。

(3)裁判功能。指法律原则直接作为规范标准用于案件的裁判过程。由于立法者的有限理性以及社会的变动，制定法不可避免会存在漏洞。作为法官，在面对无明确法律规则可适用的案件时，由于社会角色的要求，其不能拒绝审判案件；法律原则在这种情形下，可以起到弥补法律漏洞的作用。

【拓展(另一种视角)】法律原则的功能和作用如下：

(1)在法律创制中：

①法律原则是构建法律制度的基础，是制定各级法律、法规的依据。法律原则集中体现了法律精神，是整个法律制度的理论基础。在具体的立法活动上，就表现为既是效力层次较高的宪法、法律制定的基本规则和要求，也具体指导着法律体系中行政法规、地方性法规、行政规章等其他形式的制定。

②法律原则保证了法律系统的有机统一，是法律制度内部协调一致的重要保障。体现不同层次关系的要素能否有效地发挥作用，并使得整个制度形成系统运行的机制，取决于有没有一个统一的标准和协调的依据。法律原则在这个方面的作用是其他法律要素无法替代的。

③法律原则在法治秩序的建设中有重要的导向作用。

(2)在法律实施中：

①指导法律的执行，主要表现在法律对法律解释和法律推理有重要的指导意义。原则是正确解释法律的指南，是辨别、选择、取舍各种可能的法律解释时应遵循的标准，同时

也是推理的权威的出发点，最大限度保证推理符合法律目的。

②弥补法律漏洞，强化法律调控力。法律原则可以作为填补法律漏洞的手段，弥补规范空白，以防止现有规范的不合理适用。

③对自由裁量权加以限定。法律在具体适用时，常常给予相应机构以一定自由选择的空间来决定法律的具体实施情况。这种自由选择的权力一旦被滥用，便会直接威胁法律秩序的构建。法律原则可以使自由裁量权保持在合理的范围内。

六、案例分析题

1. 在19世纪的美国，居民帕尔默的祖父曾经立下遗嘱，称在自己死亡后，财产全部由帕尔默继承。帕尔默急于继承这笔财产，遂将其祖父毒死。这位祖父的两个女儿将帕尔默告上民事法庭，要求法院撤销帕尔默的继承权。虽然按照当时的继承法，遗嘱是合法有效的，但是法官们以"人不能从其错误行为中获利"的法律原则剥夺了帕尔默的继承权。

请以此案为例，分析法律原则与法律规则之间的关系。[中山大学2009年研]

答：法律原则是指可以作为法律规则的基础或本源的综合性、稳定性原理和准则。法律规则是指以一定的逻辑结构形式具体规定人们的法律权利、法律义务及相应的法律后果的一种法律规范。

(1)法律原则与法律规则的区别，参见本章考研真题简答题第7题答案。

(2)法律原则与法律规则的联系：

①法律原则对法律的制定、解释具有指导作用。法律原则在长期的社会生活中得到了人们的普遍认同，制定、解释法律规则不能违背法律原则。

②当法律规则之间存在矛盾、缺陷或者不足时，法律原则可以作为判案的依据，起到填补法律漏洞的作用和价值。如本案中，如果允许犯罪人因为犯罪行为而获得利益，则会与社会的公平正义观念格格不入。

③法律原则可以限定自由裁量的合理范围，避免裁判者在裁判案件时因主观任意而引发司法擅断。

(3)法律原则与法律规则之间的冲突解决，当法律原则和法律规则之间存在矛盾和冲突时，要注意结合具体个案进行价值评价和利益衡量，作出合法又合理的判决。

2. 张三驾车闯红灯被两名值勤警察拦住，警察查明驾驶员张三是因为要将突发心脏病的邻居李四送往医院抢救而闯红灯的。对张三闯红灯行为的性质与法律责任，两名值勤警察持不同意见。警察甲认为任何情况下违反交通规则均应受到法律的制裁，主张依法对张三予以处罚；而警察乙则认为张三为了抢救病人，违反交通规则实出于不得已，因而不应受处罚。

请运用法理学和行政法学的相关原理和知识对两名值勤警察的意见进行评析。[中财2006年研]

答：(1)这体现了法理学中的法律规则与法律原则的适用问题。在一般情况下，在处理法律问题时首先应适用法律规则。而法律原则的适用规则，参见本章考研真题简答题第8题答案。

本案中，警察甲的观点是直接适用法律规则。警察乙的观点是，在这种特殊情况下应适用法律原则。驾驶员张三是因为要将突发心脏病的邻居李四送往医院抢救而闯红灯的，即张三闯红灯的行为是有原因的，属于特殊情况。法律原则的适用具有灵活性，在这种情况下可排斥法律规则而适用法律原则。

(2)这体现了行政法学中的比例原则。比例原则作为行政法中的重要原则之一，其基本含义是行政机关实施行政行为应兼顾行政目标的实现和保护相对人的权益，如当实现行政目标可能对相对人权益造成某种不利影响时，应将这种不利影响限制在尽可能小的范围和限度内，保持二者处于适度的比例。该原则包括三项基本要求：

①必要性原则。行政机关实施行政行为，特别是实施对行政相对人权益不利的行政行为时，只有认定该行为对达到相应行政目的或目标是必要和必需的，才能实施。

②适当性原则。行政机关实施行政行为，必须先进行利益衡量。只有通过利益衡量，确认实施该行为对实现相应行政目标是适当的，且可能取得的利益大于可能损害的利益，收益大于成本，才能实施。

③最小损害原则。行政机关实施行政行为，必须在多种方案中进行选择，择其对行政相对人权益损害最小的方案实施。

行政处罚的目的是通过对违法者予以惩戒，促使其以后不再犯，从而有效实施行政管理。在本案中，张三之所以闯红灯是为了尽快将邻居送去医院，其在主观上并无违法的故意，对张三予以处罚不符合比例原则中的必要性原则。同时，行政机关在考虑是否对张三予以行政处罚时，应进行利益的衡量，在违反交通规则与抢救生命二者之间进行比较，显然生命的价值更大。通过此种衡量与比较，从而得出应对张三不予处罚的结论。

3. 在泸州遗赠案中，法院认为，尽管继承法中有明确的法律条文，而且本案中的遗赠也是真实的，但是黄某将遗产赠给“第三者”的这种民事行为违反了民法通则第七条“民事活动应当尊重社会公德，不得损害社会公共利益，破坏国家经济计划，扰乱社会经济秩序”，因此，遗赠是无效的。

在于某诉北京大学撤销博士学位案中，法院认为，学位条例及相关法律法规虽然未对撤销博士学位的程序作出明确规定，但撤销博士学位涉及相对人重大切身利益，是对取得博士学位人员获得的相应学术水平作出否定，对相对人合法权益产生极其重大的影响。因此，北京大学在作出撤销决定之前，应当遵循正当程序原则，充分听取于某的陈述和申辩，保障于某享有相应的权利。然而，北京大学在作出撤销决定前未充分听取于某的陈述和申辩，因此作出的撤销决定有违正当程序原则。

结合材料，论述法律原则的司法适用必须遵循的规则。［中财2018年研］

答：法律原则的司法适用必须遵守的规则，参见本章考研真题简答题第8题答案。

在泸州遗赠案中，人民法院适用的是《民法通则》第七条(现《民法典》)的法律原则；于某诉北京大学撤销博士学位案中，人民法院适用的是正当程序原则。两个案子都没有适用道德原则、政治原则等非法律原则。同时在两个案子中，人民法院都针对各案充分地说明了理由，最大限度地避免了适用者主观因素对法律的侵害，保障了公平正义。

第八章　权利和义务

8.1　复习笔记

【知识框架(庖丁解牛)】

- 权利和义务
  - 历史上的权利和义务概念：西方、中国
  - 概念
    - 权利和义务是法学的核心概念
    - 权利和义务释义：概念、特征
  - 分类
    - 按存在形态分：应有、习惯、法定、现实权利和义务
    - 按体现的社会内容分：基本、普通权利和义务
    - 按对人们的效力范围分：一般、特殊权利和义务
    - 按权利义务之间的因果关系分：第一性、第二性权利和义务
    - 按权利主体依法实现其意志和利益的方式分
      - 行动权利和消极义务
      - 接受权利和积极义务
    - 按权利主体分：个体、集体、国家、人类权利和义务
  - 关系
    - 结构上的相关关系
    - 数量上的等值关系
    - 功能上的互补关系
    - 价值意义上的主次关系

【通关提要(提纲挈领)】

本章主要介绍法律关系的内容——权利和义务。学习时，要重点掌握二者的概念和关系，同时要熟悉二者的具体分类，要能区分不同分类标准下的权利义务。本章各种题型都有可能考查，比较基础，要在理解的基础上记忆。

【考点难点归纳(厚积薄发)】

考点一：权利和义务概述(见表8-1)　★★★

表8-1　权利和义务概述

要点	具体内容
权利和义务是法学的核心概念	法以权利和义务为机制调整人的行为和社会关系。 ①权利和义务是法律现象[法律规范、法律关系、法律责任]的主要构成要素。 ②权利和义务贯穿一国法律的所有部门。

续表

要点	具体内容	
权利和义务是法学的核心概念	③权利和义务贯穿法律运行的全过程。 ④权利和义务反映社会的主流价值取向，全面地表现和实现法的价值	
权利和义务的概念	法律权利	指由国家通过法律加以许可的自由意志支配的行为范围
	法律义务	指国家通过法律规定，对法律主体行为的一种约束手段，是法律规定人们应当作出和不得作出某种行为的界限
权利和义务的特征	①权利和义务来源于法律规范明文规定、法律规范逻辑、或可以由法律精神和法律原则推定出来。 ②权利和义务体现社会上占支配地位的阶级或集团的意志，体现其所代表的社会的价值观念和根本利益。 ③权利和义务都有明确的界限。 ④权利和义务具有工具性。 ⑤权利具有能动性和可选择性，义务则是受动的、无从选择的	

【真题链接】为什么说权利与义务是法学的核心范畴？［论述题，宁夏大学2018年研］

考点二：权利和义务的分类（见表8-2）★★★

表8-2　权利和义务的分类

划分标准	权利类别	对应义务类别
权利和义务的存在形态	应有权利［道德权利］	应有义务
	习惯权利	习惯义务
	法定权利［法律规定］	法定义务
	现实权利［实有权利］	现实义务
权利和义务依据的法律类型	基本权利［宪法所规定］	基本义务
	普通权利［非基本权利，宪法以外的普通法律所规定］	普通义务［非基本义务］
权利和义务的效力范围	一般权利［对世权利，无特定义务人］	一般义务［对世义务，无特定权利人］
	特殊权利［相对权利、对人权利或特定权利，有特定义务人］	特殊义务［对人义务或特定义务］
权利和义务是否独立存在	第一性权利［原有权利］	第一性义务
	第二性权利［补救权利或救济权利］	第二性义务
权利和义务的履行方式	行动权利	消极义务［不作为］
	接受权利	积极义务［作为］
权利和义务主体	个体权利	个体义务
	集体权利	集体义务
	国家权利	国家义务
	人类权利	人类义务

【真题链接】权利和义务的分类。[简答题，河海大学 2019 年研]

考点三：权利与义务的关系(见表 8-3)　★★★★

表 8-3　权利与义务的关系

关系	具体表现		
总体关系	在任一法律关系中，权利人享受权利依赖于义务人承担义务；享受权利必定要承担义务；权利不能滥用，有一定的界限		
具体关系	结构上相互关联、对立统一	对立	权利表征利益、主动，义务表征负担、受动，二者相互排斥、对立
		统一	相互依存、相互贯通
	数量上等值	①在社会中的总量相等，②在具体法律关系中互相包含、互为界限	
	功能上互补	①法律以权利的宣告体现其价值目标，以义务的设定保障其价值目标和权利的实现。 ②权利指引有较大自我选择的余地，义务指引能够产生确定的结果。 ③义务的约束机制有利于建立秩序，权利的导向和激励机制有利于实现自由	
	价值上分主次，权利本位	古代法律总体上以义务为本位，现代法律是或应当以权利为本位。权利本位有四个法律特征： ①法律面前人人平等。 ②权利是目的，是义务存在的依据和意义；义务是保障权利实现的手段。 ③法无禁止即自由。 ④权利主体行使权利只受法律限制	

【真题链接】

(1)从法理学的角度，权利与义务是什么关系？[简答题，温州大学 2018 年研]

(2)论权利和义务的关系。[论述题，山东师大 2017 年研；山东大学 2016 年研]

8.2　课后习题详解

1. 如何认识和理解权利、义务的概念？

答：(1)权利和义务的概念：

①权利和义务是法学的核心概念，是法律最为核心的内在构成要素。从法律规范的形成到法律关系的构建以及法律责任的落实都离不开权利义务作为基本要素；在国家法律体系中所有的部门法都是以权利义务为主要内容。而这些部门法在运行中也主要是围绕着权利义务的实现和落实来进行的，权利和义务的实现就意味着法律价值的实现。

②法律权利是指由国家通过法律加以许可的自由意志支配的行为范围。法律义务是国家通过法律规定，对法律主体的行为的一种约束手段，是法律规定人们应当作出和不得作出某种行为的界限。

(2)权利的特征：①权利的本质是由法律规范所决定的，具有合法性，得到国家的保护；②权利具有一定的界限，一旦超出这一界限便不再是权利；③权利具有一定程度的自主性和能动性；④权利的目的是保护一定的利益而采取的法律手段；⑤权利和义务是相辅相成的。

(3)义务的特征：①义务是由法律规范决定的；②义务具有一定的强制性，义务的履行不以义务人主观上是否愿意为转移；③义务是为了保障权利主体获得利益而采取的一种法律手段。

(4)权利和义务的总体关系：

①在任何一种法律关系中，权利人享受权利依赖于义务人承担义务，义务人如果不承担义务，权利人不可能享受权利。权利和义务表现的是同一行为，对一方当事人来讲是权利，对另一方来讲则是义务。

②不能一方只享受权利不承担义务，另一方只承担义务不享受权利。权利人在行使自己权利的时候必须承担一定的义务，而义务人在履行自己义务时也同时享受一定的权利。

③权利的行使有一定的界限，不能滥用权利。在绝对法律关系中，如所有权、人身权等，都是一种排他性的权利，这种权利可以对抗所有其他人，其他人则承担不作为的义务。但权利人权利的行使也不是绝对的，其负有不得滥用权利的义务，即权利人行使权利的目的、限度、方式或后果不能违反法律设置权利的本义和精神，或违反公共利益、社会利益、公序良俗。

2. 如何理解权利和义务的分类？

答：参见本章考研真题简答题第1题答案。

3. 如何认识和理解权利与义务之间的关系？

答：参见本章考研真题论述题第3题答案。

4. 耶林说："具体的权利不仅从抽象的法中获得生命和力量，它也还抽象的法以生命和力量。"请结合权利概念和法律概念的相关内容，谈谈你对这句话的理解。

答：这句话源自耶林的《为权利而斗争》，权利由法律规定。相应地，权利的行使也激活了制定法，因为法的本质在丁实施，在于保护社会关系中的利益。

(1)具体的权利从抽象的法中获得生命和力量。

①法定权利是法律明文规定的或经由立法纲领、法律原则加以公布的，以规范与观念形态存在的权利。法定义务是通过法律明文设定，以法律规范形式存在的义务。二者是权利和义务的主要存在形态。

②作为法学核心范畴的权利和义务，来源于法律规范明文规定、法律规范逻辑中，或可以从法律精神和法律原则中推定出来。在这个意义上，也可以说权利和义务是"实在"的。只有得到法律或法律机关承认、确认的权利主张，才具有客观的法律效力。

③从价值意义的视角看，权利和义务有主次之分。现代法律应当以权利为本位：在权利和义务的关系中，权利是第一性的，是义务存在的前提。相对于义务而言，权利是目的，是处于主导地位的；对于权利而言，义务是手段，是权利的引申和派生物。法律只能以保证其他主体权利为目的禁止损害他人权利，而不能禁止权利主体正当行使权利。最重要的是，法律没有明确禁止或强制时，可以推定主体有权利(自由)去作为或不作为。

④在权利本位的法律模式中存在阶级本质、社会意义的差别。法本质上是由特定社会的物质生活条件决定的，并体现统治阶级共同意志的，进行社会利益分配和实现的工具。被法律认可的权利和义务是社会上占支配地位的阶级(统治阶级)或集团(统治集团)的意志

的体现。

(2)具体的权利还抽象的法以生命和力量。

①权利是社会成员或其集体实现自我利益的手段，每项权利的享有和行使都同主体获取一定利益联系在一起。正是作为权利基础的利益的互相竞争，推进了权利和法律的变化和发展。

②现实权利和义务，即实有权利和义务，是主体在现实生活中实际享有、行使的权利和承担、履行的义务。现实权利和义务是法定权利和义务的转化，只有法定权利和义务现实化，权利义务才具有实效。

③权利在于实际上被实现，因此未经过实践或现已失去实现机会的规范，不能称为法规范。这样的法规范对启动法律不产生作用。罗马法将不使用明确规定作为法律废止的原因。与之相应的是，权利之不行使延续一定期间致使具体权利消灭(消灭时效)。公法和刑法的法律实施采取了作为国家机关义务的形式。私法的实施以民事权利的形式体现，充分尊重私人的意思自治和积极行为。前一种情形，法律实施由国家机关和官吏来履行义务；后一种情形，由私人主张自己的权利。然而，私法法规的现实性及其实际上的力量，只有在行使具体的权利时，且通过行使才能得到验证。具体的权利作为权利，其生命由法规获得，同时其获得物又返还给法规。

5. 美国学者亨金说："我们的时代是权利的时代。"请结合当下中国的社会背景，谈谈你对这句话的理解。

答：(1)这句话的意思是：现代法律是或应当是以权利为本位。权利本位是指这样一种信念：只有使每一个人都平等享有神圣不可侵犯的基本权利，才有可能建立一个公正的社会，为了而且仅仅是为了保障和实现这些平等的权利，义务的约束才成为必要，当立法者为人们设定新的义务约束时，他能够加以援引的唯一正当且合法的理由，也仅仅是这将有益于人们已经享有或新近享有的平等权利。

权利本位中，权利与义务的关系是：权利是第一性的，是义务存在的前提。相对于义务而言，权利是目的，是处于主导地位的；对于权利而言，义务是手段，是权利的引申和派生物。义务本位意味着尽可能多的义务约束和尽可能少的权利确认，除非必要，否则绝不使普通人的权利有所增加；权利本位则意味着尽可能多的权利确认和尽可能少的义务约束，除非必要，否则绝不使普通人的义务约束有所增加。

(2)权利本位的四个法律特征，参见本章考研真题简答题第3题答案。

(3)我国目前正处在社会主义初级阶段，因此法律的制定需要促进经济的快速发展，需要提高效率，构建以权利为本位的法律体系尤为重要。在社会主义市场经济下，国家必须尊重个人的权利，为个人权利提供充分的保障。依法治国、建设社会主义法治国家是我国的重要发展目标，我国宪法也将依法治国写入其中。我国目前的立法中也加大了对个人权利的保护力度，如2004年宪法修正案第24条规定"国家尊重和保障人权"。当前社会提出的以人为本，其实质就是以权利为本位。另外，在我国权利本位不是贯穿于全部的立法中。改革开放以来，我国的经济发展得益于以权利为本位的立法。然而，经济发展的同时带来的是环境的破坏，要想使环境得到改善，促进人与自然和谐相处，环境方面的立法就应侧重以义务为本位。

因此，我国当前所要构建的法律体系应该是权利和义务相统一的法律体系，在私法领域中应该以“权利本位”为大的指导方向，同时兼顾我国传统文化中的和谐思想；在环境法等方面，应以“义务本位”为大的指导方向来进行立法，解决人与自然的和谐问题。

8.3　考研真题与典型题详解

一、单项选择题

张林遗嘱中载明：我去世后，家中三间平房归我妻王珍所有，如我妻今后嫁人，则归我侄子张超所有。张林去世后王珍再婚，张超诉至法院主张平房所有权。法院审理后认为，婚姻自由是宪法基本权利，该遗嘱所附条件侵犯了王珍的婚姻自由，违反《婚姻法》规定，因此无效，判决张超败诉。对于此案，下列哪一说法是错误的？（　　）［2014 年法考真题］

A. 婚姻自由作为基本权利，其行使不受任何法律限制

B. 本案反映了遗嘱自由与婚姻自由之间的冲突

C. 法官运用了合宪性解释方法

D. 张林遗嘱处分的是其财产权利而非其妻的婚姻自由权利

【解析】A 项，婚姻自由是基本权利，但基本权利也有其边界。行使婚姻自由权，必须在法律规定的范围内进行，其行使不能超出这个边界。B 项，本案遗嘱中的财产处理情况以继承人妻子的再婚状况为条件，体现了遗嘱自由与婚姻自由之间的冲突。C 项，合宪性解释，是指法律有多种解释的可能时，选择其中与《宪法》不相抵触的解释。法院依据宪法保护公民基本人权的原则和精神，认为遗嘱所附条件侵犯了王珍的基本权利而无效，该判决运用了合宪性解释的方法。D 项，遗嘱只能处分继承人的财产权利，不能处分他人的人身权。

二、多项选择题

许某与妻子林某协议离婚，约定 8 岁的儿子小虎由许某抚养，林某可随时行使对儿子的探望权，许某有协助的义务。离婚后两年间林某从未探望过儿子，小虎诉至法院，要求判令林某每月探视自己不少于 4 天。对此，下列说法正确的是（　　）。［2017 年法考真题］

A. 依情理林某应探望儿子，故从法理上看，法院可判决强制其行使探望权

B. 从理论上讲，权利的行使与义务的履行均具有其界限

C. 林某的探望权是林某必须履行一定作为或不作为的法律约束

D. 许某的协助义务同时包括积极义务和消极义务

【解析】ABC 三项，权利的行使与义务的履行均具有其界限，没有无限制的权利，也没有无限度的义务。但是义务具有强制履行的性质，而权利具有一定的自主性，权利主体可以按照自己的愿望决定是否实施某种行为。因此，依情理林某应探望儿子，但是探望权作为一种权利，不具有强制履行的性质。因此，从法理上看，法院不可判决其行使探望权，不能强制其通过履行一定作为或不作为来行使探望权。D 项，权利总是与义务人的义务相连，需要相应的义务做保障。义务人必须根据权利的内容作出一定的行为，称为积极义务。

A　▎　BD

义务人不得作出一定行为的义务，称为消极义务。由此可知，许某的协助义务包括积极义务和消极义务。

三、概念题

1. 法律权利［中国政法 2024 年研；上海交大 2022 年研；上海师大 2022 年研；温州大学 2021 年研；温州大学 2018 年研；南航 2016 年研；南京大学 2011 年研］

相关试题：权利［北邮 2024 年研；浙江理工 2018 年研；南京大学 2010 年研］

答：法律权利是指由国家通过法律加以许可的自由意志支配的行为范围。具体来讲：①作为法理学研究对象的权利，是由法律规范明文规定的，或包含在法律规范逻辑中的，或至少可以从法律精神和法律原则中推定出来的；②任何法律上的权利都是社会上占支配地位的阶级（统治阶级）或集团（统治集团）的意志的体现；③权利有明确的界限；④权利是利益分配和实现的工具，而不是目的；⑤权利具有能动性和可选择性。

2. 法律义务［常州大学 2018 年研；北化 2008 年研］

答：法律义务是国家通过法律规定，对法律主体的行为的一种约束手段，是法律规定人们应当作出和不得作出某种行为的界限。具体来讲：①作为法理学研究对象的义务，是由法律规范明文规定的；②任何法律上的义务都是社会上占支配地位的阶级（统治阶级）或集团（统治集团）的意志的体现；③义务具有明确的界限；④义务是负担分配和保障利益实现的工具；⑤义务是受动的，不能自动放弃，更不能拒绝履行。

3. 应有权利［河北大学 2015 年研］、**习惯权利**［河北大学 2017 年研］

答：参见本章考研真题简答题第 1 题答案。

4. 第一性义务与第二性义务［武大 2010 年研］、**原有权利**［厦门大学 2010 年研］

相关试题：

（1）第一性权利［中国政法 2025 年研；南航 2015 年研；浙江财大 2015 年研］、**第二性义务**［中南财大 2009 年研］

（2）对世权利［浙江财大 2017 年研］、**对人权利**［浙江财大 2016 年研］

答：参见本章考研真题简答题第 1 题答案。

四、简答题

1. 权利和义务的分类。［河海大学 2019 年研］

相关试题：

（1）如何对权利与义务进行分类？［浙江财大 2016 年研］

（2）解析权利的分类。［中山大学 2015 年研］

（3）论述法律权利的分类。［论述题，中山大学 2009 年研］

答：权利与义务的分类如下：

（1）根据权利和义务的存在形态，可分为：

①应有权利与应有义务。应有权利是权利的初始形态，是未被法律明文规定但主体认为应当享有或被承认应当享有的权利。应有义务是指虽未被法律明文规定，但根据社会关

系的本质和法律精神，应当由主体承担和履行的义务。

②习惯权利和义务。指人们在长期的社会生活过程中形成的或从先前的社会传承下来的，表现为群体性、重复性的自由的行动或表现为自愿服从而自主担当的行为或者不作为。

③法定权利和义务。即由法律所确认、由国家强制力为保障的权利和义务。

④现实权利和义务。现实权利又称“实有权利”，是指主体实际享有并行使的权利，是法定权利的另一种参照和评价标准。现实义务是指由主体实际承担和履行的义务，是法定义务的现实化。

(2)根据权利和义务所体现的社会内容(社会关系)的重要程度，可分为：

①基本权利和义务。指宪法所规定的人们在国家政治生活、经济生活、文化生活和社会生活中的根本权利和义务。

②普通权利和义务。又称非基本权利和义务，是宪法以外的普通法律所规定的人们在普通经济生活、文化生活和社会生活中的权利和义务。

(3)根据权利和义务对人们的效力范围，可分为：

①一般权利和义务。一般权利又称“对世权利”，是权利主体无特定的义务人与之相对。一般义务又称“对世义务”，其特点是义务主体无特定的权利人与之相对。

②特殊权利和义务。特殊权利又称对人权利，是权利主体可以要求特定义务人作出一定行为或抑制一定行为。特殊义务又称对人义务，其特点是义务主体应当根据特定权利主体的合法要求作出一定行为，通过给付、协助等行为实现特定权利主体的利益。

(4)按权利之间、义务之间的因果关系不同，可分为：

①第一性权利和义务。第一性权利又称“原有权利”，是指直接由法律规定的权利或者由法律授权的主体依法通过其积极活动而创立的权利。其特点是权利主体无特定的义务人与之相对。第一性义务是指由法律直接规定的义务或由法律关系主体依法通过积极活动而设定的义务。

②第二性权利和义务。第二性权利又称补救权利或救济权利，是指在原有权利受到侵害时产生的权利。第二性义务是指违法行为发生后所应负的责任。

(5)根据权利主体依法实现其意志和利益的方式，可分为：

①行动权利和消极义务。行动权利使主体有资格做某事或以某种方式采取行动；消极义务的内容是不作为。

②接受权利和积极义务。接受权利使主体有资格接受某事物或被以某种方式对待；积极义务的内容是作为。

(6)根据权利主体可分为：

①个体权利和义务。个体权利是指自然人依法所享有的政治权利、经济权利、文化权利和社会权利，通常称为公民权利。个体义务是指自然人依法承担的义务。

②集体权利和义务。集体权利是指社会团体、企事业组织、经济法人等集体所享有的各种权利。集体义务是指集体组织依法承担的义务。

③国家权利和义务。国家权利是指国家作为法律关系主体在国际法和国内法上所享有的权利。国家义务是指国家依法承担的义务

④人类权利和义务。人类权利是指人类作为一个整体或地球上的所有居民共同享有的

权利。人类义务是指人类每个成员、每个群体、各个国家都应承担的义务。

2. 辨析：公民的人身自由属于对世权利。［北师 2009 年研］

答：这种说法是正确的。对世权利又称一般权利，其特点是权利主体无特定的义务人与之相对，而以一般人作为可能的义务人。公民的人身自由权属于对世权利，即排除他人的侵害，要求一般人不得作出妨害他人人身自由的行为。

3. 简述权利本位的特征。［厦门大学 2013 年研；北航 2013 年研］

相关试题：简述权利本位的法律特征。［华侨大学 2011 年研；中南财大 2008 年研］

答：权利本位的法律特征如下：

(1) 权利本位意味着法律面前人人平等。平等主要体现在权利主体资格享有、基本权利义务的分配等方面。任何人都不会因性别、种族、肤色、语言、信仰等情况而被剥夺权利主体的资格。

(2) 在权利与义务的关系中，权利是第一性的，是义务存在的前提。相对于义务而言，权利是目的，处于主导地位；而义务是第二性的，是保障权利实现的手段。

(3) 法无禁止即自由。在法律没有明确禁止或强制的情况下，可以推定主体有权利作为或不作为。即"法无明文规定不为罪，法无明文规定不处罚"。

(4) 权利主体行使其权利的过程中，只受到法律以保证其他主体权利为目的的限制。即法律只能禁止损害他人权利。

五、论述题

1. 试论权利与义务是法学的核心范畴。［吉大 2014 年研；南京大学 2013 年研］

相关试题：

(1) 简述权利与义务为什么是法学核心概念。［中南财大 2022 年研］

(2) 为什么说权利与义务是法学的核心范畴？［宁夏大学 2018 年研］

答：权利和义务是法律的核心内容，也是法学的核心概念。具体分析如下：

(1) 权利和义务是法律现象的主要构成要素。法律规范、法律关系以及法律责任等法律现象都以权利和义务为主要构成要素。

①法律规范是由行为模式和法律后果所构成的，行为规范赋予了人们权利，告诉人们什么样的主张和行为在法律上是正当合法的，并通过肯定性的法律后果对这种主张和行为予以确认和保护。

②法律关系是人们行使权利履行义务所形成的社会关系。法律关系不同于一般社会关系的关键之处就在于这种关系是以法律的规定为依据而形成的。

③当人们不遵循权利和义务的要求行为时就产生了法律责任。按照哈特的观点，这种法律责任是由于行为人违反法律规范规定的第一性义务而产生的第二性义务。法律责任的主要目的是保障权利的正当行使和义务的适当履行。

(2) 权利和义务贯穿一国法律的所有部门。

①宪法作为一国根本大法，它主要规定国家的政治制度、经济制度、法律制度以及文化教育制度，这些基本制度实际上是对不同的阶级、阶层、集团、民族等社会力量在国家

生活中的权利和义务的规定，并对公民的基本权利和义务进行了规定。

②行政法规则是以宪法为基础，规定国家行政机关及其工作人员在行使国家行政管理权时的权力范围和职责，并确定行政机关与社会公民、法人等行政相对人在相互关系中各自的权利和义务。

③民法是调整平等主体之间关于人身、财产方面权利义务关系的法律规范。

④刑法对严重危害法律所保护的社会关系的个人或单位施以刑罚，以保障人们的法定权利。

⑤诉讼法是调整诉讼过程中国家审判机关、检察机关、诉讼当事人、诉讼参与人之间的权利义务关系。

⑥国际法则通过国际条约、国际惯例等方式规定国与国、政府与政府之间在国际关系活动中的权利和义务。

(3)权利和义务贯穿法律运行的全过程。

①立法在一定程度上就是对权利义务在社会范围内进行的分配，它通过法律规范这种制度化的形式确定人们的权利和义务。

②执法是行政机关及其工作人员在管理社会的活动中具体落实法律所规定的权利和义务的过程。

③守法是公民、法人、社会组织依据法律的规定行使权利、履行义务。

④司法是国家司法机关通过各种诉讼程序，恢复被破坏的当事人之间的权利与义务关系。

⑤法律监督是国家法律监督机关对国家机关工作人员、社会组织、法人和公民行使权利、履行义务情况的监督，并对违反法律规定的行为进行追究。

(4)权利和义务作为法律关系的重要内容可反映社会的主流价值取向，全面地表现和实现法的价值。

国家通过规定权利与义务，保障权利义务的实现来体现其价值取向。现代社会的法赋予人们越来越多的权利，给予人们政治、经济、文化教育等方面越来越充分的选择机会和行动自由，人们在行使权利履行义务的同时也不断实现了自我的价值，促进了社会的发展。

2．论权利与权力的关系。［南师 2008 年研］

相关试题：如何理解权利与权力的关系？［简答题，武大 2012 年研］

答：权利是指由国家通过法律加以许可的自由意志支配的行为范围。权力是一定社会中的公共机关或居于管理和统治地位的人以公共利益的名义合法地行使的强制性控制和支配力量，是人类社会存在和发展的基本维系力量。权力包括非国家形态的公共权力和国家权力两种形态。通常所谓的权力，是指国家权力，即以阶级压迫为基础的政治统治和社会管理力量。

(1)二者的区别：

①行使主体不同。权利的行使是一般主体；而权力主要是国家机关及其工作人员。

②法律地位不同。权利可由权利人独自享有，可以是一种有特定相对人的权利(如债权)，也可以是有一般相对人的权利(如财产所有权)。在存在与之相对应的义务人的双边关系的条件下，双方的法律地位是平等的。权利主体对其享有的某些权利还可以转让。而

权力则只存在于与具体相对人的关系中。单独的主体无法行使其权力，因权力须以对方的服从为条件，是管理与服从关系。因此，权力是单向的，自上而下的，双边关系是不平等的。权力主体对授予它的权力都不得放弃或转让。

③推定规则不同。权利的推定规则为“法无明文禁止即可为。”而权力只以明文规定为限，否则为越权。

④社会功能不同。权利一般体现私人利益；权力一般体现公共利益。

⑤强制性不同。权利和权力都对相对人具有强制性。权力具有国家的直接强制力。权利则只是以国家强制力为后盾。当权利不能实现或遭到侵犯时，权利人可以请示国家行使权力予以保护或救济，但权利人不得自行对相对人施以强制力。因此，权力的强制性是直接的，权利的强制性则是以权力为中介，是间接的。

⑥对应关系不同。权利与义务相对应。对一个人是权利，对与此相关的特定人就是义务；就权利主体自身来说，也要承担不滥用权利的义务。权力与责任相对应。一方行使权力，相对方就有必须服从的责任，拒绝服从或妨碍、阻挠行使公共权力的，要追究法律责任。对权力主体自身来说，也不得越权侵犯，否则也要追究法律责任。

(2)二者的联系：

①权利与权力是相互渗透的。法律上的权利，就权利人有权要求他人作出一定行为或抑制一定行为来说，即就这种权利对他人的影响来说，实际上也是一种“权力”，即他人有作为或不作为的义务，否则公民就有权要求国家运用强制手段进行干预，保护或帮助实现其权利。这时，权利就借国家权力而显示其“法律上的力”了。同样，权力可以同时表现为一种权利。此外，同一主体可同时享有权利和权力。国家工作人员拥有国家授予他们的权力，又享有一般公民所享有的法律赋予的权利。所以，权利和权力是互相渗透的。权利中有权力，权力中有权利，广义的权利亦包括权力在内，权力也是一种权利。

②权利和权力可以相互转化。权利可以转化为权力。封建时代王位继承权是一种权利，继承王位后，就成为一种统治权力了。在我国，人民通过选举权(权利)，选出组成国家权力机关、人民代表大会，这样人民权利就转化为了权力。权力也可转化为权利，即通过权力来确认、保护权利，使权利得以实现和不受侵犯。

3. 论权利和义务的关系。[山东师大 2017 年研；山东大学 2016 年研]

相关试题：

(1)简述权利和义务的一般关系。[简答题，西南政法 2025 年研]

(2)如何理解权利和义务在价值上的主次关系？[浙工商 2021 年研]

(3)从法理学的角度，权利与义务是什么关系？[简答题，温州大学 2018 年研]

(4)如何理解权利和义务在功能上的互补关系？[简答题，安徽师大 2018 年研]

(5)简述权利与义务的关系。[简答题，中南财大 2025 年研；浙江财大 2017 年研；吉大 2012 年研]

(6)权利与义务的关系是什么？[简答题，南航 2016 年研]

(7)如何理解权利与义务的一致性？[中山大学 2014 年研]

(8)简述法律权利与法律义务的关系。[简答题，南京理工 2011 年研；首师大 2011 年研]

答：权利和义务是相对而言的，“一个人有责任不仅为自己本人，而且为每一个履行自己义务的人要求人权和公民权。没有无义务的权利，也没有无权利的义务。”权利和义务的关系包括多种含义：①在任何一种法律关系中，权利人享受权利依赖于义务人承担义务。②不能一方只享受权利不承担义务，另一方只承担义务不享受权利。③权利的行使有一定的界限，不能滥用权利。具体而言，可以把权利与义务的关系概述为：

(1)结构上的相关关系。权利和义务在法律这一事物中既相互依存、渗透、转化又相互分离、排斥的因素，体现了二者对立统一的关系。

①权利的存在以义务的存在为条件，反之亦然，社会设定某一权利必定有相应的义务，否则权利就形同虚设；设定某一义务也必有相应的权利，否则义务便不是社会义务。

②在一定条件下，某一行为既是权利也是义务，如行政机关依法行使职权。

③权利和义务在一定条件下可相互转化，即权利人要承担义务，而义务人可享受权利，在法律关系中的同一人既是权利主体又是义务主体。如父母与子女之间的抚养、教育与赡养、扶助法律关系。

④权利和义务又是相互分离、排斥的。权利的存在以维护权利主体利益为目的，权利是目的，义务是实现权利的手段。权利是主动的，权利主体在法律范围内可自主决定行为；义务是被动的，义务主体在法律范围内只能依据权利主体的要求决定一定的行为。

(2)数量上的等值关系：

①在数量关系的“绝对值”上，权利与义务总是等值或等额的。一个社会的权利总量的绝对值总是等同于义务总量的绝对值，这也是社会中公正和正义的要求。

②权利和义务在具体法律关系中相互包含、互为界限。权利的范围即义务的界限，义务的范围即权利的界限。

(3)功能上的互补关系：

①权利直接体现法律的价值目标，义务保障价值目标和权利的实现。法律总是以确认和维护某种利益为其价值目标，并且以权利的宣告直接体现其价值目标，但单纯的权利宣告不足以保障其实现，此时必须进行义务的设定。

②权利和义务都有指引人们行为的功能，但权利提供不确定的指引，义务提供确定的指引。

③义务的约束机制有助于建立秩序，权利的导向和激励机制有助于自由的实现。而秩序和自由是社会的基本价值目标，因此对一个社会来说，义务和权利都必不可少。

(4)价值上的主次关系。权利和义务设立的目的都体现了法律价值，二者在法律体系中有主次、主导与非主导之分。在不同历史时期，法律的价值取向不同，古代法律以义务为本位，现代法律以权利为本位。

4. 试结合实际，谈谈你对权利本位论的认识。[中南财大2010年研]

答：(1)权利本位及其法律特征，参见本章考研真题简答题第3题答案。

(2)确立权利本位的意义：

①有利于转变政府的观念，增强政府的服务意识和公仆意识，积极履行保护公民权利的职责。

②是社会文明的象征。现代社会是权利社会，社会的重心应当放在保护和实现公民权利上来。

③有利于权利的保护和实现。权利本位要求权利优于义务，义务本身的设定就是为了实现权利，突出权利的价值才能更好地保护和实现权利。

(3)确立权利本位的要求：

①应当把权利的确认和保护作为立法的首要目标，以此推进我国社会主义法治建设。

②应当把权利的确认和保护作为执法的首要目标，以此推进社会主义法治国家建设。公民的权利即意味着政府的义务，政府应当注重公民权利的保护。

③要求义务的设定应当是为了更好地实现公民的权利，并不能对公民强加过多的义务。

④要求加强对公民权利的救济，无救济则无权利，因而只有建立完善的救济制度，才能更好地确保公民权利的实现。

第九章　法律行为

9.1　复习笔记

【知识框架(庖丁解牛)】

- 法律行为
  - 含义
    - 行为与法律行为的界定
    - 法律行为的基本特征：社会性、法律性、意志性
  - 结构
    - 法律行为的内在方面：动机、目的、认知能力
    - 法律行为的外在方面：行为、手段、结果
  - 分类
    - 按行为主体的性质和特点分
      - 个人行为、集体行为和国家行为
      - 单方行为、多方行为
      - 自主行为、代理行为
    - 按行为的法律性质分
      - 合法行为、违法行为
      - 公法行为、私法行为
      - 实体法行为、程序法行为
    - 按行为的表现形式与相互关系分
      - 积极行为、消极行为
      - 主行为、从行为

【通关提要(提纲挈领)】

本章主要介绍法律行为的含义、结构和分类。学习时，要重点掌握法律行为的概念和基本特征；在法律行为的分类中，要重点掌握合法行为与违法行为、积极行为与消极行为的概念等；简要了解法律行为的结构，以帮助加深理解。本章主要考查简答题，学习时应在理解的基础上记忆，积累相关表达方式，以在做题时能轻松运用。

【考点难点归纳(厚积薄发)】

考点一：法律行为的概念和特征(见表9-1)　★★★

表9-1　法律行为的概念和特征

要点	具体内容	
概念	指法律关系主体实施的，能发生法律效力、产生一定法律后果的行为	
三大基本特征	社会性	指法律行为具有社会意义，会产生社会影响或社会效果
	法律性	指法律行为由法律规定，受法律调整，能够发生法律效力或产生法律效果
	意志性	指法律行为具有意志因素，是人们在其意志控制下实施的行为

【真题链接】简述法律行为的概念及其特征。［简答题，广财2018年研］

考点二：法律行为的结构(见表 9-2) ★★★

表 9-2 法律行为的结构

要点	具体内容		
主观要件[内在方面]	概念	又称“法律行为构成之心素”，是法律行为内在表现的一切方面，是行为主体在实施行为时一切心理活动、精神状态及认知能力的总和	
	分类	动机	指直接推动行为人去行动的内在动力或动因
		目的	目的构成行为的灵魂[本质要素]，并给予行为以规定性
		认知能力	①认知能力。行为人对自己行为的法律意义和后果的认识能力。 ②认识错误。包括事实错误和法律错误
客观要件[外在方面]	概念	又称“法律行为构成之体素”，是法律行为的外在表现	
	分类	行为	包括身体行为和语言行为
		手段	指行为人为达到预设目的而采取的各种方式方法
		结果	判断法律行为结果的两个主要标准： ①行为造成一定的社会影响。 ②应由法律根据结果确定行为的法律性质和类别

【真题链接】试述法律行为的结构。[论述题，上海交大 2021 年研]

考点三：法律行为的分类(见表 9-3) ★★

表 9-3 法律行为的分类

划分标准		具体内容
行为主体的性质和特点	行为主体的特性	个人行为、集体行为和国家行为
	主体意思表示的形式	单方行为、多方行为
	主体实际参与行为的状态	自主行为、代理行为
行为的法律性质	行为是否符合法律的内容要求	合法行为、违法行为
	行为的公法或私法性质	公法行为、私法行为
	行为的实体法或程序法性质	实体法行为、程序法行为
行为的表现形式与相互关系	行为的表现形式	积极行为[作为]、消极行为[不作为]
	行为的主从关系	主行为、从行为
行为构成要件	行为是否通过意思表示	表示行为、非表示行为
	行为是否要特定形式或实质要件	要式行为、非要式行为
	行为的有效程度	完全行为、不完全行为

9.2 课后习题详解

1. 法律行为的概念和基本特征是什么？

答：参见本章考研真题论述题第 1 题答案。

2. 如何认识和理解法律行为的结构?

答: 参见本章考研真题论述题第2题答案。

3. 法律行为的分类标准主要有哪些?

答: 法律行为的分类标准具体如下:

(1)按行为主体的性质和特点所作的分类:

①按行为主体的特性不同,可分为:

a. 个人行为,指公民(自然人)基于个人意志和认识,直接作出的具有法律意义的行为。

b. 集体行为,指机关、组织或团体基于某种共同意志或追求,所从事的具有法律效果、产生法律效力的行为。

c. 国家行为,指国家根据国家意志,以国家的名义所从事的具有法律意义的行为。

②按主体意思表示的形式不同,可分为:

a. 单方行为又称"一方行为",指由法律主体一方的意思表示或由一方当事人主动作为而成立的法律行为。

b. 多方行为,指由两个或两个以上的多方法律主体意思表示一致而成立的法律行为,如合同行为。

③按主体实际参与行为的状态不同,可分为:

a. 自主行为又称自为行为,指法律主体以自己的名义独立从事的法律行为。

b. 代理行为,指法律主体根据法律授权或其他主体的委托而以被代理人的名义所从事的法律行为。

(2)按行为的法律性质所作的分类:

①按行为是否符合法律的要求,可分为:

a. 合法行为,指符合法律要求,依照法律规定会引起肯定性法律后果的行为。

b. 违法行为,指违反法律的要求,依照法律规定会引起否定性法律后果的行为。

②按行为的公法性质或私法性质,可分为:

a. 公法行为,指具有公法效力、能够产生公法效果的行为。

b. 私法行为,指具有私法性质和效力、能够产生私法效果的行为。

③按行为的实体法性质或程序法性质,可分为:

a. 实体法行为,是指具有实体法性质和效力、能够产生实体法效果的行为。

b. 程序法行为,是指具有程序法性质和效力、产生程序法效果的行为,如起诉、辩护等行为。

(3)按行为的表现形式与相互关系所作的分类:

①按行为的表现形式不同,可分为:

a. 积极行为,又称"作为",指行为人以积极的、主动作用于客体的形式进行的活动,表现为作出一定动作或动作系列的、具有法律意义的行为。

b. 消极行为,又称"不作为",指以消极的、间接对客体发生作用的方式所进行的活动,往往表现为不作出一定的动作或动作系列的、具有法律意义的行为。

②按行为的主从关系,可分为:

a. 主行为，指无须以其他法律行为的存在为前提而具有独立存在意义、产生法律效果的行为。

b. 从行为，指以另一种行为的存在为存在前提的法律行为。

(4)按行为构成要件所作的分类：

①按行为是否通过意思表示，可分为：

a. 表示行为，是指行为人基于意思表示而作出的具有法律意义的行为。

b. 非表示行为，指非经行为者意思表示而是基于某种事实状态即具有法律效果的行为。

②按行为是否需要特定形式或实质要件，可分为：

a. 要式行为，指必须具备某种特定形式或必须遵守特定程序才能成立的法律行为。

b. 非要式行为，指无须具备特定形式或程序即能成立的法律行为。

③按行为的有效程度不同，可分为：

a. 完全行为，指发生完全的法律效力的行为。

b. 不完全行为，指不发生效力或仅有部分发生效力的法律行为。

4. “在任何法律系统中，决定性的因素是行为，即人们实际上做些什么。如果没有人们的行为，规则不过是一堆词句，结构也不过是被遗忘的缺乏生命的空架子。”请结合本章内容，阐述其中的法理。

答：法律行为是维系法律制度存续的关键因素之一。权利和义务的实现也是通过法律行为。没有法律行为，规则和结构都将毫无意义。

(1)法律行为的概念，参见本章考研真题论述题第1题答案。

(2)法律行为的结构，参见本章考研真题论述题第2题答案。

(3)法律规则与法律行为的关系。法律规则不可避免地要通过法律行为来调整法律关系。现行的规则无论是规定法律主体的权利、义务还是责任，都要通过对法律行为加以干预才能产生效力。权利的实现要求主体积极行为，义务的承担要求主体作为或不作为，责任的承担也是对主体法律行为的可为或不可为、行为的范围进行限制。没有法律行为，法律规则不可能对人形成的主观目的、动机、认知能力直接进行规制，也不可能对不存在意识的法律客体进行规制；如此，法律规则就只是一纸空文。

9.3　考研真题与典型题详解

一、单项选择题

下列选项中，关于法律行为或法律事件的判断，不正确的是(　　)。[2016年法硕真题]

A. 赵某生下一对双胞胎是法律事件

B. 钱某与单位签订聘用合同是法律行为

C. 孙某的房屋在地震中垮塌是法律事件

D. 李某声称自己被外星人劫持是法律行为

D

【解析】D 项，法律行为能够引起法律关系产生、变更或消灭。而李某声称自己被外星人劫持，不能引起法律关系的产生、变更或消灭，因此不是法律行为。

二、概念题

1. 法律行为［河北大学 2018 年研；四川师大 2018 年研；浙江财大 2018 年研；温州大学 2017 年研；中财 2015 年研；南开大学 2010 年研；北交 2007 年研］

答：参见本章考研真题论述题第 1 题答案。

2. 法律行为与法律意识［武大 2007 年研］

相关试题：法律意识［清华大学 2018 年研；北邮 2015 年研］

答：法律意识是社会意识的一种，是指人们在一定历史条件下，对现行法律和法律现象的心理体验、价值评价等各种意识现象的总称。从人的认识过程的角度，法律意识可分为法律心理、法律观念、法律思想体系。法律行为是指法律关系主体实施的，能发生法律效力、产生一定法律效果（或者，作为法律事实，能够引起法律关系产生、变更和消灭）的行为。

（1）法律意识对法律行为选择的影响：

①法律意识影响着行为人法律行为的性质。法律意识具有评价功能，评价功能导致个人在经验和法律实践的基础上对法律生活各个方面和现象的情感态度。法律意识的水平越高，就越能体现法律意识的调整作用，使人们的行为符合反映在法中的目的和意志，法治和法律秩序也就越巩固。

②法律意识影响着行为人做出行为选择的后果。法律的存在及其实施，必然反映在人们的头脑中，并形成法律意识，而这种法律意识反过来又指导、调节自己的行为，达到知法、守法、用法的结果。

（2）行为选择对法律意识的影响。行为人基于其自身的法律意识作出法律行为的选择之后，这种选择反过来也会对法律意识产生一定的影响，即行为选择能修正法律意识。

3. 合法行为［中山大学 2006 年研］

答：合法行为，是指符合法律要求，依照法律规定会引起肯定性法律后果的行为。其核心特征是行为内容、形式及目的均不违反法律规定，且通常产生行为人预期的法律效果。其意义在于维护法律秩序、实现法律价值（如公平、正义）以及促进社会发展。合法行为与违法行为相对，是法律事实的一种，体现法律规范的具体实施。

4. 公法行为与私法行为［安徽师大 2018 年研］

答：参见本章课后习题第 3 题答案。

三、论述题

1. 论述法律行为的概念和特征。［南京大学 2013 年研］

相关试题：

（1）简述法律行为的概念及其特征。［简答题，广财 2018 年研］

（2）简述法律行为的基本特征。［简答题，宁夏大学 2018 年研；厦门大学 2008 年研］

(3)简答法律行为的特点。[简答题，中山大学 2017 年研]

(4)法律行为的基本特征有哪些?[简答题，浙江财大 2015 年研]

答：(1)法律行为是指法律关系主体实施的，能够发生法律效力、产生一定法律后果的行为。它包括合法行为与违法行为、(意思)表示行为与非表示行为(事实行为)、积极行为(作为)与消极行为(不作为)等。

(2)法律行为的特征：

①意志性。法律行为是能够为人们的意志所控制的行为，具有意志性，即它与人的有意识的、主动性的活动有关，是人的意志性活动的表现。主要体现在：a. 从法律行为的本质看，它是人的意志的一种外在表现形式，是行为人有意识的活动；b. 从法律行为的结构看，意志是法律行为的重要组成部分；c. 从法律行为的过程看，一定的环境影响使人认识到某种需求，形成一定的动机和目的，然后通过一定的行为方式去实现这种目的，即在整个行为过程中意志始终在起着支配作用。

②社会性。法律行为具有社会性，即它是在社会关系中发生的，是具有社会意义并能产生相应社会后果的行为。法律行为的社会性极为明显，主要体现在：a. 任何法律行为均会产生一定的社会影响，形成一定的社会后果；b. 法律行为是一种社会互动行为，是会引起他人行为的行为，由此引起法律关系的产生、变更和消灭；c. 法律行为往往与其他的社会行为交织在一起，作为其他社会行为的形式或一个方面而存在；d. 法律行为是受社会法律规范制约的行为，具有一定的社会倾向性。

③法律性。法律性是法律行为别于其他社会行为的根本标志，是法律行为所特有的属性，主要体现在：a. 法律行为是由法律所调整和规定的行为；b. 法律行为是能够发生法律效力或产生法律效果的行为；c. 法律行为是可以用法律评价的行为，是具有法律意义的行为。

④价值性。法律行为不仅体现了人们对价值的追求，体现了行为人的价值取向，而且法律行为是主客体之间的桥梁。法律价值的实现有赖于人们的法律行为；没有法律行为，作为客体的法律不可能自发地发挥作用，去满足作为主体的人对法律价值的追求。

2. 试述法律行为的结构。[上海交大 2021 年研；南京大学 2008 年研]

相关试题：

(1)简述法律行为的结构。[简答题，扬州大学 2017 年研；厦门大学 2010 年研；北师 2008 年研]

(2)法律行为的内容。[简答题，吉大 2012 年研]

答：一个法律行为在构成上包括行为的外在和内在两方面要素，这些要素在结构上包括构成法律行为的客观要件(即法律行为的外在方面)和主观要件(即法律行为的内在方面)两个方面。

(1)法律行为的内在方面，是指法律行为的意志方面的内容或因素。根据其对行为发生的影响不同，这些因素可分为三个基本方面：

①动机。动机是推动人们作出某种行为的内在心理动力。动机的产生源于人们感觉到的需要。需要引起行为动机，而动机又推动人们的行为。法律对动机的考量，主要体现在某些民事法律行为的效力确定上和刑事犯罪的情节认定上。

②目的。目的是行为主体作出某种行为时在主观上所追求的目标或后果。行为目的与动机有密切关系，二者作为行为的主观因素，动机是深层的，而目的是外显的、直接的；动机决定目的，目的表现动机。在法律行为的构成中，行为目的是法律考量的一个必不可缺的因素。

③认知能力。认定法律行为需要考察行为人对自身行为的法律意义和后果的认识能力。

a. 行为认知是指行为主体对行为本身和行为意义的了解。它的内容是知识性的，即知道自己做什么，如何做，将产生什么样的后果等。任何法律行为都以一定认知因素为基础，认知状况是法律确定行为是否为法律行为以及是何种法律行为的重要因素。

b. 控制能力说明的是行为主体的行为受自己意志支配的状况。行为主体的意志支配自己的行为而不受自身其他因素的制约；自身意志不受他人强制，具有自主性、独立性。

(2)法律行为的外在方面是法律行为的客观表现，是可以观察到的人们活动的状况，它受法律行为的内在方面支配，是法律行为内在方面的外部表现。根据行为的一般过程和法律调整特点，法律行为外在方面可分为：

①外在的行动(行为)，指人们通过身体、言语或意思而表现于外的举动。包括身体行为和语言行为。

②手段，指行为人为达到预设的目的而采取的各种方式和方法。手段是法律确定行为的合法性与否，以及属于何种合法或违法并承担何种法律后果的因素之一。总之，只要行为的手段违法，其行为即违法，但手段合法其行为则不一定为合法。法律对于合法行为的设定必然要求手段合法。

③结果。法律行为必须要有结果，通常根据行为结果来区分其法律性质及行为人对行为负责的界限和范围。法律行为结果的判断主要有两个标准：

a. 法律是根据行为结果所包含的社会影响的程度来决定是否将某种行为纳入调整范围的。

b. 法律根据行为结果来确定是否调整某类行为，行为结果也是法律影响行为的作用点。

第十章　法律关系

10.1　复习笔记

【知识框架(庖丁解牛)】

- 法律关系
  - 法律关系概述
    - 概念
    - 特征
    - 分类
      - 基本法律关系、普通法律关系
      - 调整性法律关系、创设性法律关系
      - 纵向/隶属法律关系、横向/平权法律关系
      - 双边法律关系、多边法律关系
      - 第一性法律关系、第二性法律关系
  - 法律关系的主体
    - 种类
      - 自然人
      - 法人
      - 国家
      - 国家机关
      - 其他主体
    - 资格：权利能力、行为能力
  - 法律关系的客体
    - 概念
    - 特征
      - 客观性
      - 有用性
      - 可控性
      - 法律性
    - 种类：物；人身、人格；智力成果；行为；信息；其他客体
  - 法律关系的形成、变更与消灭
    - 条件：法律规范、法律事实
    - 种类
      - 法律事件与法律行为
      - 肯定式法律事实与否定式法律事实

【通关提要(提纲挈领)】

本章主要介绍法律关系，属于基础章节。学习时，要重点掌握法律关系的特征、主体资格(权利能力和行为能力)，以及引起法律关系产生、变更、消灭的条件。本章主要考查概念题和简答题，可在理解的基础上结合实例记忆。

【考点难点归纳(厚积薄发)】

考点一：法律关系概述(见表10-1) ★★★

表 10-1 法律关系概述

要点	具体内容	
概念	指根据法律规范产生的、以法律主体间权利与义务为内容的社会关系	
特征	基础/前提	法律规范
	本质	法律主体之间的社会关系
	内容	权利和义务
分类	按社会关系的性质及重要程度分	基本、普通法律关系
	按法律关系发生方式分	调整性、创设性法律关系
	按法律主体的地位分	纵向(隶属)、横向(平权)法律关系
	按法律关系主体数量分	双边、多边法律关系
	按法律关系之间的因果联系分	第一性、第二性法律关系

【真题链接】法律关系有哪些特征？[简答题，河北师大2020年研]

考点二：法律关系的主体 ★★★★

1. 法律关系主体的概念和种类(见表10-2)

表 10-2 法律关系主体的概念和种类

要点	具体内容	
概念	简称法律主体，是指参与法律关系，并在法律关系中享有权利和承担义务的人	
种类	自然人	指具有生命的、个体意义上的个人，是法律关系主体中最基础的主体。 通常包括本国公民、外国公民和无国籍人
	法人	指具有权利能力和行为能力、依法独立享有权利和承担义务的组织，是现代社会最有影响力的法律关系主体。主要包括营利法人、非营利法人、特别法人
	国家	指拥有一定的居民、领土、政权组织和主权的社会实体，国家是特定法律关系的主体，也是国际法律关系的主体
	国家机关	依照法定职权和程序行使国家权力、履行国家义务
	其他主体	人民[我国基本法律关系的主体]、民族、非法人组织等

2. 法律关系主体的资格(见表10-3)

表 10-3 法律关系主体的资格

要点	具体内容	
权利能力	概念	指权利主体享有权利和承担义务的能力

续表

要点		具体内容
权利能力	公民的权利能力	①按主体享有权利能力的范围不同分为：a. 一般权利能力，又称基本权利能力；b. 特殊权利能力。 ②按法律部门不同，分为民事、政治、行政、劳动、诉讼权利能力等
	法人的权利能力	法人的权利能力自法人成立时产生，至法人解体时消灭。其内容和范围由法人成立的宗旨和业务范围决定
行为能力	概念	指权利主体能够通过自己的行为取得权利和承担义务的能力
	公民的行为能力	公民的行为能力由法律明确规定： ①完全行为能力人：18周岁以上、智力健全，能够对行为负完全责任的公民。 ②限制行为能力人：只有部分行为能力的公民。[8周岁以上的未成年人和不能完全辨认自己行为的成年人] ③无行为能力人：完全不能以自己的行为行使权利、履行义务的公民[不满8周岁的未成年人和不能辨认自己行为的成年人]
	法人的行为能力	与公民行为能力的区别： ①行为能力的程度和范围不同：公民有完全行为能力与不完全行为能力之分；而法人在其成立宗旨和业务范围内有完全行为能力，除此之外无行为能力。 ②是否同时取得：公民的行为能力和权利能力不一定同时存在；而法人的行为能力和权利能力同时产生、同时消灭

考点三：法律关系的客体（见表10-4）　★★★

表10-4　法律关系的客体

要点		具体内容
概念	指法律关系主体的权利和义务所指向、影响和作用的对象	
特征	客观性	独立于人的意识并能为人的意识所感知、客观存在
	有用性	要对人有价值，能满足人的物质或精神需要
	可控性	应是人类可控制并能够加以利用的物质
	法律性	①法律关系的客体通常都由法律加以明确规定。 ②法律变动会引起法律关系客体的变动
种类	物	以一定物理形态存在，受法律关系主体支配，在生产和生活中所需要的有体物
	人身、人格	人身和人格分别代表着人的物质形态和精神利益，是人身权和人格权等权利及法律义务指向的客体
	智力成果	属于非物质财富，指人通过智力劳动所创造的思维成果
	行为	指义务人按法定或约定义务而必须实施的行为，包括作为和不作为
	信息	指有价值的情报或资讯
	其他客体	如国家权力、企业等

【真题链接】简述法律关系客体的概念及分类。[简答题，中国政法2021年研；西南科大2020年研]

考点四：法律关系形成、变更与消灭的条件(见表10-5) ★★★★

表10-5 法律关系形成、变更与消灭的条件

<table>
<tr><th>条件</th><th colspan="3">具体内容</th></tr>
<tr><td>法律规范</td><td colspan="3">形式要素，指法律关系形成、变更和消灭的法律依据</td></tr>
<tr><td rowspan="3">法律事实
[实质要素]</td><td>概念</td><td colspan="2">指法律规定的，能引起法律关系产生、变更和消灭的客观情况或现象</td></tr>
<tr><td rowspan="2">种类</td><td>是否以人的意志为转移</td><td>①法律事件，由法律规定的，能引起法律关系形成、变更或消灭的客观事实。分成社会事件和自然事件。
②法律行为，能发生法律效力、产生一定法律效果的行为</td></tr>
<tr><td>存在形式</td><td>①肯定式法律事实；②否定式法律事实</td></tr>
</table>

10.2 课后习题详解

1. 如何理解法律关系乃对现有社会关系之法律表达?

答：法律关系是一种特殊的社会关系，表现为人与人之间的关系。如凯尔森所言，“法律关系乃对现有社会关系之法律表述”。但不同于一般的社会关系，法律关系是根据法律规范产生、以主体之间的权利与义务关系的形式表现出来的特殊的社会关系。法律关系的特征，参见本章考研真题简答题第1题答案。

2. 法律关系主体的必备条件有哪些?

答：成为法律关系主体的必备条件是，法律关系的主体必须同时具有法律上所说的权利能力和行为能力。参见本章考点难点归纳相关内容。

3. 法律关系客体的特征有哪些?

答：法律关系的客体是法律关系主体的权利和义务所指向、影响和作用的对象，它是构成法律关系不可缺少的要素之一，是法律关系产生和存在的前提。法律关系的客体主要包括：物；人身、人格；智力成果；行为；信息；其他客体，如国家权力、企业等。法律关系客体的特征如下：

(1)客观性。法律关系客体是客观存在的事物，它独立于人的意识并能为人的意识所感知，既包括有形物(如土地、房屋、汽车)，也包括无形物(如名誉、荣誉、知识)。

(2)有用性。法律关系客体是对人有价值的事物，它能够满足主体的物质和精神需要，并得到法律规范的确认和保护。

(3)可控性。法律关系客体应是人们可以控制或利用之物。只有人类能够控制的东西才能够成为法律调整的对象，成为法律关系主体权利和义务指向的对象。法律关系客体的范围受一定生产力发展水平和社会历史条件的制约。

(4)法律性。法律关系的客体通常都由法律加以明确规定；而法律的变动会引起法律关系客体的变动。

4. 哪些事实可以成为法律事实？

答：参见本章考研真题简答题第9题答案。

10.3　考研真题与典型题详解

一、单项选择题

1. 某家具厂老板张某与其员工李某发生纠纷，二人发生口角后张某威胁不给李某发工资，李某气愤之下拿了一个杯子砸向张某但没有砸着，张某找人把李某打成重伤。李某报案后，公安局逮捕了张某，检察机关提起公诉，李某也提出刑事附带民事诉讼，法院依法进行了裁判。之前，检察院和张某签订了一项家具买卖合同。对此，下列说法不正确的是（　　）。[2018年法考真题]

A. 张某和李某之间既有调整性法律关系又有保护性法律关系

B. 张某和检察院之间的买卖合同属于横向法律关系

C. 张某与法院之间是纵向法律关系

D. 张某和公安机关之间是调整法律关系

【解析】本题中，张某和李某之间因雇佣合同产生的是调整性法律关系，之后因张某把李某打成重伤引起的法律关系属于保护性法律关系。张某和检察院之间的买卖合同属于平等主体之间的民事法律关系，属于横向法律关系。张某和法院之间因审判而发生关系，属于纵向法律关系。张某和公安机关因张某的犯罪行为所引发，属于保护性法律关系。

2. 张某到某市公交公司办理公交卡退卡手续时，被告知：根据本公司公布施行的《某市公交卡使用须知》，退卡时应将卡内200元余额用完，否则不能退卡，张某遂提起诉讼。法院认为，公交公司依据《某市公交卡使用须知》拒绝张某要求，侵犯了张某自主选择服务方式的权利，该条款应属无效，遂判决公交公司退还卡中余额。关于此案，下列哪一说法是正确的？（　　）[2015年法考真题]

A. 张某、公交公司之间的服务合同法律关系属于纵向法律关系

B. 该案中的诉讼法律关系是主法律关系

C. 公交公司的权利能力和行为能力是同时产生和同时消灭的

D.《某市公交卡使用须知》属于地方规章

【解析】A项，张某与公交公司是平等的法律主体，二者之间的服务合同法律关系属于横向法律关系。B项，诉讼法律关系依赖于服务合同法律关系而存在，属于从法律关系。C项，法人的民事权利能力和民事行为能力，从法人成立时产生，到法人终止时消灭。D项，根据《立法法》的规定，地方政府规章的制定主体是省、自治区、直辖市和设区的市、自治州的人民政府。《某市公交卡使用须知》是公交公司制定的规定，不属于规章。

二、多项选择题

1. 王某恋爱期间承担了男友刘某的开销计20万元。后刘某提出分手，王某要求刘某

1D　2C　┃　1ABC

返还开销费用。经过协商，刘某自愿将该费用转为借款并出具了借条，不久刘某反悔，以不存在真实有效借款关系为由拒绝还款，王某诉至法院。法院认为，“刘某出具该借条系本人自愿，且并未违反法律强制性规定”，遂判决刘某还款。对此，下列哪些说法是正确的？(　　)[2014 年法考真题]

A. “刘某出具该借条系本人自愿，且并未违反法律强制性规定”是对案件事实的认定

B. 出具借条是导致王某与刘某产生借款合同法律关系的法律事实之一

C. 因王某起诉产生的民事诉讼法律关系是第二性法律关系

D. 本案的裁判是以法律事件的发生为根据作出的

【解析】D 项，本案裁判的作出所根据的是出具借条的行为，该行为属于法律行为，而不是法律事件。

2. 张某因其妻王某私自堕胎，遂以侵犯生育权为由诉至法院请求损害赔偿，但未获支持。张某又请求离婚，法官调解无效后依照《婚姻法》中“其他导致夫妻感情破裂的情形”的规定判决准予离婚。对此，下列选项中正确的是(　　)。[2015 年法考真题]

A. 王某与张某婚姻关系的消灭是由法律事件引起的

B. 张某主张的生育权属于相对权

C. 法院未支持张某的损害赔偿诉求，违反了“有侵害则有救济”的法律原则

D. “其他导致夫妻感情破裂的情形”属于概括性立法，有利于提高法律的适应性

【解析】A 项，法律关系的形成、变更或消灭必须满足两个条件，即法律规范和法律事实。本题中，王某与张某婚姻关系的消灭是由离婚诉讼行为引起的，与王某的意志相关，属于法律行为。B 项，相对权利又称“对人权利”，是对应特定的法律主体的权利。张某主张的生育权只能针对其妻子王某，即特定主体。因此生育权应属于相对权范畴。C 项，“有侵害则有救济”强调的是权利救济，是维权的途径，但并非所有的诉讼请求都要支持。因此，法院未支持张某的损害赔偿诉讼请求与“有侵害则有救济”并不矛盾。D 项，概括性语言具有普遍性和抽象性，是立法语言周密严谨的保证。相应地，概括性立法也有助于提高法律的适应性与灵活性，防止法律的不周严性，以及社会情势的变迁性。

三、概念题

1. 法律关系[广外 2021 年研，清华大学 2018 年研；中山大学 2017 年研；南师 2017 年研；华侨大学 2017 年研；华中农大 2017 年研；浙江财大 2016 年研；宁夏大学 2016 年研；山东大学 2014 年研；厦门大学 2009 年研；南京大学 2009 年研]

答：参见本章考研真题简答题第 1 题答案。

2. 权利能力[华南理工 2015 年研；苏州大学 2015 年研；中南财大 2014 年研]

答：参见本章考研真题简答题第 5 题答案。

3. 行为能力[中南财大 2022 年研；浙江财大 2017 年研；杭师大 2015 年研]

答：行为能力是指法律关系主体能够通过自己的行为实际行使权利和履行义务的能力。

行为能力必须以权利能力为前提，自然人有权利能力并不一定有行为能力，法人的权利能力和行为能力一致。在各国的法律中对自然人的行为能力都有年龄方面和健康方面的限制，分为完全行为能力人、限制行为能力人和无行为能力人三种。

4. 法律事实[中南财大 2025 年研；华东政法 2024 年研；广外 2022 年研；湖南师大 2021 年研；西南科大 2021 年研；浙工商 2021 年研；中国政法 2018 年研；中财 2018 年研；中山大学 2018 年研；河北大学 2016 年研；南航 2015 年研]

答： 参见本章考研真题简答题第 9 题答案。

5. 法律事件[中国政法 2023 年研；中南财大 2023 年研；南航 2018 年研]

答： 参见本章考研真题简答题第 9 题答案。

四、简答题

1. 简述法律关系的概念和基本特征。[南师 2018 年研；广财 2018 年研；温州大学 2017 年研]

相关试题：

(1)法律关系有哪些特征？[河北师大 2020 年研]

(2)法律关系的内涵。[山东科大 2018 年研]

(3)简述法律关系的特征。[中南财大 2022 年研；扬州大学 2018 年研；河北大学 2018 年研；常州大学 2018 年研]

(4)简述法律关系的定义与特征。[中国政法 2017 年研]

(5)简述法律关系与其他社会关系的区别。[中财 2016 年研]

(6)什么叫法律关系？它的特征是什么？[首经贸 2013 年研]

答：(1)法律关系是指发生在法律主体之间，以法律规范为形成依据，以权利义务关系为内容的社会关系。法律规范的存在是法律关系形成的前提，法律规范的内容直接影响法律关系能否形成及其现实形态。法律关系的本质是社会关系，以法律规范为依据而形成的法律关系是区别于以习惯、道德、宗教等行为规范而形成的社会关系的主要依据。

(2)法律关系是特殊的社会关系，其特征如下：

①法律关系以法律规范为基础。法律关系是由法派生出来的现象，法律规范是法律关系产生的前提。法律关系是纳入国家法律调整范围的社会关系，凡未纳入国家法律调整范围的社会关系都不是法律关系。法律关系是法律规范的实现形式，是法律规范的内容在现实社会生活中的具体贯彻。

②法律关系是特定主体之间的社会关系。法律关系是法律意义上的主体之间的社会关系，不具有法律意义的单纯的社会关系不是法律关系。法律在设定权利和义务时，所针对的主体是社会的某一类主体，是不特定的。对于法律规范阶段的权利主体而言，其各种权利的实际内容，可能是由其他主体的义务保证实现的，而其义务的内容是为了其他主体权利的实现。法律主体常常决定着法律关系的形成和变动。

③法律关系的内容是权利和义务。法律关系是以法律上的权利、义务为纽带而形成的社会关系，它是法律规范的内容在事实社会关系中的体现。没有特定法律关系主体的实际

法律权利和法律义务，就不可能有法律关系的存在。对法律关系的主体而言，法律规范设定的权利和义务，只有经过法律关系主体依照法律规范的内容进行活动，才能实际地享有权利或承担义务。

2. 简述法律关系的分类。［中山大学2018年研］

相关试题：简述法律关系的种类。［中国政法2025年研］

答：依据不同的标准，可以对法律关系分类如下：

(1)按构成法律关系内容的社会关系的性质、等级和相应的法律关系的重要程度，可分为：

①基本法律关系，指由宪法或基本法律确认或创立的、存在于基本社会结构中的根本性经济关系和政治关系，是社会中的根本性权利和义务关系，是其他层次法律关系的法律基础。

②普通法律关系，指依据宪法以外的法律而形成的，存在于各类权利主体和义务主体之间的法律关系。

(2)按法律关系的发生方式，可分为：

①调整性法律关系，即法律规范对已存在的社会关系(如父母子女关系、买卖关系)进行调整，赋予其法律形式。

②创设性法律关系，即法律规范作用于社会生活后，创造出原本不存在的社会关系(如破产法律关系)，并赋予其法律形式。

(3)按照主体之间的相互地位，可分为：

①横向(平权)法律关系，即法律关系主体之间地位平等，无隶属关系。如民事法律关系。

②纵向(隶属)法律关系，即法律关系主体之间存在隶属关系，一方服从于另一方。如行政法律关系。

(4)按法律关系主体的多少以及其权利、义务内容的差异，可分为：

①双边法律关系，指在特定的双方法律主体之间存在的权利义务关系。

②多边法律关系，指在三个或三个以上的法律主体之间存在的权利义务关系。

(5)按法律关系的主体是单方确定还是双方确定，可分为：

①绝对法律关系，指法律关系的权利主体相对确定，而相应的义务主体不确定的法律关系。其特点是法律关系主体的一方特定，而另一方不特定、不具体。最典型的绝对法律关系是物权关系。

②相对法律关系，指存在于特定的权利主体和特定的义务主体之间的法律关系。其特点是参加法律关系的双方或多方主体都是特定的、具体的。最典型的相对法律关系是债权关系。

(6)按照相关法律关系作用和地位的不同，可分为：

①第一性法律关系(主法律关系)，指人们之间依法建立的不依赖其他法律关系而独立存在的或在多项法律关系中居于支配地位的法律关系。

②第二性法律关系(从法律关系)，指由第一性法律关系而产生的、居于从属地位的法律关系。

一切相关的法律关系均有主次之分，如在调整性和保护性法律关系中，调整性法律关系是第一性法律关系（主法律关系），保护性法律关系是第二性法律关系（从法律关系）。

3. 请简述法律关系的构成要素。［中山大学2011年研］

答：法律关系的构成要素包括法律关系的主体、客体和内容。法律关系的主体和客体，参见本章考点难点归纳相关内容。法律关系的内容是法律关系主体之间的法律权利和法律义务，是法律规范在社会关系中的实现的一种状态。权利和义务的相关内容，参见本章考点难点归纳相关内容。

4. 简述权利能力、行为能力、责任能力的区别和联系。［吉大2015年研］

答：权利能力，是法律关系主体依法享有权利和承担义务的法律资格。行为能力，是指主体能以自己的行为实际行使权利与履行义务的资格。责任能力是法律主体以其自身的资格承担相应法律上责任的能力与资格。权利能力、行为能力和责任能力是从不同角度对法律主体人格的考量，分别具有不同的价值。

（1）权利能力和行为能力：

①联系：a. 权利能力是行为能力的前提，没有权利能力，就没有行为能力；b. 同时具有权利能力和行为能力，是成为法律关系主体的必备条件。

②区别：a. 法人的行为能力和权利能力同时产生、同时消灭；公民的行为能力和权利能力存在不一致，权利能力自公民出生时就有，而行为能力则与公民的年龄和智力状况直接相关，只有达到一定年龄、智力状态正常的公民才具有完全民事行为能力，二者可以不同时存在；b. 法人的行为能力不可划分，只有有和无的区别，法人在成立的宗旨和业务范围之内具有完全行为能力，在成立的宗旨和业务范围之外无行为能力；而公民的行为能力可以进行程度的划分，有完全与不完全之分，法律授予某些公民在特定条件下具有特殊的权利能力，并根据不同年龄和智力状态赋予公民不同的民事行为能力。

（2）行为能力与责任能力：

①联系：a. 责任能力是行为能力的一种特殊形式；b. 通说认为，自然人的行为能力中当然包含责任能力，无民事行为能力者无责任能力，其所实施的违法行为所造成的损害赔偿责任由其监护人承担，限制民事行为能力者有一定的责任能力，完全民事行为能力人则有完全的责任能力。

②区别：行为能力与责任能力虽然都是以认识能力为条件，但二者确定的目的不同。行为能力的目的是实现民事主体以自己的名义参加到法律关系中，独立地实现权利和承担义务；而责任能力的目的是决定行为人能否承担责任。

（3）权利能力与责任能力：

①联系：a. 权利能力与责任能力都是一种资格；b. 权利能力是责任能力的基础，没有权利能力，就没有责任能力。

②区别：任何主体都具备权利能力，但一定承担责任。责任能力存在着一个应然与实然的问题。就应然来看，它确实表明一种资格，且这种资格不因主体不同而有所差异；就实然来看，责任能力的确定不仅要考虑责任的价值能否得以实现，而且要考虑此种确定方式是否会推翻责任能力的概念，因此，责任能力的有无必然因主体不同而有所区别。

5. 简述公民的权利能力。［山东大学 2008 年研］

答：(1)权利能力是指权利主体享有权利和承担义务的能力，它是权利主体在法律活动中享有权利和承担义务的资格，这种资格是由法律规定的。各种具体权利的产生必须以主体的权利能力为前提。权利能力通常与国籍相联系，具有一国国籍是享受该国法律规定的权利和承担相关义务的条件。

(2)公民的权利能力的分类：

①根据主体范围的不同，可分为：a. 一般权利能力即基本权利能力，是一国公民均具有的权利能力，是任何人取得公民法律资格的基本条件，不能被任意剥夺或排除，如民事权利能力。b. 特殊权利能力是公民在特定条件下具有的法律资格，只授予某些特定的法律主体，如政治权利能力、劳动权利能力。

②按照法律部门的不同，可分为：民事权利能力、政治权利能力、劳动权利能力、诉讼权利能力等。

6. 简述法人的行为能力与公民的行为能力的差别。［公大 2006 年研］

答：参见本章考点难点归纳相关内容。

7. 简述法律关系客体的种类。［扬州大学 2018 年研］

相关试题：简述法律关系客体的概念及分类。［中国政法 2021 年研；西南科大 2020 年研］

答：参见本章考点难点归纳相关内容。

8. 简述法律关系形成、变更、消灭的条件。［中财 2017 年研；山东大学 2010 年研］

相关试题：法律关系的形成、变更与消灭需要两个条件：一是法律规范，二是法律事实。［辨析题，首师大 2013 年研］

答：法律关系形成、变更和消灭的两个条件主要包括法律规范和法律事实。萨维尼将法律规范和法律事实分别称为法律关系的形式要素和实质要素。

(1)法律规范是法律关系形成、变更和消灭的法律依据；法律事实是法律关系形成、变更和消灭必须具备的直接前提条件。没有一定的法律规范，就不会有相应的法律关系；没有法律事实就无法引起法律关系的形成、变更和消灭。法律规范是对主体权利、义务内容的法律设定，为法律关系的产生提供了可能性。只有当法律规定的某种法律事实出现，法律规范规定的权利义务关系才可能形成，法律上的权利、义务才可能转化为现实。

(2)法律事实，参见本章考研真题简答题第 9 题答案。

9. 简述法律事实的种类。［武大 2012 年研；北师 2006 年研］

相关试题：简述法律事实的定义与分类。［西南政法 2023 年研］

答：(1)法律事实是指法律规范所规定的、具有法律意义的，能够引起法律关系产生、变更和消灭的客观情况或现象。法律事实具有两个特征：①法律事实是客观事实，不是人们的一种心理现象或心理活动。②法律事实是由法律规定的具有法律意义的事实，它能引起法律规定的法律关系产生、变更和消灭的法律后果。与人类生活无关的纯粹的客观现象就不是法律事实。

(2)法律事实的种类：

①按是否以人的意志为转移，可将法律事实分为：

a. 法律事件，是指法律规范规定的，不以当事人的意志为转移而引起法律关系形成、变更或消灭的客观事实。包括两种：第一，社会事件，指由于各种社会原因造成的事件，如社会革命、战争等；第二，自然事件，指与人的意志无关的事件，如人的生老病死、自然灾害等。

b. 法律行为，指能够引起法律关系产生、变更和消灭的人们的行为。法律行为又可分为有意识行为和无意识行为。

②按法律事实的存在形式不同，可分为：

a. 肯定式法律事实，指只有当法律规定的事实存在时，才能引起法律后果的事实。

b. 否定式法律事实，指只有当这种法律事实不存在时，才能引起法律后果的事实。

③以复杂程度为标准，法律事实分为单一法律事实和复合法律事实。多个法律事实共同引起法律关系产生、变更和消灭的情况，一般称为“事实构成”。

④以作用时间的长短为标准，法律事实可分为一次性起作用的法律事实和连续性起作用的法律事实即状态。绝大多数法律事实——行为、事件都是一次性起作用的。状态，是长时间、连续或定期地存在并产生法律后果的情况，如国籍、婚姻状况、外交关系等。

五、论述题

法律事实与一般事实的区别及其意义。［南京大学2004年研］

答：(1)概念。法律事实，是指法律规范所规定的、能够引起法律关系产生、变更和消灭的客观情况或现象。一般事实是一种客观事实，不具有法律意义，不能产生法律后果。

(2)法律事实与一般事实的区别：

①一般意义上的事实是客观存在的事实，是不以人的意志为转移的；而法律事实是一种规范性事实，它是法律规范的产物，没有法律就不会有法律事实。

②一般意义上的事实不产生法律后果；而法律事实是具有法律意义的事实，可以产生法律后果。

③一般意义上的事实无须证明，客观事实是一种客观实在，不以人的意志为转移；而法律事实是需要用证据证明的事实，法律事实不仅是客观事实，而且它还是能用证据证明的客观事实。

④一般意义的事实是客观的、不变的事实；法律事实则是变化的事实，随着社会的不断发展变化，相应的法律规范也在不断发展变化，依据法律规范而产生的法律事实也会发生相应的变化。

(3)区分法律事实与一般事实的重要意义：

①对司法机关而言，这种区分有利于在具体的案件裁判过程中识别与案件有关的法律事实，从而迅速厘清案情，适用法律规则，进而保障案件的正确处理。

②对案件当事人而言，这种区分能够有助于案件的双方当事人知晓各自需要提供证据加以证明的对象。

第十一章 法律责任

11.1 复习笔记

【知识框架（庖丁解牛）】

- 法律责任
  - 法律责任概述
    - 定义、本质
    - 构成
      - 责任主体
      - 违法行为或违约行为
      - 损害结果
      - 主观过错：故意、过失
    - 种类
      - 民事责任
      - 行政责任
      - 刑事责任
      - 违宪责任
  - 法律责任的原则
    - 含义
    - 种类：过错责任原则、严格责任原则
  - 法律责任的认定与归结
    - 含义
    - 原则
      - 责任法定原则
      - 因果联系原则
      - 责任与处罚相当原则
      - 责任自负原则
  - 法律责任承担
    - 方式
      - 惩罚：民事、刑事、行政、违宪制裁
      - 补偿：民事补偿、国家赔偿
      - 强制
    - 减轻与免除
      - 时效免责
      - 不诉免责
      - 自首、立功免责
      - 补救免责
      - 协议免责或意定免责
      - 自助免责
      - 人道主义免责

【通关提要（提纲挈领）】

本章主要介绍法律责任，属于法理学的重点章节。学习本章时，要熟悉法律责任的概念及分类，重点掌握法律责任的本质、构成要件、认定与归结的原则、承担方式及免责类型。本章主要考查简答题或论述题，要深入理解各原则的含义，牢记核心考点。

【考点难点归纳(厚积薄发)】

考点一：法律责任概述(见表 11-1) ★★★★

表 11-1 法律责任概述

要点	具体内容		
定义	指行为人因违法行为或因法律规定而应承受的不利法律后果，即因违反第一性义务而引起的第二性义务		
特点	法定性	由法律明确规定的，是用法律标准对行为的否定性评价	
	国家强制性	由国家强制力保证实施，是社会强制性分配的一种不利负担	
功能	①惩罚功能；②救济功能；③预防功能		
构成	责任主体[必备条件]	指违反法定或约定义务，并具有责任能力而须承担法律责任的人，包括自然人、法人和其他社会组织	
	违法或违约行为[核心要素]	作为	指行为人以身体活动实施的违反禁止性规范的危害行为
		不作为	指负有特定法律义务，能履行应尽义务时不履行的危害行为
	损害结果	指违法或违约行为侵害社会或他人合法权益所造成的损失和伤害，包括实际损害、丧失所得利益及预期可得利益	
	主观过错	包括故意和过失两类	
种类	①民事责任；②行政责任；③刑事责任[最严厉]；④违宪责任		

【真题链接】法律责任的一般构成要件有哪些？[简答题，温州大学 2018 年研；山东师大 2017 年研]

考点二：法律责任的原则(见表 11-2) ★★★

表 11-2 法律责任的原则

种类	具体内容	
过错责任原则[过失责任原则]	认定	行为人是否存在主观过错
	含义	①责任构成要件：行为人过错[故意或过失]。[受害人举证] ②责任形式和范围的判定依据：行为人的过错程度
	特殊	过错推定责任原则，只要行为人实施了违法行为就认定主观有过错，除非其能证明自己没有过错[行为人举证]
严格责任原则	认定	实际损害结果
	种类	①刑法上的严格责任，又称绝对责任、无过错责任。 ②民法上的严格责任，违反合同义务就应承担违约责任

考点三：法律责任认定与归结的原则（见表11-3）★★★★

表11-3　法律责任认定与归结的原则

原则	具体内容	
责任法定原则	含义	法律责任应当由法律规范预先规定，法无明文规定不处罚
	基本特点	法定性、合理性和明确性
	具体要求	①法律责任的种类和形式由法律规定。 ②各类违法行为的法律责任应由法律预先加以规定。 ③法律责任的减轻或免除的事由、幅度应由法律预先加以规定
因果联系原则	含义	要确认违法行为与损害结果之间的内在联系
	因果关系	①行为人的行为与损害结果之间的因果联系。 ②行为人的心理活动和外在行为之间的因果联系
责任与处罚相当原则	含义	法律责任的种类、轻重应与违法行为的种类、轻重相适应
	具体要求	①法律责任的性质与违法行为性质相适应。 ②法律责任的种类和轻重与违法行为的危害或损害相适应。 ③法律责任的种类和轻重与行为人的主观恶性相适应
责任自负原则	指谁违法谁负责，反对株连或变相株连，做到不枉不纵	

【真题链接】简述法律责任的归责原则。［简答题，中国政法2023年研；华侨大学2018年研；杭师大2018年研］

考点四：法律责任的承担 ★★★

1. 法律责任承担的方式（见表11-4）

表11-4　法律责任承担的方式

方式	具体内容		
惩罚［法律制裁］	含义	国家机关对责任主体的人身、财产和精神实施强制性惩罚措施	
	种类	民事制裁	通常由侵权行为或违约行为引起
		行政制裁	包括行政处罚和行政处分
		刑事制裁	通称刑罚制裁，是一种最严厉的制裁
		违宪制裁	按宪法规定对责任主体的违宪责任实施的一种强制措施
补偿［赔偿］	含义	以责任主体的作为或不作为为形式来弥补或赔偿损失	
	种类	①民事补偿；②行政补偿；③国家赔偿，包括行政赔偿和司法赔偿	
强制	含义	国家通过强制力迫使不履行义务的责任主体履行义务［承担行政法律责任的主要方式］	
	内容	①对人身的强制，包括强制治疗、强制戒毒、强制传唤以及拘传等。 ②对财产的强制	

2. 法律责任的减轻与免除(见表11-5)

表11-5 法律责任的减轻与免除

要点	具体内容	
概念	即免责，免责以法律责任的存在为前提，是指法律责任因出现法定条件被部分或全部地免除[即不实际承担]	
免责的条件和方式	时效免责	行为人的违法行为经过法定期限后不再承担强制性的法律责任
	不诉免责	主要针对“告诉才处理”的案件。“不告诉”必须出于被害人及其法定代理人的自由意志
	自首、立功免责	对违法后有自首情节或立功表现的人，免除其部分或全部法律责任
	补救免责	对在国家机关归责之前采取及时补救措施的人，免除其部分或全部责任
	协议或意定免责	基于双方当事人在法律允许范围内的协商同意免除责任，即“私了”。协议免责仅适用于民事违法行为
	自助免责	对自助行为所引起的法律责任的减轻或免除
	人道主义免责	在责任人确实无能力履行(全部)责任的情况下，有关国家机关可出于人道主义考虑免除全部或部分责任
	不可抗力免责	对当事人因不可抗力造成的损害，免除部分或全部责任
	赦免	国家依法免除或减轻责任主体的罪责或刑罚，包括大赦和特赦

【真题链接】从我国法律规定来看，法律责任的免除情形有哪些？[论述题，烟台大学2019年研]

11.2 课后习题详解

1. 如何理解法律责任与法律义务的关系？

答：参见本章考研真题论述题第3题答案。

2. 如何理解过错责任原则和严格责任原则？

答：过错责任原则和严格责任原则都属于法律责任原则，法律责任原则是国家机关据以确定法律责任由行为人承担的理由、标准、基准或法理等。

(1)过错责任原则又称过失责任原则，是指根据行为人是否存在主观过错来认定是否承担法律责任的责任认定准则。除非法律另有规定，一般都适用过错责任原则。过错责任原则包含以下含义：①以行为人的过错为责任构成要件。过错包括故意和过失。无过错就无责任。②以行为人的过错程度为确定责任形式、责任范围的依据。过错责任原则是主要的归责原则，过错责任原则要求每个主体对自己的过错行为负责，有利于强化人们对自己行为负责的意识、预防损害的发生。

(2)严格责任原则：

严格责任原则包括刑法中的严格责任和民法中的严格责任。刑法上的严格责任又称绝对责任、无过错责任，是指根据法律规定，即使被告人的行为不具有犯罪故意，也要对其追究刑事责任。民法上的严格责任是指一方当事人如果存在不履行合同义务或者履行合同义务不符合约定的情形，则应当承担违约责任。

严格责任原则具有以下特点：①免去了当事人证明对方有无过错的困难；②当事人的违约行为与违约责任直接联系，互为因果；③违约当事人实施了违约行为即承担责任，充分尊重当事人意志，更符合违约责任的本质；④严格责任原则以实际损害结果为要件，在责任承担中更注重补偿债权人的损失。

(3)二者的关系：

严格责任原则不同于过错责任原则，要求违约行为一旦发生，违约方即应承担违约责任，而不以违约方的主观过错作为其责任承担的要件。非违约方无须就违约方是否有过错承担举证责任；相反，违约方若想免除责任则需要举证证明自己没有过错或者出现了法定免责事由。

严格责任原则也不同于过错推定责任原则，违约方不能以自己没有过错作为责任免除的依据。

3. 法律责任的一般构成要件有哪些?

答：参见本章考研真题简答题第2题答案。

4. 法律责任认定和归结的普遍原则有哪些?

答：参见本章考研真题论述题第4题答案。

5. 举例分析法律规范、法律行为、法律关系与法律责任之间的逻辑关系。

答：(1)概念：

①法律规范是由国家制定或认可的、逻辑上周全的、具有普遍约束力的行为规则。它规定了人们在法律上的权利和义务，并以国家强制力保障实施。

②法律行为是人们所实施的、能够发生法律上效力、产生一定法律效果的行为。

③法律关系是根据法律规范产生、以主体之间的权利义务关系的形式表现出来的特殊的社会关系。

④法律责任是由特定法律事实所引起的对损害予以赔偿、强制履行或接受惩罚的特殊义务。

(2)各概念之间的逻辑关系：

①法律规范规定法律关系、对法律行为作出法律层面的评价，并直接规定法律责任的产生及适用。

②法律关系是法律调整的社会关系，法律规范的存在是法律关系形成的前提。任何一种具体的法律关系都是以相应的法律规范的存在为前提的。

③法律行为存在于法律关系中，并引起法律关系的形成、发展和消灭。法律关系的任何一方如果无理拒绝或迟延履行义务，另一方有权请求国家有关机关责令对方履行义务或承担由于未履行义务而产生的法律责任。所以，对法律关系的无理的不合法的破坏会导致法律责任的产生。

④法律责任由法律规范预先规定。违法行为或违约行为发生后，应当按照事先规定的性质、范围、程度、期限、方式追究违法者、违约者或相关人的法律责任。

(3)举例说明：

《民法典》规定，依法成立的合同，对当事人具有法律约束力。当事人应当按照约定履行自己的义务，不得擅自变更或者解除合同。当事人应当按照约定全面履行自己的义务。当事人一方不履行合同义务或者履行合同义务不符合约定的，应当承担继续履行、采取补救措施或者赔偿损失等违约责任。《民法典》事先将订立合同的行为、合同双方的权利义务关系以及法律责任以法律规范的形式规定下来。合同双方订立合同的法律行为引起了合同关系，任何一方违约都应承担违约的法律责任。

6. 哈特说："法律责任与道德谴责的相应性可能是一种值得赞美的理想，但这并非一种必然真理，甚至连既存事实也不是。"请结合法律责任本质的相关内容，谈谈你对这句话的理解。

答：(1)"法律责任与道德谴责的相应性"蕴含了自然法的思想，指法律责任的承担与道德的内在要求相符，行为人承担的法律责任蕴含着对其行为的道德谴责。这句话的意思是法律责任的承担与道德要求相一致只是一种理想，与社会现实并不相符，法律内涵也并非总能与道德要求一致，这一观点体现了实证主义的思想。法律实证主义与自然法争论的核心问题之一就是法律与道德的关系。哈特作为法律实证主义学派的代表人物，认为法律是人类的命令，法律与道德之间没有必然的联系。

(2)关于法律责任本质的讨论主要有道义责任论、社会责任论和规范责任论三种观点，参见本章考研真题论述题第2题答案。其中，"法律责任与道德谴责的相应性"也体现了道义责任论的思想。

社会责任论学者认为，道义责任论忽视了社会环境对行为方式的巨大影响。确定和追究法律责任，除了道义谴责以外，还具有维护社会秩序和社会存在、使违法者适应社会生活和再社会化的目的和功能。这就出现了法律责任与道德谴责不相应的现象，即"这并非一种必然真理，甚至连既存事实也不是"。

(3)由此，可以总结出法律责任的本质：①法律责任是居于统治地位的阶级或社会集团运用法律标准对行为给予的否定性评价；②法律责任是自由意志支配下的行为所引起的合乎逻辑的不利法律后果；③法律责任也是社会为了维护自身的生存条件而强制性地分配给某些社会成员的一种负担。法律责任的本质体现了法律与道德的差异，法律要求并不总是与道德内涵相一致，也体现了主权者的意志。

11.3 考研真题与典型题详解

一、单项选择题

中学生小张课间打篮球时被同学小黄撞断锁骨，小张诉请中学和小黄赔偿1.4万余元。法院审理后认为，虽然二被告对原告受伤均没有过错，不应承担赔偿责任，但原告毕竟为小黄所撞伤，该校的不当行为也是伤害事故发生的诱因，且原告花费1.3万余元治疗后尚未完全康复，依据公平原则，法院酌定被告各补偿3000元。关于本案，下列哪一判断是正

C

确的？（　　）［2012 年法考真题］

A．法院对被告实施了法律制裁

B．法院对被告采取了不诉免责和协议免责的措施

C．法院作出对被告有利的判决，在于对案件事实与规范间关系进行了证成

D．被告承担法律责任主要不是因为行为与损害间存在因果关系

【解析】A 项，法律制裁针对的是违法者。本案中法院认为“两被告对原告受伤均没有过错”，即两被告均不是违法者，法院不能对其进行法律制裁。B 项，不诉及协议免责是指如果受害人或有关当事人不向法院起诉要求追究行为人的法律责任，行为人的法律责任就实际上被免除，或者受害人与加害人在法律允许的范围内协商同意的免责。本案已发生诉讼，故不存在“不诉免责”；发生争议的当事人也无“协议”，故也不存在“协议免责”。C 项，证成是指为了使自己的结论得以成立而提供的充足理由的活动或过程。“对案件事实与规范间关系进行了证成”，即上述法律适用过程。法院作出判决的过程，就是法律适用过程。D 项，法院依据公平原则判决被告补偿原告，是因为原告的损失与被告的行为之间存在一定的因果关系，因此，存在因果关系是适用公平原则的前提。

二、多项选择题

1．赵某在行驶中的地铁车厢内站立，因只顾看手机而未抓扶手，在地铁紧急制动时摔倒受伤，遂诉至法院要求赔偿。法院认为，《侵权责任法》规定，被侵权人对损害的发生有过失的，可以减轻经营者的责任。地铁公司在车厢内循环播放“站稳扶好”来提醒乘客，而赵某因看手机未抓扶手，故存在重大过失，应承担主要责任。综合各种因素，判决地铁公司按 40% 的比例承担赔偿责任。对此，下列哪些说法是正确的？（　　）［2017 年法考真题］

A．该案中赵某是否违反注意义务，是衡量法律责任轻重的重要标准

B．该案的民事诉讼法律关系属第二性的法律关系

C．若经法院调解后赵某放弃索赔，则构成协议免责

D．法官对责任分摊比例的自由裁量不受任何限制

【解析】A 项，被侵权人对损害的发生有过失的，可以减轻经营者的责任。因此，赵某是否存在过失（违反注意义务），是衡量法律责任轻重的重要标准。B 项，在实体和程序法律关系中，实体法律关系是第一性法律关系，程序性法律关系是第二性法律关系。赵某与地铁公司之间的运输合同关系是第一性的法律关系（主法律关系），由此而产生的诉讼关系是第二性的法律关系（从法律关系）。C 项，协议免责，是指受害人与加害人在法律允许的范围内协商同意的免责。若经法院调解后赵某放弃索赔，则构成协议免责。D 项，法官的自由裁量权要依据案情和公平正义的要求合理进行，而不是无限制地实施，否则会导致权力滥用。

2．李某向王某借款 200 万元，由赵某担保。后李某因涉嫌非法吸收公众存款罪被立案。王某将李某和赵某诉至法院，要求偿还借款。赵某认为，若李某罪名成立，则借款合同因违反法律的强制性规定而无效，赵某无须承担担保责任。法院认为，借款合同并不因

1ABC　2BD

李某犯罪而无效，判决李某和赵某承担还款和担保责任。关于该案，下列哪些说法是正确的？(　　)［2016 年法考真题］

A. 若李某罪名成立，则出现民事责任和刑事责任的竞合

B. 李某与王某间的借款合同法律关系属于调整性法律关系

C. 王某的起诉是引起民事诉讼法律关系产生的唯一法律事实

D. 王某可以免除李某的部分民事责任

【解析】A 项，法律责任的竞合，是指因某种法律事实的出现，导致两种或两种以上的法律责任产生，而这些责任之间相互冲突的现象。若李某罪名成立，则既要承担刑事责任，也要承担还款的民事责任，两个责任并不冲突，不属于责任竞合。C 项，法律事实，是指法律规范所规定的、能够引起法律关系产生、变更和消灭的客观情况或现象，包括法律事件和法律行为。本案中，引起民事诉讼法律关系产生的法律事实有李某的借款、赵某的担保和王某的起诉等。

三、概念题

1. 法律责任［中国政法 2024 年研；中南财大 2023 年研；广财 2020 年研；中财 2017 年研；中山大学 2017 年研；浙江财大 2016 年研；温州大学 2016 年研；南航 2014 年研；武大 2012 年研；山东大学 2011 年研；公大 2010 年研；北化 2010 年研；厦门大学 2009 年研］

答：参见本章考研真题简答题第 1 题答案。

2. 违宪责任［南航 2015 年研］

答：参见本章考研真题简答题第 3 题答案。

3. 过错责任原则［山东师大 2015 年研］

答：参见本章课后习题第 2 题答案。

4. 责任法定原则［南航 2018 年研；清华大学 2016 年研］

答：参见本章考研真题论述题第 4 题答案。

5. 法律责任的减轻和免除［广财 2018 年研］

答：法律责任的减轻和免除，即通常所说的免责，是指由于出现法定条件，法律责任被部分或全部免除，即行为人虽然事实上违反了法律并且也具备了承担法律责任的条件，但由于出现了法律规定的条件，行为人的法律责任可以被部分或全部地免除。我国法律规定的免责类型有：时效免责、不诉免责、坦白或立功免责等。

“免责”与“无责任”或“不负责任”在内涵上有所不同。免责以法律责任的存在为前提，由于法律规定的某些主观或客观条件，行为人的法律责任被全部或部分地免除(即不实际承担)法律责任；而“无责任”或“不负责任”是指行为人从始至终都没有法律责任，更无须承担法律责任。

6. 时效免责与不诉免责［中南财大 2006 年研］

答：参见本章考研真题简答题第 6 题答案。

四、简答题

1. 简述法律责任的概念及其本质属性。［河北大学 2016 年研］

相关试题：

（1）简述法律责任的本质。［清华大学 2014 年研；上海交大 2013 年研］

（2）法律责任本质属性主要有哪些？［武汉理工 2010 年研］

答：（1）法律责任是指行为主体因违法行为、违约行为或仅因法律规定而应该承担的一种不利的法律后果。产生法律责任的原因主要有三类，即违法行为、违约行为和法律规定。法律责任的目的在于保障法律上的权利、义务、权力得以生效，在它们受到阻碍，而使法律所保护的利益受到侵害时，通过适当的救济，使对侵害发生有责任的人承担责任，消除侵害并尽量减少未来发生侵害的可能性。法律责任的目的通过其惩罚、救济和预防三个功能的发挥来实现。

（2）法律责任的本质属性主要体现在三个方面：

①法律责任是统治阶级运用法律标准对行为给予的否定性评价。这种评价的直接目的在于为法律制裁提供法律上的前提，法律制裁是追究法律责任的活动；法律制裁作为落实法律责任的一种重要方式。

②法律责任是由行为人自由意志支配下的行为所引起的不利法律后果。法律责任与法律行为有关，法律行为具有意志性，是人有意识的、主动性的活动。法律责任的产生往往与人基于自由意识下的行为后果有关，而法律责任的承担将意味着对责任主体带来不利，如金钱赔偿、承担刑事处罚等。

③法律责任是社会强制性地分配给某些社会成员的一种负担。法律责任的追究和实现往往是有关国家机关依据法定职权和程序予以实施，或是由国家强制力予以保证。对有关责任主体而言，法律责任是一种不得不承受的后果，且这种后果往往对其造成不利影响。法律责任的目的是通过遏制与预防犯罪，最大限度地维持整个社会的法律秩序，进而维护社会安全与秩序。

2. 法律责任的一般构成要件有哪些？［温州大学 2018 年研；山东师大 2017 年研］

相关试题：

（1）简述法律责任产生的原因和构成要件。［四川师大 2018 年研］

（2）简述法律责任的构成要件。［浙江财大 2017 年研］

（3）简述法律责任的构成。［山东大学 2016 年研；南开大学 2010 年研］

（4）论述法律责任的一般构成要件。［论述题，浙江财大 2015 年研］

（5）法律责任的归责条件之一是具有损害事实，它意味着损害事实是一个确定的事实，而不是臆想、虚构、尚未发生的现象。因此，如果行为人对他人权利的行使构成妨害，但并未形成实际的财产损失，即不构成损害。［概念辨析题，首师大 2014 年研］

答：法律责任的构成要件是指行为人承担法律责任必须具备的基本因素或条件。根据构成违法行为或违约行为的要素，法律责任的一般构成包括：

（1）责任主体。指承担法律责任的主体。责任主体必须具有法定责任能力，能够成为违法主体并且承担法律责任的自然人必须是达到法定年龄并具有责任能力的人；能够成为违法主体并且承担法律责任的组织必须是能够独立承担民事责任或具备刑事责任能力的法人或组织。

(2)违法行为或违约行为。它是法律责任的核心构成要素，包括作为和不作为两类。作为是指行为人直接实施了法律规定或合同约定禁止的行为。大部分违法或违约行为，都属于作为。不作为是指行为人在能够履行自己应尽义务的情况下不履行该义务。区分作为与不作为有利于确定法律责任的范围、大小。

(3)损害结果，指违法行为或违约行为对他人的合法权益或社会利益所造成的损失和伤害。损害结果既包括既得利益的损害，又包括预期利益的丧失。类型包括人身伤害、财产损失、精神损害等。损害结果具有社会危害性和确定性。认定损害结果，一般要根据法律规定、社会观念等因素。并非所有法律责任的构成都要求有损害结果的存在，某些法律责任的构成并不要求有损害结果的存在。

(4)主观过错。指行为人实施违法行为或违约行为时的心理状态，包括两类：①故意，指明知自己的行为会发生危害社会、损害他人的结果，希望或放任这种结果发生。②过失，指应当预见自己的行为可能发生损害他人、危害社会的结果，因疏忽大意而没有预见，或已经预见而轻信能够避免而发生这种结果。现代法律责任体系中，也有无过错责任，主要出现在一些特殊的民事法律责任中，如产品责任、危险责任等。

3. 法律责任的种类。[山东大学2014年研]

相关试题：法律责任的含义与类型是什么？[武大2009年研]

答：法律责任根据不同的标准可以作不同的分类。在法律实践中，根据法律责任的类型所作的分类最基本，即把法律责任大致分为四种类型：

(1)民事责任，指民事主体因违反法律规定或合同约定而依法承担的法律责任。民事责任主要是财产责任，也包括非财产责任。民事责任主要是补偿性责任，也存在惩罚性赔偿责任，惩罚性赔偿责任一般由法律规定。民事责任有两种基本形式，即违约责任和侵权责任。违约责任基于违反约定义务，侵权责任基于违反法定义务。违反法定义务所生的民事责任中，侵权责任是最主要的形式。

(2)行政责任，指行为人因违反行政法规定的法律义务或法定事由而应当承担的法律责任。行政责任既包括行政主体及其工作人员在行政管理中因违法失职、滥用职权或行政不当而产生的责任，也包括公民、法人等行政相对人违反行政法的规定而产生的行政责任。

(3)刑事责任，指行为人因实施刑法所规定的犯罪行为而应当承担的法律责任。刑事责任承担的方式为刑罚，通常由个人承担，是最严厉的一种法律责任。行为人的行为必须具备刑法所规定的犯罪构成要件，才应承担刑事责任。

(4)违宪责任，指行为主体因违反宪法而应当承担的法律责任。我国宪法明确规定，一切法律、行政法规和地方性法规都不得同宪法相抵触；一切国家机关和武装力量、各政党和各社会团体、各企业事业组织都必须遵守宪法和法律；任何组织或者个人都不得有超越宪法和法律的特权。

4. 简述法律责任的实现方式。[杭师大2015年研]

相关试题：

(1)简述法律责任的种类与实现方式。[中财2016年研]

(2)简述法律责任的目的及其实现途径。[中财2013年研]

答：法律责任承担的方式是指承担或追究法律责任的具体形式，主要包括三种：

(1)惩罚，即法律制裁，是指以剥夺或限制责任主体的人身自由、财产利益和其他利益为内容的责任承担方式。惩罚是最严厉的法律责任实现方式，具体包括：

①民事制裁，指依照民事法律规定对责任主体依其所应承担的民事法律责任而实施的强制措施，通常是由于侵权或违约引起的，主要内容包括在国家的强制下支付违约金或赔偿等。

②行政制裁，指国家机关依法对应当承担行政责任的行政主体和行政相对人所施加的强制性措施，包括行政处罚、行政处分。行政处罚是指对违反行政法律规范的责任主体给予的警告、罚款、没收、行政拘留等惩罚措施；行政处分是指对于违法失职的公务员以及其他相关人员所实施的惩罚性措施。

③刑事制裁，指依照刑事法律规定由国家司法机关依法对承担刑事责任的犯罪主体所施加的惩罚性措施，通常称刑罚制裁。我国的刑事制裁主要包括自由刑、生命刑、资格刑和财产刑。

④违宪制裁，指依照宪法的规定，由国家机关对应承担违宪责任的直接违宪行为主体所施加的国家强制性措施。违宪制裁主要有：撤销同宪法相抵触的法律、行政法规、地方性法规等；弹劾、罢免失职或违法、犯罪的国家元首、政府首脑以及其他重要国家领导人等。

(2)补偿，是指以责任主体的作为或不作为为形式来弥补或赔偿损失的责任承担方式。补偿侧重强调事实，较少渗入道德评判，目的主要在于弥补受害人的损失。在我国，补偿主要包括：

①民事补偿，指依民事法律规定，责任主体承担的停止、弥补、赔偿等责任承担方式，包括停止侵害、排除妨碍、消除危险、返还财产、恢复原状、修理、重作、更换、赔偿损失、消除影响、恢复名誉等。

②行政补偿，指行政主体因客观情况变化或出于社会发展需要而撤销行政行为，行政相对人的合法权益因此受到损害时，应当给予的补偿。

③国家赔偿，包括行政赔偿和司法赔偿。行政赔偿是国家因行政主体及其工作人员行使职权使行政相对人受损害而给予的赔偿。司法赔偿是国家因司法机关及其工作人行使职权致使当事人受损害而给予的赔偿。

(3)强制，指通过国家强制力迫使责任主体履行义务的责任方式。强制包括对人身的强制和对财产的强制，主要为直接强制，也有代执行、执行罚等间接强制。其功能在于保障义务的履行。

5. 法律责任与法律制裁。[武大2012年研；中山大学2009年研]

相关试题：

(1)有法律责任一定会有法律制裁。[辨析题，首师大2015年研]

(2)法律责任与法律制裁的区别。［社科院 2011 年研］

答：(1)概念：

法律责任是由特定法律事实所引起的对损害予以补偿、强制履行或接受惩罚的特殊义务，亦即由于违反第一性义务而引起的第二性义务。

惩罚即法律制裁，是指以剥夺或限制责任主体的人身自由、财产利益和其他利益为内容的责任承担方式。惩罚是最严厉的法律责任实现方式。

(2)二者的联系。法律制裁是承担法律责任的重要方式。法律责任是前提，法律制裁是结果或体现。法律制裁的目的，是强制责任主体承担否定的法律后果，惩罚违法者，恢复被侵害的权利和法律秩序。

(3)二者的区别。法律责任不等于法律制裁，有法律责任不等于有法律制裁。而且在追究违法者的法律责任时，可视其违法情节、危害程度、主观方面等具体情况，依法减免或从重、加重制裁，这表明，即便是有法律制裁的情况下，法律责任的承担方式也有轻重。

6. 什么是免责？免责有哪些情形？［南航 2018 年研］

相关试题：

(1)从我国法律规定来看，法律责任的免除情形有哪些？［论述题，烟台大学 2019 年研］

(2)免责的条件和方式是什么？［山东师大 2017 年研］

答：(1)通常所说的免责，即法律责任的减轻和免除，参见本章考研真题概念题第 5 题答案。

(2)免责的情形主要包括：

①时效免责，是指违法行为发生一定期限后，国家不再追究违法者的法律责任。时效免责的意义在于：保障当事人的合法权益，督促法律关系的主体及时行使权利、履行义务，提高司法机关的工作效率，稳定社会生活秩序，促进社会经济的发展。

②不诉免责，是指对于不告不理的违法行为，受害人或利害关系人不起诉，司法机关不主动追责。不诉免责主要针对“告诉才处理”的案件。民事侵权行为多数是受害人或有关当事人告诉才处理的，少量的刑事自诉、行政诉讼和行政赔偿案件也是告诉才处理的。

③自首、立功免责，是指对那些违法之后有自首情节或立功表现的人，免除部分或全部的责任。这是一种将功折过的免责形式。

④补救免责，是指对于那些已经实施违法行为，但在国家机关追责之前采取补救措施的人，免除其部分或全部法律责任。这实际上属于责任主体提前自动地履行了部分法律责任的义务，所以应在最后计算法律责任时予以减少或免除。

⑤协议免责或意定免责。协议免责是指加害人和受害人在法律允许的范围内通过协商的方式减轻或免除法律责任，一般仅适用于民事违法行为。

⑥自助免责，是指对于侵害人所实施的自救自助行为所引起的法律责任予以免责的情形。即权利人为保护自己的权利，在紧急而又不能及时请求国家机关予以救助的情况下，实施对他人的财产和自由施加限制的行为，可以免除部分或全部法律责任。

⑦人道主义免责，是指出于人道主义考虑，在权利相对人确实没有能力履行责任或不能全部履行责任的情况下，有关国家机关或权利主体免除全部或部分有责主体的法律责任。权利是以权利相对人即义务人的实际履行能力为限度的，在义务人确实无法履行义务的情

况下，法律理应进行灵活处理。

⑧不可抗力免责，是指对当事人不能预见、不能避免并不能克服的客观现象造成的损害，免除部分或全部的责任。

⑨赦免，是指国家依法免除或减轻责任主体的罪责或刑罚，包括大赦和特赦两种形式。

五、论述题

1. 综合论述“法律责任”。［中山大学 2012 年研］

相关试题：

(1) 适用法律认定、归结法律责任的原则和条件。［清华大学 2025 年研］

(2) 简述法律责任的归结及原则。［简答题，西南政法 2025 年研］

(3) 简述法律责任的归结原则。［简答题，中国政法 2023 年研；浙江财大 2021 年研］

答：本题可从法律责任的概念、本质、构成、认定等多方面来展开作答，具体参见本章考点难点归纳相关内容。

2. 结合相关事例，论述法律责任的理论根据。［南京大学 2010 年研］

相关试题：

(1) 法律责任本质的“道义责任论”。［简答题，中南财大 2010 年研］

(2) 法律责任的本质是对违法者的道义责难。［辨析题，中财 2018 年研］

答：法律责任的理论根据是法律责任的本质，即要从根本上阐释法律责任是什么和为什么。西方法学家对此提出了许多不同的理论，其中，影响较大的有“三论”，即道义责任论、社会责任论和规范责任论。

(1) 三种理论学说的内容：

①道义责任论以自由意志论为理论基础，假定人的意志自由，认为人有控制自己行为的能力，有自觉行为和行使自由选择的能力。人的行为是基于自己自由意志下作出的选择，违法者应对自己出于自由意志而作出的违法行为负责，应该受到道义上的责难。

②社会责任论的理论基础与道义责任论相反，是建立在哲学和伦理学之上的决定论。它假定一切事物(包括人的行为)都有其规律性、必然性和因果制约性，进而推断，违法行为的发生不是由行为者自由的意志，而是由客观条件决定的。因而只能根据行为人的行为环境和行为的社会危险性来确定法律责任的有无和轻重。法律责任的归结与承担，一方面是为了社会秩序的维护；另一方面是为了使违法者重新回归社会，这才是法律责任的本质。

③规范责任论则认为，法律是指引和评价人的行为的规范，对符合规范要求的行为持肯定(赞许)的态度，对违反规范内涵的行为持否定(不赞许)的态度，与社会价值观念相符。法律责任的认定和归结正是法律对行为人行为否定态度的体现，这种责任不仅是法律的评价还是价值准则评价的结果。因此，法律责任的本质是行为的规范评价。

(2) 合理性与局限性：

①道义责任论虽然揭示了主观因素对行为的作用，却忽视了社会环境这一客观因素对行为方式的巨大影响，没有把法律评价、主观因素和社会环境三者较好地统一起来，本质上是一种片面的观点。社会责任论只关注到了行为发生受制于一定的客观条件，却忽视了行为人主观因素的重要作用。这些理论都具有一定的片面性，忽视了主客观因素的结合。

②相对而言，规范责任论更全面地揭示了法律责任的本质。它从研究法律责任的形式特征入手，一定程度上将法律评价、主观因素和社会环境三者统一了起来。但西方非马克思主义法学家所提出的规范责任论，既没有充分地理解社会生活中客观规律性与主观能动性的辩证关系，也没有充分注意到阶级社会中阶级利益冲突和阶级斗争对法律评价标准的深刻影响。

3. 试析“法律责任就是法律义务”。［中财2011年研］

答：这种说法错误。法律责任与法律义务虽联系密切，但也有一定的区别。

(1)法律责任与法律义务的联系。通常所说的法律义务，包括法定的作为或不作为的义务以及合法约定的作为或不作为义务，这类法律义务是设定或隐含在法律规范中、实现于法律关系中的，以主体作为或不作为的方式保障权利主体获得利益的一种约束手段。而法律责任是由特定法律事实引起的对损害予以补偿、强制履行或接受惩罚的特殊义务，即由于违反第一性义务而引起的第二性义务。在这一角度上，法律责任是一种特殊意义上的义务。

(2)法律责任与法律义务的区别：

①法律责任的承担针对特定的主体，具体是指违反了法定义务或约定义务的主体；法律义务的承担针对一切社会主体，具有相当的广泛性。

②法律责任通常具有惩罚性，即法律责任是针对第一性的义务没有被履行而进行救济、制裁；法律义务是作为与法律权利相对应的法律的重要调控手段，一般不具有制裁性。

③法律责任的产生以存在和违反法律义务为前提，没有主体对义务的违反就不会产生法律责任。

4. 论法律责任的认定与归结原则。［北航2017年研］

相关试题：

(1)简述法律责任的归责原则。［简答题，中国政法2023年研；华侨大学2018年研；杭师大2018年研］

(2)简述法律责任的种类以及认定与归责原则。［简答题，扬州大学2018年研］

(3)简述法律责任的认定和归结的原则。［简答题，扬州大学2017年研］

(4)说明责任法定原则。［简答题，河北大学2017年研；中南财大2012年研］

(5)在认定和归结法律责任的时候需要遵循哪些原则？［中财2015年研］

(6)现代法律责任的归责原则。［简答题，厦门大学2015年研］

(7)简述我国法律上的归责原则。［简答题，武大2013年研；西南政法2013年研；北邮2010年研］

(8)简述认定与归结法律责任应当遵守的责任与处罚相当原则。［简答题，中财2010年研］

答：法律责任认定与归结是国家机关或授权的组织依照法定职权和程序对因违法行为、违约行为引起的法律责任，进行判断、追究以及减缓或免除的活动。它是一个复杂的法律事实分析和法律价值判断的过程。法律责任的认定与归结原则如下：

(1)责任法定原则，指所有违法行为的法律责任都必须由法律事先规定，国家机关只能按照法律的事先规定认定和追究法律责任，即“法无明文规定不处罚”“法无明文规定不为罪”。

①具体要求：法律责任的种类和形式由法律规定，任何机关或个人不得随意创设；各类违法行为的法律责任应当由法律预先加以规定；法律责任的减轻或免除的事由、幅度应当由法律预先加以规定。

②责任法定原则是一个排除性、否定性原则，它要排除和否定责任擅断、非法责罚和有害追溯。一般法不溯及既往，只在有些情况下新法可以适用于先前的案件，但要求效果有利于当事人的利益，并且不损害他人的、公共的和社会的利益，即民法中的“保护追溯”和刑法中的“从轻追溯”。

(2)因果联系原则，指行为人的行为与损害结果之间、行为人的主观心理状态与行动之间存在着内在的、直接的、主要的因果联系。因果关系主要包括两类：①行为人的行为与损害结果之间的因果联系；②行为人的心理活动和外在行为之间的因果联系。因果联系应是客观存在的联系，可以用事实和证据加以证实。认定法律责任所要求的因果联系应当是内在的、直接的、主要的因果联系，即行为人的行为与损害结果之间、行为人的心理活动与外在行动之间存在着内在的、直接的、主要的因果联系。

(3)责任与处罚相当原则，指法律责任的种类、轻重应与违法行为的种类、轻重相适应，“罪责均衡”“罚当其罪”。具体要求：

①法律责任的类型与违法行为的性质相适应。不同性质的违法行为具有不同的社会危害程度，因而应当适用不同类型的法律责任。

②法律责任的种类和轻重与违法行为的具体情节相适应。违法者主客观两方面的各种事实，会影响违法行为的社会危害程度，在法律责任的归结方面就应有所不同。

③法律责任的种类和轻重与行为人的主观恶性相适应。行为人主观方面的故意、过失，以及初犯、累犯等因素，会影响法律责任的归结。

(4)责任自负原则，指违法行为人应当对自己的违法行为负责，不能让没有违法行为的人承担法律责任，即反对株连或变相株连；要保证责任人受到法律追究，也要保证无责任者不受法律追究，做到不枉不纵。这是现代法治的一项基本原则。

5. 论述制裁责任和补偿责任的区别。[北邮2007年研]

答：制裁责任即惩罚，是指以剥夺或限制责任主体的人身自由、财产利益和其他利益为内容的责任承担方式。补偿是指以责任主体的某种作为或不作为形式弥补或赔偿损失的责任承担方式的总称。制裁责任与补偿责任的区别主要有：

(1)实现载体不同。法律制裁是最严厉的法律责任实现方式，主要针对人身进行。国家使用强制力对责任主体的人身、精神施加痛苦，同时也可以通过限制或剥夺财产来实现对行为人的制裁。补偿包括防止性、恢复性、补救性等不同功能的责任方式。

(2)与责任人精神的关系不同。补偿一般不是有意识地涉及责任人的精神；而制裁是法律在主观上有意识地要造成责任人精神的痛苦。

(3)成立的基础不同。补偿成立的基础是以损害后果为主的，至于主观过错的恶性程度是次要的；而制裁的认定基础是主观过错，制裁虽然也考虑客观损害，但其考虑的目的是确定主观过错恶性程度。

(4)评价标准的道德因素差异。补偿的评价标准以事实评价为主；制裁的评价标准带有明显的、浓厚的道德评价色彩。

(5)承担责任的具体形式不同。制裁分为民事制裁、行政制裁、刑事制裁和违宪制裁，具体形式可以表现为警告、罚款、无期徒刑、死刑、罚金、罢免等方式。在我国，补偿主要包括民事补偿、行政补偿和国家赔偿。

(6)目的不同。制裁除了对被害人进行救济外，还对违法行为人具有一定的惩戒作用；而补偿责任的目的仅仅在于填补损害或者恢复权利的圆满状态。

(7)着重点不同。补偿主要是从受害人的角度出发，根据其所受到的损失由责任主体承担责任，考虑的道德因素较少，注重受到损害的事实。制裁注重惩罚行为人的主观恶性，是对违法者实施的强制性惩罚措施。

第三编　法的起源与发展

第十二章　法的历史

12.1　复习笔记

【知识框架(庖丁解牛)】

- 法的历史
  - 法的起源
    - 原始社会的调控机制：原始习惯
    - 法的起源的一般规律
      - 根本原因是社会生产力的发展
      - 从氏族习惯→习惯法→成文法
      - 受宗教规范和道德规范的深刻影响
    - 法和原始习惯的区别
      - 产生方式不同
      - 体现意志不同
      - 适用范围不同
      - 调整内容不同
      - 实施方式不同
      - 历史使命不同
  - 法的历史类型
    - 法的历史类型的含义
    - 奴隶社会法律制度：概念、特征
    - 封建社会法律制度：特征、中西方的差异
    - 资本主义法律制度：特征、原则
    - 当代中国社会主义法律制度：本质、基本特征

【通关提要(提纲挈领)】

本章主要介绍法的历史，内容包括法的起源和法的历史类型。学习时要注重理解，重点掌握法的起源的一般规律。可以从历史角度，纵向分析法律起源和发展的动因是什么，通过剖析法产生的根源、法的形成过程及其一般规律来进一步认识法的本质和价值。本章主要考查简答题和论述题，比较基础。

【考点难点归纳(厚积薄发)】

考点一：法的起源　★★★★

1. 法的起源概述(见表 12-1)

表 12-1　法的起源概述

要点	具体内容	
形成原因	经济根源	社会分工和私有制的出现
	政治根源	阶级划分和阶级斗争的结果
	社会根源	文明的进步
产生标志	①国家的产生；②诉讼与审判的出现；③权利与义务的分离	
一般规律	①法的起源是一个长期的、渐进的发展过程，与国家同步产生。 ②法产生的根本原因是社会生产力的发展，具有客观的历史必然性。 ③形式上，经历了从氏族习惯→习惯法→成文法的演变和发展过程。 ④调整机制上，是一个从自发到自觉、由个别调整→规范性调整→法的调整的发展过程。 ⑤内容上，从法律与道德、宗教的融合到不断分化、相对独立	

【真题链接】简述法的起源的一般规律。[简答题，昆明理工 2020 年研]

2. 法与原始习惯(见表 12-2)

表 12-2　法与原始习惯

要点		法	原始习惯
联系		都是调整社会关系的社会规范；原始习惯在一定条件下能转化为法	
区别	产生方式	由国家制定或认可	自发形成，并世代传承、演变
	体现的意志	立足私有制的经济基础，反映统治集团的意志和根本利益	以公有制经济为基础，体现全体成员的共同意志
	适用范围	按地域划分，一般适用于一定地域中的所有居民，与血缘无关	限于血缘关系，与地域无关
	调整内容	权利和义务	依习惯行事，无权利义务之分
	实施方式	由国家强制力保证实施，具有国家强制性	依靠集体凝聚力和传统力量自觉遵守，有一定的外在强制性
	承担职能	承担政治职能，带有强烈的政治倾向	不执行政治职能，维系氏族血缘关系和共同利益，具有平等性

考点二：法的历史类型(见表 12-3)　★★★★

表 12-3　法的历史类型

要点	具体内容		
概述	概念	指按照法律制度赖以产生的生产关系的类型和反映的阶级意志的不同，对历史和现实的不同国家或地区的法律制度进行的分类	
	四种类型	奴隶制法、封建制法、资本主义法和社会主义法	
	更替规律	根本原因	社会基本矛盾运动
		基本条件	社会革命

续表

<table>
<tr><th>要点</th><th colspan="3">具体内容</th></tr>
<tr><td rowspan="2">奴隶社会法律制度
[奴隶制法]</td><td colspan="2">含义</td><td>是奴隶主阶级意志的表现[第一种法的历史类型]</td></tr>
<tr><td colspan="2">特征</td><td>①根本特征：公开保护奴隶制生产关系。
②刑罚方式极其残酷，具有相当程度的任意性。
③否认奴隶的法律人格，公开划分等级，确定不平等地位。
④具有明显的原始习惯残留痕迹</td></tr>
<tr><td rowspan="2">封建社会法律制度</td><td colspan="2">共同特征</td><td>①维护封建土地所有制，肯定农民对封建主的人身依附关系；②确立封建等级关系；③维护专制王权；④刑罚严酷、野蛮擅断</td></tr>
<tr><td colspan="2">中西方封建制法的主要差别</td><td>①中国：儒家思想，具有伦理性；西欧：基督教神学，具有宗教性。
②中国：成文法，具有封闭性；西欧：法律分散，具有开放性。
③中国：君权至上；西欧：后期才确认专制王权的绝对至上性。
④中国：司法与行政合二为一；西方：司法与行政总是分权制约</td></tr>
<tr><td>资本主义法律制度</td><td colspan="3">①首要原则：私有财产神圣不可侵犯。
②契约自由原则，与资本主义市场经济相适应。
③法律面前人人平等原则，与资本主义民主政治相适应，其基本精神有三点：
a. 自然人的法律人格(权利能力)一律平等。
b. 公民的法律地位平等。
c. 法律平等地对待同样的行为</td></tr>
<tr><td rowspan="5">当代中国社会主义法律制度</td><td rowspan="4">本质</td><td>阶级属性</td><td>体现工人阶级领导的最广大人民的意志</td></tr>
<tr><td>产生、存在方式</td><td>是社会主义国家意志的体现，通过民主立法程序形成，存在于各种法律渊源中</td></tr>
<tr><td>生产方式</td><td>根本使命是为解放和发展生产力服务，以消灭剥削、消除两极分化，最终实现全体人民共同富裕</td></tr>
<tr><td>社会作用</td><td>引导和保障社会主义建设事业顺利发展的权威性行为准则</td></tr>
<tr><td colspan="2">基本特征</td><td>六个统一：①是阶级性与人民性的统一；②是国家意志与客观规律的统一；③是权利确认与权利保障的统一；④是强制实施与自觉遵守的统一；⑤是“一国”与“两制”的统一；⑥是国情与公理的统一</td></tr>
</table>

12.2 课后习题详解

1. 法的起源的一般规律是什么？

答：参见本章考研真题论述题第1题答案。

2. 法与原始习惯的区别是什么？

答：参见本章考研真题简答题第2题答案。

3. 如何理解中国社会主义法律制度的本质和特征？

答：(1)中国社会主义法律制度的本质：

①从阶级属性看，社会主义法是工人阶级领导的最广大人民意志的体现，这是由工人阶级的特点及其在国家政权中的地位决定的。从阶级本质上看，社会主义法是社会主义国家意志的体现。由于社会主义国家是人民民主国家，因而这种国家意志就是人民的意志。

②从产生方式和存在方式看，社会主义法是社会主义国家意志的体现，是社会主义国家意志的规范化、制度化表现形态。社会主义法所体现的意志由社会主义社会的物质生活条件决定。

③从生产方式看，社会主义法的根本使命是为解放生产力和发展生产力服务，消灭剥削、消除两极分化，最终实现全体人民共同富裕。

④从社会作用看，社会主义法是引导和保障社会主义建设各项事业顺利发展的权威性准则。

(2)中国社会主义法律制度的特征：

①阶级性与人民性的统一。社会主义法首先反映无产阶级的意志，具有鲜明的阶级性；其次也体现工人、农民、知识分子以及其他一切属于社会主义建设者和爱国者的意志，具有广泛的人民性。

②国家意志与客观规律的统一。社会主义法反映的是全体人民的共同意志，由于超越了阶级私利和认识狭隘的局限，这种共同意志的具体内容会随着社会的发展变化而相应发展变化，在最大程度上与历史发展的基本方向和基本规律相一致。

③权利确认与权利保障的统一。我国法律制度建立在社会主义经济基础之上，能确认并保障每个公民的平等权利。

④强制实施与自觉遵守的统一。社会主义法反映的是全体人民的共同意志，广大人民在根本利益上是一致的，因此法的实现主要依靠法律自身的教育力量，依靠人民群众的自觉遵守。

⑤一国与两制的统一。目前，我国内地施行社会主义法律制度，在香港施行承袭英美法系传统的资本主义法律制度，在澳门施行承袭大陆法系传统的资本主义法律制度。

⑥国情与公理的统一。法律要符合客观规律，当代中国的法律制度必须反映并适合我国国情。同时，中国是实行市场经济和民主政治的国家，必然要求把反映国情和反映现代法治公理统一起来。

4. “法律是人类最伟大的发明。别的发明让人类学会驾驭自然，而法律的发明则令人类学会如何驾驭自己。”请结合本章内容，阐述其中的法理。

答：(1)法律发明前的社会调控机制：在法律产生以前，原始社会主要通过原始习惯来调整社会秩序。原始习惯由当时的生产力状况决定并与之相适应。而法律作为文明社会的行为规范也终将取代原始习惯。

(2)“法律的发明则令人类学会如何驾驭自己”，这具体表现在法与原始习惯的区别中，参见本章考研真题简答题第2题答案。

(3)法律的出现使得过去依靠氏族习惯的随意性、野蛮性、无序性、平等性消失，逐渐形成了统治集团领导下有统一的国家机器、有序的规则的文明社会，使得人们的权利、义务得到保证和实现，有利于社会的稳定。

12.3 考研真题与典型题详解

一、单项选择题

1. 有学者这样解释法的产生：最初的纠纷解决方式可能是双方找到一位共同信赖的长者，向他讲述事情的原委并由他作出裁决；但是当纠纷多到需要占用一百位长者的全部时间时，一种制度化的纠纷解决机制就成为必要了，这就是最初的法律。对此，下列哪一说法是正确的？（　　）［2017 年法考真题］

A. 反映了社会调整从个别调整到规范性调整的规律

B. 说明法律始终是社会调整的首要工具

C. 看到了经济因素和政治因素在法产生过程中的作用

D. 强调了法律与其他社会规范的区别

【解析】A 项，纠纷双方找到一位长者进行裁决是个别调整，制度化的纠纷解决机制是普遍适用，反复适用的规范性调整，法的产生就是从个别调整到规范性调整的过程。B 项，法律是社会调整的工具，但并不是说法律始终是社会调整的首要工具，在特定条件下宗教、道德等有可能会成为社会调整的首要工具。CD 两项，该种解释反映的是法产生的过程，并没有说明经济因素和政治因素在法产生过程中的作用，也没有强调法与其他社会规范的区别。

2. 关于英美、大陆两大法系特点的表述有：①以判例法为主要渊源；②以制定法为主要渊源；③以日耳曼法为历史渊源；④法官对法律的发展起举足轻重的作用；⑤以归纳为主要推理方法；⑥以演绎法为主要推理方法；⑦诉讼程序传统上倾向于职权主义，法官起积极主动的作用。下列哪一归纳是正确的？（　　）［2017 年法考真题］

A. 属于英美法系特点的有：①③⑥⑦　　B. 属于大陆法系特点的有：②④⑤⑦

C. 属于英美法系特点的有：①③④⑤　　D. 属于大陆法系特点的有：②③⑤⑦

【解析】AC 两项，英美法系的特点主要有：以判例法为主要法律渊源；以日耳曼法为历史渊源；法官对法律的发展所起的作用举足轻重；以归纳为主要推理方法；不严格区分公法和私法。由此可知，①③④⑤为英美法系的特点。BD 两项，大陆法系的特点主要有：以制定法为主要法律渊源；一般采用系统的法典形式；法律基本结构分为公法和私法；以演绎法为主要推理方法；诉讼传统上倾向于职权主义。由此可知，②⑥⑦为大陆法系的特点。

二、多项选择题

“社会的发展是法产生的社会根源。社会的发展，文明的进步，需要新的社会规范来解决社会资源有限与人的欲求无限之间的矛盾，解决社会冲突，分配社会资源，维持社会秩序。适应这种社会结构和社会需要，国家和法这一新的社会组织和社会规范就出现了。”关于这段话的理解，下列哪些选项是正确的？（　　）［2012 年法考真题］

A. 社会不是以法律为基础，相反，法律应以社会为基础

B. 法律的起源与社会发展的进程相一致

1A　2C　▎　AB

C. 马克思主义的法律观认为，法律产生的根本原因在于社会资源有限与人的欲求无限之间的矛盾

D. 解决社会冲突、分配社会资源、维持社会秩序属于法的规范作用

【解析】A 项，“社会的发展是法产生的社会根源”表明社会是法的基础。法是社会的产物。B 项，“适应这种社会结构和社会需要，国家和法这一新的社会组织和社会规范就出现了”表明：法是人类社会发展到一定历史阶段出现的社会现象，法律的起源与社会发展的进程相一致。C 项，法产生的根本原因是随着生产力的发展，产品有了剩余，出现了私有制和阶级剥削。马克思主义的法律观认为，法产生的根本原因是社会的发展：私有制和商品经济的产生是法产生的经济根源；阶级的产生是法产生的阶级根源；社会的发展是法产生的社会根源。D 项，法的作用可以分为法的规范作用和法的社会作用。其最主要的区别在于适用的对象不同，“规范作用”主要作用于人的行为，“社会作用”主要作用于社会关系，前者是手段，后者是目的。解决社会冲突，分配社会资源，维持社会秩序应属于法的社会作用。

三、不定项选择题

下列关于两大法系的说法中，错误的是(　　)。[2018 年法考真题]

A. 普通法法系又称英美法系，英国法系，海洋法系或判例法系

B. 民法法系内部有法国法系和德国法系两大分支，前者凸显个人本位，后者强调社会利益

C. 大陆法系的基本法律分类是公法与私法，海洋法系的基本法律分类是普通法与衡平法

D. 罗马法系的正式法律渊源为制定法，英美法系的正式法律渊源是普通法与衡平法

【解析】D 项，在法律渊源上，大陆法系的正式法律渊源只有一种表现方式，即以成文法典为代表的制定法。但英美法系的正式法律渊源则较为复杂，不仅包括由普通法和衡平法组成的判例法，还包括由议会制定的成文法(制定法)。

四、概念题

1. 原始习惯[南京大学 2004 年研]

答：原始习惯是原始人在长期的共同生产和生活中自发形成的，世代传承和演变的，调整各种社会关系的权威而有效的社会规范。原始社会习惯体现氏族全体成员的共同意志，反映的是人们之间利益的一致性和平等关系，仅适用于具有血缘亲属关系的同一氏族或部落的所有成员。

2. 法的历史类型[山东师大 2016 年研]

相关试题：法系[四川大学 2025 年研；中南财大 2024 年研；西南科大 2021 年研；华南理工 2016 年研；南航 2016 年研；华中农大 2016 年研；南京大学 2008 年研]

答：(1)法的历史类型，即法律制度的历史类型，是指按照法律制度赖以产生的生产关

D

系的类型和反映的阶级意志的不同，对历史和现实的不同国家或地区的法律制度进行的分类。建立在同一经济基础之上，反映同一阶级意志的法律制度就属于同一法的历史类型。历史上存在过的法律制度包括四种历史类型：奴隶制类型法、封建制类型法、资本主义类型法和社会主义类型法。

(2)法系是指根据世界上各个国家和地区法律体系的历史传统和外部特征而对其进行的一种分类，通常把形式上具有一定特点的、属于同一历史传统的若干个国家和地区的法律体系划为同一法系。理论界普遍接受的是将资本主义国家法律体系分为大陆法系和英美法系。

3. 大陆法系［中山大学 2017 年研；中财 2013 年研；北化 2007 年研］

相关试题：法典法系［南航 2014 年研］、**民法法系**［南师 2010 年研］、**罗马法系**［武大 2007 年研］

答：大陆法系又称罗马法系、民法法系、法典法系等，是指以古罗马法为基础，以 1804 年公布实施的《法国民法典》和 1896 年制定的《德国民法典》为代表，以及在其法律传统的影响下仿照它们制定的各国法律体系的总称。它属于大陆法系的区域，除了以法国、德国为代表的欧洲大陆国家外，还包括世界上许多国家和地区，其中主要是曾为法国、西班牙、葡萄牙、荷兰四国殖民地的国家和地区。澳门特别行政区便属于大陆法系。

4. 普通法系［中南财大 2010 年研］、**英美法系**［华中农大 2017 年研］

答：普通法系又称英美法系、英国法系、判例法系，是指以中世纪至今的英国普通法为基础的，以及在其法律传统的影响下所形成的各个国家与地区的法律的总称。这一法系的特点是：受罗马法的影响不大，而以判例法为主要的法律形式；虽然也颁布了一些制定法，但通常只是由判例归纳而成，其中的许多概念或原则来自司法习惯，因而在解释与适用时往往需要借助于判例来进行。

五、简答题

1. 如何理解恩格斯的以下论述："在社会发展某个很早的阶段，产生了这样一种需要：把每天重复着的生产，分配和交换产品的行为用一个共同的规则概括起来，设法使个人服从生产和交换的一般条件，这个规则首先表现为习惯，后来便成了法律。"(《马克思恩格斯全集》第 18 卷，第 309 页)［南师 2006 年研］

答：恩格斯的这段话是关于法的起源的规律的论述，即法的起源有一个从氏族习惯到习惯法，又从习惯法到成文法的演变和发展过程。

最初的法律规范大都是由习惯演变而来的。在法律制度的形成过程中，国家按照现行社会秩序的需要对原有习惯规范进行甄别取舍。在经过国家有选择的认可之后，习惯就演变成习惯法。在社会生活变化幅度较大、习惯法不足以调整社会关系时，由国家机构有针对性地制定新的规则就成为必要，成文法由此而生。这样，一个满足调整新的社会关系需要，由国家机构制定社会行为规则的法律制度便最终确立起来。

2. 简述法与原始习惯的区别。［北师 2006 年研］

答：法是在原始氏族习惯的基础上演变而来的，但二者是两种不同性质的社会规范，其区别有：

(1)产生方式不同。原始习惯是人们在共同生产和生活过程中自然而然地自发形成，并世代传承和演变下来的。法是由国家有意识地制定或认可的，掌握国家政权的社会集团基于自己的根本和整体利益，有意识地对原始习惯加以选择、确认或自觉创制的。

(2)体现的意志不同。原始习惯是原始社会生产资料公有制的反映，是全体氏族成员利益和意志的体现，它没有阶级性，平等地保护和约束氏族的每一个成员。法是在生产资料奴隶主占有制的经济基础上产生和存在的，反映社会统治集团的意志，维护统治集团的根本利益。

(3)适用范围不同。原始习惯适用于具有血缘关系的同一氏族或部落的所有成员，与地域无关。法按地域划分其适用范围，一般适用于一定地域中的所有居民，而不论其属于何种血缘，即与血缘无关。

(4)调整内容不同。原始人依习惯而行事，在一般情况下不区分权利和义务。法律对行为的调整以权利和义务的分离为条件。

(5)实施方式不同。原始习惯主要依靠人们自觉遵守以及社会力量、舆论力量、氏族首领威信和传统力量来保证实现，但不是由专门权力机关强迫人们遵守，不具有国家强制性。法具有国家强制性，由国家这一特殊的暴力机关保证实施。

(6)历史使命不同。原始习惯调整社会关系的目的在于维系氏族的血缘关系，维护原始人之间相互团结、平等互助的社会关系和社会秩序，具有平等性，而无政治色彩。法调整社会关系的目的在于确立和维护有利于统治集团的社会关系和社会秩序。法带有强烈的政治倾向。

3. 辨析：按照马克思主义法学的观点，原始社会的法是最早出现的法的历史类型，而社会主义法则是最后一种法的历史类型。［北师 2008 年研］

答：这种说法是错误的。法的历史类型，是将人类历史上存在过的以及现存的法律，根据经济基础和阶级本质所做的分类。历史上存在过四种不同历史类型的法，即奴隶制法、封建制法、资本主义法和社会主义法。原始社会没有法律，而是依靠原始社会成员在长期的生产和生活中，经过不断重复沿用和积累而形成的习惯来调整社会关系。

4. 简述前资本主义社会法律类型的基本特点。［南师 2004 年研］

答：前资本主义社会法律制度，即奴隶制和封建制的法律制度。其特点如下：

(1)前资本主义法律制度，无论是奴隶制还是封建制的法律制度，都是“等级法”“特权法”。这是因为，前资本主义社会最大的特点在于它建立在人的依赖关系的基础上，与其生产方式相适应的法律制度必然以维护这种人身依附关系为特点。这种法律制度公开确认人们身份的不平等，奴隶没有独立的人格，不能作为权利主体参加到法律关系中。不仅如此，子女、妇女的法律地位也是不完全的，在罗马有所谓“父权下的子”“保佑下妇女”的身份。即使在统治阶级内部不同等级之间的尊卑贵贱也是法律所直接规定的，即人们的法律地位完全是由“身份”所决定。

(2)东西方前资本主义法律制度的差别：

①西方奴隶制国家，特别是希腊、罗马，建立在氏族制度解体的基础上，土地私有制

代替了土地公有制，其法律制度具有“私法奴隶制”的特点，罗马私法表现出了很大的发展。而在东方奴隶制国家，不存在土地私有，其法律制度则表现为规定不同等级的行政隶属关系的“礼”及“刑”的发达，重刑轻民。

②西方封建国家教权和皇权的对立是其政治制度的特点，与此相适应形成了教会法与世俗法的二元论。而在东方，宗教权力始终没有形成与皇权相抗衡的力量，也就从来都没有形成具有相互抗衡的管辖权的多元法律制度的局面。而在东方，特别是中国，皇权至高无上，不受任何权力约束，这样就形成了强大的中央集权国家。

5. 简述大陆法系的主要特征。［中财 2014 年研］

答：大陆法系又称罗马法系、日耳曼法系、民法法系、法典法系等，其特征主要有：

(1)在法律的历史渊源上，大陆法系是在罗马法的直接影响下发展起来的，不仅继承了罗马法成文法典的传统，而且采纳了罗马法的体系、概念和术语。

(2)在法律形式方面，大陆法系国家具有悠久的法典编纂传统，具有详尽的成文法，对重要的部门法制定了法典，并辅之以单行法规，构成较为完整的成文法体系，成文法的效力优先于其他法律渊源。法律体系完整，概念明确，有根本法与普通法、实体法与程序法、公法与私法的分类。法律条文的内容具有一定的抽象性、概括性、精确性和整体性，既避免了条文的重复，又尽量不使之出现漏洞。

(3)在法官的作用上，大陆法系崇尚法理上的逻辑推理，并以此为依据实行司法审判，法官只能运用既定的法律判案，从现存的法律规定中找到适用的法律条款，将其与事实相联系，推论出必然的结果。

(4)在立法与司法的关系方面，大陆法系国家的立法和司法分工明确，强调制定法的权威，法律由代议制的立法机关制定，法官只能严格执行法律规定，不得擅自创造法律、违背立法精神。

(5)大陆法系一般采取法院系统的双轨制，即普通法院与行政法院分离。

(6)在法律推理形式和方法上，以成文法为依据采取演绎法。在刑事诉讼方面采用的是纠问式诉讼模式。

由于大陆法系在形式上具有体系化、概念化的特点，便于模仿和移植，因此容易成为中国、日本等后进国家效仿的对象。

六、论述题

1. 论述法的起源的一般规律。［浙江财大 2015 年研］

相关试题：

(1)简述法的起源的一般规律。［简答题，昆明理工 2020 年研］

(2)简述法产生的一般规律。［简答题，中南财大 2025 年研；南京大学 2012 年研］

答：尽管各国法的形成的具体方式或路径有所不同，但都体现着历史必然性，都遵循着共同的规律。法的起源的一般规律具体如下：

(1)法的起源是一个长期的、渐进的发展过程。法的起源过程开始和发展于原始社会的父系氏族公社时期，完成于奴隶社会的建立之初。它跨越了两个性质完全不同的社会形态，经历了很长的时间，体现了法起源的长期性。法的起源与国家的起源密不可分地联系在一起，它们由于同样的原因，同时发生、同时发展和同时完成的。

(2)法的起源的根本原因是社会生产力的发展。法是随着生产力和社会分工的发展，以及私有制、阶级和国家的出现而产生的，是由社会基本矛盾运动所决定的，具有客观的历史必然性。法的起源不是突变式的，它经历了从量变到质变的发展过程。

(3)从调整机制上来看，法的起源经历了从个别调整到规范性调整、一般规范性调整到法的调整的发展过程。在原始社会初期，社会调整往往是个别化的，即针对具体人、具体行为所进行的只适用一次的调整。当某些社会关系发展为经常性、较稳定的现象时，一般性的社会规范逐步定型，个别调整便发展为规范性调整，即统一的、反复适用的调整。在出现了阶级和国家之后，统治阶级出于国家管理的需要，基于自己的意志制定出法律，并依靠国家暴力保障其实施，于是，法的调整逐渐成为社会关系的主要调整方式之一。

(4)从形式上来看，法的起源经历了从习惯到习惯法、再由习惯法到成文法的发展过程。习惯是原始社会的主要社会规范，在私有制和阶级形成后，一些习惯被国家认可，从而具有了强制性，逐渐转变为习惯法。随着社会关系的复杂化和社会文明程度的提高，习惯法无法适应社会发展，国家立法机关根据统治阶级的意志和利益，不断创制出成文法。成文法明确、清晰，具有更强的可操作性，其内容既来自习惯和判例，也来自立法者的创制。可见，法的产生过程，是一个由简单到复杂、由不完善到完善、由自发形成到自觉形成的发展过程。

(5)从内容上来看，法的起源经历了法与宗教规范、道德规范的浑然一体到不断分化、相对独立的发展过程。在原始社会，习惯与道德、宗教等社会规范是融为一体的。国家产生之初，习惯法与宗教规范、道德规范也没有明显的界线，三者相互渗透、浑然一体。随着社会的进步和法的不断成熟，法与道德、宗教规范开始逐渐分化，法在调整方式、规范内容、适用范围等方面自成一体、相对独立，从而在社会调整体系中占有特殊地位，发挥着重要的作用。

2. 试论法律在起源上与宗教规范的关系。[南京大学2007年研]

答：法的起源又称法的产生，是指法产生的历史过程。宗教是一种重要的文化现象，其特点在于通过对超然力量的信仰来获得对实然现象的解释以及精神上的慰藉。二者的关系为：

(1)法的起源受到道德、宗教的深刻影响，法律最初总带有一定的宗教色彩和道德要求。随着社会管理经验的积累和人类文明的进化，共同趋势是法律规范与道德规范和宗教规范、法律调整与道德调整和宗教调整相对区分。

(2)在人类社会发展的特定历史时期，曾出现宗教与法律相互贯通的现象。法律往往成为表达一定的宗教观念和宗教要求的重要形式。西欧中世纪，以基督教教义为本体的教会法具有最高的法律效力，相对于世俗法律体系具有优先性，并且成为法院司法活动的基本依据和准则；古代中国，原始宗教敬仰的天，具有至高无上的神性。在中华民族进入国家状态时，天成为统治者权力的来源和合法性的根据。

(3)宗教与法的联系，表现在精神、规则、组织结构三个层面上，在不同民族及其不同历史阶段，联系各不相同。在政教合一的国家中，宗教与法在精神、规则和组织结构三个层面都融为一体。

①在精神层面，宗教的精神就是法的精神，法贯穿着宗教精神，法的正当性、行为的正当性均从宗教教义的基本精神来解释。

②在规则层面，宗教规范即是法律规范，它不仅调整和管理宗教事务，同时调整和管理世俗事务。

③在组织结构层面，有时宗教领袖亦即国家的领袖，更多的情况是世俗国家的领袖从属于宗教，其世俗统治权来源于宗教。同时，宗教的神职人员也是法律的实施者。

3. 试论普通法系的主要特点。[中山大学2009年研]

相关试题：

(1)简述英美法系的基本特征。[简答题，西南政法2025年研]

(2)简述英美法系特征。[简答题，中南财大2025年研]

(3)简述英美法系共同的特点。[简答题，北邮2016年研]

(4)普通法法系及其特点。[简答题，山东大学2015年研]

(5)略论英美法系的基本特点与历史地位。[中山大学2014年研]

(6)简述英美法系的主要特征。[简答题，武大2013年研]

答：英美法系又称英国法系、普通法系、判例法系、海洋法系，其特征如下：

(1)在法律的历史渊源上，英美法系起源于中世纪的英格兰，主要来源于盎格鲁-撒克逊习惯法与诺曼底封建法的融合，随着大英帝国的扩张，传播到世界各地，如今主要在英联邦国家流行。

(2)在法律渊源方面，判例法是重要的法律形式。以普通法为基础，判例法是一种重要的法律形式，"遵循先例"是一项重要的司法原则。除判例法外，英美法系国家还有一定数量的制定法，同时，还有一些法典。如美国的《统一商法典》、美国宪法等。但和大陆法系比较起来，它的制定法和法典还是很少的，而且对法律制度的影响远没有判例法大。

(3)在法律的分类方面，英美法系没有严格的部门法概念，即没有系统性、逻辑性很强的法律分类，法律分类比较偏重实用。在英美法系内部存在普通法与衡平法的分类方法。

(4)在司法审判原则上"遵循先例"，允许"法官造法"，以个案判例的形式表现出法律规范。作为判例的先例对其后的案件具有法律约束力，成为日后法官审判的基本原则。

(5)英美法系注重程序法，其司法审判采取归纳法的推理方式。在法律的思维方式和运作方式上，英美法系运用的是区别技术。这一方法的模式为：

①运用归纳方法对前例中的法律事实进行归纳。

②运用归纳方法对待判案例的法律事实进行归纳。

③将两个案例中的法律事实划分为实质性事实和非实质性事实。

④运用比较的方法分析两个案例中的实质性事实是否相同或相似。

⑤找出前例中所包含的规则或原则。

⑥如果两个案例中的实质性要件相同或相似，则根据遵循先例的原则，前例中包含的规则或原则可以适用于待判案例。

(6)在法律体系的特征上，英美法是判例之法，而非制定之法，法官在地方习惯法的基础上，归纳总结形成一套适用于整个社会的法律体系，具有适应性和开放性的特点。在审判时，采用的是对抗制诉讼模式。更注重采取当事人进行主义和陪审团制度。下级法庭必须遵从上级法庭以往的判例，同级的法官判例没有必然约束力，但一般会互相参考。

(7)在法学教育方面，英美法系主要是美国将法学教育定位于职业教育，学生入学前已取得一个学士学位，教学方法是判例教学法，重视培养学生的实际操作能力。

(8)在法律职业方面，职业流动性大。法官尤其是联邦法院的法官一般都是来自律师，而且律师在政治上非常活跃。法官和律师的社会地位也比大陆法系高。

4. 论资本主义国家两大法系。［山东大学 2011 年研］

相关试题：

(1)简述大陆法系与英美法系的区别。［简答题，扬州大学 2017 年研；中南财大 2014 年研］

(2)请简要叙述民法法系与普通法系之间的区别。［简答题，对外经贸 2014 年研］

(3)英美法系与大陆法系。［辨析题，武大 2014 年研］

(4)论英美法系和大陆法系的主要不同。［首经贸 2013 年研］

(5)论述民法法系与普通法系的区别。［北大 2012 年研］

(6)论述英美法系和大陆法系的区别。［南京大学 2010 年研］

答：(1)资本主义国家的两大法系是大陆法系和英美法系，其概念，参见本章考研真题概念题第 3、4 题答案。

(2)资本主义国家两大法系的差异：

①渊源不同。大陆法系仅以制定法为正式的法律渊源，英美法系把制定法和判例法都作为法律渊源。在大陆法系国家中，法官判案只服从成文法，不得依据判例；法官不能任意解释法律、创造法律。在英美法系中，遵循先例是法官审理案件时必须严格遵照的原则。虽然现在制定法数量日益增多，但是判例的地位并未动摇。

a. 判例地位的差别。在大陆法系，除了行政法院系统外，基本上不存在判例法；在英美法系，以普通法为基础，判例法是一种重要的法律形式，“遵循前例”是一项重要的司法原则。

b. 制定法编纂观念的差别。在大陆法系，将基本法律尽量地编纂为统一完美的法典成为立法上的永恒追求，大陆法系国家主要是法典化的国家；英美法系国家和地区虽然也有制定法，但判例法仍然是法律渊源的主体。制定法一般表现为单行法，不具有法典形式，且往往受到判例法解释的制约。

②法院组织体系不同。大陆法系国家设两个法院系统：a. 普通法院，受理各种不同的民事、商事及刑事诉讼；b. 行政法院，受理国家机关、公务员与公民之间发生争议的案件。英美法系司法权都由普通法院统一执掌；英美法系中的美国实行双轨制，有联邦法院与州法院两个系统，互相独立，互不隶属。

③诉讼程序不同。大陆法系是纠问式诉讼，又称职权主义的诉讼程序模式。法官以“积极仲裁人”的身份主导整个审理过程。法官可以经常询问、传唤证人，甚至独立进行调查取证或聘请专家作证。英美法系采用对抗式诉讼，也称为当事人主义模式。开庭审理前，允许双方当事人的律师收集有利于自己的证据，为保证辩护方律师能够知道被控罪的主要证据，实行证据公开原则。法官处于居中裁判地位，对当事人双方的控辩进行仲裁并宣布获胜的一方。

a. 注重的法律不同。大陆法系注重实体法；英美法系则注重程序法。

b. 诉讼制度不同。大陆法系采用演绎法的推理方式；英美法系的司法审判，则采取归纳法的推理方式。

c. 诉讼模式不同。大陆法系采用职权主义诉讼模式；英美法系采用“对抗式”或“庭辩式”。

d. 法官的作用和地位不同。在大陆法系，法官是法律的奴仆，只能司法不能立法，必须严格依照法律行事；英美法系将法院置于主导地位，法官决定着法律的效力，兼具司法和立法职能，可以在判决中创造新的原则，即法官造法。

④法律分类和术语上的差别：

a. 大陆法系在传统上主要把法律分为公法和私法。公法包括宪法、刑法、行政法和诉讼法；私法包括民法和商法。到了20世纪后，出现了一种兼有公法和私法成分的社会法。英美法系则把法律分为普通法和衡平法，直到现代，才开始有限度地使用公法与私法的分类。

b. 大陆法系国家和地区在法律部门的划分上比较明确、统一，而英美法系国家和地区的法律部门缺乏统一的分类。

(3)资本主义国家两大法系的联系。大陆法系与英美法系作为当今世界最重要的两大法系，并非全然对立，而是多有交流和融合。判例法在一些大陆法系的国家中也具有参考价值，而像美国这样的海洋法系国家也开始积极编写法典配合，而并非仅依靠案例来发展法律。这种趋势在世界各国越来越普遍。

第十三章　法律演进

13.1　复习笔记

【知识框架(庖丁解牛)】

- 法律演进
  - 概述
    - 概念、动因
    - 理论模式和实践类型
      - 进化论与建构论
      - 本土化论与国际化论
      - 内源型与外发型
    - 基本规律
  - 法律继承
    - 概念
    - 原因
      - 社会生活条件的历史延续性
      - 法律的相对独立性
      - 法律作为人类文明成果的共同性
      - 法律演进的历史事实
    - 内容
  - 法律移植
    - 概念
    - 客观必然性和必要性
      - 社会发展和法律发展的不平衡性
      - 市场经济的客观规律和根本特征
      - 对外开放的应有内容
      - 法制现代化的必然需要
    - 实践
  - 法治改革
    - 概念
    - 意义
    - 新时代中国的法治改革

【通关提要(提纲挈领)】

本章主要介绍法律演进，包括法律继承、法律移植和法治改革，属于重点章节。学习时，要重点掌握法的演进阶段和演进模式，特别是法律继承和法律移植的原因和必要性；熟悉法的演进的各种动因；了解新时代中国的法治改革。本章主要考查概念题、简答题和论述题，可结合实例理解记忆。

【考点难点归纳(厚积薄发)】

考点一：法律演进概述(见表13-1) ★★★

表 13-1 法律演进概述

要点	具体内容		
概念	即法的历史类型的更替过程，是法的精神、原则及法的本位的演化过程		
动因	经济动因	社会经济运动，是决定性动因	
	政治动因	①法的变迁受制于政治制度的变迁。 ②法的演进取决于一定的政治关系状况。 ③法的类型更替的直接条件是政治变革或社会革命	
	文化动因	法律与社会文化相辅相成	
理论模式和实践类型	①进化论[依赖社会自身的力量]与建构论[重视政府主导作用]。 ②本土化论与国际化论。 ③内源型与外发型[依靠外来力量推动]		
基本规律	社会角度	社会发展促进法律演进，法律必然由低级向高级演进	
	技术角度	法律规范、法律制度及其法律适用程序与技术从简单向复杂、从感性向理性、逐渐体系化，既追求实体公正又注重正当程序和程序公正的发展过程	
	法律内容及价值	“义务本位”→“权利本位”	
	动力来源	社会自然进化 + 社会理性建构；本土化 + 国际化	
	形式	封闭式发展的独立法律体系→开放式演进、发展的多元法律体系	
	具体途径	法律继承	继承历时性的由本国历史形成的法律传统
		法律移植	借鉴或移植其他国家和社会的现存法律
		法治改革	立足于本国现实需求的法律制度的创新或改革

【真题链接】法律演进的基本规律。[简答题，厦门大学 2015 年研]

考点二：法律继承(见表13-2) ★★★★

表 13-2 法律继承

要点	具体内容
概念	指不同历史类型的法律之间的延续、相继，一般表现为旧法对新法的影响和新法对旧法的承接和继受
内容	①法律技术、概念。 ②反映商品经济、市场经济规律的法律原则和规范。 ③反映民主政治的法律原则和规范。 ④关于社会公共事务的组织与管理的法律规定，即有关政治统治、公共事务的规范
特点	①新法对旧法的继承，是一种批判性的抛弃和保留，否定中包含着肯定。 ②从主体角度看，法律继承实际上是一种有选择的继承

续表

要点	具体内容
原因	①社会生活条件的历史延续性决定了法律的继承性。 ②法律的相对独立性决定了法律在演进过程中的延续性和继承性。 ③法律作为人类文明成果决定了法律继承的必要性。 ④法律演进和发展的历史事实验证了法律的继承性

【真题链接】法律继承的内容。[简答题，扬州大学2020年研]

考点三：法律移植(见表13-3) ★★★★

表13-3 法律移植

要点	具体内容
概念	反映了空间上的内外关系，是一个国家对同时代其他国家法律制度的吸收和借鉴。即在鉴别、认同、调适、整合的基础上，引进、吸收、采纳、摄取、同化外国法，为本国所用
范围	外国的法律、国际法律和惯例
特点	①法律移植的对象(即植体)必须是别国(或特定地区)的法律。 ②外来的植体必须“植入”接受国家的本土法律中。 ③被移植的法律内涵十分广泛，既包括法律概念、法律技术、法律原则、法律规范、法律制度，也包括法律形式、法律理论、法律观念等。 ④法律移植是一项积极主动、在一定程度上甚至是带有创造性的活动
必然性和必要性	①必然性：由社会和法的发展的不平衡性决定。 ②必要性：由市场经济的客观规律和根本特征决定。 ③法律移植是对外开放的应有内容。 ④法律移植是法治现代化的过程和途径
类型	①相同类型国家之间法律的融合和趋同：经济、政治和文化处于相同或基本相同发展阶段和发展水平的国家相互吸收对方的法律，以至融合和趋同。 ②落后国家或发展中国家采纳先进或发达国家的法律。 ③不同社会制度国家之间的法律移植。 ④区域性或世界性的法律趋同
应注意问题	①国外法(供体)与本国法(受体)之间的同构性和兼容性。 ②外来法律的本土化，即用本国法去同化和整合国外法。 ③法律移植的优选性，既移植国外成熟、先进、实用的法律，又要立足于本国、本社会的现实国情。 ④法律移植的先进性，即移植国外法要面向未来、现代化，把握世界法律发展趋势

【真题链接】

(1)论法的移植的必然性。[论述题，浙江财大2018年研]

(2)何谓法律移植？在法律移植的过程中必须注意哪些问题？[简答题，安徽师大2018年研]

考点四：法治改革(见表13-4) ★★★★

表13-4 法治改革

要点	具体内容
概念	指一国对其既有法律制度的重构、创新[制度创新]
重心	法律体系重构、法律精神转换及立法体制、执法体制、司法体制改革等
意义	①对无法进行法律继承("古为今用")和法律移植("洋为中用")的法律问题和事务，要进行法治改革。 ②法治改革促进和推动法律制度创新。 ③法治改革是量变中的巨变和突变，是具有划时代意义的法律制度变迁。 ④法治改革是法律继承、法律移植的前提。 ⑤法治改革属于法律的内在成长，着眼点在于法律制度或体系的更新和重构。法律继承和法律移植属于法律外在输入，着眼点在于健全或完善现行法律制度。 ⑥法治改革可以推动法治现代化

13.2 课后习题详解

1. 如何理解法律演进的基本规律？

答：参见本章考点难点归纳相关内容。

2. 为什么说法律继承是法律演进的重要途径？

答：之所以说法律继承是法律演进的重要途径，其原因在于：

(1)历史上，奴隶制法律制度以外的每一种新的法律制度都是以先前的法律制度为起点和阶梯的，这就决定了法律继承必然是法律演进的基本形式和途径。

(2)法律继承是新事物(法律制度)对旧事物(法律制度)的扬弃。新的法在取代旧的法时，批判地吸取旧法中适合新的社会形态要求的某些因素。

3. 法律移植应遵循哪些原则？

答：法律移植是指在鉴别、认同、调适、整合的基础上，引进、吸收、采纳、摄取、同化外国的法律，使之成为本国法律体系的有机组成部分，为本国所用。为了促进法律的健康演进，在法律移植的过程中应遵循以下原则：

(1)既要对被移植的法律制度的文化背景有深入细致的了解，又要对本国法律文化的兼容性作科学和真实的评估，并在此基础上做出理性的选择。

(2)要注意法律移植的优选性。只有立足于本国的现实国情，对不同国家的法律优中选优，移植过来的法律才可能是最成熟、最先进、最实用的法律。

(3)要注意法律移植的先进性，法律移植的对象(无论是某一国家的法律，还是国际一体化的法律和惯例)必须是代表了世界法律文明的发展趋势的先进法律。

(4)要注意国外法(供体)与本国法(受体)之间的同构性和兼容性，法律移植很容易导致被移植法律的内在因素与本国法律运行的社会机制相冲突，如果冲突无法解决，法律移植也不可能成功。要注意外来法律的本土化，即用本国法去同化和整合国外法。移植的时候，要对外来法进行必要的改进，这样才能保持本国法的稳定性和进步性。

4. 法制(法治)变革的意义何在?

答：参见本章考点难点归纳相关内容。

5. 如何理解"法随时变""因势变法"的含义与意义?

答：(1)"法随时变""因势变法"即法治改革，是指一个国家或社会在其社会的本质属性与基本的社会制度结构保持相对稳定，其现行法律制度的基本性质也没有根本性变化的前提下，法律制度的自我创造、自我更新、自我完善和自我发展。法治改革通过创新，使法律适应社会生活、与社会发展同步。

(2)法治改革的意义，参见本章考点难点归纳相关内容。

6. 为什么说全面依法治国是国家治理的一场深刻革命?

答：习近平在中共十九大报告中指出："全面依法治国是国家治理的一场深刻革命。"全面依法治国，是要彻底实现从人治到法治的革命，实现中华民族伟大复兴。

(1)在中国长期封建社会中，以孔子为首的儒家思想占有主导地位。这种思想不仅体现在儒家代表作中，而且也体现在历代王朝的法律中。这种传统的法律思想从整体上来看，与当代中国特色的社会主义法律对立。但就其具体组成部分来说，既有积极因素又有消极因素。对前者应加以改造、借鉴和吸收，对后者则应排斥和批判。所以，全面推进依法治国是一场伟大的政治革命和思想革命。

(2)全面依法治国是一场任重道远的政治、思想革命，必须以革命的勇气和思维大刀阔斧地推进法治领域的改革。中共十八大以来，以习近平同志为核心的党中央始终把全面依法治国、建设法治中国作为全面深化改革的重要方面和重大任务，作为国家治理领域广泛而深刻的革命强力推进。

(3)法治改革作为全面深化改革的重点领域，在关键环节取得了突破性进展，确立了主体框架。但法治改革永远在路上，必须以大无畏的政治勇气和高超的政治智慧深入推进法治改革。

13.3　考研真题与典型题详解

一、单项选择题

关于法的移植与法的继承，下列说法正确的是(　　)。[2018 年法考真题]

A. 法的移植的对象是外国的法律，国际法律和惯例不属于移植对象

B. 与法律继承不同，法律移植的主要原因在于社会发展和法的发展的不平衡性

C. 当前我国对美国诉讼法的吸收不属于法律移植

D. 法律继承的对象，必须局限于本民族的古代的法律

【解析】AC 两项，法的移植反映了空间上的内外关系，是一个国家对同时代其他国家法律制度的吸收和借鉴，法的移植的范围除了外国的法律外，还包括国际法和国际惯例。对

B

美国诉讼法的吸收属于我国对同时代其他国家法律制度的吸收与借鉴，是法律移植的一种方式。B项，法的移植是一种普遍现象，有其必然性和必要性：①社会和法的发展的不平衡性决定了法的移植的必然性，落后的国家往往通过移植先进国家的某些法律，促进法制和社会的发展。②经济全球化决定了法的移植的必要性。③法律移植有助于推动法的现代化发展。D项，法的继承是指不同历史时代的法律制度之间的延续和继受，一般表现为旧法对新法的影响和新法对旧法的继受。在法的历史发展过程中，不同时代和民族的法所形成的具有共性的法律形式、术语、概念、典籍、著作，属于人类共同的文化成果，并作为文化遗产代代相传。因此，法的继承并不局限于本民族的古代法律，它强调的是不同历史时代之间的承继关系，典型的例子便是资本主义法律对罗马法的复兴。

二、多项选择题

1. “法的继承体现时间上的先后关系，法的移植则反映一个国家对同时代其他国家法律制度的吸收和借鉴，法的移植的范围除了外国的法律外，还包括国际法律和惯例。”据此，下列哪些说法是正确的？（　　）[2009年法考真题]

A. 1804年《法国民法典》是对罗马法制度、原则的继承

B. 国内法不可以继承国际法

C. 法的移植不反映时间关系，仅体现空间关系

D. 法的移植的范围除了制定法，还包括习惯法

【解析】A项，法的继承是不同历史类型的法律制度之间的延续和继受，一般表现为旧法对新法的影响和新法对旧法的承接和继受。法国资产阶级以奴隶制时代的罗马法为基础制定的《法国民法典》体现了法的继承性。B项，从上述法的继承定义中可以看出，法的继承是旧的法律制度的延续，而国际法不存在法律制度延续的问题。另外，“历史类型”与“法律制度”也是从国内法的角度说的。因此，法的继承本身就不包含国内法对国际法的继承。CD两项，法的移植是指在鉴别、认同、调适、整合的基础上，引进、吸收、采纳、摄取、同化外国法，使之成为本国法律体系的有机组成部分，为本国所用。法的继承体现了时间上的先后关系。法的移植则反映一个国家对同时代其他国家法律制度的吸收和借鉴；法的移植的范围除了外国的法律外，还包括国际法律和惯例。即法的移植既体现了空间关系，也体现了时间关系。

2. 法系是法学上的一个重要概念。关于法系，下列哪些选项是正确的？（　　）[2008年法考真题]

A. 法系是一个比较法学上的概念，是根据法的历史传统和外部特征的不同对法所作的分类

B. 历史上曾经存在很多个法系，但大多都已经消亡，目前世界上仅存的法系只有民法法系和普通法系

C. 民法法系有编纂成文法典的传统，因此，有成文法典的国家都属于民法法系

D. 法律移植是一国对外国法的借鉴、吸收和摄取，因此，法律移植是法系形成和发展

1ABD　2AD

的重要途径

【解析】A 项，法系是比较法学上的基本概念，具体指根据法的历史传统和外部特征的不同，对法所做的分类。据此分类标准，凡属于同一传统的法律就构成一个法系。B 项，在历史上，世界各主要地区曾经存在过许多法系，诸如印度法系、中华法系、伊斯兰法系、民法法系和普通法系等。当今世界上最有影响的是民法法系和普通法系。目前，除民法法系和普通法系外，还有伊斯兰法系、社会主义法系等。C 项，在法典编纂方面，民法法系的主要发展阶段都有代表性的法典。普通法系从总体上看，不倾向进行系统的法典编纂，但是也进行过法典的编纂，因此，有成文法典的国家并非都属于民法法系。D 项，法的移植是指在鉴别、认同、调适、整合的基础上，引进、吸收、采纳、摄取、同化外国法，使之成为本国法律体系的有机组成部分，为本国所用。法的移植有其必然性和必要性。

三、概念题

1. 法律演进［宁夏大学 2018 年研；南航 2015 年研；河北大学 2013 年研］

答：参见本章考点难点归纳相关内容。

2. 法律继承与法律移植［人大 2016 年研；华侨大学 2016 年研；武大 2009 年研］

相关试题：

（1）法律继承［中南财大 2025 年研；中山大学 2018 年研；扬州大学 2018 年研；山东师大 2018 年研；温州大学 2018 年研；河北大学 2017 年研；南航 2016 年研；宁夏大学 2016 年研；华中农大 2011 年研；南京理工 2011 年研；厦门大学 2010 年研］

（2）法律移植［北邮 2020 年研；扬州大学 2020 年研；浙江理工 2019 年研；河海大学 2019 年研；北航 2017 年研；河北大学 2015 年研；浙江财大 2015 年研；华侨大学 2015 年研；复旦大学 2012 年研；南开大学 2011 年研；北化 2010 年研］

答：参见本章考研真题论述题第 3 题答案。

3. 法治改革［华侨大学 2011 年研］

答：法治改革是指在一国或社会在其基本性质不变的前提下，法律制度的自我创造、自我更新、自我完善和自我发展。这一过程的关键与核心是法治观念的建立和法律制度的创新与发展。当代中国法治改革的基本内容有：政治体制改革、法律体系重构和法律精神的转换。

四、简答题

1. 法律演进的基本规律。［厦门大学 2015 年研］

相关试题：

（1）法律发展演进的规律。［吉大 2012 年研］

（2）论述法律演进与发展的基本规律。［论述题，对外经贸 2011 年研］

答：参见本章考点难点归纳相关内容。

2. 法律继承的内容。［扬州大学 2020 年研］

答：法律继承的主要内容包括：

(1)法律概念、技术。法律概念的继承可分为：直接继承和改进型继承。直接继承是指直接把历史上使用的法律概念用于现行法律中；改进型继承是指继承概念的形式，对其内容进行改进，赋予其新的内涵。法律技术是指法律运行过程中的各种方法，如立法程序、法律解释方法、法律机构的设置等。

(2)反映商品—市场经济规律的法律原则和规范，如有关市场主体、市场行为、市场调控、国内市场与国际市场的联系等法律规定。

(3)反映民主政治的法律原则和规范，如选举制、代议制、权力划分、权力制衡、行政程序、国家赔偿制度等。这些制度和规定具有普遍性、共同性、可复制性，反映了民主政治的基本规律。

(4)关于社会公共事务组织与管理的法律规定，如有关环保、资源、水利、城建、交通、人口、卫生的法律规定，可以为社会主义国家所继承。

五、论述题

1. 法律演进的类型。［吉大2014年研］

相关试题：简述法律演进的类型。［简答题，华侨大学2014年研］

答：法律演进的理论模式和实践类型具体如下：

(1)进化论与建构论：

①进化论认为，法律发展的真正动力是经济和社会生活的需要、人民群众的意愿，强调法律的进步依赖社会自身的力量。

②建构论认为，法律的进步依靠政府的设计和推动，更重视政府的主导作用。如依法治国、建设社会主义法治国家，全国人大及其常委会的立法规划等，都是理性建构的体现。

(2)本土化论与国际化论：

①本土化论认为，各国的法律演进和发展因其特有的历史条件，有其特殊的历史运动轨迹和发展道路。

②国际化论认为，为适应当今世界多元一体化的大趋势，满足经济改革和科技进步的需要，必须借助国外健全的法制和丰富的法治经验，在较短的时间内改变法制落后的状况，完成体制法制化、生活法治化的进程，还要最大限度地遵循国际惯例和世界通例。

(3)内源型与外发型：

内源型认为，法律发展来自国家和社会内部的需要，其基本动力是内在的。内源型法律现代化模式是指法律因本国的政治、经济、文化等方面的现代化而逐步从传统转向现代的模式，它是在法律现代化所需要的经济、政治、文化条件逐渐成熟，在社会内部力量作用下而实现的自主创新。

外发型认为，法律发展要靠外来力量的推动，其基本动力是外在的。外发型法律现代化模式是指法律从传统向现代的转变是在他国先进法律文化的冲击下实现的，它是法律相对落后的国家学习、借鉴、移植他国先进法律文化而实现的法律变革，是外因通过内因起作用的具体体现。

2. 试述历史类型变更中的法律移植。［山东大学2010年研］

相关试题：

(1)论法的移植的必然性。[浙江财大 2018 年研]

(2)何谓法律移植?在法律移植的过程中必须注意哪些问题?[简答题,安徽师大 2018 年研]

(3)为了促进法律的健康演进,在法律移植的过程中必须要注意哪些?[简答题,温州大学 2018 年研]

(4)结合中国改革开放以来的法制经验,谈谈你对法律移植的看法。[中山大学 2017 年研]

(5)简述法律移植的必然性。[简答题,河北大学 2016 年研;中财 2013 年研]

(6)法律移植的必然性和必要性。[简答题,南航 2014 年研]

(7)法律移植过程中应注意哪些问题?[南航 2012 年研]

答:法律移植,是指一个国家或地区对其他国家或地区法律的借鉴和吸收。即在鉴别、认同、调适、整合的基础上,引进、吸收、采纳、摄取、同化外国的法律,使之成为本国法律体系的有机组成部分,为本国所用。法律移植的范围包括外国的法律、国际法律和惯例,统称国外法。

(1)法律移植否定论与肯定论:

①法律移植的否定论。早在 18 世纪中叶,著名启蒙思想家孟德斯鸠指出,法律与一个国家或者民族生活的地理环境、人民的生活方式、风俗习惯、宗教等具有非常密切的内在关联,所以,"为某一国人民而制定的法律,应该是非常适合于该国的人民的;所以如果一个国家的法律竟能适合于另外一个国家的话,那只是非常凑巧的事"。19 世纪的历史法学派将法律视为民族精神,具有专属性,不能加以移植。到了 20 世纪,法律移植否定论依然有其坚定的拥护者。

②法律移植肯定论者基本上可以分为持绝对论的法律移植观的学者和持相对论的法律移植观的学者,其区别在于在承认法律的可移植性的前提下对法律移植的可能的程度有不同的看法。

a. 持绝对论的法律移植观的学者以著名法律史学家阿兰·沃森为代表。沃森认为:"法律基本上是自主的而不是由社会需要形成的;虽然没有相应的社会制度就不存在法律制度,法律是从法律传统演变而来的。"

b. 持相对论的法律移植观的学者以英国著名比较法学家奥·凯恩-弗伦德为代表。弗伦德承认法律具有可移植性,但法律是受到多种因素影响的,阻碍法律移植的。因此,在进行法律移植时,不仅要了解法律原产地和移入地的法律情况,而且还要具体分析这些地方影响法律的各种社会因素,特别是政治因素。

(2)法律移植的客观必然性和必要性:

①社会发展和法律发展的不平衡性决定了法律移植的必然性。同一时期不同国家的发展是不平衡的,吸取其他文明的法制成就,有利于丰富、充实本国法治体系,使之适应社会发展的要求。

②市场经济的客观规律和根本特征决定了法律移植的必要性。当今世界,市场机制成为统合世界经济的最主要的机制。由于社会主义市场经济与资本主义市场经济有许多相同之处,中国市场经济的发展也将逐步与国际市场结合并最终实现与国际市场的一体化,因此,在建设社会主义市场经济的过程中,可以移植发达国家有关市场经济的法律原则和规

范，如有关市场主体、市场行为、市场调控等方面的规定。

③法律移植是法律方面的对外开放，这是整个社会对外开放的应有内容。对外开放反映了世界经济、政治和文化发展的客观规律。

④法律移植是法制现代化的必然需要。由于我国现在还处于并将长期处于社会主义初级阶段，在进行现代化建设的过程中必然会遇到发达国家曾经遇到过的许多问题，如环境和资源的保护问题、失业和贫困问题、知识产权保护和民事责任问题、犯罪和社会治安问题、权力制衡问题、社会保障问题等。所以在从传统社会迈向现代工商社会的进程中，移植先进国家行之有效、高技术化的法律制度和法律体系是必要的。

(3)法律移植的类型：

①相同类型国家之间法律的融合和趋同。经济、政治和文化的发展，使处于相同或基本相同阶段或水平的国家相互吸收对方的法律，以至融合和趋同。

②落后或后发展的国家移植先进或发达国家的法律。同一时期不同国家的发展不平衡，落后或后发展国家为了赶上先进或发达国家，会移植其某些法律，特别是反映市场经济规律和时代精神的法律原则和法律制度。

③不同社会制度国家之间的法律移植。无论资本主义国家还是社会主义国家，都不可能超越市场经济的发展阶段，都会遇到同样的一些问题。社会主义国家应当汲取资本主义国家发展市场经济过程中积累的成功经验，移植其先进的法律思想、法律技术和法治经验。

④区域性或世界性的法律趋同，是法律移植的最高形式。市场经济发展的客观规律要求突破一切地域限制，使国内市场成为国际市场的一部分，从而达到生产、贸易、投资、技术的国际化、一体化。这就决定了一个国家在构建自己的法律体系时，必须与国际上有关法律和国际惯例接轨，即法律国际化；同时经一些国家共同努力，会形成适用于一定区域或世界范围内的法律，即国际法和国际惯例等。

(4)法律移植过程中应注意的问题，即应遵循的原则，参见本章课后习题第3题答案。

3. 试述法律继承与法律移植的关系。[对外经贸2012年研]

相关试题：法的继承与移植。[简答题，首经贸2012年研]

答：(1)法律继承和法律移植的含义，参见本章考点难点归纳相关内容。

(2)法律继承与法律移植的关系：

①联系。二者都是法律演进的重要途径，以法律的既有存在为前提，均不涉及法律制度的创新问题。二者都属于法律的演进和发展中的量变模式，属于法律的外在输入，其着眼点在于健全或完善现行法律制度。

②区别：

a. 法律继承侧重研究新法与旧法的关系，体现了两种法律制度在时间上的先后顺序及其纵向发展脉络。而法律移植侧重研究本国法律制度与国外法律制度的关系，体现的则是两种法律制度在空间上的顺序，体现了本国法和外国法的横向比较关系及其优位选择。

b. 法律继承可以使一国现行法律制度保持与本民族法治文明的历史连续性，使新的法律制度在既往法治文明的基础上高起点进步；法律移植可以使一国法律体系在引进国外法、吸收先进法律经验和技术的基础上与世界法治同步发展。

4. 论法律继承和法律移植对于中国法治建设的意义。［吉大2015年研］

答：法律继承是指不同历史类型的法律制度之间的延续、相继、继受，一般表现为旧法律制度对新法律制度的影响和新法律制度对旧法律制度的承接和继受。法律移植是指一个国家对同时代其他国家法律制度的吸收和借鉴，使之成为本国法律体系的有机组成部分，为本国所用。

（1）法律继承对中国法治建设的意义：

①中国法治建设必然建立在社会生活的历史延续之上。法律作为上层建筑，是社会生活的反映，这是中国建设法治国家的基础。

②法律继承有利于实现中国法治建设过程中法律的相对独立性。作为社会意识或社会上层建筑的组成部分，法律的产生和发展取决于社会存在或经济基础。在这个前提下，中国的法治建设必须实现法律的相对独立性。法律继承有利于将每一历史时期的社会意识及其诸形式都同它以前的成果保持密切的关系，从而实现法治建设中法律的独立性。

③法律继承有利于在建设法治中国的同时保存人类的文明成果。法治的中国应当是人类对自身社会的性质、经济、政治、文化以及其他社会关系及其客观规律的科学认识的结晶。这些认识成果不管形成于何种社会，有何特定的时代性、阶级性和社会性，只有通过法律继承才能在建设法治中国的过程中得以体现。

（2）法律移植对中国法治建设的意义：

①法律移植是中国法治建设的必然选择。同一时期不同国家的发展不平衡，这样落后或后发达国家有必要移植先进国家的某些法律，以保障和促进社会发展。

②法律移植符合市场经济的客观规律和根本特征，可以在建设法治中国的过程中减少不同国家之间的法律抵触和法律冲突，降低法律适用上的成本，从而有利于实现中国法治的建设，创造良好的营商环境。

③法律移植有利于实现法治中国建设过程中法律方面的对外开放。

第十四章　全球化与世界法律发展

14.1　复习笔记

【知识框架(庖丁解牛)】

- 全球化与世界法律发展
  - 全球化概述：含义、理论
  - 全球化时代的法律发展趋势
    - 法律现代化
      - 法律网络的稠密化
      - 法律话语的权利化
      - 法治运行的智能化
    - 法律国际化
      - 国家法(国内法)之间的相互影响
      - 国家间法律(国际法)的形成
      - 国际法与国内法的互动
    - 法律全球化
      - 世界法律的一体化
      - 全球性共同法的形成
      - 全球性争端解决机制的出现
    - 法律区域化：含义、基本特征
    - 法律本土化
      - 本土化含义
      - 基本表现
        - 复兴传统法律文化
        - 利用本土资源
        - 外来法的本土化改造
  - 法治与全球治理
    - 推进全球治理体制变革的重要意义
    - 全球治理体制变革的目标
      - 推动国际关系民主化
      - 推动国际关系法治化
      - 推动国际关系合理化、公正化
      - 引领经济全球化
      - 构建人类命运共同体
    - 法治与中国参与构建世界新秩序

【通关提要(提纲挈领)】

本章主要介绍法治的全球化发展和全球治理体制变革。学习时，要重点掌握法律发展的五大趋势即法律的现代化、国际化、全球化、区域化和本土化，以及全球治理体制变革的具体目标。本章常以简答题形式考查五大趋势的含义和表现，或结合国内热点时政考查论述题。

【考点难点归纳（厚积薄发）】

考点一：全球化时代的法律发展趋势（见表14-1）★★★

表14-1　全球化时代的法律发展趋势

发展趋势		具体内容
法律现代化	表现	①法律成为占主导地位的社会规范，与宗教、道德等社会规范区分开。 ②法律应以成文形式事先向公众公布。 ③法律普遍适用于所有人。 ④司法权由司法机关和司法官员独立行使。 ⑤法律职业阶层形成
	趋势和特征	①法律网络密集化；②法律话语权利化；③法治运行智能化
法律国际化	含义	各国在法律上相互联系、彼此影响的程度
	表现	①初级形式：国家法（国内法）之间的相互影响→法律趋同。 ②高级形式：国家间法律（国际法）的形成→国际法律统一。 ③国际法与国内法的互动，相互影响、相互作用→国内与国际法一致
法律全球化	含义	表征全球社会法律发展的趋势和规律
	基本标志	①世界法律的一体化；②世界法律的多元化；③全球治理的法治化
法律区域化	含义	指特定地区内的若干国家为追求共同的经济、政治、军事利益而建立起或松散或紧密的区域合作机制或组织
	特征	①区域共同体法的形成；②区域共同体政治法律机构的建立
法律本土化	含义	使一个主权国家的法律制度在社会实践的具体运作中更加合乎本地方或本民族的传统生活方式、价值观念和规范制度的社会思潮和社会实践
	基本表现	①复兴传统法律文化；②利用本土资源；③外来法的本土化改造

考点二：法治与全球治理（见表14-2）★★★

表14-2　法治与全球治理

要点	具体内容
全球治理的概念	对某一全球性问题的解决通过各种政府组织、非政府组织等行为主体的共同努力，通过多种不同的方法所进行的综合治理
推进全球治理体制变革的重要意义	①推动国际格局的变化；②实现中华民族伟大复兴；③有效应对全球性挑战
全球治理体制变革的目标	①推动国际关系民主化、法治化、合理化、公正化。 ②引领经济全球化。 ③构建人类命运共同体
法治与中国参与构建世界新秩序	建设国际法治和全球法治是推进全球治理现代化和世界秩序法治化的必由之路。 ①坚决维护世界秩序。 ②积极参与国际立法、国际执法。 ③积极参加国际司法机构和司法活动。 ④统筹国内国际法治

14.2 课后习题详解

1. 如何理解全球化的时代特征?

答：全球化具有鲜明的时代特征：

(1)科学技术的发展是全球化的物质基础和推动力。特别是交通、通信技术的发展，为全球化创造了坚实的技术条件，从以下两个方面支持和推进了全球化：

①从积极的方面而言，交通、通讯和信息技术的发展，使得异地之间人们的沟通和交往变得非常方便和快捷，这使全球化成为可能。

②从消极的方面而言，科学技术的发展提高了人类对自然界平衡的破坏能力，产生了全球性的环境问题、核战争问题、恐怖主义问题等，这使全球化成为必要。

(2)全球化趋势在经济领域表现得最为突出和明显：

①全球大市场的形成及迅猛扩张，是经济全球化的一个主要标志。随着商品、资本、服务以及信息在全球范围内快速流动，世界贸易大大增长，国际投资更快于世界贸易发展增加，世界金融市场急剧膨胀并成为左右世界经济发展的重要因素。

②跨国公司作为经济发展的主导力量，近年来跨国公司的迅速崛起和发展是经济全球化的另一个重要特征。

总之，全球化是不可逆转的时代发展潮流，但在思想文化界却极富争议、分歧，催生出形形色色的“反全球化”“逆全球化”思潮。随着经济全球化和科技革命朝着深度和广度两个方向前进，我国发展将迎来十分重要的战略机遇期。十八大以后，我国形成了中国立场和中国特色鲜明的全球化理论。

2. 法律国际化与法律全球化的区别是什么?

答：法律国际化表征的是各个国家在法律上相互联系、彼此影响的程度，而法律全球化表征的是全球社会法律发展的趋势和规律。二者之间存在着以下区别：

(1)出现的时间不同：

①法律国际化出现的时间早于法律全球化。法律国际化肇始于工业革命，随着工业革命的开展，西方国家加紧了对外扩张的步伐，在客观上加强了世界各地之间联系。由于战争以及商业交流的需要，产生了相应的国际法，并且各国之间的法律也相互受到影响。

②法律全球化兴起于20世纪，随着新时代各种高新技术的发明，以及各种国家层次、跨国家层次和超国家层次的力量在世界舞台上的迅速崛起，法律全球化得以兴起。

(2)对法律制定主体的认识不同：

①法律国际化在本质上仍属于国家法律一元论，认为国家是法律的唯一制定者。就国内法层面而言，各国立法机关制定相应的法律并确保其在本国领土范围内能够得到遵守；就国际法层面而言，由各国共同制定相应的国际条约或者认可相应的国际惯例，并且由制定国确保遵守。

②法律全球化主张非国家法律一元论，认为对世界拥有治理权的不限于民族国家，还包括各种次国家层次、跨国家层次和超国家层次的力量，如民间组织与跨国公司等。

(3)对法律未来将趋同还是多元的认识不同：

①法律国际化认为未来的法律将逐步趋同。就国家法层次而言，各国法之间的相互作用和影响，实际上主要表现为各国法的相互协调、借鉴和移植，最后表现为法律趋同；就国际法层面而言，随着国际交流和合作不断密切与加强，国际法的形成和发展最后表现为国际社会法律的统一。

②法律全球化认为世界法律开始走向多元化和多样化，且随着政府间国际组织、超国家组织和非政府间国际组织的逐步壮大，会对国家的权威构成强有力的挑战，进而使得法律逐步走向多元化。

(4)内容与表现不同：

①法律国际化的初级形式是国家法(国内法)之间的相互作用和影响，实际上主要表现为各国法的相互协调、借鉴和移植，最后表现为法律趋同。其高级形式是国家间法律(国际法)的形成。国际法与国内法在并存过程中相互影响、作用。国际法的国内化使各国的国内法逐渐走向趋同；国内法的国际化扩大了某些国家国内法的国际影响力，并开始影响其他国家的国内法制定。

②法律全球化，其基本标志和内容包括：a. 世界法律的一体化；b. 全球性共同法的形成；c. 全球性争端解决机制的出现。

3. 法律区域化呈现出哪些特征？

答：法律的区域化是经济、政治和军事区域化的过程中不可或缺的要素，对区域化进程的推进起着引导和保障作用。法律区域化的程度往往取决于区域一体化的程度。以欧盟为例，法律区域化至少应当包括两方面的内容和特征：

(1)区域共同体法的形成。法律区域化的基本标志是一个不同于各成员国法的区域共同体法的形成。经过数十年的发展，欧盟已经形成了一个相当复杂和独特的法律体系。欧盟法的主体部分和主要渊源是各成员国通过多边谈判、协商而签订的各项基础条约。区域共同体法的产生不可避免地带来了一个问题，即区域共同体法与成员国法的关系问题。欧盟在这个问题上的基本原则是，欧盟法在各成员国具有直接效力，并且优先于成员国法。

(2)区域共同体政治法律机构的建立。为了制定和适用区域共同体法，处理区域共同体层面上的法律事务，区域共同体必然要建立独立的政治法律机构。欧盟主要的政治法律机构包括欧盟理事会、欧洲委员会、欧洲议会、欧洲法院。这些政治法律机构对于推动欧盟法的不断发展和欧洲的一体化进程，发挥了至关重要的作用。

4. 全球治理体制变革的主要目标有哪些？

答：推动国际关系民主化、法治化、合理化、公正化，引领经济全球化，构建人类命运共同体，是全球治理体制变革和建设的主要目标。具体如下：

(1)推动国际关系民主化。处理国际关系问题，应当普遍遵守国际法和公认的国际关系基本原则，体现各国人民的利益关切和根本诉求。国际关系民主化旨在维护公平正义的国际秩序，要求国家不分大小、强弱、贫富一律平等、相互尊重。对内，各国有自主选择发展道路和社会制度的权利，任何国家无权干涉别国内政；对外，各国享有平等且充分参与国际事务的权利，反对任何形式的霸权主义和强权政治。

(2)推动国际关系法治化。国际法和国际关系准则是维护国际秩序与世界和平发展的重要基石。法治是当今时代的主流趋势，世界各国应共同维护以联合国为核心的国际体系和以国际法为基础的国际秩序。大国更应该带头做国际法治的倡导者和维护者，遵信守诺，不搞例外主义，不搞双重标准，不能歪曲国际法，以法治之名侵害他国正当权益、破坏国际和平稳定。

(3)推动国际关系合理化、公正化。全球治理体系变革的目的，是让全球治理朝着更加平衡地反映大多数国家特别是新兴市场国家与发展中国家意愿和利益的方向发展，从而更好反映国际格局的变化。推动全球治理体系变革是国际社会共同的事，应坚持共商共建共享原则。公平正义是人类社会的永恒追求，国际关系民主化是大势所趋。

(4)引领经济全球化。促进经济全球化有利于世界朝着更加开放、包容、普惠、平衡、共赢的方向发展。推动经济全球化发展需要遵守以下几项原则：①平等协商、和平发展。在经济全球化过程中，各国交往都必须平等相待。②包容互鉴。全球化是个互相交流的过程，各国都有自己的长处，能互相包容，就可相互学习，互相借鉴。③制定公平合理的交易原则。要尊重各国国家主权，充分考虑各国不同的国情和经济技术水平。④合作共赢精神。经济全球化是世界人民借助高新技术发展搭建的相互交流、相互学习、相互促进的国际平台。

(5)构建人类命运共同体。构建人类命运共同体，需要有与其内涵意旨相符合、反映当今时代特色、体系结构合理和谐的调整国际社会关系的法律规则，即良法。国际法治的良法应实现文化精髓与价值蕴含相统一、长远目的性与近期现实性有机结合。良法与善治不可割裂，无良法难以善治，无善治空谈良法。推进人类命运共同体的构建，国际法治应从以下三方面着手：

①促进国际法治与国内法治良性互动。国际法治的实现不仅涉及国际层面，也涉及国内层面以及国际法治与国内法治之间的互动。

②协调已有制度与新设制度。在构建人类命运共同体、推动全球治理体系改革过程中，仍需旧有争端解决机制继续发挥作用，但在一些新领域，如互联网与人工智能领域，需要新设争端解决机制并获得较为广泛的国际认可。

③充分重视本国法治建设经验与他国优秀法治内涵。借鉴曾经或现存的全球治理机制能够为构建人类命运共同体提供经验或教训。

5．如何理解法治在构建人类命运共同体中的作用？

答：构建人类命运共同体，是推进全球治理格局、治理体制、治理规则变革的重要抓手和实践路径，也是全球治理体制变革和建设的目标。法治是文明社会的基本共识和人类的普遍追求，是时代的主旋律。构建人类命运共同体离不开法治建设，法治是兼具“权利”和“权力”双重属性的一个特定概念，它的内涵是法律至上、依法进行和以法律为准绳。法治在构建人类命运共同体中的作用包括：

(1)将国际关系各领域事务和问题法律化，国际社会将从强权政治的时代步入多元共存的新时代。国际法治与国内法治在法治的理念、价值和核心要素上是一致的，但在形态与模式上存在差异，它们之间相互影响、相互渗透、相互促进、相互贯通，持续而广泛地进行互动，借助国际治理深化国内治理，并依托国家治理推进全球治理。

(2)推进全球治理体制的法治化变革，引领经济全球化。经济全球化是指生产要素在全球范围内自由流动和合理配置，经济资源在全球范围内自由、全面、大量地流动。近年来经济全球化发展出现一些阻碍，原有世界经济秩序的缺陷日益暴露，重构国际经济法律制度与规则体系是当前世界经济发展的重要趋势。中国等新兴市场经济国家和广大发展中国家应积极推动和参与新型法律制度的建构，以达到对旧有国际秩序的纠偏补缺。除了贸易规则的创新外，还包括投资规则、金融战略、能源合作、交通运输与海外利益保护等制度的多维度解构与重构。

(3)国际法治化是人类命运共同体建成的法治保障。国际法具有把不同国家之间的矛盾冲突乃至从局部战争中引向缓和的导向功能；把不平等国家之间的关系从弱肉强食引向求同存异的协调功能；有引导国际行为主体行为规范化的功能。通过将国际关系各领域事务和问题法律化，有利于构建不冲突、不对抗、相互尊重、合作共赢的新型国际关系，创造一个奉行法治、公平正义的未来，有利于促进世界经济政治平衡、使全球治理更加有效、国际关系更加民主公正。

14.3 考研真题与典型题详解

一、单项选择题

关于法的现代化，下列哪一说法是正确的？(　　)[2017 年法考真题]

A. 内发型法的现代化具有依附性，带有明显的工具色彩

B. 外源型法的现代化是在西方文明的特定历史背景中孕育、发展起来的

C. 外源型法的现代化具有被动性，外来因素是最初的推动力

D. 中国法的现代化的启动形式是司法主导型

【解析】根据法的现代化的动力来源，法的现代化过程大体上可以分为内发型法的现代化和外源型法的现代化。A 项，外源型法的现代化具有依附性。这种情况下展开的法的现代化进程，带有明显的工具色彩，一般被要求服务于政治、经济变革。B 项，内发型法的现代化是指由特定社会自身力量产生的法的内部创新，这种类型的法的现代化是在西方文明的特定社会历史背景中孕育、发展起来的。C 项，外源型法的现代化具有被动性、依附性和反复性，一般表现为在外部因素的压力下(或由于外来干涉，或由于殖民统治，或由于经济上的依附关系)，本民族的有识之士希望通过变法以图民族强盛。D 项，中国法的现代化的启动形式是立法主导型。

二、多项选择题

关于法律发展、法律传统、法律现代化，下列哪些选项可以成立？(　　)[2007 年法考真题]

A. 中国法律的现代化的启动形式是立法主导型

B. 进入 20 世纪以后，各国、各民族法律的特殊性逐渐受到普遍关注，民族历史传统可能构成现实法律制度的组成部分

C. 在当今经济全球化的背景下，对各国法律进行法系划分已失去了意义

C ▎ ABD

D. 法的继承体现时间上的先后关系，法的移植反映一个国家对同时代其他国家法律制度的吸收和借鉴

【解析】A项，中国法律的现代化是立法主导型，即通过大规模的、有明确针对性的立法，自上而下地建立全新的法律体制。B项，进入20世纪后，各国、各民族法的特殊性逐渐受到普遍关注。传统之于法，不仅具有经验意义上的历史价值，而且也可能构成现实法律制度的组成部分。C项，法系划分的理论依据主要是法的传统。当今法系间差异逐渐缩小但不会消失，某些历史上形成的不同传统还将长期存在，因此对各国法律进行法系划分仍有意义。D项，法的继承是不同历史类型的法律制度之间的延续和继受，一般表现为旧法对新法的影响和新法对旧法的承接和继受。法的移植是指在鉴别、认同、调适、整合的基础上，引进、吸收、采纳、摄取、同化外国法，使之成为本国法律体系的有机组成部分，为本国所用。法的继承体现时间上的先后关系，法的移植则反映一个国家对同时代其他国家法律制度的吸收和借鉴。

三、不定项选择题

关于法的发展、法的传统与法的现代化，下列说法正确的是（　　）。[2014年法考真题]

A. 中国的法的现代化是自发的、自下而上的、渐进变革的过程

B. 法律意识是一国法律传统中相对比较稳定的部分

C. 外源型法的现代化进程带有明显的工具色彩，一般被要求服务于政治、经济变革

D. 清末修律标志着中国法的现代化在制度层面上的正式启动

【解析】A项，中国的法的现代化属于外源型法的现代化，而不是自发的、自下而上的、缓慢的、渐进变革的内生型法的现代化。B项，法的传统是指世代相传、辗转相承的有关法的观念、制度的总和。法律意识是指人们关于法律现象的思想、观念、知识和心理的总称，是社会意识的一种特殊形态。一个国家的法律制度可以经常随着国家制度和政权结构的变化而变化，但人们的法律意识相对比较稳定，具有一定的连续性，因此法律意识可以使一个国家的法律传统得以延续。C项，外源型法的现代化是指在外部环境影响下，社会受外力冲击，引起思想、政治、经济领域的变革，最终导致法律文化领域的革新。其具有被动性和依附性，带有明显的工具色彩，一般被要求服务于政治、经济变革。D项，清末修律为中国法律的现代化奠定了初步基础，参照西方资产阶级法律体系和司法体制，为其后法律制度的形成与发展提供了条件。

四、概念题

法律全球化与法律现代化［武大2014年研］

答：(1)法律全球化是指法律跨越国家的疆界，在世界范围传播、流动。具体而言，是指法律的各种要素如法律原则、法律理念、法律价值观、法律制度、执法标准与原则等在全球范围内的趋同，并在全球范围形成一个法治的标准或模范。法律全球化是全球化的重要组成部分，与科技和经济的全球化密不可分。法律全球化的趋势主要表现为：①法律的“非国家化”；②“标本化”或“标准化”；③“趋同化”和“世界化”。

BCD

(2)法律现代化突出表现在法律从宗教、道德、习惯等其他社会规范中分开来并成为占主导地位的社会规范。法律以成文的形式事先公布，以便公众知晓。法律普遍适用于所有人，政府和公民都必须站在法律之下思考和行动。司法权分离，由司法机关和司法官员独立行使。法律由受过专门教育并取得职业资格的人员制定和实施，法律职业阶层形成。

(3)法律全球化的过程会促进法律现代化的实现。

五、简答题

法律全球化的表现形式主要有哪些？［武大 2011 年研］

相关试题：

(1)法律的全球化特征。［社科院 2010 年研］

(2)法的本质的含义是怎样的？谈谈你对“法律全球化”主张的理解。［论述题，中山大学 2009 年研］

(3)评述法律全球化的内容。［论述题，南京大学 2007 年研］

答：法律全球化表征的是全球社会法律发展的趋势和规律。概括来说，法律全球化的基本标志和内容有三项：

(1)世界法律的一体化。在法律方面，全球化使得全球范围内存在的各种形式的法比以往任何时候都更为紧密地联系在一起，成为一体，主要有国内法的国际化、国际法的国内化两种表现形式。国内法的国际化表现为在一国或一个地区范围内通行的法律制度由于某种原因而在更广泛的领域，在全球流行；国际法的国内化是指国际组织的条约、规章为一国所接受，转变为对其具有法律拘束力的规则。

(2)全球性共同法的形成。全球性共同法是指被世界上各个国家、地区、组织普遍公认和遵守的规则。法律全球化必然推动国际社会产生越来越多的“全球性法律”“世界性法律”，如《联合国宪章》确立了当代国际关系的基本准则。在当今世界的很多领域，都已出现了具有全球性共同法性质的条约、惯例、规则、原则。如 1992 年制定的《联合国气候变化框架公约》确立了“共同但有区别的责任”的法律原则。

(3)全球性争端解决机制的出现。“二战”以来，世界各国人民认识到战争的残酷，越来越希望用和平公正的法律手段解决各国之间的矛盾冲突，越来越多的全球性争端解决机构出现。其中具有代表性的机构有国际法院、国际刑事法院、世界贸易组织争端解决机构(DSB)等。与国内的司法机构相比，这类国际争端解决机构处理的案件数量有限，裁决的强制执行力也有限，例如：国际法院没有刑事管辖权，因此无法审判个人；个人刑事审判通常由国内管辖或联合国特设刑事法庭或国际刑事法院管辖。

第四编　法的运行

第十五章　法的制定

15.1　复习笔记

【知识框架(庖丁解牛)】

- 法的制定
  - 立法概述
    - 立法的概念
    - 立法的特征
      - 由特定主体进行
      - 依一定职权进行
      - 依一定程序进行
      - 运用一定技术进行
      - 制定、认可和变动法
    - 立法体制
      - 立法体制的含义
      - 我国实行“一元多级”的立法体制
    - 立法原则
      - 立法原则的含义
      - 立法原则的发展
  - 依法立法
    - 意义
    - 基本内涵
    - 基本要求
      - 依宪立法
      - 依据法律体系立法
      - 依权限、守程序立法
  - 科学立法
    - 意义
    - 基本内涵和要求
      - 从实际出发，尊重客观规律
      - 科学合理规定权利与义务、职权与职责
  - 民主立法
    - 意义
    - 基本内涵和要求
      - 通过人民代表大会制度民主立法
      - 充分发挥人大代表的主体性作用
      - 完善社会公众民主参与立法
  - 比较立法：对比借鉴、求同存异

【通关提要(提纲挈领)】

本章主要介绍立法，主要涉及立法概念、立法体制和立法原则等知识点。学习时，要重点掌握立法的特征、我国的立法体制以及我国的四大立法原则。其中，依法立法、科学立法和民主立法三个立法原则是重要考点，要掌握其基本内涵和要求。本章主要考查简答题和论述题，应在理解的基础上熟练背诵，同时注意积累常用关键词及表述方法，形成自己的答题模板。

【考点难点归纳(厚积薄发)】

考点一：立法概述(见表 15-1) ★★★

表 15-1 立法概述

概念	具体内容		
立法概念	狭义		仅指享有国家立法权的特定国家机关的立法活动，即国家的最高权力机关及其常设机关依照法定权限和程序制定、修改、废止法律的专门活动
	广义		泛指一切有权的国家机关依法制定、认可、修改和废止不同效力等级的法律法规的活动
立法特征	国家性		以享有国家立法权为前提，由特定国家机关以国家名义进行
	法定性		由国家机关依照法定职权进行
	程序性		依照法定程序进行
	技术性		专业性高、技术性强，需要特殊手段、方法和技巧
	专门性		是立法机关制定、修改、废止及认可法的活动
立法体制	定义		指关于一国立法机关设置及其立法权限划分的体系和制度。其核心内容是立法权限的划分
	我国立法体制	一元	指我国的立法体制是一体化、统一的
		两级	分为中央立法和地方立法两个立法权等级
		多层次	指中央和地方两级立法权又可分成若干层次和类别
		多分支	指除权力机关的立法外，行政机关、特别行政区、经济特区等也有权在权限范围内进行立法
立法原则	指由一定社会法的本质所决定的、指导立法主体进行立法活动的基本准则，是有关法的制定过程中应遵循的基本指导思想和方针，主要包括依法立法、科学立法、民主立法、比较立法原则		

【真题链接】

(1)简述立法的特征。[宁夏大学 2018 年研；扬州大学 2017 年研]

(2)简述立法的含义及其特征。[广财 2018 年研]

(3)论述我国现行立法权限划分体制。[论述题，河北大学 2018 年研]

考点二：立法原则(见表 15-2) ★★★★

表 15-2 立法原则

原则	具体内容	
依法立法原则	含义	立法遵循宪法；依法立法；立法维护法制统一
	基本要求	《立法法》第 4 条规定，立法应当依照法定的权限和程序，从国家整体利益出发，维护社会主义法制的统一和尊严
科学立法原则	含义	立法从实际出发；科学合理地规定权利与义务、权力与责任；法律规范明确、具体，具有针对性和可执行性
	核心	尊重和体现客观规律，同时坚持问题导向，增强法律的可执行性和可操作性
民主立法原则	含义	立法体现人民意志，坚持立法公开，保障公众参与立法
	核心	一切为了人民、一切依靠人民
	内容	①立法内容的民主。体现人民意志，坚持人民主体原则，以人民为中心。 ②立法过程和立法程序的民主。立法主体的组成和活动要民主；立法过程要公开
比较立法原则	含义	指通过对不同国家或地区法律制度的横向比较研究，以借鉴、吸收其有益的经验教训推动自身立法工作
	要求	①要根据时代要求，以改革的精神加快立法步伐，落实立法规划，提高立法质量。 ②对符合我国国情且经过实践考验的法律规定，可直接移植

【真题链接】

(1)简述当代中国立法的基本原则(结合《立法法》的规定)。[简答题，北航 2018 年研]

(2)简述中国立法的基本原则。[河南师大 2018 年研]

15.2 课后习题详解

1. 如何理解立法的特征及其法治意义？

答：(1)立法的特征，参见本章考研真题简答题第 1 题答案。

(2)立法的法治意义。“法律是治国之重器，良法是善治之前提。”法的制定，即立法，是实现良法善治的基础。加快建设社会主义法治国家，建设中国特色社会主义法治体系，必须坚持立法先行。探讨立法问题能够为形成完备的法律体系和良善的法治秩序提供思想基础和理论支撑。

2. 如何理解依法立法原则？

答：参见本章考研真题简答题第 3 题答案。

3. 民主立法原则的核心要义是什么？

答：参见本章考研真题简答题第 3 题答案。

4. 为什么要实行比较立法？

答：(1)比较立法是指立法应横向对比和参照不同社会制度或法律体系中相关法律制度的异同，理解和借鉴其他国家和地区的立法经验和法律制度，以推动自身立法工作和法治建设。

(2)比较立法的前提是人类法制文明的多元性，基础是人类法制文明的共存性。同时，人类法制文明的共通性为比较立法提供了可能。

(3)实行比较立法能知己知彼、取长补短、求同存异、和谐会通，在经济全球化和全面依法治国的今天，对我国立法有重大的现实意义和时代内涵。

5. 马克思说："立法者应该把自己看作一个自然科学家。他不是在创造法律，不是在发明法律，而仅仅是在表述法律。"请结合本章内容阐述其中的法理。

答：马克思这句话体现了科学立法的基本原则，参见本章考研真题简答题第3题答案。

15.3　考研真题与典型题详解

一、单项选择题

1. 卡尔·马克思说："在民主的国家里，法律就是国王；在专制的国家里，国王就是法律。"关于马克思这段话的理解，下列哪一选项是错误的？(　　)［2012年法考真题］

A. 从性质上看，有民主的法律，也有专制的法律

B. 在实行民主的国家，君主或者国王不可以参与立法

C. 在实行专制的国家，国王的意志可以上升为法律

D. 实行民主的国家，也是实行法律至上原则的国家

【解析】马克思的这句话揭示了，不仅有民主的法律，而且有专制的法律；同时，这句话并未否定在民主国家君主或者国王参与立法的权利。立法程序大体包括法律议案的提出、审议、表决通过和公布等程序。法律是民主制度发展的产物，而民主就意味着广泛的参与。即在实行民主的国家，君主或者国王也可以参与立法，比如公布法律。

2. 某市政府为缓解拥堵，经充分征求广大市民意见，做出车辆限号行驶的规定。但同时明确，接送高考考生、急病送医等特殊情况未按号行驶的，可不予处罚。关于该免责规定体现的立法基本原则，下列哪一选项是不准确的？(　　)［2011年法考真题］

A. 实事求是，从实际出发　　B. 民主立法

C. 注重效率　　D. 原则性与灵活性相结合

【解析】A项，该市政府规定这一规章是实事求是，从实际出发，考虑了该市的具体情况，根据客观需要反映客观规律的要求。B项，该市政府在该规定的制定过程中"经充分征求广大市民意见"，这体现了民主立法原则，反映出保障人民通过各种途径参与立法活动、表达自己意见的状况。C项，在立法原则中没有"注重效率"这一原则，而且该免责规定体现的立法原则也与效率无关。D项，该市政府的这一规定指出"接送高考考生、急病送医等特殊情况未按号行驶的，可不予处罚"，这体现了原则性与灵活性相结合的原则，即恰当处理各种关系，注意各方面利益的平衡。

3. 全面推进依法治国，要求深入推进科学立法和民主立法。下列哪一种做法不符合科学立法、民主立法原则的做法？(　　)［2018年法考真题］

1B　2C　3D

A. 加强人大对立法工作的组织协调，健全立法起草、论证、协调、审议机制

B. 探索委托第三方起草法律法规草案

C. 探索建立有关国家机关、社会团体、专家学者等对立法中涉及的重大利益调整论证咨询机制

D. 完善法律草案表决程序，对重要条款应当单独表决

【解析】D 项，完善法律草案表决程序，对重要条款可以单独表决而非应当单独表决。

二、多项选择题

1. 建设中国特色社会主义法治体系，必须坚持立法先行，发挥立法的引领和推动作用。关于完善立法体制，下列说法正确的有(　　)。[2018 年法考真题]

A. 完善立法体制，需加强党对立法工作的领导，完善党对立法工作中重大问题决策的程序

B. 完善立法体制，需要加强法律解释工作，及时明确法律规定含义和适用法律依据

C. 完善立法体制，需要明确地方立法权限和范围，依法赋予设区的市地方立法权

D. 完善立法体制，需要加强政府立法制度建设，完善行政法规、规章制定程序，完善公众参与政府立法机制

【解析】建设中国特色社会主义法治体系，必须坚持立法先行，发挥立法的引领和推动作用，首先要加强党对立法工作的领导，完善党对立法工作中重大问题决策的程序。凡是立法涉及重大体制和重大政策调整的，必须报党中央讨论决定。加强和改进政府立法制度建设，完善行政法规、规章制定程序，完善公众参与政府立法机制，加强法律解释工作，及时明确法律规定含义和适用法律依据。明确地方立法权限和范围，依法赋予设区的市地方立法权。

2. 2007 年，某国政府批准在实验室培育人兽混合胚胎，以用于攻克帕金森病等疑难疾病的医学研究。该决定引发了社会各界的广泛关注和激烈争议。对此，下列哪些评论是正确的？(　　)[2009 年法考真题]

A. 目前人兽混合胚胎研究在法律上尚未有规定，这是成文法律局限性的具体体现

B. 人兽混合胚胎研究有可能引发严重的社会问题，因此需要及时立法给予规范和调整

C. 如因该研究成果发生了民事纠纷而法律对此没有规定，则法院可以依据道德、习惯或正义标准等非正式法律渊源进行审理

D. 如该国立法机关为此制定法律，则制定出的法律必然是该国全体公民意志的体现

【解析】D 项，立法是将一定阶级的意志上升为国家意志的活动，立法应当遵循民主立法、科学立法原则，做到立法的规范化、科学化，减少或避免立法的主观随意性。立法应当体现广大民众的意志和要求，确认和保障国民的利益，但是制定出的法律并不必然是该国全体公民意志的体现。

三、概念题

1. 立法[中财 2018 年研；公大 2010 年研；武汉理工 2007 年研]

1ABCD　2ABC

答： 立法又称法的制定，是指有关国家机关制定、修改、废止规范性法律文件的活动。立法有广义、狭义两种理解。广义的立法概念，泛指一切有权的国家机关依法制定、认可、修改和废止不同效力等级的法律、法规的活动，它既包括国家最高权力机关及其常设机关制定宪法和法律的活动，也包括有权的地方权力机关制定地方性法规的活动，还包括国务院、国务院各部委等机构和有权的地方行政机关制定行政法规和规章的活动。狭义的立法是国家立法权意义上的概念，仅指我国立法机关实施的立法活动，即全国人民代表大会及其常务委员会依法创制、修改和废止规范性法律文件的活动。

2. 立法体制与司法体制［中南财大 2006 年研］

相关试题：立法体制［华侨大学 2018 年研；华南理工 2015 年研；上海交大 2015 年研；中山大学 2014 年研，南航 2014 年研；浙江财大 2014 年研；南京大学 2011 年研；武大 2007 年研］

答：（1）立法体制，参见本章考研真题简答题第 2 题答案。

（2）司法体制又称司法体系，是指司法机关及其他的司法性组织的性质、任务、组织体系、组织与活动的原则以及工作制度等方面规范的总称。不同的国家和不同的政治体制，有不同的司法体系。在西方实行“三权分立”制度的国家，司法体系一般是指法院体系，所谓司法机关，也就是指法院。至于检察机关，则隶属于行政机关。在大陆法系国家，检察机关往往附设于法院，国家不单独设立检察机关；在英美法系国家，检察机关通常由国家单独设立，独立于法院系统。

四、简答题

1. 简述立法的特征。［宁夏大学 2018 年研；扬州大学 2017 年研；首经贸 2014 年研］

相关试题：

（1）简述立法的含义及其特征。［广财 2018 年研］

（2）简述立法的概念和特征。［山东大学 2014 年研；北大 2012 年研］

答： 立法有狭义和广义两种含义，狭义的立法是指国家的最高权力机关及其常设机关依照法定的职权和程序，制定法律的活动；广义的立法是指一切国家机关依照法定的职权和程序制定、修改和废止各种规范性法律文件的活动。我国《立法法》第 2 条规定：“法律、行政法规、地方性法规、自治条例和单行条例的制定、修改和废止，适用本法。”这一规定表明，《立法法》是在广义上使用“立法”概念的。

纵观古今中外的立法活动，立法的特征主要体现在以下五个方面：

（1）立法是由特定主体进行的活动。立法是以国家的名义进行的活动，只有特定的机关才能立法。立法的主体是法定的国家机关。

（2）立法是依据法定职权进行的活动。立法是国家机关的法定职权活动，是宪法和法律规定的专门国家机关的职权活动。具有立法权的国家机关要在法律规定的立法权限内立法，或被合法授权的机关在授权范围内立法。

（3）立法是依据法定程序进行的活动。立法是依照法定程序所进行的活动，它必须按照宪法和法律规定的程序进行。有权的国家机关必须严格按照法定的程序和步骤进行立法。

（4）立法是运用一定技术进行的活动。立法是一项专业性强、技术要求高的活动，它需要特殊手段、方法和技巧。立法者立法技术的高低直接决定着立法的质量。

(5)立法是制定、认可和变动法的活动。立法的目的在于产生具有普遍约束力的一般规范。立法是直接产生法和变动法的活动，是一项系统工程。

2. 我国现行的立法体制是怎样的？［南航 2018 年研］

相关试题：

(1)简述我国现行的立法体制。［杭师大 2018 年研］

(2)论述我国现行立法权限划分体制。［论述题，河北大学 2018 年研］

(3)简述中国现行立法体制的特色和其立法权限划分的特征。［首经贸 2017 年研］

(4)简述当今世界立法体制及中国立法体制的特色。［首经贸 2015 年研］

(5)我国现行的立法体制是单一的立法体制。［辨析题，首师大 2015 年研］

(6)简述我国现行立法权限划分体制。［首师大 2013 年研］

答：(1)立法体制主要是指对立法权限进行划分的制度，涉及哪些国家机关，具有什么性质、多大范围的立法权限，以及享有不同性质、不同范围的立法权限的各国家机关之间是一种什么样的关系。立法体制包括立法权限的划分、立法机关的设置和立法权的行使等各方面的制度，其核心内容是立法权限的划分。立法权限划分体现在两个方面：①中央与地方之间立法权限的划分；②中央各国家机关之间立法权限的划分。划分立法权限的原则，一般都是由宪法规定的。

(2)中国现行的立法体制：

我国实行的是“一元二级多层次多分支”的立法体制。“一元”是指我国立法是在统一宪法下、统一由最高权力机关规范的活动，是一个统一的体系。全国只有这样一个立法核心，没有别的核心。“二级”是指根据宪法规定，我国立法分为中央和地方两部分，它们之间存在等级关系，地方立法从属于中央立法。“多层次”是指无论中央立法还是地方立法中又都存在不同层级的立法。“多分支”是指除权力机关的立法之外，行政机关、特别行政区、经济特区等也有权在权限范围内进行立法。

根据宪法、立法法以及相关法律的有关规定，我国国家机关的立法权限划分如下：全国人民代表大会及其常委会行使国家立法权，制定法律；国务院根据宪法和法律制定行政法规；国家监察委员会根据宪法和法律制定监察法规；国务院下属的部委根据法律和行政法规，制定部门规章；省、自治区、直辖市的人民代表大会及其常委会在不同宪法、法律、行政法规相抵触的前提下，可以制定地方性法规；民族自治地方的人民代表大会有权依照当地民族地区的政治、经济和文化的特点，制定自治条例和单行条例；设区的市和自治州的人民代表大会及其常务委员会根据本市(州)的具体情况和实际需要，在不同宪法、法律、行政法规和本省、自治区的地方性法规相抵触的前提下，可以制定地方性法规；省、自治区、直辖市人民政府及设区的市和自治州的人民政府，可以根据法律和国务院的行政法规，制定地方政府规章。此外，按照“一国两制”的原则，特别行政区实行的制度(包括立法制度)，由全国人民代表大会以法律规定。

(3)中国现行立法体制的特点。从我国国家机关立法权限划分可以看出，中国现行的立法体制是中央统一领导和一定程度分权的、多级并存和多类结合的立法体制。

①中央统一领导和一定程度分权，首先是指最重要的国家立法权属于中央，只能由全

国人大及其常委会行使，并在整个立法体制中处于领导地位。其次是指国家的整个立法权，由中央和地方多方面的主体行使。这种相当程度的分权，通过多级并存、多类结合两个特征进一步表现出来。

②多级并存，即全国人大及其常委会制定国家法律，国务院及其所属部委分别制定行政法规和部门规章，地方权力机关及其人民政府制定地方性法规和地方政府规章。这些不同主体制定的规范性法律文件之间存在效力上的高低之分，低层次的规范性法律文件不得同高层次的规范性法律文件相抵触。

③多类结合，是指我国的多个国家机关都享有相应的立法权，这些不同的享有立法权的主体所制定出来的规范性法律文件种类不同，有法律、行政法规、地方性法规、自治条例等多个种类，这些多种类的规范性法律文件结合起来，共同构成我国的规范性法律文件体系。

3. 简述当代中国立法的基本原则（结合《立法法》的规定）。［北航 2018 年研］

相关试题：

（1）论述我国立法的原则。［论述题，中南财大 2025 年研］

（2）立法的基本原则。［论述题，西南政法 2022 年研］

（3）简述中国立法的基本原则。［河南师大 2018 年研］

（4）简述民主立法原则的主要内容。［中财 2016 年研］

（5）简述当代中国的立法原则。［清华大学 2016 年研］

（6）当代中国立法的基本原则有哪些？［浙江财大 2015 年研］

（7）简述立法的基本原则。［北航 2014 年研］

（8）简述法的制定的基本原则。［中山大学 2012 年研］

答：立法原则是由一定社会法的本质所决定的、指导立法主体进行立法活动的基本准则，是有关法的制定过程中应当遵循的基本指导思想和方针。我国《立法法》规定的立法原则为：①立法应当遵循宪法的基本原则；②立法应当依照法定的权限和程序；③立法应当体现人民的意志；④立法应当从实际出发，科学合理地规定权利与义务、权力与责任。当代我国立法的基本原则具体包括：

（1）依法立法原则：

《立法法》第 5 条规定，立法应当符合宪法的规定、原则和精神，依照法定的权限和程序，从国家整体利益出发，维护社会主义法制的统一、尊严、权威。依法立法原则要求一切立法活动都必须以宪法为依据，遵循宪法的基本原则，符合宪法的精神；立法活动都要有法律依据，立法主体、立法权限、立法内容、立法程序都应符合法律的规定，立法机关必须严格按照法律规范的要求行使职权，履行职责；立法应当从国家整体利益出发，维护社会主义法制的统一和尊严。依法立法体现了立法过程中的法治原则，要求立法必须严格依照立法权限、立法程序，受到立法监督，维护宪法秩序和法治统一。

（2）科学立法原则：

科学立法应当从实际出发，尊重客观事实，使法律准确适应社会生活的需要，公正合理地协调利益关系，脱离现实的立法在社会生活中缺乏生命力；同时，要坚持问题导向，要基于当前中国的基本国情切实提高法律的针对性、及时性、系统性、协调性，增强法律的可执行性，使每一部法律法规都切实管用，为社会提供良好的法治环境。

立法应当尊重社会的客观实际状况，根据客观需要，反映客观规律的要求，要以理性的态度对待立法工作，注意总结立法现象背后的普遍联系，揭示立法的内在规律，避免主观武断、感性用事。在我国，科学立法原则要求健全立法起草、论证、协调和审议机制，健全向下级人大征询立法意见机制，建立基层立法联系点制度，推进立法精细化，完善立法项目征集和论证制度，健全立法机关主导、社会各方有序参与立法的途径和方式。

①立法活动应坚持从实际出发，尊重客观规律，维护和保障立法的科学性。从实际出发首先要求立法要从现实的国情出发，适应经济社会发展和全面深化改革的要求；其次要求立法要尊重和反映客观规律。

②立法活动应该科学、合理地规定公民、法人和其他组织的权利和义务以及国家机关的权力与责任，这就要求在立法工作中首先要坚持权利本位，把保障权利作为权利义务设定的出发点；其次要考虑权利义务的平衡；此外，还应该要考虑弱势群体的实际承受能力。

③立法的科学性原则还要求法律制定过程中要注意法律规范的明确、具体，具有针对性与可执行性。这就要求立法不仅在语言上要具有明确性，平实严谨，而且要在内容上具有针对性和可执行性。

(3)民主立法原则：

民主立法的核心在于一切为了人民、一切依靠人民。立法要坚持人民主体原则，以人民为中心，完善立法工作机制，通过座谈、听证、评估、公布法律草案等拓宽公民有序参与立法途径，健全法律法规规章草案公开征求意见和公众意见采纳情况反馈机制，广泛凝聚社会共识。健全立法机关和社会公众沟通机制，开展立法协商。探索建立有关国家机关、社会团体、专家学者等对立法中涉及的重大利益调整论证咨询机制。发挥立法凝聚共识、统一意志、引领公众、推动发展的作用。要努力使每一项立法都符合宪法精神、反映人民意志、得到人民拥护。

立法应当体现广大人民的意志和要求，确认和保障人民的利益；应当通过法律规定，保障人民通过各种途径参与立法活动，表达自己的意见；立法过程和立法程序应坚持立法公开，立法过程中要坚持群众路线。在我国，民主立法原则要求：一方面，健全人大代表在法律法规规章起草与修改等立法活动中发挥作用的制度与机制。另一方面，健全立法机关与社会公众沟通机制，开展立法协商，充分发挥政协委员、民主党派、工商联、无党派人士、人民团体、社会组织在立法协商中的作用；拓宽公民有序参与立法途径，健全法律法规规章草案公开征求意见和公众意见采纳情况反馈机制。

(4)比较立法原则，参见本章课后习题第4题答案。

五、论述题

1. 论述如何提高立法的质量。［中财2018年研］

相关试题：

(1)《中国共产党第十八届中央委员会第四次全体会议公报》中指出，“建设中国特色社会主义法治体系，必须坚持立法先行，发挥立法的引领和推动作用，抓住提高立法质量这个关键”。那么，为了提高立法质量，立法应该坚持哪些基本原则？［山东师大2017年研］

(2) 论立法的基本原则。[西南政法 2022 年研]

答：要提高立法质量，重在贯彻立法原则。当代中国立法的基本原则具体包括依法立法原则、科学立法原则、民主立法原则和比较立法原则，参见本章考研真题简答题第 3 题答案。

2. 论我国立法的民主原则与科学原则的相互关系。[人大 2011 年研]

相关试题：

(1) 结合我国实际，谈谈你对"科学立法"的看法。[南航 2016 年研]

(2) 运用法的本质原理阐述立法的科学性原则。[吉大 2014 年研]

(3) 请论述立法的科学原则。[南航 2012 年研]

(4) 结合中国实际，阐述立法的科学性与民主性原则。[南京大学 2009 年研]

(5) 简述立法的民主原则。[简答题，厦门大学 2009 年研]

答：(1) 民主立法原则和科学立法原则的内涵，参见本章考研真题简答题第 3 题答案。

(2) 民主立法原则和科学立法原则的区别：

①侧重点不同。民主立法原则强调立法主体的广泛性，强调民意基础；科学立法原则强调立法技术和手段的科学性。

②作用不同。民主立法有助于吸纳人民的意见，从而更好地反映人民的意志，从而使立法本身具有合法性基础；科学立法有助于实现法律文本的科学性和规范性，使法律更容易适用，更好地发挥作用。

③理论基础不尽相同。民主立法原则的理论基础是人民主权原则；而科学立法原则的理论基础是现代立法理论。

(3) 民主立法原则和科学立法原则的联系和互动：

①二者均是立法中必须遵守的两个原则，共同目的在于提高立法的质量，使法律更为充分地发挥其作用。

②民主立法原则与科学立法原则紧密结合起来，才能提高立法水平，实现立法的完善。二者的侧重点和作用存在差异，不可偏废，必须紧密结合起来，方能使立法质量得以提升。

③民主立法原则是科学立法原则的前提，而且有助于立法科学化的实现。法律的制定必须以民主为前提。一部法律如欠缺民主性，就不具有合法性基础，因而其科学性也就无从谈起。另外，民主立法原则要求集思广益，充分听取人民群众的意见，其本身就是充分发挥各界人民群众的聪明才智，因而有助于立法科学化的实现。

④科学立法原则是民主立法原则实现的保障和手段。科学立法原则要求引入先进的立法技术和立法制度，而这些先进的立法技术有助于民主的实现，因为先进的立法技术有助于更为广泛地吸纳民意。如引入网络技术吸收网民立法建议，就是用先进的技术吸纳民主意见的表现。

3. 运用法理学的相关原理，结合"科学立法"的要求，解释黑格尔的"法律的真理知识，来自立法者的教养"。[中山大学 2017 年研]

答：黑格尔说，"法律的真理知识，来自立法者的教养"，意即法律应体现客观真理，但法律毕竟是立法者制定的，而受人理性的有限性制约。法律所能体现出客观真理的程度依赖于立法者自身的专业教养。

(1)法律应体现客观真理，倡导科学立法。科学立法的基本原则，参见本章考研真题简答题第3题答案。

(2)法律受立法者理性的有限性制约，法律的真理知识来自立法者的教养。

科学立法要求立法者必须以法律所调整的客观情况作为价值判断的出发点，并使法律的制定严格与其规制的事项实现最大程度的协调一致。但法律毕竟是立法者制定的，而基于人理性的有限性考虑，在立法中须摒弃个人主观意识的影响。立法者要提升自身专业教养，使得法律真正体现真理知识，实现科学立法。

第十六章　法的实施

16.1　复习笔记

【知识框架(庖丁解牛)】

- 法的实施
  - 法的实施概述
    - 法律实施的含义
    - 法律实施的重大意义
    - 法律实施的基础与动力
      - 法律的人民性
      - 法律的公正性
      - 法律的权威性
  - 宪法的实施
    - 全面实施宪法的重大意义
      - 决定着整个法律体系的实施
      - 关系到全面依法治国的全局
      - 影响着法治权威的树立
    - 全面实施宪法的首要任务：把宪法实施提高到一个新水平
    - 全面实施宪法的精髓要义
      - 坚持党的全面领导
      - 坚持正确政治方向
      - 坚持全面依法治国基本方略
      - 坚持以人民为中心、主体
  - 执法
    - 执法的概念：含义、特征
    - 执法的原则
      - 合法性原则
      - 合理性原则
      - 效率原则
    - 严格规范公正文明执法
  - 司法
    - 司法的概念
    - 司法权的性质与司法规律
    - 司法的原则
      - 司法权依法独立行使原则
      - 司法平等原则
      - 司法责任原则
      - 司法公正原则
      - 政策指导原则
  - 守法
    - 守法的概念
    - 守法的根据和理由
    - 守法的条件：主观、客观条件
    - 守法的原则
      - 领导干部带头遵法守法
      - 全民自觉信法守法
      - 全社会协同推进学法用法

【通关提要(提纲挈领)】

本章主要介绍法的实施，包括执法、司法和守法。学习时，要重点掌握执法的特征和原则、司法的原则、守法的理由和原则，熟悉法律实施的意义。本章主要考查简答题和论述题，要在理解的基础上记忆，注意重点记忆常用关键词和其他答题时的常用表述。

【考点难点归纳(厚积薄发)】

考点一：法的实施概述(见表16-1) ★★★

表16-1　法的实施概述

要点	具体内容	
含义	又称"法律实施"，指法律在社会现实生活中得以实现的过程	
内容	本质/根基	实现人民的共同意志[法律的人民性：人民的拥护和信赖]
	根本保障	依法执政[法律的权威性]
	关键环节	严格执法
	内在要求	公正司法[法律的公正性]
	重要条件	全民守法
影响因素	①法律制定；②法律意识；③法律制度；④法律实施效果；⑤法律执行机制	
重大意义	法律的生命、权威、伟力都在于实施。法律实施是实现立法宗旨和目的的必然要求和具体体现	

考点二：全面实施宪法(见表16-2) ★★★★

表16-2　全面实施宪法

要点	具体内容
最根本目的	权为民所享、福为民所谋、法为民所用
最根本途径	以人民代表大会制度保证人民当家作主
重大意义	全面实施宪法是全面依法治国的首要任务。宪法实施是宪法和整个法律体系的生命
首要任务	把全面实施宪法提高到新水平，要求： ①中国共产党要坚持依宪治国、依宪执政。 ②重点：进一步健全宪法实施和监督制度，充分发挥人大及其常委会作用。 ③国家机关、各人民团体、企业事业单位、基层群众自治组织和社会组织协同推进。 ④全体人民共同努力
精髓要义 [四个坚持]	①坚持党的全面领导。这是宪法的根本要求，是依宪治国、依宪执政的根本体现。 ②坚持正确政治方向。核心是坚定不移走中国特色社会主义政治发展道路。 ③坚持全面依法治国基本方略。 ④坚持以人民为中心、以人民为主体

考点三：执法(见表16-3) ★★★★

表16-3 执法

要点	具体内容	
定义	指国家行政机关及其公职人员依法行使行政管理权、履行法定职责、执行法律的活动	
特征	①主体特定性；②内容广泛性；③行为主动性；④行使的优益性；⑤执法活动的单方意志性	
原则	合法性原则 [基本要求]	要求执法主体必须依照法定权限、法定程序和法治精神进行管理，越权无效。具体内容包括： ①执法主体合法，必须在法定权限范围内行使职权。 ②执法内容要合法，执法内容必须根据法律的规定作出。 ③执法程序必须合法。 ④执法主体违法或不当行使职权，应依法承担法律责任
	合理性原则	特别是在行使自由裁量权时，必须客观、适度、合乎理性
	效率原则	以尽可能低的成本取得尽可能大的执法效益
要求	坚持严格规范公正文明执法，以深入推进依法行政、提升执法公信力。 ①执法的基本要求是严格，行为准则是规范，价值取向是公正，最高境界是文明。 ②法律有效实施，严格执法是关键，要与理性文明执法相结合	

【真题链接】

(1)试论执法的特征。[简答题，中财2015年研]

(2)简述执法效率原则。[简答题，中南财大2016年研]

考点四：司法(见表16-4) ★★★★

表16-4 司法

要点	具体内容	
含义	指国家司法机关依据法定职权和法定程序，具体应用法律处理案件的专门活动	
特征	①权力的专属性；②严格的程序性；③活动的专业性；④裁判的权威性；⑤启动的被动性；⑥运作的中立性；⑦裁判的终局性	
要求	①正确；②合法；③及时；④公正；⑤合理	
原则	司法独立原则	司法权依法独立行使
	司法平等原则	公民在法律面前一律平等
	司法责任原则	按权力与责任相一致的法治原则而提出的权力约束机制
	司法公正原则	司法应坚持和体现公平正义原则，实现实体公正和程序公正
	司法合法原则	以事实为根据，以法律为准绳

【真题链接】

(1)简述司法的特征。[简答题，河南师大2017年研]

(2)论述司法的基本原则。[论述题，浙江财大2017年研]

(3)结合实际谈谈对司法公正的理解。[论述题，南航2018年研]

考点五：守法（见表16-5）★★★★

表16-5　守法

要点		具体内容
概念		指公民、社会组织和国家机关以法律为行为准则，依照法律行使权利、履行义务的活动
根据和理由	最根本	守法是国家对社会主体的基本要求，也是社会主体应尽的义务
	常见动机	①服从权威的习惯；②畏惧惩罚；③道德；④社会压力；⑤对合法性的认识；⑥个人利益；⑦较高的法律意识
条件	主观	主观心理状态和法律意识水平，如政治意识、法律观念、道德观念、文化教育程度等
	客观	客观社会环境
原则	关键	领导干部带头遵法守法
	前提	全民自觉信法守法
	核心机制	全社会协同推进学法用法

【真题链接】守法的根据与理由有哪些？［简答题，宁夏大学2018年研］

16.2　课后习题详解

1. 为什么说法的生命和权威在于实施？

答：之所以说法的生命和权威在于实施，这是因为法律实施具有重要意义，具体如下：

（1）法律实施是实现法的作用与目的的条件。法律本身反映了统治者或立法者通过法律调整社会关系的愿望与方法，反映了立法者的价值追求。法律实施是实现立法者的立法目的、实现法律作用的前提，是实现法的价值的必由之路。

（2）法律实施是建立法治国家的必备条件。制定好的法律，并严格实施这种法律，被古希腊思想家亚里士多德认为是法治的两个重要条件。

2. 如何坚持严格规范公正文明执法？

答：（1）基本内涵。坚持严格规范公正文明执法是社会主义法治的基本要求之一，是实现司法公正权威的基本前提。其中，严格是执法基本要求，规范是执法行为准则，公正是执法价值取向，文明是执法职业素养。

①严格，即以事实为依据，以法律为准绳，在执法工作中，必须做到“有法可依，有法必依，执法必严，违法必究”。严格执法，就是要求执法者必须按照法律的要求执法，执法必须严格，不能随意执法，滥作为或不作为。

②规范，是指规范执法的程序，就是必须按照法律规定的程序执法，做到实体与程序并重。

③公正，就是公平正义，对执法者来说就是实现法律面前人人平等。

④文明，是指执法者文明的形象。文明是对人的一种态度，有礼有节、以理服人、以礼待人。

（2）坚持严格规范公正文明执法，应当从以下五个方面进行：

①依法惩处各类违法行为。坚持严格依法办事，保证有法必依、执法必严、违法必究，是社会主义法治原则的基本要求，是检验和衡量执法成效的基本标准。

②完善执法程序。要规范执法流程，按照标准化、流程化、精细化要求，从容易发生问题的执法环节入手，重点围绕行政许可、行政处罚、行政强制、行政征收、行政收费、行政检查等执法行为，对执法具体环节和有关程序作出具体规定，不断严密执法程序，强化执法指引，规范执法行为，堵塞执法漏洞。

③建立健全行政裁量权基准制度。要科学合理制定裁量标准，在法律规定的行政处罚幅度内，根据过罚相当原则，结合经济发展、行政案件发案等情况，细化、量化行政裁量标准，规范裁量范围、种类、幅度，为公正执法提供制度依据。

④加强行政执法信息化建设和信息共享。要完善执法信息共享机制，有效整合执法信息资源，在确保信息安全的前提下，积极推进跨地区、跨部门执法信息共享、互联互通，最大限度地用好用活执法资源，着力形成执法合力。

⑤全面落实行政执法责任制。推行执法责任制，对于构建决策科学、执行坚决、监督有力的权力运行体系，强化对执法权力的监督制约，具有十分重要的作用。要进一步明确执法责任，按照有权必有责的要求，全面梳理行政执法依据，严格确定不同部门及机构、岗位执法人员的执法责任，建立实行权力清单制度。

3. 如何理解司法权的性质及其运行规律？

答：(1)司法权的性质。司法权是指行使国家司法权力的职责和权力。根据宪法规定，我国的司法权包括审判权和检察权。审判权是适用法律处理案件，作出判决和裁定的司法权；检察权包括代表国家批准逮捕、提起公诉、不起诉、抗诉等司法权。司法权本质上是人民共同意志的贯彻，主要表现为侦查、起诉、抗诉、判决、裁定、(裁判)执行等形式。司法权追求的首要价值目标是公正。

(2)司法权的运行规律即司法规律，是指“司法活动的客观规律”。

①司法根本规律是司法权独立行使。即国家的司法权只能由国家的司法机关统一行使，其他任何组织和个人都无权行使。

②司法基本规律包括：a. 权责统一，即权力与责任要一致。b. 权力制约，即司法权分别由不同机关分工负责、相互制约。c. 公开公正。司法公开是公正司法的必然要求。司法公正是司法的生命和灵魂，是司法的本质要求和价值准则。d. 尊重程序，即司法程序要公正合理，依法执行。e. 裁判终局，即法院已经作出的终局裁判不可随意改变。f. 运作中立，即法官断案中立、律师执业自由。

4. 某法院在网络、微信等平台上公布失信被执行人名单以督促其履行义务，不少失信被执行人迫于面子和舆论压力主动找到法院配合执行。请根据上述材料，谈谈如何实现全民自觉守法。

答：上述问题是我国现阶段守法问题上的一个侧面写照。要实现全民自觉信法守法，可采取以下措施：

(1)制定良好的法律。守法首要的一个前提条件就是法律自身必须具有优良品质，是良好的法律。品质优良的法律对人们会产生良好的影响；相反，质量低下的法律则只会对人们产生消极的、不良的影响。

①实体内容上，品质优良的法律是指能够反映和满足社会的共同需要，符合社会生活实际和客观规律的法律。同时还应充分体现现代社会对法的一些价值要求，如民主、自由、人权、正义、效率等。

②形式上，品质优良的法律必须是科学的，应该具备语言的明确性、法条的具体性、结构的合理性、体系的完整性和逻辑的严密性等特征。

(2)树立良好的法律意识。法律要在社会生活中得到遵守，除了法律本身是品质优良的法律以外，还取决于社会成员的法律意识状况。良好的法律意识使社会成员能够充分认识到法在现代社会生活中所发挥的重要功能和作用，有助于他们理解法律的精神实质，树立对法律的遵从和信仰，从而积极、主动地遵守法律。

(3)营造良好的法治环境。法治环境是影响和制约守法状况的重要的、不可缺少的客观条件。法治环境是由立法、执法、司法和法律监督等多个环节组成的、内容复杂的系统，其中各个环节也是互相作用、互为条件的。

(4)营造良好的社会环境。社会成员的行为方式反映和体现了其所处的环境，社会成员是否认同和选择守法这种行为方式，在很大程度上与其所处的社会环境有关。社会环境包括经济环境、政治环境、历史文化传统、社会道德观念、科技发展水平等内容。良好的社会环境会形成一种良好的社会风气，形成一种积极、进步的社会推力，这种推力就会促成社会成员遵守社会基本的行为规范，其中就包括遵守和服从法律，严格依法办事。

5. 张居正说："盖天下之事，不难于立法，而难于法之必行。"你是否同意该观点，并说明理由。

答：我同意该观点。张居正这句话的意思是天下大事，困难之处不在于立法，而在于有法必行，意在强调法律实施的重要性。法律实施具有重要意义，参见本章课后习题第1题答案。

16.3 考研真题与典型题详解

一、单项选择题

1. 郑子产有疾。谓子大叔曰："我死，子必为政。唯有德者能以宽服民，其次莫如猛。夫火烈，民望而畏之，故鲜死焉。水懦弱，民狎而玩之，则多死焉，故宽难。"疾数月而卒。关于执法，下列看法正确的是(　　)。[2019年法考真题]

A. 法律就是法律，执法必须严格，不能搞人文情怀

B. 执法应做到宽严相济

C. 执法必须严厉，不能"宽容"，否则易纵容犯罪

D. 为上者有德，就可以做到以宽服民，不需要法律的治理

【解析】本段文字引自《左传》，其本意是治理国家，如果统治者有德，最佳的政策是以宽服民。其次是严刑峻法，令民众望而生畏。但宽政易导致民众产生轻慢之心，从而恣意

1B

妄为，反而是对民众的伤害。A 项，执法必须严格，但严格并不代表不能搞人文情怀。恰恰相反，社会主义中国，执法为民，应当通过人民群众喜闻乐见的方式执法，故执法当然可以根据具体情况采取具体对策，体现人文情怀。BC 两项，执法应当做到宽严相济，在法律范围内，当严则严，当宽则宽，做到宽与严的有机统一。我国实行宽严相济的形势政策。D 项，中国特色社会主义法治理论的基本原则之一是依法治国和以德治国相结合。当代社会，最重要的调控手段就是法律，但法律不是万能的，还需要道德等其他调控手段的治理。同样，仅仅依靠道德治理，也是不可行的。

2. 卡尔·马克思说："法官是法律世界的国王，法官除了法律没有别的上司。"对于这句话，下列哪一理解是正确的？（　　）[2015 年法考真题]

A. 法官的法律世界与其他社会领域（政治、经济、文化等）没有关系

B. 法官的裁判权不受制约

C. 法官是法律世界的国王，但必须是法律的奴仆

D. 在法律世界中（包括在立法领域），法官永远是其他一切法律主体（或机构）的上司

【解析】A 项，法律是调整社会关系的一种有效途径，法官的法律世界是运用法律调整社会纠纷的法律活动的结合，法官的法律世界与其他社会领域关系密切。BC 两项，马克思的这句名言阐述的是法官依法独立进行审判的必要性，即法官的审判活动只服从宪法和法律，不受任何外力影响。据此，法官审判只服从宪法和法律，也必须服从宪法和法律。D 项，在英美法系，判例法是其重要的法律渊源，有"法官造法"一说。但在大陆法系国家，司法和立法是两个不同的领域，法官必须严格依照立法机关制定的法律行使审判权。因此，笼统地说，法官永远是其他一切法律主体（或机构）的上司，是不恰当的。

3. 市民张某在城市街道上无照销售食品，在被城市综合管理执法人员查处过程中暴力抗法，导致一名城市综合管理执法人员受伤。经媒体报道，人们议论纷纷。关于此事，下列哪一说法是错误的？（　　）[2008 年法考真题]

A. 王某指出，城市综合管理执法人员的活动属于执法行为，具有权威性

B. 刘某认为，城市综合管理机构执法，不仅要合法，还要强调公平合理，其执法方式应让一般社会公众能够接受

C. 赵某认为，如果老百姓认为执法不公，就有奋起反抗的权利

D. 陈某说，守法是公民的义务，如果认为城市综合管理机构执法不当，可以采用行政复议、行政诉讼的方式寻求救济，暴力抗法显然是不对的

【解析】A 项，执法，是指国家行政机关及其公职人员依法行使管理职权、履行职责、实施法律的活动。执法是以国家的名义对社会进行全面管理，具有国家权威性。城市综合管理执法人员的活动属于执法行为。B 项，执法的基本原则包括依法行政、讲求效能、公平合理等，行政机关在执法时应当权衡多方面的利益因素和情境因素，在严格执行规则的前提下做到公平、公正、合理、适度。CD 两项，执法具有国家强制性，如果行政当事人对行政机关的执法行为不服，可以根据法律的规定进行复议或提起诉讼来维护自己的合法权

2C　3C

益，而不能采取极端的暴力措施奋起反抗。

4. 梁某欲将儿子转到离家较近的学校上小学，学校要求其提供无违法犯罪记录证明。梁某找到户籍地派出所，民警告之，公安机关已不再出具无违法犯罪记录证明等18类证明。考虑到梁某的难处，民警仍出具了证明，并附言一句："请问学校，难道父母有犯罪记录，就可以剥夺小孩读书的权利吗？"对此，下列哪一说法是正确的？（　　）[2017年法考真题]

A. 公安机关不再出具无违法犯罪记录证明，将减损公民合法权益

B. 民警的附言客观上起到了普法作用，符合"谁执法谁普法"的要求

C. 派出所对学校的要求提出质疑，不符合文明执法的要求

D. 梁某要求派出所出具已明令不再出具的证明，其法治意识不强

【解析】A项，公安机关不再出具无违法犯罪记录证明，是落实简政放权、放管结合、优化服务要求的措施。这不但不会减损公民合法权益，还有利于规范执法、便民利民。BC两项，派出所的质疑跟文明执法无关，相反，证明附言对学校起到了普法作用。"谁执法谁普法"要求坚持普法工作与法治实践相结合，把法治宣传教育融入法治实践全过程，在法治实践中加强法治宣传教育，不断提高国家机关法治宣传教育的实际效果。D项，梁某按照学校的要求到派出所要求开具无违法犯罪记录证明，可以看作是遇事找法的表现，体现了他的法治意识。

二、概念题

1. 法的实施与法的实现[武大2004年研]

相关试题：法律实施[广财2024年研；上海交大2022年研；四川大学2022年研；中山大学2018年研；南航2018年研]、**法的实施**[扬州大学2024年研；河北大学2013年研]

答：参见本章考研真题论述题第1题答案。

2. 执法的广义与狭义含义[华侨大学2016年研]

相关试题：执法[华侨大学2017年研；南京理工2011年研]、**法的执行**[中南财大2010年研]、**狭义的执法**[南京大学2010年研]

答：执法是法的执行的简称。广义上的执法是指所有国家行政机关、司法机关和法律法规授权、行政主体委托的组织及其公职人员依照法定职权和程序贯彻实施法律的活动，包括一切执行法律、适用法律的活动；狭义上的执法专指国家行政机关和法律法规授权、行政主体委托的组织及其公职人员依照法定职权和程序行使行政管理职权、履行职责、实施法律的活动。

与司法等法律实施活动相比较，执法的特点主要包括：执法的主动性、执法的单方面性、执法内容的广泛性。此外，执法活动还具有主体法定性、国家权威性、强制性和灵活性等特点。

3. 司法平等原则［厦门大学 2012 年研］

答：参见本章考研真题论述题第 2 题答案。

4. 司法公正原则［安徽师大 2018 年研］

答：参见本章考研真题论述题第 2 题答案。

三、简答题

1. 判断：执法主体只能是行政机关及其公职人员。［南开大学 2010 年研］

答：这种说法是错误的。执法主体，是指依据法律规定或法律授权、委托，享有行政执法权的行政机关、组织。我国的执法主体主要包括三类：

(1)行政机关，包括国务院和地方各级人民政府。

(2)行政职能部门。行政职能部门是各级人民政府的下属机构，具体负责法律的贯彻执行，具体履行行政职能，实行对社会全面管理。

(3)法律、法规授权的社会组织和行政机关委托的组织。

2. 试论执法的特征。［中财 2015 年研；南开大学 2005 年研］

答：执法的特征具体如下：

(1)执法主体的特定性。即只有那些依法享有执法权，能够以自己的名义对外行使该项权力并对行为的效果承担法律责任的组织才能成为执法主体。在我国，国家行政机关和法律授权、委托的社会组织享有执法权，是我国的主要执法主体。

(2)执法内容的广泛性。执法是行政机关以国家名义对社会实行全方位组织和管理，涉及政治、经济、外交、国防、文化、教育、卫生等各个领域。在现代社会，社会关系和社会事务日益复杂，执法的内容和范围日益广泛。

(3)执法行为的主动性。执法权既是行政机关进行社会管理的权力，同时也是行政机关的职责，这是由行政机关的特殊性质所决定的。因此，行政机关在进行社会管理时，一般都采取积极主动的行为去履行职责，而不一定需要行政相对人的请求和同意。当然，有一些行政司法行为，必须由当事人申请后才能去执行，行政机关不得主动去执法，例如行政许可行为。

(4)执法权行使的优益性。鉴于公共利益的优先性，行政权行使具有优先性。

(5)法律执行活动具有单方意志性。行政主体实施行政行为，只要是在行政法或法律法规授权的范围内，依照法定程序即可自行决定和直接实施，而不必与行政管理相对人协商并征得其同意。

3. 说明执法的原则。［河北大学 2012 年研］

相关试题：

(1)执法的基本原则。［论述题，湘潭大学 2023 年研］

(2)简述执法效率原则。［中南财大 2016 年研］

(3)简述执法的原则与要求。［武大 2014 年研］

答：执法的原则是指国家行政机关及其公职人员在行政执法活动中所应遵循的基本准则。在我国，执法的原则主要有：

(1)合法性原则又称依法行政原则，是指行政机关必须根据法律法规的规定取得、行使行政权力，并对行政行为的后果承担相应的责任。依法行政的本质是依法规范、约束行政权力。具体来说，依法行政是依法治权，依法治官。该原则的具体要求有：

①执法的主体合法。国家行政机关的设立及其职权必须有法律依据，必须在法律规定的职权范围内活动，越权违法，越权无效。

②执法的内容合法。执法活动是根据法律的规定进行的，采用的具体方式也要符合法律的规定。

③执法的程序合法。要严格按照法定的步骤、顺序和时限执法，不得任意改变、省略和超越。

(2)合理性原则是指执法主体在执法活动中，特别是在行使自由裁量权进行行政管理时，必须做到适当、合理、公正，即符合法律的基本精神和目的，具有客观、充分的事实根据和法律依据，与社会生活常理相一致。其内容包括：

①公平、公正原则。

②平等原则，指公民在法律面前一律平等。其基本内涵是相同案件相同处理，不同案件不同处理，不能因为当事人的社会地位、经济状况或者性别等原因而区别对待。

③正当裁量原则，指行政机关在作出行政裁量决定的过程中，所追求的目的是适当的，或者行政机关在作出行政裁量决定的时候应该考虑相关因素，不能考虑不相关因素。

④比例原则，指执法主体在从事侵害公民权利的行为时不仅要有法律的依据，而且必须选择对公民权利侵害最小的方式行使之，行政行为应该是合乎比例的、是恰当的。

(3)效率原则是指在依法行政的前提下，行政机关在为社会提供管理和服务的过程中，应尽可能简捷高效，以实现最大的执法效益。具体要求如下：

①提高时间效率，减少工作拖延。

②节约执法成本，以最低的成本投入、资源消耗取得最佳的法律和社会效果。

③提高制度的科学性，减少不合理制度的负面作用。

4. 简述司法的含义与基本特征。［四川大学2022年研；华侨大学2016年研］

相关试题：

(1)简述司法的特征。［河南师大2017年研］

(2)司法的概念和主要特点。［浙江财大2016年研］

(3)试论述司法的概念和特征。［论述题，吉大2014年研］

(4)司法的本质属性是什么。［武大2012年研］

(5)司法的概念及主要特征。［山东大学2011年研］

答：(1)司法是指国家司法机关及其司法人员依据法定职权和法定程序，具体应用法律处理案件的专门活动。这种专门活动是以国家名义实现其司法权的活动，是实施法律的一种方式，对实现立法目的、发挥法律的功能具有重要意义。

(2)司法的基本特征：

①权力的专属性，即司法权只能由国家司法机关及其司法人员依法行使，其他任何行政机关、社会团体和个人都不能行使此项权力。

②严格的程序性，即司法机关要严格按照法定程序进行司法活动。程序性是司法最重

要、最显著的特点之一。诉讼程序是保证正确适用法律、实现司法公正的重要条件。

③活动的专业性，指参与司法活动的人员必须具备专门的理念、知识、技能，运用独特的语言、逻辑推理规律和职业技巧能力。

④裁判的权威性。司法是国家专门机关的专门活动，它们以国家强制力为后盾。因此，这些机关在司法过程中所作出的判断具有极大的权威性，任何组织和个人都必须执行，不得随意更改、废除。

⑤启动的被动性。审判权的行使实行事后救济原则。

⑥运作的中立性。审判权在运作时不偏向争诉中的任何一方，并以中立的立场平等地对待双方当事人的权利请求和抗辩主张。

⑦裁判的终局性。一个有效司法制度的重要因素是其判决的终局性，法院已作出的终局裁判不可随意改变。

5. 说明司法权独立行使原则。［河北大学2017年研］

相关试题：

(1)请阐述司法独立的含义，以及它在中国特色社会主义法治中的地位、作用和意义。［论述题，对外经贸2013年研］

(2)分析观点“司法独立原则意味着司法不受监督”。［论述题，厦门大学2013年研］

(3)论述司法独立。［论述题，中山大学2011年研］

(4)简述司法机关依法独立行使职权的原则。［中南财大2010年研］

答：(1)司法权依法独立行使原则，又称司法独立原则。我国《宪法》规定，人民法院、人民检察院分别依照法律规定独立行使审判权、检察权，不受行政机关、社会团体和个人的干涉。人民法院组织法、人民检察院组织法、民事诉讼法、刑事诉讼法和行政诉讼法也作了类似的规定。其基本内容是：国家的司法权只能由国家的司法机关统一行使，其他任何组织和个人都无权行使此项权力；司法机关行使司法权时，必须严格依照法律规定，准确地适用法律。根据我国宪法和有关法律，这项原则的基本含义如下：

①司法权的专属性，即国家的司法权只能由国家各级审判机关和检察机关统一行使，其他任何机关、团体和个人都无权行使此项权力。

②行使职权的独立性，即人民法院、人民检察院依照法律独立行使自己的职权，不受行政机关、社会团体和个人的非法干涉。

③行使职权的合法性，即司法机关审理案件必须严格依照法律规定，正确适用法律，不得滥用职权，枉法裁判。

(2)实行这项原则的意义在于：它是发扬社会主义民主、维护国家法制统一的需要，是保证司法机关正确适用法律的前提和正常行使职权的基本条件，也是维护社会主义司法公正的重要条件。

(3)司法权依法独立行使原则的制约。在我国宪法体制下，坚持司法机关依法独立行使职权原则，并不意味着司法机关可以脱离党的领导和人大监督，不受任何约束。与此相反，司法机关必须始终坚持党对司法的绝对领导，把党的政策作为司法的指导；要自觉接受人大及其常委会的监督，与其他国家权力互相配合、互相制约，共同维护社会主义法治的尊严、权威和统一。

6. 请简述我国的守法主体。［对外经贸 2010 年研］

相关试题：守法主体可以分为哪几类？［广财 2020 年研］

答： 守法主体是指在一个国家和社会中应当遵守法律的主体。守法的主体具有广泛性。按照我国宪法的规定，守法的主体可分为以下几类：

(1) 一切国家机关、武装力量、政党、社会团体、企业事业组织。中国共产党是国家的领导党和执政党，中国共产党只有首先带头严格遵守法律，在宪法和法律的范围内活动，才能起表率作用，并带动一切国家机关、社会组织和公民严格守法。国家机关的性质及其在国家生活中所占的重要地位，决定了国家机关及其工作人员尤其是领导人必须带头严格守法，自觉维护法的尊严和权威。

(2) 中华人民共和国公民。公民守法，是现代法治社会的普遍要求，也是我国建立法治国家的基本要求。公民是现代国家的基本构成，是现代社会的主体力量。我国宪法规定“中华人民共和国的一切权力属于人民”，而公民是组成人民这一政治集合体的基本元素，公民应当以主人翁的态度和责任感自觉地守法。

(3) 在我国领域内的外国组织、外国人和无国籍人。在中国境内的外国组织、外国人和无国籍人也必须遵守我国的法，在我国法律允许的范围内从事各种活动，这既是维护我国主权和利益的体现，也是国际法的要求和国际惯例中的通例。

四、论述题

1. 有观点认为“法律的实施就是法的实现”。请运用法理学的相关知识和原理对这一观点进行评析。［中财 2011 年研］

相关试题：法的实现即法的实施。［辨析题，首师大 2015 年研］

答： 这一观点是片面的。具体分析如下：

(1) 法律的实施，又称法的实施或法律的施行，是指法律在社会现实生活中具体运用的过程。法律实施包括执法、司法、守法和法律监督四个环节。法的实施是实现法的作用和目的的重要途径和保障，也是建立法治国家的必要条件。

(2) 法的实现是指法的要求在社会生活中被转化为现实。法的实现是法要求经过法在社会中的运作而形成社会关系的现实。

(3) 法律的实施并非法的实现，二者的区别和联系如下：

①区别：a. 法的实施是法在社会生活中被人们实际施行；而法的实现是法在现实生活中从抽象的行为模式变成人们的具体行为。b. 法的实施侧重于过程；而法的实现是使法律规范的规定转化为现实性，变为社会现实。c. 法的实施反映了抽象的法律规范的要求；而法的实现是法律规范的要求在个人和组织的合法行为中实现的。

②联系：a. 二者都是法作用于社会关系的特殊形式。法的实施的直接目的是法的实现。b. 法的实现是将法的实施过程和实效结果结合的一个概念。法的实施侧重于强调法的要求向现实转化的过程，法的实效侧重于强调这种转化的实际结果，法的实现则是这二者的统一。

2. 论述司法的基本原则。［华东政法 2022 年研；浙江财大 2017 年研］

相关试题：

(1) 简述司法的原则。［简答题，扬州大学 2017 年研］

(2) 论我国法律的适用原则。［中山大学 2015 年研］

(3) 试述司法原则。［北航 2015 年研］

(4) 简述司法的基本原则。［简答题，河北大学 2015 年研］

答： 司法的原则是指在司法过程中必须遵循的准则。司法原则具体包括：

(1) 司法权依法独立行使原则，参见本章考研真题简答题第 5 题答案。

(2) 司法平等原则，是法律面前人人平等原则在司法活动中的具体体现，是适用法律的重要原则。在司法领域，“公民在法律面前一律平等”的基本含义是：①在我国，法律对于全体公民，不分民族、种族、性别、职业、社会出身、宗教信仰、财产状况等，都是统一适用的，所有公民依法享有同等的权利并承担同等的义务。②任何权利受到侵犯的公民一律平等地受到法律保护，不能歧视任何公民。③在诉讼中，要保证诉讼当事人享有平等的诉讼权利，不能偏袒任何一方当事人；要切实保障诉讼参加人依法享有的诉讼权利。④对任何公民的违法犯罪行为，都必须同样地追究法律责任，依法给予相应的法律制裁。司法平等原则是我国司法的一项重要原则。实现这一原则，对于切实保障公民在适用法律上的平等权利，反对特权思想和行为，惩治司法腐败行为，维护社会主义法治的尊严、权威和统一，调动广大人民的积极性，都有重要意义。

(3) 司法责任原则。指司法机关和司法人员在行使司法权过程中由于侵犯公民、法人和其他社会组织的合法权益而造成严重后果的，应承担相应责任。司法责任原则是权力与责任相统一的法治原则在司法领域的体现。司法机关和司法人员享有事关公民切身利益的司法权力，为了防止司法权被滥用，必须强化司法机关和司法人员的责任。一方面必须对司法机关和司法人员行使国家司法权给予法律保障；另一方面要对司法机关及其司法人员的违法和犯罪行为给予严惩。要将司法权力和司法责任结合起来。

(4) 司法公正原则。指司法机关及司法人员在司法活动的过程和结果中应坚持和体现公平和正义的原则。司法公正是社会正义的一个重要组成部分，包括实体公正和程序公正。司法公正的重要意义在于：①公正司法是法的精神的内在要求，是法治对司法的根本要求。②公正对司法的重要意义由司法活动的性质决定。③司法机关公正司法，是其自身存在的合法性基础。公正是司法的生命。

(5) 司法合法原则，要求在司法过程中要严格依法司法，既要依实体法，也要依程序法。在我国，司法合法原则具体体现为“以事实为根据，以法律为准绳”原则。这项原则的基本含义是：

①以事实为根据，是指司法机关审理一切案件，都只能以与案件有关的客观事实作为根据，而不能以主观臆想作依据，应当认真查清事实真相，使法律适用能够做到“有的放矢”。

②以法律为准绳，要严格依照法律规定办事，切实做到有法必依、执法必严、违法必究。司法机关在工作中，要符合法律所规定的规格或要件，遵照法律所规定的权限划分并严格按照司法程序办理案件；同时，在法律适用中坚持法制统一性的要求，根据我国的法律渊源体系适用法律。

为了贯彻这项原则，在司法工作中应当坚持实事求是、从实际出发的思想路线，重证据，重调查研究，不轻信口供；坚持维护社会主义法律的权威和尊严，不仅严格依照实体法的规定，而且严格执行程序法的各项规定。

3. 联系我国司法实践，试论司法公正原则的意义及其在现实中的实现。［中南财大2008年研］

相关试题：

(1)结合实际谈谈对司法公正的理解。［南航2018年研］

(2)简述司法公正原则。［简答题，中南财大2014年研］

答：司法公正原则是指司法机关及其司法人员在司法活动的过程和结果中应坚持和体现公平和正义的原则。司法公正包括：①实体公正，主要是指司法裁判的结果公正，即当事人的权益得到充分保障，违法犯罪者受到应有惩罚和制裁。②程序公正，主要是指司法过程的公正。司法程序具有正当性，当事人在司法过程中能得到公平对待。

(1)司法公止的意义：

司法公正的内在价值。司法公正是法律和依法治国的本质要求，是人民法院审判工作的生命和灵魂。追求司法公正是司法的永恒主题，也是公众对司法的期望，在法治社会中具有极其重要的地位和作用。当今中国正在深入推进司法体制改革，其目的就是为了实现司法公正，让人民群众在每一个司法案件中都感受到公平正义，并通过司法公正维护和促进社会公平正义。

②对构建社会主义和谐社会的现实价值。法律意义上的和谐社会是一个充满公平与正义、充满活力的社会。稳定与正义，是和谐社会的一个重要标志。促进社会公平正义，是构建和谐社会的关键环节。实现司法公正对构建社会主义和谐社会有着重要的推进作用。

a. 司法公正可以引导公众尊重司法程序。在司法机关审判过程中，公平、公正、透明、公开的程序至关重要。程序公正既可以让当事人了解审理案件的过程，又可以对全体社会成员进行尊重程序的教育。

b. 司法公正可以引导公民尊重法律权威。对于体现公平正义的司法裁决，人们自然愿意服从和遵守，在这种法律良性的运作中，法律的权威逐渐生成。这将改变中国长期存在的只服从权力权威而不接受法律权威的传统，养成公民敬法、畏法的法律心理。

c. 司法公正可以在全社会树立对法律的信仰。法律必须被信仰，否则它将形同虚设。在社会主义法治建设中，必须充分认识司法公正对人们形成法律信仰所具有的不可或缺的影响。司法机关公平、公正、公开司法，对人们相信法律、服从法律具有直接的影响力。

d. 司法公正将直接提升公民的道德水准。司法机关通过公止司法，对违反法律认可的最低限度道德的行为予以强制纠正，实现了体现在法律中的道德。长此以往，全民的道德水准必将得到较大的提高，社会将更加和谐。

e. 司法公正可以促进社会公平正义秩序的建立。司法公正是检验法治是否实现的关键环节，也是评价一个社会是否实现公平正义的具体标准。一个能够实现公平正义的社会，将有助于人们树立法治信念，并自觉地维护公平正义的秩序。

③对当前涉诉信访问题的现实意义。涉诉信访的形成有诸多因素，但司法不公最容易引发群众上访。群众之所以由于司法不公而上访是司法公信力流失的结果。司法公正是司法赢得公信力的根本依据。司法权力是国家权力的构成部分，最终来源于人民。法院能否

始终赢得人民群众的支持，根本在于其是否坚持了司法公正原则。

④对优化改革发展环境、服务经济建设的促进作用。司法的功能在于解决社会纠纷。法院通过公正司法，化解了矛盾纠纷，为经济社会又好又快发展和构建和谐社会提供了有力的法律保障和良好的法律服务，从而切实地维护了社会稳定，创造了和谐稳定的社会环境和公正高效权威的法治环境。

(2)联系司法实践，实现司法公正应主要从以下几个方面着手：

①加快司法体制改革，努力实现司法自治：a. 要改变现行的法官人事制度，实现司法人员的专业化、稳定化和独立化；b. 要建立独立的司法预算制度；c. 改革法院设置方案，将司法辖区与行政辖区分开，建立独立于行政的司法管辖系统。

②加强法官队伍建设，提高公正司法能力。应严格依法公开选拔法官，培养造就一支年富力强、可持续发展的法官队伍。同时，要增强法官的业务本领与拒腐防变的本领。

③建立以主审法官负责制为中心的司法权运行和监督机制，逐步实现司法自律。借鉴国外的先进经验，推行主审法官负责制。完善法官奖惩制度，法官级别与实绩挂钩，强化错案责任追究制度，建立法官淘汰制，强调司法的终裁性，同时还要完善制约和监督机制，让权力在阳光下运行。

④全面树立司法权威，提升司法公信力。要做到：a. 贯彻阳光司法原则；b. 强化程序公正理念；c. 确保司法统一；d. 确立司法终局裁决的地位。

⑤完善人民陪审制度，促进法院司法公正：a. 应将陪审工作纳入法治化轨道，细化其相关规定；b. 限制专家型陪审员的比例和范围，切实采取随机抽取参审案件的原则；c. 建立健全考核激励与制约机制，打造一支充满活力的人民陪审员队伍；d. 加强业务培训，提高陪审能力。

⑥注重法理与情理的融合，实现法律效果与社会效果的辩证统一。在坚持遵循司法工作规律、严格依法司法、强化司法的法律效果的同时，高度关注司法的社会需求和社会评价，进一步规范自由裁量行为，坚持法理与情理的统一、理性与经验的统一，真切地感知人民群众的生活经验、法律意识和道德观念。

⑦强化监督机制，促进司法公正的实现。要加大监督力度，勇于监督，善于监督，依法监督。在监督过程中，要追根求源，严查司法不公背后的腐败问题，切实维护当事人的合法权益。

⑧加强社会主义法治理念教育，引领司法公正。法院应当结合自身工作实际，进一步深化社会主义法治理念教育活动，同时把正确的价值判断和社会的主流价值取向有机地融入司法裁判的全过程，维护社会主义核心价值体系，维护社会道德秩序，为司法公正的形成打下坚实的思想基础。

4. 在现实生活中，曾发生过“许霆案”“孙伟铭案”(醉驾后被判处无期徒刑，罪名是“以危险方法危害公共安全罪”)等受到公众和媒体关注的案件，有人认为案件的最终判决或多或少受到民意的影响，请基于司法的特点论述法治社会中民意与司法的关系。［厦门大学2011年研］

答：(1)司法的含义和特点，参见本章考研真题简答题第4题答案。

(2)民意的含义和特点。民意即人民意愿。一般意义上的民意，是指大众对某一事物或某一社会现象的普遍看法，体现的是大众的普遍理性。司法领域的民意，具有以下特点：

①民意是大众根据法律正义的外在社会价值所形成的一种民众意愿，暗含了大众对司法正义的期望，事实上是一种大众诉求。这种诉求往往以朴素的正义观为出发点，包含了朴素的善恶、对错，并夹杂着道德要求，从司法的“应然”角度对司法制度、司法行为作出的评价，具有其正当性。

②民意具有非理性的特点。由于民众的范畴涉及社会中的每一个普通人，而由于每个人的价值观念、知识水平等不同，所以民意往往会随着相互的碰撞出现非理性的情形。民意往往会被某种具有煽动性观点左右，表现出非理性。

③民意往往经过变化而逐渐稳定。

(3)民意与司法的关系。司法活动不可避免地受到民意的影响，民意对司法具有促进作用，同时，二者之间也有紧张关系。

①民意对司法的促进作用：

a. 民意的形成源于公民监督权的行使，民意代表着公民对司法的监督，通过民意的表达可以促使司法机关作出公正的判决，不敢徇私枉法。

b. 民意可以体现社会的公序良俗，适当地顺应民意可以增强人们对于判决的可接受性，有助于提升法律和司法权威性，从而有利于社会对司法判决和法律的普遍服从。

c. 民意介入司法，是现代民主政治的要求。作为现代民主政治的一般原理，一切权力属于人民，人民有权管理国家和社会事务。我国司法权的根本来源之一便是广大人民群众的根本利益与意愿，司法不能背离民意。

②民意和司法之间存在的冲突和紧张关系：

a. 民意的主观性可能违反司法权依法独立行使原则。在实践中，法院往往会迫于民意的压力作出让步，不能真正做到独立行使审判权。司法权依法独立行使原则要求司法活动应当排除一切非法干预，严格依法运行。

b. 民意的非客观性可能违反政策指导原则。民意来源于社会一般公众，其对案件的判断与案件客观事实可能存在差距，因此民意可能是错误的。在我国，司法机关只能以被合法证据证明了的事实和依法推定的事实作为适用法律的依据，而不能以公众对案件的片面认知作为审判基础。

c. 民意的非理性可能违反司法公正原则。民意具有很强的情绪化色彩，如果司法被民意裹挟，一味按照民意判决则可能得出不公正的判决。

5. 论述守法的根据和理由。[扬州大学 2016 年研]

相关试题：

(1)守法的根据与理由有哪些？[简答题，宁夏大学 2018 年研]

(2)论全民守法的实现。(要求：主要论述守法的根据理由和守法的主客观条件理论，并联系中国实际)[南航 2017 年研]

(3)公民守法的根据和理由。[简答题，湘潭大学 2017 年研]

(4)公民之所以守法是因为惧怕法律的制裁。[辨析题，中财 2016 年研]

(5)守法的根据和理由主要有哪几个方面？[简答题，南航 2015 年研]

(6)守法的根据与理由是什么？[吉大 2013 年研；山东大学 2008 年研]

(7)试论守法的依据。[中南财大 2010 年研]

答：守法是一切国家机关及其工作人员、政党、社会团体、企事业单位和全体公民对国家应尽的义务，也是国家对社会主体的基本要求，这是守法最根本的根据和理由。较常见的守法动机有：

(1)出于服从权威的习惯。在社会化的过程中，服从法律成为人们心理的组成要素和习惯。

(2)出于对惩罚的畏惧。法由国家强制力保证实施，这是法的基本特征之一。而强制力与制裁密切相关。在一个法律秩序正常的社会，任何明显的违法行为都会受到国家相应的制裁——罚款、监禁甚至处死，这迫使人们产生服从法律的动机。

(3)出于道德的考虑。根据公平对待的道德原则，每个社会成员都有服从政府和遵守法律的道德义务。

(4)出于社会的压力。社会是由无数互相连锁的行为模式组成的。不遵从某些行为方式，不仅会使依赖它们的其他人失望，而且会在某种程度上瓦解社会的组织，这种内在的依赖关系产生了使人遵守法律的强大压力。

(5)出于对合法性的认识。人们会遵守由合法权威的机关或官员依照法定正当程序作出的法律、政令或判决。

(6)出于个人利益的考虑。个人(或组织)利益往往与法律规定协调一致，守法会产生肯定效果。这种守法可以表明，法律的要求和社会成员利益的需求是基本适合的。

(7)出于较高的法律意识。良好的法律意识使社会成员能够充分认识到法在现代社会生活中所发挥的重要功能和作用，有助于他们理解法律的精神实质，树立对法律的遵从和信仰，从而积极、主动地遵守法律。

五、案例分析题

1. 某市技术监督局在春耕期间，对该市农资公司经销的“大地”牌播种机进行质量检查。技术监督局抽取了两台播种机进行了机械性能检查和现场模拟试验，发现该播种机存在严重缺陷，不符合国家规定的技术指标，而且还查明该产品无质量合格证书。技术监督局遂将该产品认定为不合格产品，并依据《中华人民共和国产品质量法》的有关规定，作出了如下行政处罚：(1)没收违法所得 10000 元；(2)处以违法所得 3 倍的罚款，即 30000 元的罚款；(3)停止销售库存的产品，待技术处理之后方可销售。该农资公司不服，向人民法院提起行政诉讼。法院经过审理之后认为，依据《产品质量法》第 38 条“没收违法所得，并处以违法所得 1 倍以上 5 倍以下的罚款”的规定，技术监督局对农资公司做出的“没收违法所得，并处以违法所得 3 倍罚款的处罚”决定是合法的，但考虑到农资公司是贫困山区的小企业，效益不好；而且农资公司是初次销售该不合格产品，销售数量很少，技术监督局并处违法所得 3 倍的罚款就显得过多，构成了显失公正。因此人民法院依法变更了相应的处罚决定，减少了罚款数额。

请运用法理学的原理分析一下该案例。[华侨大学 2011 年研]

答：本案说明执法主体在进行执法活动时应当遵循合法性原则和合理性原则。合法性原则和合理性原则的内容，参见本章考研真题简答题第 3 题答案。在上述案例中，行政执法部门的处罚虽然合法，但考虑到具体情况，其处罚并不合理，所以法院依法予以变更。因此，在行政机关执法的过程中，不但要遵守合法性的原则，还要遵守合理性的原则。

2. 请阅读下面的材料，回答问题。［武大 2013 年研］

2012 年 11 月 19 日浙江温岭公安官方微博发布信息："温岭城西街道蓝孔雀幼儿园女教师虐童事件经警方深入侦查，根据罪刑法定原则，认为涉案当事人颜艳红不构成犯罪，现依法撤销刑事案件，对其作出行政拘留十五日的处罚，羁押期限折抵行政拘留。今天，温岭警方依法释放颜艳红。"

随后《北京青年报》发表社评：《温岭虐童女教师真的无罪吗?》；《新京报》同样表示"温岭虐童案尚有疑问需解释"。《第一财经日报》亦发表《舆论与司法需要良性互动》一文："透过对温岭虐童案当事人最后的裁决，可以发现，当前的公共舆论中固然有大量的充满义愤的指责，但也不乏理性的、敬畏法律的声音。这样的声音稀释了舆论对司法的负面影响。这真的是中国社会的进步。但反过来看，司法领域现存的一些问题，却阻碍了司法与舆论实现平衡。无疑，舆论与司法需要良性互动。而要实现良性互动，双方皆要有所为。"

(1)请运用法理学知识，评析《第一财经日报》所载文章的观点。

(2)请结合上述材料，说明微博等信息和通信技术(Information and Communication Technology)对法律运行的影响。

答：(1)《第一财经日报》所载文章的观点反映了司法与舆论的相关关系，即舆论与司法需要各司其职、良性互动。运用法理学中的相关知识，具体分析如下：

①司法独立原则和司法合法原则的含义，参见本章考研真题论述题第 2 题答案。

舆论监督和司法活动都是实现社会公平正义的重要途径。司法机关应在坚持党的领导、自觉接受人民监督的前提下，保持司法活动的适度开放性，主动接受网络舆论的监督，把网络舆论监督当成司法公开、司法民主和司法公正的助推器；同时，要严格规范司法，保证司法机关依法独立公正行使职权，切实提高舆情处理能力。

②尽管网络舆论与司法活动存在差异和冲突，但在很多方面也有契合点，具有一致性，在实践中可以相互支持、良性互动。表现为：公平正义是网络舆论与司法活动的共同追求；网络舆论能够促进司法公正；依法独立公正地行使司法权能够保障公民表达权、纠正舆论偏差。这就要求司法机关切实提高舆情处理能力，保障司法机关独立行使职权；以法律为依据执法办案；全面提高司法机关舆情应对能力。要加强对司法活动的监督。司法机关要及时回应社会关切，规范媒体对案件的报道，防止舆论影响司法公正。

综上可知，《第一财经日报》所载文章的观点反映了司法与舆论二者的相关关系。一方面，二者不能完全分离。司法的公正不仅要靠司法自身体制的完善，还需要外在力量的监督。新闻媒体由于自身的特殊性对司法可以发挥有效的监督作用，促进司法过程的公开化与公正化，以此提高司法权的公信力。另一方面，新闻媒体舆论监督要坚持一定的界限，其监督在于促进司法过程的公开化。而司法独立原则、司法权的特点要求法官严格依据法律和事实，结合内心对法律的认知作出审慎的判决，新闻媒体不应对涉及事实认定和法律适用发表意见，这是司法机关的权限和职责。而且舆论一旦超过必要限制就会对法官的独立审判造成干扰，这是与我国正在建设的法治国家与司法独立要求相违背的。所以，要坚持科学的规范与界限，实现司法与舆论的良性互动。

(2)微博等信息和通信技术，实质上代表的是高科技下尤其是以网络舆论为典型的飞速传播的社会公众舆论方式。这是一把“双刃剑”，作为新型的传播媒体，它一方面对法律适用活动发挥了前所未有的社会舆论监督作用；另一方面也存在着过度介入司法活动、妨碍司法独立等各种问题，影响了司法活动正常有序进行。

①积极影响：

a. 网络舆论具有开放性、突发性和情绪性，而司法活动则具有相对封闭性、程序性和专业性。二者性质不同，但都以揭露事实真相，维护社会公平正义为目标，为司法公开提供新渠道。官方微博不同于传统的官方网站，由于微博字数少、传播快、受众面广等优势，使司法机关快速、及时地公开检务、宣传法治、监控舆情、直播庭审等成为可能，这既体现了科学技术进步与法治体系建设的良性互动，也体现了民主政治对于司法权行使的监督作用。

b. 网络舆论对案件的曝光和关注，有利于增强司法活动的透明度，为司法机关抵御非法干预、保障司法公正提供坚实的舆论环境和群众基础。网络舆论也是司法机关依法独立办案的有益补充。司法活动处于公众监督之下，这种监督力量促使司法机关正确适用法律，提高办案质量，实现司法公正。在处理具体案件时，兼顾依法独立办案和网络舆论可以最大限度地实现法律效果与社会效果的统一。

②消极影响：

a. 微博的过度干预对司法机关形成压力。微博中往往充斥着不真实的信息，加上微博强大的凝聚力量，其俨然成了恶意炒作、左右舆论导向的平台。

b. 微博对案件信息的公开可能损害他人利益。官方微博在公布案件信息时，往往重视对当事人隐私、名誉的保护，而有些微博则变成侵害他人合法权益的工具。

舆论具有情绪性，某些情况下舆论所倡导的是一种“合情但不合法”的事实。只有切实增强司法活动的相对独立性，尊重和维护司法机关依法独立公正行使职权，才能避免司法沦为打击舆论的工具，真正维护人民群众通过网络合法表达意见、开展监督的权利。而依照正当的法律程序和证据规则，由司法机关通过独立公正的司法途径来认定事实、还原真相、厘清是非，也有利于对网络舆论的错误认知进行矫正，去除网络舆论的非理性内容。

微博等通信技术对法律运行是一把双刃剑，但从整体上看，微博对司法适用的影响是利大于弊。要以乐观的态度看待微博等通信技术的发展，并采取有效的措施规范微博，趋利避害，充分发挥微博的积极作用，尽可能避免或者减少对法律运行的消极影响。

第十七章　法律程序

17.1　复习笔记

【知识框架(庖丁解牛)】

- 法律程序
  - 法律程序概述
    - 法律程序的概念
    - 法律程序对法律行为的调整方式
      - 分工
      - 抑制
      - 导向
      - 缓解
      - 感染
  - 正当法律程序
    - 历史演进
    - 构成要件
      - 程序的分化
      - 对立面的设置
      - 程序中立
      - 自由平等且实质性的参与
      - 理性对话和交涉
      - 信息充分和对等
      - 公开
      - 及时性和终结性
    - 价值
  - 程序正义：兴起、独立价值、在法治系统中的地位和功能

【通关提要(提纲挈领)】

本章主要介绍法律程序，比较基础。学习时，要掌握法律程序对法律行为的调整方式、正当法律程序的构成要件，熟悉程序正义在法治系统中的地位和功能。本章主要考查概念题和简答题，要理解记忆。

【考点难点归纳(厚积薄发)】

考点一：法律程序概述(见表 17-1)　★★★

表 17-1　法律程序概述

要点	具体内容	
概念	指从事法律行为作出法律性决定而预设的过程、方式和关系。其要点如下： ①具有国家意志性、强制性和规范性。 ②目的在于作出法律性决定，即决定经由何种过程、方式和关系作出。 ③针对特定的行为形成。 ④在法定时空中展开。 ⑤具有形式性和相对独立性。 ⑥可进行价值填充	
对法律行为的调整方式	分工	借助时序和时限分配程序角色
	抑制	通过程序的时间、空间要素来防止法律行为的随意性
	导向	以法定时间和空间要素指引人们行为
	缓解	化解社会的价值冲突与利益冲突
	感染	法律程序的象征性和仪式性有助于人们重新认识程序法与实体法的关系，引导主体遵从相应的行为模式

【真题链接】简述法律程序对法律行为的主要调整方式。[简答题，南航 2015 年研]

考点二：正当法律程序（见表 17-2）★★★

表 17-2　正当法律程序

要点	具体内容		
构成要件	程序的分化	通过功能分化和角色分派来分散决定权以限制权力的恣意行使，包括：①时间维度上，程序的阶段性划分；②空间维度上，程序的结构性安排	
	对立面的设置	指复数的利益对立或竞争主体借助制度进行交涉的装置	
	程序中立 [核心要素]	①决定者或程序主持者的中立性。 ②程序的预设性，防止程序“因人设制”。 ③程序设置的中立性	
	自由平等、实质性参与	①自由参与：参与的自愿；参与过程中的异议、反对等意见的自由提出。 ②平等参与：程序参与者地位平等，参与公平。 ③实质参与：参与受到法律和制度保障且其对决策产生实质影响	
	理性对话和交涉	程序主体之间为达成合意围绕争论点进行交涉的方式是理性的	
	信息充分和对等	保证信息、资讯或证据的多样化和合法性，且使之在参与者之间进行充分、平等的分享和传输	
	公开	内容	①程序结果和理由的公开；②程序过程公开；③信息公开
		例外	涉及个人隐私、国家秘密的案件审理不公开，但审理结果应公开
	及时性	指程序在时序和时限上具有统一、明确的规范标准，具有限定性、效率性和可预期性	
	终结性	①最终决定形成后，程序才宣告终结。 ②程序是影响结果形成的唯一决定性因素。 ③对结果的修正必须启动另一法定程序，不能随意推翻	

续表

要点	具体内容
价值	正当法律程序有工具性价值[实现好结果]和内在的独立价值[本体价值]。 主要包括：①权利平等的前提；②权力制衡的机制；③解决纠纷效率的保证；④权利实现的手段；⑤法律权威的保障；⑥公民有序政治参与的指引

【真题链接】试述正当法律程序的构成要件。[简答题，浙江财大2018年研]

考点三：程序正义(见表17-3) ★★

表17-3 程序正义

要点	具体内容
独立价值	①程序具有工具性价值[形成实体结果]和独立的内在价值。 ②程序正义独立于实体结果，程序的内在品质决定程序本身是否公正。 ③对人的尊严和道德主体地位的尊重是程序正义的价值基础。 ④程序正义与实体正义可能和谐一致，也可能存在矛盾或冲突
在法治系统中的地位和功能	①体现法治价值，如具有对程序结果的证成功能，能体现实体性意义等。 ②程序正义设定了实体正义的操作框架，并对其有过滤和补救作用。 ③程序正义与实体正义都应以对人的主体性和尊严的维护和尊重为终极价值

17.2 课后习题详解

1. 法律程序在一般含义上包含哪些要点？

答：法律程序在一般含义上包含的要点即其特点，参见本章考研真题简答题第1题答案。

2. 法律程序影响人们行为的方式是什么？

答：参见本章考研真题简答题第2题答案。

3. 正当法律程序的基本构成要件有哪些？

答：参见本章考研真题论述题第2题答案。

4. 如何理解程序正义及其与实体正义的关系？

答：正义包括“实质正义”和“程序正义”两种形式。实质正义表现为结果的正义；程序正义是过程的正义，它的正义性是由程序建立和保证的。在法律领域，程序正义主要指向法律程序的正义性。法律程序是否公正，将在很大程度上决定法治目标能否得到实现。

(1)程序正义具备独立价值，主要表现为：

①程序正义具有工具性价值和独立的作为目的的内在价值。

②程序正义具有独立性，其公正性取决于内在品质，与结果无关。

③程序正义的终极价值是对人的尊严和道德主体地位的尊重。

④程序正义与实体正义在很多情况下可以和谐一致，但有时也会发生矛盾或冲突。

(2)程序正义和实体正义存在紧密的关联关系。程序正义在法治系统中的地位和功能如下：

①程序正义体现法治价值，具体表现为：

a. 程序正义具有对程序结果的证成功能。

b. 从结果角度来看，程序正义对实体正义的实现仍具有积极作用。

c. 程序正义具有公开、透明的品格，能够为当事人提供稳定的合理预期。

②程序正义设定了实体正义的操作框架，并对其有过滤和补救作用。

a. 程序正义是通过满足形式要件而达成实质性共识的途径，为实现实体正义而进行的解释、推理、论证、漏洞补充、利益衡量、价值选择等都须纳入中立、平等、参与、理性沟通的程序正义框架下。

b. 各种实体性考虑都须经程序的过滤装置反映到立法、行政决策和司法决定中去，政治意识形态、道德和社会舆情不得直接成为形成法律性决定的根据或理由。

c. 实现实体正义的缺憾应尽可能借助程序正义予以调节和补救。

③实体正义和程序正义共享同一个终极评价标准——人的主体性和尊严。尊重和维护人的主体性和尊严是程序正义与实体正义的终极价值；二者发生冲突时，应以此为判断标准和衡量尺度。

5. 为什么说程序决定了法治与恣意的人治之间的基本区别？

答：法律程序贯穿于法律运行的全过程，但并非一切法律程序都是正当的。若是在法律适用问题上采取临机应变的态度，就会忽视形式理性和公正程序原则，给法律创设和适用带来极大的随意性、不确定性和对法律体系的不信任。程序决定了法治与恣意的人治之间的基本区别，程序正义有利于法治的实现。

正当法律程序是指“要求一切权力的行使在剥夺私人的生命、自由或财产时，必须听取当事人的意见，当事人具有要求听证的权利”。正当法律程序是一种为了限制恣意，通过角色分派与交涉而进行的，具有高度职业自治的理性选择的活动过程。正当程序是现代法律的特征之一，是人治和法治的分水岭和试金石。正当法律程序的构成要件，参见本章考研真题论述题第2题答案。

17.3　考研真题与典型题详解

一、概念题

法律程序［浙工商2021年研；武汉理工2007年研；南师2005年研］

答：参见本章考研真题简答题第1题答案。

二、简答题

1. 法律程序有哪些特点？［杭师大2017年研］

相关试题：简述法律程序的特点。［首经贸2015年研］

答：法律程序是指特定主体为完成某一具有法律意义的行为所应遵守的法律过程和方法以及它们相互之间的关系。整体来看，法律程序具有四个特征：

(1)目标特定，即法律程序的目标在于作出特定的法律性决定。法律程序决定了法律性决定应当按照何种过程和方式被作出。这里的“法律性决定”在内容上可能是实体性的，也包括政治和公共决策。

(2)主体多元，即法律程序通常由多个法律主体参与其中，通过主体的互动而产生相应的法律性决定。只有单数主体参与的法律程序比较少见，更多时候是由复数主体参与其中并进行互动。这些主体在法律程序中的互动需要遵守时间要求和空间要求。其中，时间要求包括行为的先后顺序和时间长短。空间要求包括空间关系和行为方式，前者旨在说明主体及其相互行为的确定性和相关性，后者旨在说明行为的表现方式，如刑事判决一般应当公开。

(3)相对中立，即对法律性决定而言，法律程序具有一定的距离，它并不直接指向某一特定的法律性决定，只是规定其中的顺序和步骤。法律程序的中立性并不绝对。从外部来看，法律程序体现和维护的是立法者的意志，立法者可以对其进行价值填充，使其在整体上具有偏向性。从内部来看，参与法律程序的各主体也未必是中立的，例如在司法程序中，除了中立的法官，当事人双方都必然站在自己的立场上。

(4)象征性，即法律程序彰显了一种“看得见的正义”。正义不仅要获得实现，而且要以人们看得见的方式实现。法律程序设定了与法律性决定相关的时空、言行、仪式等，具有仪式性和象征性。除非法律程序本身明显的不公，一般而言，它能增强人们对法律性决定的参与感，提高对法律性决定的接受度。

2. 简述法律程序对法律行为的主要调整方式。［南航 2015 年研］

相关试题：法律程序对法律行为的调整方式。［首经贸 2014 年研］

答：法律程序对法律行为的主要调整方式如下：

(1)分工。法律程序通过时空要素分派程序角色。如在诉讼程序中，合议庭成员、陪审员、辩护人、公诉人等各司其职。

(2)抑制。法律程序通过时空要素防止法律行为的随意性。如以分级式的审判阶梯来完成审判任务，比只经过一审更可能抑制法官判断的随意性。又如让行政相对人直接参加到行政决定程序中为自己的行为进行申辩，可以在相当程度上限制行政主体的恣意。

(3)导向。法律程序通过时空要素为法律行为提供指引，指导程序中的各个角色如何开展活动。程序能为人们的具体行为提供统一模式，可指导人们的行为在时间和空间上有序衔接。

(4)缓解。法律程序的存在有助于双方放弃野蛮的暴力对抗，选择相对平和理性的法律程序解决争议。程序属于文明有序的纠纷解决方式，可以引导当事人避免发生激烈的外部对抗和冲突。法律程序提供了相对隔离的法律空间，将复杂的社会关系简约化，形成程式化的法律关系，排除了原有社会角色和其他非程序因素的影响。

(5)感染。法律程序的仪式性、象征性和神圣性能够使人的情绪、情感自然地受到影响，使行为主体产生有意识或无意识的服从。

3. 正当法律程序仅仅具有工具性价值。［辨析题，中财 2018 年研］

答：这种说法是错误的。正当程序的价值是指程序在运行过程中所要实现的价值目标，包括外在价值和内在价值两个方面。工具性价值是正当法律程序的外在价值，是指借助正当法律程序能够实现好的结果，如在形成一项表达民意的立法、合理的行政决定或公正的司法判决方面有用且有效。正当程序的内在价值则是指程序本身所具有的某些内在的优秀品质或善的标准。具体参见本章考研真题论述题第4题答案。故正当程序不仅仅具有工具性价值。

4. “自己不能作自己案件的法官”在英美法系有哪些涵义？［浙大2005年研］

答：这句话体现了英美法系中正当程序对“程序中立”的要求。

程序中立，要求决定者或程序主持者具有中立性。决定者在多数情况下是指解决纠纷的第三者或程序的指挥者。正当程序对于决定者最重要的要求则是“中立性”。古老的“自然正义”两项要义之一就是强调决定者的中立问题，在正式制度中它表现为回避权的设置。按照戈尔丁的标准，包括“与自身有关的人不应该是法官、结果中不应含纠纷解决者个人利益、纠纷解决者不应有支持或反对某一方的偏见”三个方面。此项要素的内容还包括决定者的选择(通常这同时意味着解决方式的确定)、资格认定等制度安排。

程序中立强调决定者或程序指挥者不能有所偏倚，而且须让人看上去不会偏倚。程序中立需要一系列制度的保证和配合，如决定者的资格认定和人身保障，程序中的职能分离，以及回避制度、分权制衡、公开听证等。

三、论述题

1. 如何理解程序是法律的核心？［首经贸2003年研］

相关试题：论述法律程序对于法律适用的作用。［杭师大2016年研］

答：法律程序是指人们遵循法定的时限和时序并按照法定的方式和关系进行法律行为。法律程序贯穿法律运行的全过程。可以说，程序是法律的核心。

(1)法律程序对立法的作用。立法是法律产生的重要方式，立法具有阶段性、关联性和完整性。法治国家的最基本要求是有法可依，因此，立法是法律的起点。立法也应依据一定程序进行。现代立法一般包括立法准备、由法案到法和立法完善诸阶段。其中由法案到法的阶段，一般都经过法案提出、审议、表决和法的公布等程序。在特殊情况下可有特殊程序。立法依据一定程序进行，才能保证立法具有严肃性、权威性和稳定性。

(2)法律程序对法律行为进行的调整，参见本章考研真题简答题第2题答案。

(3)法律程序对法律适用的作用。法律适用作为国家行为，是通过适用者的活动来进行的，它带有主观性因素，其中必然存在不合理的主观性因素，所以有必要运用法律手段来克服。法律程序对法律适用的意义在于：

①法律程序是约束适用法律者权力的重要机制。公诉和辩护以及质证、辩论、陪审和合议等程序形式均是从法律适用的一系列活动中分离出的某些具有权利或权力性质的内容，交由其他主体来进行或与适用者共同进行。这些程序是为了制约适用者裁决权、避免适用者滥用职权，达到适用的合法性而设立的。这些程序对于适用者既是分权——将适用权中的分析、推理和判断几个环节分给公诉人、辩护人、陪审员、当事人和证人，又是制约——对适用者权力的约束和抑制。

②法律程序是进行理性选择的有效措施。法律适用者因教育背景、职业特点及思维惰

性等因素，容易对法律适用的依据产生疏忽心理，往往不假思索地进行法律适用。加之法律适用的职权仅由审判者享有，可能导致其刚愎自用、固执己见，忽视辩护人、当事人及证人提出的法律适用意见，未能及时纠正错误，最终导致法律适用错误。程序能够“加强理性思考”，是“对恣意的限制”，从而能正确定罪量刑。所以程序对适用者是一种帮助——从思维角度而言，通过这些程序能为适用者开阔视野、打开思路，避免了单一思维的局限性。在一定程度上，对于法官而言，选择有效的程序以解决抽象的法律规范和具体的案件事实之间存在的缝隙很有意义。

③法律程序是法律适用结论妥当性的前提。当事人是否能够接受适用结论对法律适用的效力固然不会有影响，但对于法律适用结论的效果或者称为实效则是至关重要的。程序能够间接地支持决定结论的妥当性，实体上不合民意的决定，因为正当程序的原因却被民众接受。在程序中按照一定标准和条件整理争论点，法官公平地听取各方意见，在使当事人可以理解或认可的情况下作出决定。但是，程序不能简单地被视为决定过程，因为程序还包含着决定成立的前提，存在着左右当事人在程序完成之后的行为态度的因素。所以，一种合理、合法的适用程序对于当事人在适用完成后的行为态度起到信念上的暗示作用，他相信在这种程序下作出的适用结论对于他是公正的。

综上可知，法律从产生、遵守再到适用都离不开法律程序的规制，因此可以说，法律程序是法律的核心。

2．论正当法律程序的构成要件。［河北经贸大学 2024 年研；中财 2014 年研］

相关试题：

（1）简述正当法律程序的构成要件。［简答题，中南财大 2025 年研］

（2）1791 年美国联邦宪法第 5 条修正案规定“非经法定程序，不得剥夺任何人的生命、自由或财产”，1986 年宣布生效的第 14 条宪法修正案又再次采用“正当法律程序”一词。那么，在现代法治意义上，正当法律程序应当具备哪些构成要件？［分析题，山东师大 2018 年研］

（3）试述正当法律程序的构成要件。［简答题，浙江财大 2018 年研］

（4）论述正当法律程序的最低标准和构成要件。［华侨大学 2016 年研］

答：正当法律程序的基本构成要件包括：

（1）程序分化。通过功能分化和角色分派，法律程序将决定权分散到不同阶段和不同主体那里，使其互相牵制，避免权力的恣意妄为。程序的分化包括程序的阶段性划分和程序的结构性安排。程序的阶段性划分是时间维度的功能分化和角色分派；程序的结构性安排是空间维度的功能分化和角色分派。

（2）对立面的设置。指复数的利益对立或竞争主体借助制度进行交涉的装置。当事人在社会生活的相互行为和关系中产生意见分歧或利益冲突，程序是这种行为和关系的进一步延续，并且程序通过当事人的相互行为和关系而得以实现。

（3）程序中立。此为正当程序的核心要素，主要包括三方面的内容：①决定者或程序主持者的中立性；②程序的预设性，即基于程序对特定主体可能产生的利益或损害，以避免程序的随意或恣意更改；③程序设置的中立性，使各方在程序地位、信息获得和发言机会上获得公平对待。

(4)自由平等且实质性的参与：

①自由参与。当事人可以自行决定是否参与程序，行使权利并承担相应后果。

②平等参与：a. 参与者地位平等。在意见表达上享有同等的资格和机会，在涉及公共利益或自身利害的决策过程中拥有平等的尊严与发言权。b. 参与公平。

③实质参与：a. 参与受到相关法律及相应制度的保护和保障；b. 参与是决策结果的重要依据，决策结果的作出应将参与者的参与作为关键的考量因素。

(5)理性对话和交涉。对话是程序主体之间为达成合意而针对争论点所开展的意见交涉方式。通过法律程序中的对话交涉和理性反思在求同存异的基础上达成合意，形成法律决策的正当实体内容。

(6)信息充分和对等。正当法律程序要保证信息等在参与者之间平等和充分地分享和传输。此外，正当程序还要求信息必须多样化，即信息来源的多样化；另外程序中的信息应具有合法性，是通过正当途径获得的。

(7)公开。公开要求程序结果和理由、程序过程以及资讯和信息都必须是公开的。但公开也存在例外，涉及个人隐私、国家秘密的案件可不进行公开审理，但是其审理结果应当向社会公众公开。

(8)及时性和终结性。及时性是指，程序具备限定性、效率性和可预期性，在时序和时限上有统一、明确、规范的标准。程序的终结性表现为：①最终决定形成后，程序才宣告终结；②程序是影响结果形成的唯一决定性因素；③经过程序得出的结果必须经过另一法定程序才能更改，不能随意推翻。

3. 阅读下列名言，阐述其中的法制意蕴。［南京大学2010年研］

“无论是谁做出的判决，如果他没有让其中一方当事人陈述自己的意见，哪怕判决事实上是正义的，他的行为也并非正当。”

——(古罗马)塞内加

答：这句名言体现了正当程序的构成要件之一，即理性对话和交涉，以及正当程序对结果正义的影响。

(1)参与是通过理性对话和交涉进行的，对立面的设置也在此中获得意义。对话是程序主体间为达成理性的合意围绕争论点而展开的意见交涉，交涉是“法律背景下”的协商论辩，其关键在于“针对性”，讨论、辩驳、说服都要针对一定的争论点进行。正是在这种阐明各自主张及其理由的对话和交涉中，合意得以达成，实体性内容得以形成并获得正当性。

(2)正当程序有助于保证决定的正当化。

①正当程序具有说服和证明的力量，其不仅有助于实现实体结果，而且可以使经由程序做出的决定或选择正当化，具有权威性、有效性和可接受性，获得普遍的确信和承认。严守正当程序要件的决定总会被认为是具有正当性的。

②在正当程序得以实施的前提下，确实能够发挥赋予决定结果以正当性的作用。这包括：

a. 使蒙受不利结果的当事人不得不接受该结果的作用，这不是来自决定内容的“正确”或“没有错误”等实体性理由，而是从程序过程本身的公正性、合理性中产生出来的。

b. 过程本身的直观公正对社会整体也产生正当化效果，即所谓“看得见的正义”。具备充分参与、理性交涉、公开辩论的程序能够充分考虑和平衡各方的主张以及利益，从而在最大程度上降低决定者事后被追诉的风险，确保基于正当程序而作出的决策或选择的正当性。这种由过程的正当证明结果的正当是法治的合理性所在。

4. 试述正当法律程序的价值。［吉大 2013 年研］

相关试题：

(1) 正当法律程序对法治的价值。［湘潭大学 2017 年研］

(2) 简述正当程序的价值。［简答题，南航 2017 年研］

(3) 简述正当法律程序的价值。［简答题，扬州大学 2020 年研；浙江财大 2017 年研］

(4) 正当法律程序的重要意义。［简答题，山东大学 2011 年研；华侨大学 2011 年研］

(5) 试论正当法律程序对法治建设具有的意义。［吉大 2010 年研］

(6) 法律程序的价值。［南师 2010 年研］

答：(1) 正当法律程序是一种为了限制恣意，通过角色分化和交涉，具有高度职业自治、理性选择的过程，其是由 1215 年英国《自由大宪章》中的“自然正义”发展而来的。正当法律程序的构成要件有：①程序的分化；②对立面的设置；③程序中立；④自由平等且实质性参与；⑤理性对话和交涉；⑥信息充分和对等；⑦公开；⑧及时和终结性。

(2) 正当法律程序的价值：

①促进实体目标的实现。在限制恣意的同时提供理性选择的自由和纠错的可能，使得冲突的解决有效率和效益；同时其所产生的决定还可以获得较高的认同和接受。具体包括三层含义：a. 这些实体目标，应是法治社会所追求，如立法对民意的体现、对社会生活需求的满足、对利益和负担的公平分配；行政决定对行政相对人意见和主张的考虑、对秩序的维护、对效率的促进；司法判决对案件的发现、对纠纷的解决、对违法的惩治、对秩序的恢复、对权力的补救、对正义的实现等。b. 以参与、中立、对等、理性、自治和及时终结性为要素的正当程序对这些目标实现的促进是最大程度的。c. 正当程序是通过其过程本身的正当来实现这些实体目标的，通过过程本身的正当实现结果的正当，是法治重要的品德。

②限制权力恣意。正当法律程序内在地具有通过分权限制权力恣意的特性：对立面的设置、角色的分派、程序的分化和中立以及由它们所带来的功能自治，是一种决定权分散的权力牵制结构；程序的公开、理性、当事人在信息对等基础上对程序的充分参与及其对结果的实质性影响，构成对决定者或程序指挥者进行制约的力量。

③保证决定的正当化。具备充分参与、理性交涉、公开辩论的程序能够充分考虑和平衡各方的主张以及利益，从而在最大程度上降低决定者事后被追诉的风险，确保基于正当程序而作出的决策或选择的正当性。

第十八章　法律职业

18.1　复习笔记

【知识框架(庖丁解牛)】

- 法律职业
  - 法律职业概述
    - 法律职业的概念与特征
    - 当代中国的法治职业共同体
  - 法律职业制度
    - 法律职业资格考试制度
    - 法律职业教育培训制度
    - 法律职业保障制度
  - 法律职业伦理与法律职业思维
    - 法律职业伦理
      - 法律职业伦理的概念
      - 法官、检察官的职业伦理
      - 律师职业伦理
      - 法律职业信仰
    - 法律职业语言与知识
      - 法律职业语言的来源
      - 法律语言的两大功能
      - 法律职业的知识
    - 法律职业思维：概念、特点

【通关提要(提纲挈领)】

本章主要介绍法律职业，学习时要掌握法律职业、法律职业思维的基本概念和特征，熟悉法官、检察官、律师的职业伦理；了解法律职业语言与知识。本章主要考查概念题和简答题，不是考查重点，记忆重点即可。

【考点难点归纳(厚积薄发)】

考点一：法律职业概述(见表18-1)　★★★

表18-1　法律职业概述

要点	具体内容
概念	指以法官、检察官、律师等为代表的，受过专门的法律专业训练，具有娴熟的法律技能与法律伦理的法律人所构成的自治性共同体
特征	①技能特征[源于法学教育]；②伦理特征；③自治特征；④准入特征[职业准入制度]

续表

要点	具体内容
当代中国的法治职业共同体	①法治专门队伍[最核心]。主要包括立法、执法和司法工作人员。 ②法律服务队伍。包括律师、公证员、人民调解员、法律服务志愿者等。 ③涉外法治人才队伍。 ④法学专家队伍

【真题链接】简述法律职业的特征。[简答题，华侨大学2017年研；厦门大学2012年研]

考点二：法律职业制度(见表18-2)　★★★

表18-2　法律职业制度

制度	要点	具体内容
法律职业资格考试制度	概念	国家统一组织的选拔合格法律职业人才的国家考试制度
	特点	①职业统一；②资质准入；③伦理达标；④职业养成
	改革后新特点	①关注中国特色社会主义法治理论。 ②重视考查法律职业伦理。 ③突出宪法与法律知识的系统性。 ④重视考查司法实务内容
法律职业教育培训制度	构成：职前教育培训＋执业过程中的后续教育培训。职业资格考试在前，重视考查、选拔基本资质；职前培训在后，重视培养、训练实务能力	
法律职业保障制度	①法检职业权利保障。确保依法独立公正行使司法权，维护司法公正。 ②法检职业地位保障。消除对法官、检察官的行政化影响和制约。 ③法检优越待遇保障。依法保障法官、检察官的职业收入，包括在职、退休待遇	

考点三：法律职业伦理与法律职业思维(见表18-3)　★★

表18-3　法律职业伦理与法律职业思维

要点		具体内容
法律职业伦理	概念	指法律人特定职业中所必须遵守的特殊道德规范
	法官、检察官的职业伦理	①职业化建设主要在于加强思想政治与职业道德建设，严格纪律作风要求等。 ②职业精神和职业道德主要包括：a. 爱岗敬业、尽职尽责；b. 追求真理、追求公平；c. 忠实于法律，保证法律的有效实施
	律师职业伦理	①勤奋工作，讲究效率，不得进行商业交易，不得利用案情从事不利于当事人的活动；不得就所托事宜接受对方当事人报酬，或约定、要求利益等。 ②尊重法官。包括不故意作虚假陈述；不向法庭提供已知是虚假的证据或授意提交虚假证据；不向法庭隐瞒有关重要事实等。 ③不做任何有损律师职业的事情；尊重同行；公平地对待对方律师等。 ④其他职业伦理，包括：不得通过给予他人有价物品的方式推销其法律服务；不得从“以介绍案件为业者”手中接受委托等
	法律职业信仰	①表现形态：法治信念、理念、观念、意识、思维、方式等。 ②内容：权利本位、规则至上、程序正当、权力控制、善法之治等

续表

要点		具体内容
法律职业语言	来源	①来自法律规定的法定术语；②来自法学理论的法学术语
	功能	交流与转化
法律职业知识	由两部分构成：①制定法中的关于规则的知识；②法律学问中的关于原理的知识	
法律职业思维	①运用法律方法和法律术语；②通过程序思考；③以权利为中心；④坚持已有事实和既定规则；⑤理性思考，谨慎感性；⑥追求程序真实；⑦判断结论总是非此即彼	

18.2 课后习题详解

1. 如何理解法律职业?

答: 参见本章考研真题简答题第1题答案。

2. 当代中国法治职业共同体由哪几部分构成?

答: 法治职业共同体是以法治价值和理念为基本指引，构建并实践中国特色社会主义法治理论和制度规范，以职业化为表征，以专业化为内核的职业共同体。法治职业共同体是中国特色社会主义的产物，其顺应了全面推进依法治国、建设中国特色社会主义法治体系和法治国家的时代要求。法治职业共同体具体包括以下群体：

(1)法治专门队伍。这是最核心的队伍，主要包括立法、执法和司法工作人员。

(2)法律服务队伍。主要是律师，也包括公证员、人民调解员，以及法律服务志愿者。

(3)涉外法治人才队伍。他们通晓国际法律规则、善于处理涉外法律事务。

(4)法学专家队伍。

法治职业共同体的形成为中国特色社会主义法治建设事业构建了一个更广泛的“统一战线”，有助于推动法治文明与传统文明的交汇，推动我国法治的发展，树立法律权威，与世界法治文明同步契合。

3. 法律职业制度有哪些主要内容?

答: 法律职业制度是指国家关于法律职业培养、考试、培训、职业保障等一系列法律制度的总称。其主要内容包括：

(1)法律职业资格考试制度，是国家统一组织的选拔合格法律职业人才的国家考试制度，具有职业统一、资质准入、伦理达标、职业养成四个特点。其改革后也呈现出诸多新特点，表现为：①中国特色社会主义法治理论成为考查重点；②重视法律职业伦理的考查；③突出宪法与法律知识的系统性；④增加司法实务内容的考查。

(2)法律职业教育培训制度，包括资格考试后的职前教育培训和执业过程中的后续教育培训。职前培训旨在使课堂教育与职业教育有效衔接，使法学知识与法律实务的有机结合，完成法科生到法律人身份的转变。后续培训旨在继续提高法律职业素养与专题实务学习。与法律职业资格考试相比，职业教育培训重视实务能力的培养与训练，而资格考试重视基本资质的考查与选拔。

(3)法律职业保障制度。法律职业保障是指法官、检察官和律师在履行职责过程中个人权利、职业权利、地位、待遇、荣誉等方面的制度和物质保障。主要包括三方面内容:

①职业权利保障制度。确保法官、检察官依法独立公正行使职权,维护司法公正。

②职业地位保障制度。法官、检察官职业具有稳定、独立、专属等特点,应消除对其行政化影响和制约。

③优越待遇保障制度。依法保障法官、检察官的职业收入,包括在职待遇和退休待遇。

4. 法官、检察官的职业伦理要求主要包括哪些方面?

答: 法律职业伦理是人类社会生活关系之规范、原理、规则的总称。它是一些具有可操作性的、主要用于各种伦理冲突时的一种指导或者技术规范,是按照道德要求对法律执业行为规范的一种技术性处理。

(1)法官、检察官职业化建设内容包括:加强思想政治与职业道德建设;严格职业准入;规范权责配置;强化职业意识和技能;加强职业保障等。

(2)法官、检察官的职业精神和职业道德主要包括:

①忠实于法律。坚持法律至上,避免违背法律与法律意图;尊重其他司法官、遵守司法礼仪、保持良好仪表、维护法庭威严等。

②尊重律师。诉讼中认真听取律师意见,判决书中应当载明律师意见与主张,以说明法官对事件的充分了解;对律师违背职责的行为,应利用时机予以批语与匡正等。

③中立地对待当事人。法官应当抵制当事人说情等形式的干扰,不得接受当事人馈赠或恩惠;与当事人有利害关系的要回避等。

④司法官社会性活动中的职业道德。司法官从事职务外的活动应避免公众的合理怀疑,应杜绝可能影响司法官形象的不良嗜好和行为等。

5. 为什么说法律职业的地位是一个民族文明的标志?

答: 法律职业是一种特殊职业,法律人的行为在某种程度上代表了法律,并深深影响着法律的实施状况和现实命运。法律职业是指以法官、检察官、律师等为代表的,受过专门的法律专业训练,具有娴熟的法律技能与法律伦理的法律人所构成的自治性共同体。法律职业家不仅应具备娴熟的技能与经验,还要具有高尚的职业道德,即“德才兼备”且“以德为先”。

一个行业在一个国家中的社会地位体现了这个行业在这个国家的受重视程度。一个国家的法治程度高低决定了一个国家的文明程度。即越是民主法治的国家,越是文明的民族,越重视法律。

法治人才是依法治国的重要主体,法治人才队伍建设是依法治国,实现治理体系和治理能力现代化的一项重要要求。法律职业地位的提高反映了法律在社会上被遵从和信仰的程度,这是社会文明之中制度文明的应有之义和必然要求,如果一个民族遵从、信仰法律,就会遵守法律的规定,在法律的范围内行使权力、履行义务,按照法律的实体规定和程序规定解决矛盾、化解纠纷,从而形成和谐有序的社会状态,向人类文明迈出一大步。

当人人都相信法律,相信通过法律可以解决问题,法律职业就有其社会地位,法律职业亦成为民族文明的标志。

18.3　考研真题与典型题详解

一、单项选择题

某市律师协会与法院签订协议，选派10名实习律师到法院从事审判辅助工作6个月，法院为他们分别指定一名资深法官担任导师。对此，下列哪一说法是正确的？（　　）［2017年法考真题］

A. 法官与律师具有完全相同的职业理想和职业道德

B. 是对法院审判活动进行监督的一种新途径

C. 有助于加深律师和法官相互的了解和信任

D. 是从律师中招录法官，充实法官队伍的一种方式

【解析】A项，法官与律师都是社会主义法治工作队伍的组成部分，但二者的职业理想和职业道德存在区别。B项，在我国，人民检察院承担对法院审判活动进行监督的法定职能。CD两项，资深法官为实习律师担任导师，是律师培养的一种途径，可以使法官和律师相互之间对各自的工作、行为等有更深的认识，有利于加深律师和法官之间的了解和信任，与法官招录无关。

二、多项选择题

培养高素质的法治专门队伍，旨在为建设社会主义法治国家提供强有力的组织和人才保障。下列哪些举措体现了这一要求？（　　）［2015年法考真题］

A. 从符合条件的律师中招录立法工作者、法官、检察官

B. 实行招录人才的便捷机制，在特定地区，政法专业毕业生可直接担任法官

C. 建立检察官逐级遴选制度，初任检察官由省级检察院统一招录，一律在基层检察院任职

D. 将善于运用法治思维和法治方式推动工作的人员优先选拔至领导岗位

【解析】ACD三项，培养高素质的法治专门队伍，要完善法律职业准入制度，健全国家统一法律职业资格考试制度，建立从符合条件的律师、法学专家中招录立法工作者、法官、检察官制度。要建立法官、检察官逐级遴选制度，初任法官、检察官由高级人民法院、省级人民检察院统一招录，一律在基层法院、检察院任职。要把善于运用法治思维和法治方式推动工作的人选拔到领导岗位上来。B项，培养高素质的法治专门队伍，也要健全从政法专业毕业生中招录人才的规范便捷机制；但政法专业毕业生不得直接担任法官，因其违反《法官法》规定的法官任职条件，也有违法官、检察官招录与遴选制度。

三、概念题

1. 法律职业［四川大学2022年研；浙江理工2019年研；南师2018年研；杭师大2017年研；北邮2016年研；浙江财大2015年研；南京大学2013年研；南航2011年研］

答：参见本章考研真题简答题第1题答案。

C　❙　ACD

2. 法律职业制度［中山大学2015年研］

答：参见本章课后习题第3题答案。

四、简答题

1. 简述法律职业的特征。［华侨大学2017年研；厦门大学2012年研］

相关试题：

(1)论法律职业的特征和思维。［论述题，南航2009年研］

(2)简述法律职业的概念和特征。［北化2008年研］

答：(1)法律职业是指以律师、法官、检察官为代表的，受过专门的法律专业训练，具有娴熟的法律技能与严格的法律伦理的法律人所构成的自治性共同体。

(2)法律职业的显著特征：

①技能特征。法律职业技能来源于专业的法学教育，法律人的职业技能是通过系统的法学教育和训练形成的，并在职业实践中不断培训和学习。

②伦理特征。法律职业必须具备本职业特有的伦理，其以职业为背景，目的在于维护职业共同体的社会地位与声望，并借此维系各成员，保证成员不会因为分工与竞争而出现分离甚至矛盾。

③自治特征。法律职业需要专业化的司法人员以及法律职业特有的逻辑和方法。法律人在程序构成的“法的空间”里运用法律概念术语、职业化的方法和技能，进而形成不同于普通大众逻辑的法律思维。

④准入特征。加入法律职业需要受到认真考察，符合准入门槛，并获得许可证。

2. 简述司法官的职业道德基本要求。［首经贸2018年研］

答：参见本章课后习题第4题答案。

3. 试简述律师应有的职业伦理。［浙大2006年研］

答：律师职业伦理的主要内容包括：

(1)对当事人而言，律师要诚信履行合同，忠实于委托人利益，尽职尽责，善意而谨慎地承担代理事务，尽最大努力维护当事人的合法权益；不得与当事人进行商业交易；不得接受对方当事人报酬；禁止相反利害关系案件代理；保守当事人秘密；禁止双方代理等。

(2)对法官而言。作为律师，应当尊重法官，这是尊重法律的表现。这种尊重当然不排除提出自己的辩护意见，而是礼貌地对待法官。这包括礼貌用语，法庭上与检察官辩论时尊重辩论原则，尊重对方的人格，遵守法庭纪律，尊重法官对程序的掌控，对法官不纠缠、不强辩；不故意作虚假陈述；不故意提交虚假证据；不向法庭隐瞒有关重要事实等。

(3)对同行而言，律师之间应相互尊重，以正派、正直和认真的态度处理好与同行的关系；不得通过不正当手段损害竞争对手的利益；不以不正当方式招徕业务；不得直接或间接地谋取其他律师已承办的案件；不对对方律师进行人身攻击等。

(4)律师的其他职业伦理。不得通过给予他人有价物品的方式推销其法律服务；对于法官的违法行为要及时举报；不得从“以介绍案件为业者”手中接受委托等。

五、论述题

1. 详述法律职业思维的特点。［吉大 2013 年研］

相关试题：法律职业思维的特征。［简答题，吉大 2010 年研；中财 2008 年研］

答：法律人的职业思维是重要的职业技能之一，它不同于大众思维。法律职业思维的特点主要有：

(1)运用法律术语思考判断，运用法律方法对术语概念进行解释和推理。

(2)通过程序进行思考。法律程序的自治，要求只在程序内进行思考和判断。

(3)以权利为中心进行思考。法律施行时以权利和权利保障为准则，以法定权利为诉讼请求依据。

(4)遵循既定规则和已有事实，表现较为稳妥，甚至保守。

(5)逻辑缜密，善于理性思考。法律思维的高度逻辑性正是法律思维优于大众思维的关键所在。法律思维是以法律事实与规则认定为中心的活动，其首先服从于规则而非情感。

(6)追求程序真实，而非科学真实。法律思维"求真"是在法律内"求真"，这意味着法律思维中的"求真"是"关于证据和通过证据的思维"。

(7)判断结论总是明确、非此即彼的。

2. 如何理解"一个公正的法官是一个冷冷的中立者"(埃德蒙·伯克语)这句话的含义?［南京大学 2011 年研］

相关试题：司法官的职业素质要求。［简答题，山东大学 2010 年研］

答：法官必须做到公平和公正，因为"当事人可以接受败诉，但无法接受不公平"，"社会允许法律有漏洞，但不允许法官不公正"。公平与公正要求法官应恪守职业操守，对法律实施过程中发生的各种主体之间的纠纷，以被动性原则和中立性原则作为履行职务行为的基本出发点，以中立的身份和地位，依公正、科学的司法程序，以求得公正的解决。在法官解决纠纷的过程中，法官地位的中立与诉讼程序的公正尤为重要。法官应做到以下几点职业素质要求以确保公平公正：

(1)忠实于法律。包括两方面的要求：①在社会上做守法的模范，严格遵守法律。②在职务行为上严格遵守法律。在一个走向法治的国家，忠实于法律对法官是严峻的考验，他需要有勇气面对强权。在日常职业活动中，要求司法官勇敢面对权势，理性对待情感，坚持法律至上。对司法官来说，法律不仅是生活规则，也是审判活动的依据。

(2)依法独立行使职权。这是第一条的延伸。忠实于法律必然要求"独立行使职权"，如果不独立，就没有能力"忠实于法律"。在法治社会，司法官独立行使职权不仅是伦理义务，也是法定义务，即司法独立是法治的基本原则。在一个法治国家，能否坚持独立行使职权是对法官的严峻考验，这需要法官的智慧与勇气，甚至在必要时为此付出代价。当然，最重要的是需要制度支撑。

(3)客观中立的立场。这要求司法官特别是法官中立地对待民事诉讼中的双方当事人，不畏权势，不分贫富、公私(企业)、城乡、智愚，不抱偏见，不讲情面，不接受吃请，不得与一方当事人庭外接触，做到一视同仁。在行政案件上，要做到官民同权。在刑事案件上，要在控方和辩方之间保持中立，排除个人情感因素，排除民意对判决的影响。

(4)维持良好的职业形象。在法治国家，法律不仅是应当遵守的规范，而且是信仰的对象。维护良好的司法官形象不仅是法治对司法官的要求，也是法律职业对司法官的要求。良好的司法官形象首先要求司法官尊重律师与当事人，做文明的传播者。其次要求法官控制自己的社交行为，不得“傍权、傍富”，不得为他人谋取商业利益，不得出入高档消费场所，更不能出入有伤风化之地。

3. 美国法官休厄特曾有一句名言，说：“(法官)不仅要主持正义，而且要人们明确无误地、毫不怀疑地看到是在主持正义，这一点不仅重要，而且是极为重要的”。试谈你对这句话的理解，并论法官可如何做到这一点。[浙大2007年研]

答：(1)法官裁判案件的思维特点是要保持中立性。司法中立是司法权威的一个重要保障，是司法获得公众信任的源泉。司法中立包括司法权与立法权、行政权的中立；司法权在政府与民众、公与私之间的中立；司法权在诉讼当事人之间保持中立。其具体内容包括：主体中立、制度中立、庭审中立。法官始终以一个“正义的守护者”的身份来实现司法公止。中立性思考中最重要的是法官相对于当事人和案件的中立。它要求法官在司法活动中相对于控诉一方或者辩护一方的活动没有明显的倾向性，始终处于中立的裁判者地位的属性。法官严守中立是由司法权的特殊性所决定，也是法官独立性所要求的法官角色定位。

(2)事实上，法官在司法活动中表现出超然、中立、刚毅的品格，保证不偏不袒地审理案件，使当事人看到的是文明、威严、博学、亲和的法官，当事人及公众在心理上就会产生公正感和信任感。如果法官不能保持中立，其裁判结果的公正性就会受到怀疑。

(3)在司法活动中，法官应平等对待各方当事人，对于任何公民，不论其民族、种族、性别、职业、社会出身、宗教信仰、教育程度、财产状况、居住期限如何，都不能给予特殊的优待，也不能予以任何歧视。我国法律确认和保护公民在享有权利和承担义务上处于平等的地位，公民在适用法律上一律平等，不仅是指公民在适用法律上一律受到法律保护，而且一律受到平等制裁，做到“同样的情况同样对待，不同的情况不同对待”，平等对待各方当事人，不搞地方保护主义，不办“关系案、人情案、金钱案”，维护国家法制的统一，这也是现代司法对法官的基本要求。

综上所述，法官应当运用法律思维来解决法律问题，但法律思维不单是法官的事，必须要得到社会各界的认同，不然，难有生根发芽的土壤。全民法律思维的形成是一个渐进的过程。在今后的法治实践进程中，要不断提高法律素养，增强对法律的信仰，树立法律至上的理念，尤其是在观念及社会生活中建立起法律的最高权威。此外，根据司法公正要求，法官办案除坚持将合法性思考摆在第一位的考虑因素外，还要考虑到办案的社会效果。

①要正确处理好办案质量和效率的关系，既要坚持质量第一，确保案件裁判结果正确，经得起检验，又要讲究效率，树立“迟到的公正就是不公正”的观念，依法在法定期限内审结案件。

②要积极推广调解方式结案，能调则调，需判则判，争取多调少判，减少讼累和执行难度，以实现法律效果与社会效果相统一，维护司法权威。

③法官要从自己的一言一行、一举一动，从办案的每一个环节抓起，做到“不以善小而不为，不以恶小而为之”，使法官的言行举止符合司法礼仪要求和法官职业要求，增强人民群众和诉讼当事人对法官的认同感，切实做到“司法公正树形象”。

第十九章　法律方法

19.1　复习笔记

【知识框架(庖丁解牛)】

- 法律方法
  - 法律方法概述、意义、基本特征
  - 法律发现
    - 概念
    - 特点
    - 途径：法律识别、法律规范选择
  - 法律解释
    - 概述
      - 概念
      - 法律解释的必要性
      - 我国法律解释权限的划分
        - 立法解释
        - 行政解释
        - 司法解释
    - 原则
      - 合法性原则
      - 合理性原则
      - 法制统一原则
      - 历史与现实相统一的原则
      - 国内法与国际法相协调的原则
    - 方法
      - 一般解释方法：语法解释、逻辑解释、历史解释、目的解释、当然解释
      - 特殊解释方法：扩张解释、限缩解释
  - 法律推理
    - 概念
    - 形式推理：演绎推理、归纳推理、类比推理
    - 辩证推理：概念、适用情形
    - 权利推理：概念、表现
  - 法律论证
    - 概念
    - 方法
      - “正确”的标准
      - 达致“正确”的方式
      - 达致“正确”所需遵循的论证规则
  - 司法数据处理
    - 概念
    - 原则、规则和方法
      - 推理有效原则
      - 法官主体原则
      - 司法论辩原则
      - 作为辅助手段

【通关提要(提纲挈领)】

本章主要介绍法律方法，属于重点章节。学习时，要重点掌握法律解释的原则和方法、法律推理的类型特别是形式推理与实质推理的概念和关系；熟悉法律方法的概念和特征、法律论证的方法和特点。本章考查形式多样，概念题、简答题、论述题和案例分析题都有可能考查，需要结合实例深入对比理解记忆。

【考点难点归纳(厚积薄发)】

考点一：法律方法概述(见表 19-1) ★★

表 19-1 法律方法概述

要点	具体内容	
定义	指法律人思考、分析和解决法律问题的方式、技术、方法	
三个层次	第一层次	法律思维方式或思维原则
	第二层次	基本方法，如法律解释、法律推理、价值衡量等方法
	第三层次	具体方法，如文义解释、类比推理、演绎推理等方法
基本特征	专业性	体现为法律思维能力，要形成法律角色参照系
	法律性	以法律理念、原则和规则为依据
	实践性	以司法实践问题为导向

考点二：法律解释(见表 19-2) ★★★★

表 19-2 法律解释

要点	具体内容	
概念	指对法律条文所表述的法律规范的内容、含义以及所使用的概念、术语等的理解和说明，是一种国家立法活动	
特点	①法律解释的对象特定，是法律规定及其附随的情况。 ②法律解释与具体案件密切相关。 ③法律解释有一定的价值取向性，具有实践性和目的性。 ④法律解释受解释学循环的制约	
必要性	①法律解释是将抽象的法律规范适用于具体的法律事实的必要途径。 ②法律解释是寻求对法律规范的统一、准确和权威的理解与说明的需要。 ③法律解释是弥补法律漏洞的重要手段。 ④法律解释是调节法律的稳定性与社会的发展变化之关系的媒介	
我国法律解释权限划分	立法解释	全国人大常委会的解释
	司法解释	指国家最高司法机关所作的解释，包括：①审判解释[最高法]；②检察解释[最高检]；③联合解释[最高法和最高检]
	行政解释	指国务院及其主管部门所作的解释
	监察解释	指国家监察委员会所作的解释

续表

要点	具体内容	
原则	合法性原则	要符合宪法、法律的规定
	合理性原则	合乎法理、情理、公理
	法制统一原则	应在法治范围内进行
	历史与现实统一原则	必须充分考虑社会情况和现实需要，并结合法律规范产生的历史背景，实现历史与现实的结合
	国内法与国际法相协调原则	要重视国内法与国际法的适应性与一致性
方法	一般解释方法	语法解释、逻辑解释、历史解释、目的解释、当然解释等
	特殊解释方法	扩张解释、限缩解释

【真题链接】

(1)法律解释的必要性有哪些？[简答题，南航 2018 年研]

(2)简述法律解释的主要方法。[简答题，浙工大 2020 年研；华东师大 2019 年研]

考点三：法律推理 ★★★

1. 法律推理概述(见表 19-3)

表 19-3 法律推理概述

要点	具体内容	
概念	指从一个或几个已知的判断(前提)得出某种法律结论的思维过程	
特征	本质	是法律运用中的一种思维活动
	前提	以法律与事实为两个已知判断
	方法	运用多种科学的方法和规则进行
	目的	为法律提供正当理由
	结果	往往涉及当事人的利害关系
原则	①权利保护原则；②私权利领域的法不禁止即自由原则；③公权力领域的法无授权即禁止原则；④无罪推定原则；⑤类似案件类似处理原则	

2. 法律推理的方法(见表 19-4)

表 19-4 法律推理的方法

要点	具体内容		
形式推理[分析推理]	定义	指对思维形式运用形式逻辑进行推理	
	分类	演绎推理	又称三段论推理，指从一般到特殊的推理，是一种必然性推理。 ①大前提是可以适用的法律规则和法律原则。 ②小前提是经过认定的案件事实。 ③结论，即判决或裁定
		归纳推理	指从特殊/个别到一般的推理，是一种或然性推理
		类比推理	又称类推适用和比照适用，是从个别到个别的推论，是一种或然推理。即“类似案件，类似处理”

续表

要点		具体内容
辩证推理［实质推理］	概念	指两个或两个以上相互矛盾的法律命题时所进行的选择和权衡过程
	适用情形	①当法律无明文规定时，弥补法律漏洞。 ②当被适用的法律规定含糊时，推演法律合理语义。 ③当被适用的法律规定相互抵触或存在竞合时，确定或选择其中的合理规则。 ④当被适用的法律规定违背法律客观目的时，规避不合理的法律
权利推理	概念	指以保护公民权利为目的导向的实践推理
	表现	①权利发现或权利体系扩充；②自由推定——法不禁止即自由；③保护社会弱者的原则；④无罪推定

【**真题链接**】法律推理中形式推理的类型。［简答题，清华大学2019年研］

19.2 课后习题详解

1. 法律解释的原则和方法有哪些？

答：(1)法律解释的原则，参见本章考研真题简答题第2题答案。

(2)法律解释的方法，参见本章考研真题简答题第3题答案。

2. 如何理解权利推理？

答：权利推理是指一种以保护公民权利为目的导向的实践推理。权利推理的表现如下：

(1)权利发现或权利体系扩充。法律上明示的权利是不完全的，权利是发展的，没有确定的量。权利推理的一个重要功能，就是根据法律精神和法律原则发现与其内涵相符的权利，权利推理要根据社会经济、政治和文化发展水平，依照法律的精神、法律逻辑和法律经验来发现、拾取和确认权利。

(2)自由推定——法不禁止即自由，意思是凡是法律没有明确禁止的，都被推定为是法律允许且合乎法律规定的，进而推知每个人的行为只要不侵犯他人的自由或超过公认的公共利益内涵，就有权利(自由)按照自己的意志活动。

(3)保护社会弱者的原则。“社会弱者”在宏观层面是指社会弱势群体，在微观层面泛指权利受到侵害的个人。在立法与法律适用中要保护弱者的合法权益。

(4)无罪推定。即犯罪嫌疑人在判定有罪之前，应被视为无罪。

3. 法律论证应遵循哪些规则？

答：法律论证是运用一系列理由即法理证明某一种法律命题的正当性、合法性的思维过程。法律论证应遵循的规则包括：

(1)法律论证的一般规则，指各种类型的法律论证都必须遵循的规则，主要内容包括：

①每个论证参与者都享有平等的发言权，都可以平等地参与论证并提出自己的主张。

②任何人都只能主张自己相信的东西，不得自我矛盾。

③任何人都可以质疑任何主张。被质疑的一方有义务回应相关质疑，并对其内容的合理性承担举证责任。

④任何人在提出自己的法律判断时都需要援引一个普遍性规范，并且该法律判断能够从普遍性规范中被合理地推导得出。

⑤每个人提出的主张必须以已经生效的法律规则为依据，依据法律原则提出自己的主张时，则必须确切地证明没有相应的法律规则存在并证明该法律原则存在的真实性、中立性和不偏不倚。

(2)法律论证的特殊规则，指各种类型的法律论证活动应遵循的规则。具体略。

4. 司法数据处理应遵循什么样的原则、规则和方法？

答：司法数据处理应遵循以下原则、规则和方法：

(1)推理有效原则，指相关结论需要根据可靠的数据推理出来，这些结论要满足"保真、必然、相关、普遍、简单"的要求。

(2)法官主体原则。法官应从已知预测未知、思维全面、评价推理结论性质、基于道德正义和社会发展规律的认识进行辩证推理。

(3)司法论辩原则，要求法律适用过程中多主体参与，"以审判为中心"，以司法论辩为最后检验。

(4)不能盲目依赖高科技技术如大数据、云计算、信息技术、人工智能等，这些只是实现法律正义的辅助手段，应把法官智慧的运用放在首位。

5. 有学者认为："一旦有人适用一部法典的条文，他就是在适用整个法典。"请结合法律发现的相关知识，谈谈你对这句话的理解。

答：这句话的意思是，法律发现要在整体法律秩序内进行。即在法律适用过程中，法官确定一条规范的内容及其优先性要根据法律规范在法律体系中的地位和相互关系。法官在适用某一条文时，其实是将特定的法律规范与整个法律秩序作为相互联系的内容与价值评价相统一的整体来发现运用的。

19.3 考研真题与典型题详解

一、单项选择题

1.《全国人民代表大会常务委员会关于〈中华人民共和国刑法〉第一百五十八条、第一百五十九条的解释》中规定："刑法第一百五十八条、第一百五十九条的规定，只适用于依法实行注册资本实缴登记制的公司。"关于该解释，下列哪一说法是正确的？(　　)［2016年法考真题］

A. 效力低于《刑法》

B. 全国人大常委会只能就《刑法》作法律解释

C. 对法律条文进行了限制解释

D. 是学理解释

【解析】A项，《立法法》第53条规定，全国人民代表大会常务委员会的法律解释同法律具有同等效力。所以，该解释与《刑法》具有同等效力。B项，《宪法》第67条规定了全国人大常委会解释宪法和法律的权力。《立法法》第 48 条第 1 款规定，法律解释权属于全国人民代表大会常务委员会。可见，全国人大常委会可以解释的不只是《刑法》。C 项，该解释将《刑法》第 158、159 条规定的适用范围限于依法实行注册资本实缴登记制的公司，比条文中公司的字面含义要窄，属于限制解释。D 项，学理解释是指由学者或其他个人及组织对法律规定所作的不具有法律约束力的解释，全国人大常委会的解释属于法定解释、正式解释，而不是学理解释。

2. 李某在某餐馆就餐时，被邻桌互殴的陌生人误伤。李某认为，依据《消费者权益保护法》第 7 条第 1 款中"消费者在购买、使用商品和接受服务时享有人身、财产安全不受损害的权利"的规定，餐馆应负赔偿责任，据此起诉。法官结合该法第 7 条第 2 款中"消费者有权要求经营者提供的商品和服务，符合保障人身、财产安全的要求"的规定来解释第 7 条第 1 款，认为餐馆对商品和服务之外的因素导致伤害不应承担责任，遂判决李某败诉。对此，下列哪一说法是不正确的？（　　）[2013 年法考真题]

A. 李某的解释为非正式解释

B. 李某运用的是文义解释方法

C. 法官运用的是体系解释方法

D. 就不同解释方法之间的优先性而言，存在固定的位阶关系

【解析】A 项，李某是受到伤害的个人，不具有解释法律的权力，所以其作出的解释为非正式解释。B 项，李某根据法条规定，认为餐馆对自己在接受服务时所受到的损害应承担责任，虽然该损害是商品和服务之外的因素导致的，属于对法律本义的解释，属于文义解释。C 项，法官在依据《消费者权益保护法》第 7 条第 1 款解释法律的时候，结合了该法的第 7 条第 2 款，联系了此法条与彼法条之间的相互关系，属于体系解释。D 项，一般认为法律解释存在位阶关系，但位阶关系不固定，即依位阶关系不能得以终局确定个别解释方法的重要性，重要性在很大程度上取决于其可能引发的法律后果。

3. 范某参加单位委托某拓展训练中心组织的拔河赛时，由于比赛用绳断裂导致范某骨折致残。范某起诉该中心，认为事故主要是该中心未尽到注意义务引起，要求赔偿 10 万余元。法院认定，拔河人数过多导致事故的发生，范某本人也有过错，判决该中心按 40% 的比例承担责任，赔偿 4 万元。关于该案，下列哪一说法是正确的？（　　）[2013 年法考真题]

A. 范某对案件仅做了事实描述，未进行法律判断

B. "拔河人数过多导致了事故的发生"这一语句所表达的是一种裁判事实，可作为演绎推理的大前提

C. "该中心按 40% 的比例承担责任，赔偿 4 万元"是从逻辑前提中推导而来的

D. 法院主要根据法律责任的效益原则作出判决

【解析】A 项，范某认为事故中心未尽到注意义务属于法律判断，而非事实描述。B 项，演绎推理的大前提必须是法律规定，而"拔河人数过多导致了事故的发生"是一种事实表述，只能作为推理的小前提。C 项，"该中心按 40% 的比例承担责任，赔偿 4 万元"是从大前提

2D　3C

（法律规定）和小前提（裁判事实）中推出的结论（判决）。D 项，效益原则是指在追究行为人的法律责任时，应当进行成本收益分析，讲求法律责任的效益。本题中，法院判决中心承担40%的责任，根据的是双方的过错原则，而不是效益原则。

二、多项选择题

1. 张某出差途中突发疾病死亡，被市社会保障局认定为工伤。但张某所在单位认为依据《工伤保险条例》，只有“在工作时间和工作岗位突发疾病死亡”才属于工伤，遂诉至法院。法官认为，张某为完成单位分配任务，须经历从工作单位到达出差目的地这一过程，出差途中应视为工作时间和工作岗位，故构成工伤。关于此案，下列哪些说法是正确的？(　　)［2015 年法考真题］

A. 解释法律时应首先运用文义解释方法

B. 法官对条文作了扩张解释

C. 对条文文义的扩张解释不应违背立法目的

D. 一般而言，只有在法律出现漏洞时才需要进行法律解释

【解析】ABC 三项，文义解释是指按照日常的、一般的或法律的语言使用方式清晰地描述制定法的某个条款的内容。在运用不同的方法解释法律时，一般以文义解释优先。根据解释的尺度大小，文义解释可以分为字面解释、扩张解释和限缩解释。其中，扩张解释是将条文的含义作扩大范围的解释，扩张解释应当符合立法目的。本案中，法官将“在工作时间和工作岗位”解释为包含“为完成单位任务而从工作单位到达出差目的地这一过程”，在立法含义下明显超出了字面进行解释，属于扩张解释。D 项，法律解释是法律适用的基础，对法律适用来说必不可少，而不是只有在法律出现漏洞时才需要。

2. 《最高人民法院关于适用〈中华人民共和国合同法〉若干问题的解释（二）》第十九条规定：“对于合同法第七十四条规定的‘明显不合理的低价’”，人民法院应当以交易当地一般经营者的判断，并参考交易当时交易地的物价部门指导价或者市场交易价，结合其他相关因素综合考虑予以确认。关于该解释，下列哪些说法是正确的？(　　)［2015 年法考真题］

A. 并非由某个个案裁判而引起

B. 仅关注语言问题而未涉及解释结果是否公正的问题

C. 具有法律约束力

D. 不需报全国人大常委会备案

【解析】AC 两项，该解释属于司法解释。我国司法解释不是由个案裁判引起，而是对具体应用法律的问题所作的一般性解释，具有普遍的法律约束力。B 项，文义解释的特点是将解释的焦点集中在语言上，而不顾及根据语言解释出的结果是否公正、合理。本题中对“明显不合理的低价”的解释并非简单的文义解释，而是需要结合相关因素综合考虑予以确认。D 项，《立法法》第 119 条第 2 款规定，最高人民法院、最高人民检察院作出的属于审判、检察工作中具体应用法律的解释，应当自公布之日起 30 日内报全国人民代表大会常务委员会备案。

1ABC　2AC

3. 杨某与刘某存有积怨，后刘某服毒自杀。杨某因患风湿病全身疼痛，怀疑是刘某阴魂纠缠，遂先后 3 次到刘某墓地掘坟撬棺，挑出刘某头骨，并将头骨和棺材板移埋于自家责任田。事发后，检察院对杨某提起公诉。一审法院根据《刑法》第 302 条的规定，认定杨某的行为构成侮辱尸体罪。杨某不服，认为坟内刘某已成白骨并非尸体，随后上诉。杨某对“尸体”的解释，属于下列哪些解释？(　　)[2012 年法考真题]

A. 任意解释　　B. 比较解释　　C. 文义解释　　D. 法定解释

【解析】AD 两项，任意解释与法定解释相对，任意解释是无解释权的主体作出的没有法律效力的解释，法定解释是有解释权的主体作出的具有法律效力的解释。杨某不属于有法定解释权的主体，其对“尸体”作出的解释属于任意解释。B 项，比较解释，是指根据外国的立法例和判例学说对某个法律规定进行解释，杨某的解释虽然也有比较(白骨和尸体)，但是不属于法律解释学上所讲的比较解释。C 项，文义解释，是指按照日常的、一般的或法律的语言使用方式清晰地描述制定法的某个条款的内容。杨某对“尸体”的解释属于文义解释。

4. 一日名家代表人物公孙龙骑马进城。守城士兵说：“王法规定，马过城门应当纳税。”公孙龙说：“马过城门应当纳税。但我骑的是白马，白马非马，不应当纳税。”士兵说：“白马当然是马，你应当纳税。”公孙龙反问道：“如果白马是马，那么，黑马也是马了？”守城士兵说：“那是当然。”公孙龙继续说道：“按照你的逻辑，白马是马，黑马也是马，那么，白马和黑马就没有差别了。因此，白马非马。”守城士兵被公孙龙说得不知如何应对，但依然不为所动。最终，公孙龙为了进城，只得为马纳税。关于本案，下列说法正确的有(　　)。[2019 年法考真题]

A. “马过城门应当纳税”的马，属于来自日常生活中的法律概念，不需要解释即可适用

B. 就本案而言，白马究竟是不是马，是一个事实问题，而不是一个法律问题

C. 守城士兵进行的是演绎推理，而公孙龙进行的则是反向推理

D. 守城士兵执法的强制性来源于国家强制力

【解析】A 项，本案中的“马”属于来自日常生活中的法律概念，但法律解释在法律适用中必然存在。B 项，事实问题，是指不需要从法律上进行评价的客观事实。法律问题，一方面是指从法律的角度对该客观事实进行的评价，另一方面是指对法律规范本身的理解。事实问题不需要法律适用人员的主观评价，而法律问题则需要法律适用人员的主观评价。本案中的客观事实是公孙龙骑着一匹白马进城，即属于本案中的事实问题。法律问题是公孙龙骑的白马属不属于法律规定“马过城门应当纳税”中的“马”，即“白马是不是马”。因此，白马究竟是不是马，在本案中应属于法律问题。

三、不定项选择题

1. 下列与法律解释相关的分析中，正确的是(　　)。[2018 年法考真题]

A. 李某将其仇人坟墓掘开并将骨头扔掉，其认为白骨不属于尸体，否认其构成侮辱尸

3AC　4CD　▌　1CD

体罪。他对白骨的解释属于无权解释、主观目的解释

B. 法官任某在审理案件中认为刑法中伪造货币罪中的货币不包括生肖纪念币，该解释为有权解释、文义解释

C. 最高人民法院某副院长在接受媒体采访时表示，《刑法修正案(八)》中的规定的醉驾入刑应结合《刑法》总则当中的情节显著轻微，危害不大，不认为是犯罪的规定来理解，因此并非只要醉驾就一定入刑，这属于体系解释方法的运用

D. 李某认为组织他人卖淫罪中他人不仅包括女性，而且包括男性。其理由是目前组织男性卖淫的现象很普遍，危害性很大，要发挥法律的社会功能，应包含男性。其对相关条文的解释为客观目的解释

【解析】A 项，李某的解释并未参照立法意图和立法资料，属于文义解释。B 项，法官的解释属于文义解释，但并非有权解释，属于不具备规范性效力的非正式解释。C 项，该副院长的解释属于分则联系总则的体系解释。D 项，将他人解释为包括男性，有利于发挥法律在当前社会中的积极作用，符合法律自身的目的，属于客观目的解释。

2. 王某在未依法取得许可的情况下购买氰化钠并存储于车间内，被以非法买卖、存储危险物质罪提起公诉。法院认为，氰化钠对人体和环境具有极大毒害性，属于《刑法》第125 条第 2 款规定的毒害性物质，王某未经许可购买氰化钠，虽只有购买行为，但刑法条文中的“非法买卖”并不要求兼有买进和卖出的行为，王某罪名成立。关于该案，下列说法正确的是(　　)。[2016 年法考真题]

A. 法官对“非法买卖”进行了目的解释

B. 查明和确认“王某非法买卖毒害性物质”的过程是一个与法律适用无关的过程

C. 对“非法买卖”的解释属于外部证成

D. 内部证成关涉的是从前提到结论之间的推论是否有效

【解析】A 项，法官认为王某未经许可的购买行为适用“非法买卖”罪名，理由在于氰化钠具有极大的毒害性，而刑法规定的目的正是要通过对行为人的惩罚防止危险物质对人体和环境造成毒害，所以，王某虽然只有购买行为，也构成该罪。可见，法官对“非法买卖”进行了目的解释。B 项，法律人查明和确认案件事实的过程不是一个纯粹的事实归结过程，而是一个在法律规范与事实之间的循环过程，即目光在事实与规范之间来回穿梭。CD 两项，法律决定按照一定的推理规则从相关前提中有逻辑地推导出来，属于内部证成；对法律决定所依赖前提的证成属于外部证成。前者关涉的只是从前提到结论的推论是否有效；后者关涉的是对内部证成中所使用的前提本身的合理性，即对前提的证立。

四、概念题

1. 法律方法[中财 2016 年研]

答：参见本章考研真题简答题第 1 题答案。

2. 法律解释[广外 2022 年研；中南财大 2012 年研；公大 2009 年研]

答：参见本章考点难点归纳相关内容。

2ACD

3. 无权(效)解释[中南财大2013年研]

答：无权(效)解释又称非正式解释，是指不具有法定解释权的个人或团体对法律所作的不具约束力的解释。法定解释的结果具有法律效力。通常分为学理解释和任意解释，前者是指由学者或其他个人及组织对法律规定所作出的学术性和常识性的解释，学理解释的结果虽然不具有法律效力，但具有重要指导和参考价值，并且可通过有权机关的采纳而转化为法定解释的内容；后者是指在司法活动中的当事人、代理人和公民个人在日常生活中对法律所作的解释。

4. 立法解释与司法解释[中南财大2004年研]

相关试题：

(1)立法解释[南京大学2013年研；西北政法2013年研]

(2)司法解释[宁夏大学2018年研；河南师大2018年研；中南财大2014年研]

答：(1)二者的概念，参见本章考研真题论述题第2题答案。

(2)二者的区别有：①解释主体不同。司法解释的解释主体是国家最高司法机关，即最高人民法院和最高人民检察院。立法解释主体是所有依法有权制定法律、法规的国家机关或其授权机关。②解释内容不同。司法解释针对的是司法工作中具体适用法律问题。立法解释主要针对的是制定的法律需要明确界限或作出补充。

5. 行政解释[中国政法2025年研；武大2007年研]

答：参见本章考研真题论述题第2题答案。

6. 文义解释[中山大学2010年研]

答：参见本章考研真题简答题第3题答案。

7. 体系解释[上海交大2022年研；中国政法2021年研；杭师大2018年研]

相关试题：逻辑解释[安徽师大2018年研]、**法的体系解释**[中财2015年研；南京大学2010年研]

答：参见本章考研真题简答题第3题答案。

8. 目的解释[中南财大2025年研；杭师大2016年研]

答：参见本章考研真题简答题第3题答案。

9. 法律推理[四川大学2023年研；南京大学2022年研；华东师大2019年研；南航2018年研；华南理工2016年研；中山大学2010年研；南师2010年研]

答：参见本章考点难点归纳相关内容。

10. 演绎推理[南师2018年研；浙大2005年研]

答：参见本章考研真题简答题第5题答案。

11. 形式推理与辩证推理[武大2004年研]

相关试题：法律辩证推理[清华大学2018年研]、**辩证推理**[河北大学2015年研；厦门大学2008年研；北化2008年研]

答：(1)形式推理又称分析推理，是对思维形式运用形式逻辑进行的推理。辩证推理又称实质推理，是对思维的实质内容的推理，即对各种价值、利益、政策进行综合平衡和选择。

(2)联系：

①二者都是为法律适用服务的，它们的最终目的都是要调节和指导人们的行为，解决争议或纠纷，调整法律关系，实现一定的法律秩序。

②二者的适用步骤相同，都要经历弄清案件事实、确定适用的法律条文、根据法律规定推理出对案件的判决结论三个阶段。

③形式推理要获得有效性、合理性，必须遵循形式逻辑；而概念是形式逻辑中最重要的构成要素。

(3)区别：

①价值观念不同。形式推理主要包括演绎推理、归纳推理和类比推理三种形式，所体现的价值观念是合法。辩证推理是辩证逻辑在法律思维中的体现，其所追求的价值观念是合理。

②适用范围不同。形式推理适用范围远远大于辩证推理，可以适用制定法国家的所有案件。而辩证推理只能适用疑难案件的处理。

③采用的推理方法不同。形式推理主要采用形式逻辑的推理方法。而辩证推理不是从固定的概念或规则出发，而是根据一定的价值观和法律信念进行。

④价值判断在两种推理中所起的作用不同。在形式推理中，价值判断和形式逻辑是相辅相成的，二者共同保障形式推理的顺利进行。辩证推理的主要依据甚至可以说唯一的依据是价值判断。

12. 法律论证[上海交大2021年研；北航2018年研；南航2015年研；中山大学2014年研；华侨大学2014年研；厦门大学2009年研；中南财大2008年研]

答：法律论证是指在司法过程中对判决理由的正当性、合法性或合理性进行论证，即在诉讼过程中，诉讼主体运用证据确定案件事实、得出结论的思维过程。法律论证的目的，是从多种合理甚至合法的法律主张中论证出最佳选择。其正当性标准包括：①内容融贯性；②程序合理性；③依据的客观性和逻辑有效性；④结论可接受性。

五、简答题

1. 简述法律方法的概念与特征。[对外经贸2011年研；武汉理工2009年研；山东大学2008年研]

答：(1)法律方法是指法律职业者思考、分析和解决法律问题的方式、技术、方法。法律方法一般是由法律职业者在解决各种实际法律问题的过程中创造和发展起来的，是法律职业者的实践理性和实践智慧的结晶。法律方法主要包括法律推理和法律解释等。

(2)法律方法的特征：

①专业性。法律方法是法律人特有的专业思维方法，是法律职业者思考和解决法律问题的职业方法。法律人法律思维能力的形成集中表现为法律角色参照系的形成，即形成法律人专有的对外观察和处理问题的方法、观点以及独特的推理、论证模式。

②法律性。法律方法是法律人根据法律理念、原则和规则以法律的立场和观点观察、思考和处理涉法事务所形成的方法。

③实践性。法律方法是以法律人的司法实践活动为中心形成的。法律人在司法实践过程中，必须参与实践，必须在实践中促进思维能力的进一步发展，在实践中检验思维成果的正确性。

2. 法律解释的原则有哪些？［南航 2016 年研；北航 2014 年研；对外经贸 2013 年研；厦门大学 2012 年研；南京理工 2011 年研；武大 2009 年研；山东大学 2008 年研］

相关试题：

(1)法律解释的原则。［安徽大学 2022 年研］

(2)法律解释的合法性原则。［南航 2014 年研］

答：法律解释的原则主要包括：

(1)合法性原则。即法律解释不得超越法律，脱离法律，应受法律文本的约束和限制。要求：

①符合法定权限和程序。法律解释是一种国家立法活动，因此必须依照法定的权限和程序进行。

②符合上位法及其法律规范，并最终符合宪法规范、宪法原则和宪法精神。在法律规范体系中，低位阶的规范不得同高位阶的规范相抵触，对低位阶的规范的解释也不得同高位阶的规范相抵触。

③与法律原则保持一致。法律解释是对法律的补充性说明，必须符合被解释法律的本意。

(2)合理性原则。即合乎情理、公理、道理。法律解释必须合理，不得作非理性的解释。

①符合社会现实和社会公理。法律解释必须解决现实问题，根据现实需要提出、确定解决办法。

②尊重公序良俗。公序良俗是人们在长期的共同生活与生产过程中形成的具有广泛群众基础的行为规范，是经过长期的历史积淀才确立起来的。法律解释应尊重这些规范并要体现社会主义的价值观。

③顺应客观规律和社会发展趋势。在充分尊重本国法律传统和现实的同时，法律解释应具有一定的超前性，能够对社会发展和法律进步起引导作用。

④坚持以党和国家政策为指导。在解释法律时，将实践证明正确的政策性规定及时转化为具有法律效力的解释性文件，不仅是坚持合理性原则的体现，也是法治的内在要求。

(3)法制统一原则。指法律解释应该在法治的范围内进行。其具体内容包括：

①将需要解释的法律规则、概念术语、技术性规定等方面的法律条款置于相应的法律、法规、条例中理解和把握，使解释活动从属于该法律文件的整体；将对个别法律部门有关规定的解释，纳入更高级的法律部门和整个法律体系全面掌握。

②坚持各种法律解释之间已经建立的效力等级关系，解释工作要有全局观念、法治观念。

③在法律解释过程中，要建立和贯彻规范化的解释技术。

(4)历史与现实相统一的原则。即法律解释需要结合法律制定时的历史背景，深入了解立法意图，把握立法原意。法律解释必须充分考虑法律规范产生的历史背景，以及已经变化了的社会情况和现实的需要。

(5)国内法与国际法相协调的原则。在处理国内法与国际法的关系问题时，一般有两种方式：

①按照法律规定，除声明保留的条款之外，当国内法与我国缔结或参加的国际条约出现冲突时，适用国际条约的规定。

②通过将国际法转化为国内法的方法适用国际法。在进行法律解释时，既要考虑我国制定的国内法的背景、目的，也要考虑国际条约及其内容在国内的适用性，以保证法律解释既能与国内法保持一致，又能实现我国所缔结和参加的国际条约的目的。

3. 简述法律解释的主要方法。［浙工大 2020 年研；华东师大 2019 年研］

相关试题：

(1)简述法律解释的方法。［中南财大 2025 年研；清华大学 2022 年研；浙江财大 2018 年研］

(2)论述法律解释的基本内容。［论述题，华侨大学 2017 年研］

(3)简述法律解释的含义及基本方法。［华侨大学 2016 年研］

(4)法律的一般解释方法有哪些？举两实例阐述之。［论述题，中山大学 2014 年研］

(5)论法律解释的方法。［论述题，吉大 2012 年研；中山大学 2011 年研］

答：法律解释的方法可分为一般解释方法和特殊解释方法。

(1)一般解释方法，包括：

①语法解释，又称文法解释、文义解释、文理解释，指严格遵循法律规范的字面含义，尊重立法者意志的解释。这种解释按照法律条文的语言表述的字义、语法和通用的表达方式以及逻辑规律进行解释，目的在于使人们正确理解法律规范的含义和立法者的意志。这种解释的特点是聚焦于语言解释，而根据语言解释出的结果是否公正、合理不在考虑范围之内。

②逻辑解释，又称体系解释、系统解释，指根据法律规范与其他法律规范的关系以及其在所属的法律制度、部门乃至整个法律体系中的地位和作用，理解和阐明法律规范含义的解释方法。即利用逻辑中的矛盾律来支持或反对某个解释结果。体系解释有助于特定国家的法秩序避免矛盾，从而保障法律适用的一致性。要正确了解和适用某一法律规范，就必须同其他法律规范联系起来理解，以便更好地了解它的真实内容和含义。

③历史解释，指通过研究法律规范制定时的历史背景、类似法律规范的历史演变等历史材料确定法律规范含义的解释方法。进行历史解释的目的，主要是探求某一法律概念如何被接受到法条中来，立法者是基于哪些价值作出的决定。

④目的解释，指根据制定某一法律规范的目的来确定法律规范含义的解释方法。目的既可能是立法者在制定法律规范时认可的目的，也可能是解释者认为法律规范应该具有的，符合现行法律价值、社会需要和道德观念的目的。这种方法本身预设了立法者目的的存在和有效，因此，这个方法的运用要求解释者对立法者的目的或意图进行证成。而要完成这个任务，解释者必须要以一定的立法资料如会议记录、委员会的报告等为根据。

⑤当然解释，指法律虽然没有明文的规定，但衡量其规范目的，某一事实比法律已经

规定的更有可适用的理由，因而适用这个规定，如所谓“举重以明轻，举轻以明重”的情形。

(2)特殊解释方法。按照解释尺度的不同，法律解释可以分为：

①扩张解释，指在认定法律的字面意义过于狭窄而无法涵盖全部立法意图或规范的合理含义的情形下，对字面的意思进行扩张理解的方法。

②限缩解释，指在认定法律的字面意义过于宽泛，超出了立法精神所指的含义或规范的合理含义的情形下，而对字面的意思加以限缩的一种方法。

4. 辨析：法律推理是法律适用中的一种思维活动。[首师大2009年研]

答：这种说法是正确的。法律推理通常是指以法律与事实两个已知的判断为前提，运用科学的方法和规则，为法律适用提供正当理由的一种逻辑思维活动。法律推理是法律运用中的一种思维活动。它不仅需要对抽象的法律规范进行理解和选择，而且还需要将这种抽象的法律规范应用于具体案件之中，因此，它可能是一系列复杂的法律推理和论证活动的综合。

5. 法律推理中形式推理的类型。[清华大学2019年研]

相关试题：论法律的类推适用。[论述题，中山大学2003年研]

答：形式推理又称分析推理，是运用形式逻辑进行的推理，其主要包括三种：

(1)演绎推理又称三段论推理，指从一般到特殊的推理，即根据一般性的知识推出关于特殊性的知识的推理。它是一种必然性推理。在成文法国家，这是一种主要的法律推理方式。在法律推理中，演绎推理的特点是，法院有可以适用的法律规则和原则(大前提)，也有通过审理确定的、可以归入该规则或原则的案件事实(小前提)，由此法院可以作出一个确定的判决(结论)。

在法律适用过程中，运用的形式推理主要是指演绎推理。要保证演绎推理结论的正确，就必须具备两个条件：首先，作为大前提的法律必须已经确定，并且没有歧义；其次，作为小前提的案件事实必须已经查明清楚。离开了这两个条件，就无法进行演绎推理。

(2)归纳推理是从特殊到一般的推理，即从个别事物或现象的知识推出该类事物或现象的一般原则的推理。它是一种或然性推理。在法律推理中，归纳推理是在没有现成的对号入座的法律规则或原则的情况下，法院从以往的判例中总结出法律规则或原则的活动。它主要适用于判例法国家。在缺乏明确法律规则的情况下，法院可能会从一系列先前的法院判决实践中抽象出可以适用于类似案件的普遍规则或原则，然后再运用演绎法作出判决。由于归纳推理意味着确立新的规则，因此具有准立法的性质。

(3)类比推理是一种从个别到个别的推理。它是根据两类对象的某些属性的相似性推出它们在另一些属性方面也具有相似性的推理活动，也是一种或然性推理。在法律推理中，法院有时可以在确定两个案件的事实存在相似性的情况下，推定两个案件适用的法律以及判决结果也应相似。这就是所谓的“类似案件，类似处理”。在判例法国家，这是一种基本的法律推理方法。这种方法要得到准确的运用，关键是要确定以前的案件事实与待处理的案件事实之间是否真的相似，如果二者之间确实存在实质性的相似性，就可以按照先例处理现在的案件。

6. 辨析：当出现法律空隙或法律漏洞时，需要使用辩证推理的方法。［首师大2010年研］

答：这个观点是正确的。具体分析如下：

辩证推理，又称实质推理，是指在法律适用过程中，面临两个或两个以上相互矛盾的法律命题时所进行的选择和权衡过程。辩证推理的作用主要是为了解决因法律规定的复杂性而引起的疑难问题。

司法过程中的辩证推理一般适用于以下具体情况：①法律没有明文规定，出现人们通常所说的"漏洞"或"空隙"但对如何处理存在两种对立的理由；②法律虽然有规定，但规定过于笼统，内容含糊不定，存在多种解释的可能性，需要法官从中加以判断和选择；③法律规定有冲突，存在相互矛盾的法律规范且这种矛盾不能通过法律效力等级原理加以解决，需要法官从中加以选择；④法律虽然有规定，但由于新情况的出现，适用原有规定明显不合理，出现了合法与合理的冲突，这时要求法官必须根据一定的价值观和法律信念进行推理。

形式逻辑既不能填补法律规则的漏洞，也不能帮助法官在两个可适用的法律规范或原则之间作出选择。因此，当出现法律空隙或法律漏洞时，法官必须运用辩证推理的方法。

7. 辩证推理与形式推理的不同是它要求法官在缺乏使结论得以产生的确定无疑的法律与事实的情况下进行推理，因此，辩证推理必然会造成放任法官任意司法结果。［辨析题，首师大2013年研］

答：这一说法是错误的，辩证推理并不必然导致法官任意司法的结果。具体分析如下：

辩证推理是在存在相互冲突的法律规范的情况下根据原则、价值、利益、政策进行的一种综合平衡和选择活动，它是法官在处理疑难案件时必不可少的一种实践推理。在形式逻辑不能有效发挥作用的场合，法官必须借助辩证逻辑，本着灵活性和确定性相统一的原则来确定它们所反映的或应该反映的现实内容，以达到正确理解和适用法律规范的目的。但法官虽有一定的自由裁量权，也受到自身经验的约束。另外，还可以通过有效的制度建设，对司法活动中的辩证推理加强监督，以防司法权的滥用。综上可知，如果有良好的制度制约，不断提升法官的综合素质，辩证推理并不必然导致法官任意司法的结果。

六、论述题

1. 法律为什么需要解释？［中财2015年研］

相关试题：

(1) 法律解释的必要性有哪些？［简答题，南航2018年研］

(2) 针对文学作品，法国学者罗兰·巴特在《作者之死》(1968年)中，有一个著名的论断即"文本一旦诞生，作者即死亡"。请以此为基础，阐述为何需要法律解释。［宁波大学2018年研］

(3) 请分析法律解释的含义和必要性。［中财2012年研；对外经贸2010年研］

(4) 法律解释的必要性及其原则。［简答题，吉大2011年研］

(5) 论述法律解释的合理性与司法解释。［首经贸2010年研］

答：法律解释的必要性是由法律调整的特殊性及其运作的规律所决定的，它有助于解决法律实施中原则性与灵活性、一般与具体的矛盾，是完善立法的需要。之所以要对法律进行解释，其原因和必要性在于：

(1)由于法律具有概括性、抽象性的特点，因此需要法律解释化抽象为具体，变概括为特定。法律规范是抽象的、概括的行为规则，只能规定一般的适用条件、行为模式和法律后果，它不可能也不应该对一切问题都作出详尽无遗的规定。在法律实施过程中，要把一般的法律规定适用于千差万别的具体情况，对各种具体的行为、事件和社会关系作出处理，就必须对法律作出必要的解释。

(2)法律术语、概念通常具有多种含义，只有经过解释才能明确具体含义。人们由于在认识能力以及利益与动机的差别，会对同一法律规定有不同的理解，特别是对法律规定中一些专门术语有不同的理解。同时，由于社会主体的社会地位、生活环境和文化水平等特定原因，对于同一法律规范往往会产生不同的理解，这就需要有权威性的法律解释，来统一人们的理解，保证法的实施的统一性。

(3)对于立法缺憾，需要通过法律解释改正、弥补。法律规范是由不同的国家机关创制的，分属于不同的法律部门，在现实的法律运作过程中，属于不同法律部门的各种法律规范之间，有时会发生各种各样的矛盾或冲突；而且，在任何法律体系中都不可避免地存在着应规定的未作规定、规定不够准确清晰或界限不明等诸如此类的法律漏洞。为了弥补法律漏洞，使法律规范得以实施，有效地进行法律调整，法律解释就是必不可少的手段。

(4)通过法律解释解决法律的稳定性与社会发展之间的矛盾。法律规范是相对稳定、定型的规则，而社会生活却是不断发展变化的。要把相对确定的法律规定适用于不断变化的法律实际，就需要对法律规范作出必要的解释，以期在保证法律体系和基本原则的稳定性的同时，能够适时根据法律规范的基本原则、精神和规定，对新情况、新问题作出符合实际的处理。

(5)通过法律解释普及法律知识，开展法治教育。在中国目前民主法制还不健全的社会主义初级阶段，由法学工作者和法律界人士进行的、旨在普及法律知识、开展法制宣传教育的法律解释工作，对全面推进依法治国、建设社会主义法治国家的伟大进程具有十分重要的意义。

2. 试述我国法律解释权限的划分。［首师大 2013 年研］

相关试题：

(1)中国法律解释的体制及方法。［简答题，上海交大 2013 年研］

(2)简述当代中国的法律解释体制。［简答题，中山大学 2009 年研］

(3)我国当代的法律解释体系。［简答题，首经贸 2008 年研］

答：根据《宪法》《立法法》和全国人大常委会《关于加强法律解释工作的决议》等法律文件的规定，我国的法律解释可分为以下几类：

(1)立法解释。在我国，立法解释通常是指依法有权制定法律、法规的国家机关对其制定的法律、法规所进行的解释，主要包括：

①全国人大常委会对宪法和全国人大及其常委会制定的法律所进行的解释。根据《宪法》和《立法法》的规定，全国人大常委会有权解释宪法和全国人大及其常委会制定的法律。

②国务院及其部门对行政法规、规章所进行的解释。根据《行政法规制定程序条例》和《规章制定程序条例》的规定，国务院对其制定的行政法规进行解释，国务院部门对其制定

的部门规章进行解释。

③有立法权的地方人大常委会对本级人大及其常委会制定的地方性法规所进行的解释，有立法权的地方人民政府对其制定的规章所进行的解释。

(2)司法解释。指国家司法机关在法律适用过程中，对具体应用法律规范的有关问题所进行的解释。与司法机关分为审判机关和检察机关相应，司法解释分为审判解释和检察解释。审判解释是最高人民法院对人民法院在审判过程中具体应用法律问题所作的解释，这种解释对全国的审判工作有指导意义和效力，可以作为法院办案的依据。检察解释是最高人民检察院对在检察工作中具体应用法律问题所作的解释，这种解释对全国的检察工作有指导意义和效力。有时最高人民法院和最高人民检察院对审判工作和检察工作中遇到的有共同性的应用法律问题所作出的联合解释，对全国法院和检察院有共同效力。

(3)行政解释。指国家行政机关在执法过程中就如何具体应用法律的问题所作的解释，包括国务院及其部门就法律、行政法规和部门规章如何具体应用的问题分别作的解释，省、自治区、直辖市人民政府及其部门就地方性法规和地方政府规章如何具体应用的问题分别作的解释。

(4)监察解释。指国家监察委员会在执法过程中就如何具体应用法律和监察法规的问题所作的解释。这种解释对全国监察工作具有指导意义和效力。

第五编　法的价值

第二十章　法的价值概述

20.1　复习笔记

【知识框架(庖丁解牛)】

- 法的价值概述
  - 法的价值的概念
    - 价值
    - 法的价值
  - 法的价值体系
    - 概念、基本特征
    - 法的目的价值体系
      - 概念、地位和意义
      - 属性：多元性、时代性
    - 法的形式价值体系
      - 概念
      - 四种重要价值：权威性、普遍性、统一性和完备性
    - 法的评价标准体系
      - 生产力标准
      - 人道主义标准
      - 现实主义原则
      - 历史主义原则
  - 法的价值的冲突与整合
    - 法的价值冲突
      - 法的价值之间的关系
      - 法的价值发生冲突的原因
    - 法的价值整合
      - 概念
      - 原则
        - 兼顾协调原则
        - 维护法律安定性原则
        - 法益权衡原则
  - 社会主义法治的核心价值
    - 以人民为中心
    - 以公平正义为生命线
    - 以全人类共同价值为依归

【通关提要(提纲挈领)】

本章主要介绍法的价值，属于重点章节。学习时，要重点掌握法律价值体系的内容和功能、法的价值的冲突与整合，熟悉社会主义法治的核心价值。本章主要考查简答题、论

述题，要深入理解、重点记忆。

【考点难点归纳(厚积薄发)】

考点一：法的价值体系(见表20-1) ★★★

表20-1 法的价值体系

<table>
<tr><th>要点</th><th colspan="3">具体内容</th></tr>
<tr><td rowspan="3">法的目的价值</td><td>含义</td><td colspan="2">指法律在发挥其作用的过程中所能够保护和增进的价值，如自由、平等、公平、秩序、安全、效率等</td></tr>
<tr><td>地位</td><td colspan="2">在法的价值体系中占主导地位</td></tr>
<tr><td>属性</td><td colspan="2">①多元性；②时代性，顺应时代发展而调整</td></tr>
<tr><td rowspan="2">法的形式价值</td><td>含义</td><td colspan="2">即内在价值，指法律本身所应具有的优良品质</td></tr>
<tr><td>四种重要的形式价值</td><td colspan="2">①法的权威性；②法的普遍性；③法的统一性；④法的完备性</td></tr>
<tr><td rowspan="6">法的评价标准</td><td>含义</td><td colspan="2">指法律所包含的进行价值判断所遵循的准则</td></tr>
<tr><td>功能</td><td colspan="2">①价值确认；②确定价值位阶</td></tr>
<tr><td rowspan="4">我国法治建设应坚持的评价标准</td><td>生产力标准</td><td>有利于解放和发展生产力，提高综合国力，改善人民的生活条件</td></tr>
<tr><td>人道主义标准</td><td>以人为本，实现人的发展</td></tr>
<tr><td>现实主义原则</td><td>从社会实际出发</td></tr>
<tr><td>历史主义原则</td><td>用历史的眼光看历史</td></tr>
</table>

【真题链接】简述法的价值。[简答题，中山大学2016年研]

考点二：法的价值冲突与整合(见表20-2) ★★★

表20-2 法的价值冲突与整合

<table>
<tr><th>要点</th><th colspan="2">具体内容</th></tr>
<tr><td rowspan="3">法的价值冲突</td><td>含义</td><td>即法的不同价值在特定场合发生的竞合状态</td></tr>
<tr><td>产生原因</td><td>①法的价值在内容形态上的多样性和特殊性，导致了价值目标的多元化。
②法的价值主体在价值观上的认识差异。
③社会变迁、制度改革以及立法政策的变更等因素</td></tr>
<tr><td>解决原则</td><td>①价值位阶原则；②个案平衡原则；③比例原则；④人民根本利益原则</td></tr>
<tr><td rowspan="2">法的价值整合</td><td>含义</td><td>即统筹协调各种价值目标以谋求价值总量最大化</td></tr>
<tr><td>整合原则</td><td>①兼顾协调原则。优先采取兼顾协调的立场和态度来处理。
②法益权衡原则：“两善相权取其重”。
③维护法律安定性原则</td></tr>
</table>

【真题链接】法的价值冲突和解决方式。[论述题，广外2021年研]

考点三：社会主义法治的核心价值（见表 20-3）★★★★

表 20-3　社会主义法治的核心价值

要点	具体内容
以人民为中心	即“以人民为主体”“法治为民”［基石，最核心的价值］
坚持公平正义	公正是法治的生命线，平等是法治的基本要求［核心］
实现全人类共同价值	共同价值观的主要内容：和平、发展、公平、正义、民主、自由

20.2　课后习题详解

1. 什么是法的目的价值？

答：参见本章考研真题简答题第 2 题答案。

2. 什么是法的形式价值？

答：参见本章考研真题简答题第 3 题答案。

3. 在社会主义法治国家中应当坚持哪些法律评价标准？

答：参见本章考研真题简答题第 4 题答案。

4. 如何解决法的价值冲突？

答：参见本章考研真题简答题第 5、6 题答案。

5. 如何理解社会主义法治的核心价值？

答：中国特色社会主义法治以法治善治为基本理念，聚焦于以下核心价值观：

(1) 以人为本，即“以人民为中心”和“依法治国为民”。这是社会主义最核心价值，是中国特色社会主义法治价值体系的基石。“人民是依法治国的主体和力量源泉”，坚持人民主体地位既是全面推进依法治国的基本原则，也是社会主义法治的根本价值。法治建设为了人民、依靠人民、造福人民、保护人民，以保障人民根本权益为出发点和落脚点，保证人民依法享有广泛的权利和自由、承担应尽的义务，维护社会公平正义，促进共同富裕。

(2) 以公平正义为生命线，在依法治国中维护和促进社会公平正义。公平正义的法律价值在立法层面主要表现为权利平等、机会平等、规则平等，在法律实施层面体现为法律面前人人平等。全面依法治国，必须紧紧围绕保障和促进社会公平正义来进行。

(3) 以全人类共同价值为依归。与西方国家不同，我国主张在文明互鉴基础上形成以“和平、发展、公平、正义、民主、自由”为主要内容的人类社会的共同价值。

6. 为什么说法律只有在涉及价值的立场框架中才可能被理解？

答：这句话是德国著名法学家古斯塔夫·拉德布鲁赫的法学名言，整句话是：“法律是人类的作品，……一个无视人类作品价值的思考是不可能成立的，因此对法律的，或者对任何一个个别的法律现象的无视价值的思考也都是不能成立的。……法律只有在涉及价值的立场框架中才可能被理解。”

法的价值就是法这个客体(制度化的对象)对满足个人、群体、社会或国家需要的积极意义。一种法律制度有无价值、价值大小，既取决于这种法律制度的性能，又取决于一定主体对这种法律制度的需要程度，还取决于该法律制度能否满足该主体的需要和满足的程度。“法律只有在涉及价值的立场框架中才可能被理解”，是因为人们在适用法律过程中有不同的需要，并据此对法律进行理解。“法的价值”有三种不同使用方式和含义，参见本章考点难点归纳相关内容。

20.3　考研真题与典型题详解

一、单项选择题

1. 出租车司机甲送孕妇乙去医院，途中乙临产，情形危急。为争取时间，甲将车开至非机动车道掉头，被交警拦截并被告知罚款。经甲解释，交警对甲未予处罚且为其开警车引道，将乙及时送至医院。但该孕妇送至医院后，医生以病人家属未签字为由，未对孕妇施救。出租车司机欲签字，但该医生以出租车司机非患者家属为由拒绝。最终，孕妇不幸身亡。对此事件，下列表述正确的是(　　)。[2019 年法考真题]

A. 本案中交警既进行了事实判断，也进行了价值判断

B. 交警采取了个案中的比例原则解决了本案中的价值冲突

C. 该医生根据相关法律规定，拒绝给孕妇做手术，体现非实证主义的基本观点

D. 若病人家属及时赶到并签字，医生对孕妇进行剖腹产，则体现了法限制人们自由的伤害原则

【解析】A 项，事实判断的核心是“是不是”，价值判断的核心是“好不好”。本案中，交警看见甲开车至非机动车道掉头是事实判断；交警认为甲违章并罚款，经甲解释后，认为人的生命价值高于秩序价值，不但不予处罚，还开警车为其引道，是价值判断。

B 项，价值位阶原则，是指在考虑法的各个价值之间的优先性关系后进行排序。价值位阶原则在适用时，为了在先价值，完全抛弃了在后价值。本案中，交警认为人的生命价值高于秩序价值，对司机甲不但不予处罚，还开警车为其引道。交警为了孕妇的生命，完全抛弃了秩序，这是典型的价值位阶原则。

C 项，法实证主义者认为，法的概念中不应当包括内容的正确性，即法律是法律，道德是道德，法律与道德之间没有必然联系。非实证主义者以内容的正确性作为法的概念的一个必要的定义要素，也即法律必须符合道德。本案中，医生严格遵守法律，置孕妇的生命于不顾，属于典型的实证主义的观点。

D 项，伤害原则是法律限制人们自由的一条基本原则，是指任何人的自由都不能伤害其他人的合法权利与利益，一旦人的行为伤害到其他人的合法权益，那么法律就应当限制这种行为。本案中，医生经过病患家属的同意，对患者进行手术，不但没有伤害到患者的合法权益，反而是在保护患者的生命健康。

1A

2. 临产孕妇黄某由于胎盘早剥被送往医院抢救，若不尽快进行剖宫产手术将危及母子生命。当时黄某处于昏迷状态，其家属不在身边，且联系不上。经医院院长批准，医生立即实施了剖宫产手术，挽救了母子生命。该医院的做法体现了法的价值冲突的哪一解决原则？(　　)[2015年法考真题]

A. 价值位阶原则　B. 自由裁量原则　C. 比例原则　D. 功利主义原则

【解析】AC两项，法的价值冲突的解决原则包括价值位阶原则、个案平衡原则和比例原则。其中，价值位阶原则是指在不同位阶的法的价值发生冲突时，在先的价值优于在后的价值。本题中，医院在紧急情况下，未经患者及其家属同意实施手术，表明其作出的价值考量是母子生命高于患者及其家属的同意权，这正是价值位阶原则的体现。BD两项不属于法的价值冲突的解决原则。

二、多项选择题

2008年修订的《中华人民共和国残疾人保障法》第五十条规定："县级以上人民政府对残疾人搭乘公共交通工具，应当根据实际情况给予便利和优惠。残疾人可以免费携带随身必备的辅助器具。盲人持有效证件免费乘坐市内公共汽车、电车、地铁、渡船等公共交通工具。盲人读物邮件免费寄递。国家鼓励和支持提供电信、广播电视服务的单位对盲人、听力残疾人、言语残疾人给予优惠。"对此，下列说法错误的是(　　)。[2010年法考真题]

A. 该规定体现了立法者在残疾人搭乘公共交通工具问题上的价值判断和价值取向

B. 从法的价值的角度分析，该规定的主要目的在于实现法的自由价值

C. 该规定对于有关企业、政府及残疾人均具有指引作用

D. 该规定在交通、邮政、电信方面给予残疾人的优待有悖于法律面前人人平等原则

【解析】B项，法的价值的种类一般包括秩序、自由、正义等。从实质内容来看，正义体现为平等、公正等具体形态。题中该规定的主要目的在于实现法的正义价值，而非自由价值。尽管表面上的优待看起来不平等，但这种形式上的不平等正是为了实现实质上的平等和无歧视，让残疾人可以平等地分享公共资源、参与社会生活。D项，"法律面前人人平等原则"，即平等主要为法律实施过程中的平等，在立法时法律可以进行特别的规定，对某些主体的利益进行倾斜性的保障。给残疾人的优待正是为了实现平等，而不是有悖于人人平等原则。

三、概念题

1. 法的事实与法的价值[武大2007年研]

答：(1)法的事实是法所规定的、能够引起法的后果即法的关系产生、变更和消灭的现象。法的事实必须是法所规定的，只有那些具有法律意义的事实才能引起法的后果。此外，法的事实的概念又反映了法的调整受到具体社会生活情况和社会事实的制约。

(2)法的价值又称法律价值，是指人对于法律的需要和实践过程中所体现出来的法的积极意义和有用性。

(3)法的事实属于实然范畴，而法的价值属于应然范畴。

2A　┃　BD

2. 法的价值系统［人大2013年研］

答：参见本章考研真题论述题第1题答案。

四、简答题

1. 简述法的价值。［中山大学2016年研］

相关试题：简述法的价值的概念。［河北大学2016年研］

答：法的价值是指人对于法律的需要和实践过程中所体现出来的法的积极意义和有用性。它既有价值的基本属性，也同时具有法的价值的自身特性。一般而言，法的价值具有以下基本特征：

(1)法的价值是阶级性与社会性的统一。从主体角度看，法的价值是以人为主体的价值关系，具有阶级性与社会性。人是社会发展的产物，又是特定阶级的一员，人的这种双重身份决定了人在实践中所认识和需要的法的价值的双重性。从客体角度看，法的价值的客体，即法律本身也具有双重性。法既是统治阶级意志的反映，也必须承担社会公共职能。

(2)法的价值是主观性与客观性的统一。这源于法律主体的社会实践。就其主观性而言，法的价值是以主体的社会需要为基础的。主体需要的变化和发展会促使法律在满足主体需要的方式和程度上发生相应的变化，法律的存在和发展也始终以主体的主观需要和观念的相应转变为前提。就其客观性而言，法的价值的主体需要并非凭空产生，而是由主体在社会关系中的地位以及主体的社会实践所决定的，最终是由社会物质生活条件所决定的。

(3)法的价值是统一性与多样性的统一。法的价值基于主体的需求而产生，而主体的需要却是多种多样且不断发展变化的。不同社会背景、社会制度之下的人们对于法律这种制度安排的认识、理解和需求的差别也很大，这就必然导致法律在满足主体需要方面也会相应地多样化，从而使法的价值呈现出复杂多样的状态。而生活在同一时代、同一社会的人们总有某种共同的价值追求，甚至生活在不同时代、不同社会的人们也会有某种共同的价值标准。因此，法的价值的多样性与其统一性并存。

2. 法的目的价值。［吉大2007年研］

相关试题：法律的目的价值及特征。［吉大2006年研］

答：(1)法的目的价值，是指法律在发挥其作用的过程中所能够保护和增进的价值，如自由、平等、公平、秩序、安全、效率等。人类社会之所以需要法律，需要发挥法律调整社会生活关系的作用，目的就是保护和增进这些事关人类福祉的价值。这些价值构成了法律所追求的理想和目标，可以称之为法的“目的价值”。法的目的价值最为根本，是法的价值这一概念含义的直接所在。

(2)法的目的价值的地位。法的目的价值构成了法律制度所追求的社会目的，在法的价值体系中占主导地位，它集中地体现着法律制度的基本使命。

(3)法的目的价值的意义。法的目的价值对形成和维系社会秩序具有重要意义。在一定意义上，法律是对社会最低限度价值共识和共同标准的权威性表达。

(4)法的目的价值的属性：

①多元性。法的目的价值的多元性起源于人的需求的多样性，同时也与其所调整的社会关系的多样性相联系。法律上的权利、义务可以保护和促进的美好事物，如公平、正义

等，都是法的目的价值。

②时代性。法的目的价值反映在法律制度层面，会呈现出一定的时代特征。法的价值目的顺应时代潮流的发展不断地进行调整，是法律制度进步的一种标志。

3. 法的形式价值包括哪些内容？［中南财大 2004 年研］

相关试题：权威性、普遍性、统一性和完备性是法所追求的重要形式价值。［判断题，北师 2007 年研］

答：(1)法的形式价值又称法的"内在价值"，是指法律制度本身所应具有的优良品质，即法律在形式上应当具备哪些值得肯定或"好"的品质，是"良法"或"善法"在形式上所必须具备的特殊品质。法的形式价值是在延伸意义上对法的价值含义的认识。它实际指的是法的价值功能和属性，服务于法的目的价值的实现。

(2)法的形式价值包含的具体内容很多。如法律应当逻辑严谨，应当简明扼要，应当明确易懂；法律应具有公开性、稳定性、连续性、严谨性、灵活性、实用性、明确性等。

在法的众多形式价值中，下面四种价值特别重要：

①法的权威性，指法具有国家意志性，神圣不可侵犯。

②法的普遍性，指法具有普遍约束力，不因人而设。

③法的统一性，又称无矛盾性，即要保持法律制度本身的和谐一致。

④法的完备性，指要消除法律体系中的法律空白和漏洞。

4. 简述法的评价标准的功能与我国法制建设中应坚持的标准或原则。［武汉理工 2007 年研］

答：(1)法的评价标准是指在法律上对各种事物进行价值判断时所遵循的准则。它主要用来解决两类问题：

①价值确认，即按一定的标准来确定什么样的要求、期待、行为或利益是正当的，是值得肯定和保护的，并根据每种价值的大小来确定其在价值体系中的位阶。

②确定价值位阶，进行价值平衡。即当法的多种价值发生冲突、不可兼得时，根据价值位阶确定取舍。

(2)我国法治建设中应坚持的法律评价标准：

①生产力标准。在对法律现象进行价值评价时，必须首先坚持生产力标准，即是否有利于解放和发展生产力，是否有利于提高综合国力并在发展生产力的基础上改善人民的生活条件。

②人道主义标准。即要以人为本，有利于实现人类解放和人的自由而全面的发展。

③现实主义原则。即要从社会实际出发来对法律现象进行价值评价。法律价值评价标准的内容要根据现实需要的变化不断调整。

④历史主义原则。即要用历史的眼光来看历史，而不是站在"现在"用现在的眼光来看历史。

5. 简述法律价值冲突的原因。［武大 2007 年研］

相关试题：何为法律价值冲突？试分析其主要原因。［武大 2006 年研］

答：(1)法的价值冲突是指法的不同价值在特定场合发生的竞合状态。这种冲突不仅表现在不同法的价值准则、观念之间，而且也表现在法的价值准则、观念的不同性质或形式上。法的价值冲突从逻辑形态上大致可以归为两类：①不同形态的法律价值之间的冲突，如自由与平等、自由与秩序、自由与幸福、公平（或平等）与效率、平等与秩序等基本价值形态之间的冲突；②不同主体在同一形态法律价值上发生的冲突。

（2）法的价值冲突产生的原因主要有：

①法的价值在内容形态上的多样性和特殊性。尽管法的价值目标在整体上可以概括为正义，但具体则涉及自由、平等、秩序、幸福、效力等不同的考量维度或因素。这些因素作为法的价值目标的不同形态，具有不同的价值特性。由于法的价值在内容形态上的多样性和不同特性，法的价值实现过程必然充满矛盾和冲突。

②法的价值主体在价值观上的认识差异。对于同一形态价值目标的含义，对于不同形态价值目标的关系，不同的价值主体往往会有认识上的不同，甚至同一价值主体也会出现变化。价值观的不同以及可能发生的变化，取决于各种主观和客观、微观和宏观的因素。

③社会变迁、制度改革及立法政策的变更等因素，也会引起法的价值冲突。

6. 简述法的价值整合应当遵循的原则。［中财2018年研］

相关试题：

（1）简述处理法的价值冲突的一般原则。［厦门大学2025年研］

（2）简述法律价值冲突的解决原则。［华东政法2024年研；西南政法2024年研］

（3）简述法律价值冲突的原因和整合原则。［华侨大学2017年研］

（4）整合法律价值冲突的原则。［南航2014年研］

（5）在立法、行政和司法程序中，对法的价值进行整合，应当遵循哪些原则？［吉大2022年研；北航2013年研］

（6）说明法的价值整合的原则。［河北大学2013年研］

答：（1）解决价值冲突的原则一般有：

①价值位阶原则。指在不同位阶的法律价值发生冲突时，在先的价值优于在后的价值。就法律价值而言，法律的主要价值或基本价值如秩序、自由、平等、人权、正义等，与那些非基本的法律价值的位阶顺序不是并列的。当基本价值与非基本价值之间发生冲突时，应以基本价值为优位；而基本价值之间有冲突时，人权和正义作为法治保障的核心和标尺，具有重要的价值地位。在利益衡量中，首先就必须考虑其中涉及的某种法益较其他法益是否有明显的价值优越性。在法律价值之间发生冲突时，可以考虑按照位阶顺序来予以确定何者应优先保护。

②个案平衡原则。指在处于同一位阶上的法律价值之间发生冲突时，必须综合考虑主体之间的特定情形、需求和利益，使个案的解决能够适当兼顾双方的利益。

③比例原则。指为保护某种较为优越的法律价值须侵害某一法益时，不得逾越达此目的所必要的程度。如为了维护公共秩序，必要时可能会实行交通管制，但应尽可能实现最小损害或最少限制，以保障社会上人们的自由。

④人民根本利益原则。即以是否满足最广大人民的根本利益为标准，来解决一些存在重大疑难的法律价值冲突问题。这是当代中国社会主义法律价值体系中的根本价值原则，也可以作为前述价值位阶原则的补充和保障。

(2)对法的价值进行整合时应遵循以下原则：

①兼顾协调原则。即优先采取兼顾协调的立场和态度来处理。整合时应尽量协调、最大限度地避免或化解价值冲突。

②法益权衡原则。即按“两善相权取其重”的标准在法益之间进行权衡比较。

③维护法律安定性原则。保持法的安定性，是保障法律权威、建设法治社会、节约社会成本的需要。

五、论述题

1. 试述法的价值体系的特征及其构成。[南京大学2009年研]

相关试题：

(1)论法律的价值取向。[西南政法2013年研]

(2)法的价值的内容。[上海交大2012年研]

答：(1)价值体系又称价值系统。有的学者把价值系统界定为“一个人所持的或一个团体所赞同的一组相关价值”。法的价值体系是由一组相关价值所组成的系统，具有三个基本特征：

①从价值属性上看，法的价值体系是由一组与法律意义上的权利、义务、责任以及法的制定和实施相关的价值所组成的系统。这些价值在法律上具有直接意义，可以转化为法律上的义务或权利，因此它们便构成了法的价值体系的组成部分。即法的价值体系所包含的各种价值是“与法律直接相关”的价值，而不是所有的价值。

②从价值主体上看，法的价值体系是由统治集团所持有的价值所组成的系统。法的价值体系是群体现象，并不是社会中每个人所持有的价值简单相加的总和，而是统治阶级价值目标和价值观念的权威表达，即通过国家立法权的行使而建立起来，并通过国家执法和司法权的强制力保障。因此，在阶级社会中，法的价值体系不可避免地带有阶级性。

③从价值体系的结构上看，法的价值体系由法的目的价值、形式价值和评价标准组成。

(2)法的价值体系的构成：

①目的价值系统，在整个法的价值体系中占据突出的基础地位，它是法的社会作用所要达到的目的，反映着法律制度所追求的社会理想。

②形式价值系统，是保障目的价值能够有效实现的必要条件，离开了形式价值的辅佐，目的价值能否实现就要完全由偶然性的因素来摆布。

③评价标准系统，是用来证明目的价值的准则，也是用以评价形式价值的尺度。

以法的目的价值为基础，法的目的价值、形式价值和评价标准相互依存、不可分离，需要统筹考虑。

2. 试论法的价值冲突及其解决原则。[中山大学2017年研]

相关试题：法的价值冲突和解决方式。[广外2021年研]

答：参见本章考研真题简答题第5、6题答案。

第二十一章　法的基本价值

21.1　复习笔记

【知识框架(庖丁解牛)】

- 法的基本价值
  - 法与秩序
    - 秩序：含义、社会秩序观
    - 法对秩序的维护作用
      - 维护阶级统治秩序
      - 维护权力运行秩序
      - 维护经济秩序
      - 维护正常的社会生活秩序
      - 建立和维护国际政治经济新秩序
  - 法与自由
    - 自由：含义、对于人的价值
    - 法对自由的保障作用
      - 自由需要法律的保障
      - 一般方式
        - 以权利义务方式设定自由的范围及实现方式
        - 设定法律责任，与自由联结
        - 以国家权力和正当程序提供救济
      - 原则
        - 个人自由并存原则
        - 消极自由之保障原则
        - 积极自由之保障原则
        - 公益干预原则
  - 法与效率
    - 效率
      - 概念、价值标准的适用范围
      - 效率与公平
    - 法对效率的促进作用
      - 确认和维护人权，促进生产力进步
      - 承认并保障人们的物质利益
      - 确认和保护产权关系
      - 确认、保护、创造最有效率的经济运行模式
      - 承认和保护知识产权
      - 实施制度创新，减少交易费用
  - 法与正义
    - 正义：含义、种类
    - 法对正义的实现作用
      - 法促进和保障分配正义
      - 法促进和保障司法公正
      - 法促进和保障社会正义
      - 法促进和保障国际正义

【通关提要(提纲挈领)】

本章主要介绍法的基本价值，属于重点章节，难度较大。学习时，要重点掌握法与秩序、法与自由、法与效率以及法与正义的关系，特别是其相互作用。本章侧重理解，学习时要注重体系构建，同时要积累规范表达和素材。本章各种题型都可能考查，特别是易考论述题、案例分析题，要能结合案例具体分析。

【考点难点归纳(厚积薄发)】

考点一：法与秩序(见表21-1) ★★★★

表21-1　法与秩序

要点	具体内容	
法律秩序	指通过法律调整建立起来的人与人、人与社会之间相对稳定、和谐有序的状态。良好的社会秩序是社会进步的基础	
社会秩序观	①等级结构秩序观；②自由、平等秩序观；③社会本位秩序观；④历史唯物主义秩序观	
法的秩序价值	秩序作为法的价值的意义	①社会的秩序需求和维持是法律产生的初始动机与直接目的。 ②秩序是消解、缓和社会矛盾和冲突的一个基本参照标准。 ③秩序从消极角度调整、解决社会矛盾与纠纷；从积极角度鼓励社会合作，促进社会和谐
	建立社会秩序	①法律制度的设计是建立社会秩序的标准和参照。 ②法律通过赋予社会主体一定的权利和自由来引导其行为，并施加一定的义务和责任来约束其行为，以建立社会秩序
	维护社会秩序	①维护合理的政治统治秩序和权力运行秩序。 ②维护正常的经济秩序和社会生活秩序。 ③建立和维护国际政治经济新秩序

【真题链接】法对秩序的维护作用体现在哪些方面？［简答题，扬州大学2018年研］

考点二：法与自由(见表21-2) ★★★★

表21-2　法与自由

要点	具体内容	
自由	含义	法理学意义上的自由，是指主体的行为与法律的既有规定相一致或相统一。法律应将确认和保障自由作为价值追求
	对人的价值	①自由体现了人的主体性。 ②自由是人的自我意识的现实化，是人发挥主观能动性的表现。 ③自由是人类发展的助动力

续表

要点	具体内容		
法的自由价值	自由需要法律保障		①自由需要法律确认合法自由活动范围，排除人们之间的强制和侵害。 ②自由需要法律防止主体滥用自由
	法律确认自由		①以权利和义务方式设定自由的范围和实现方式。[自由→法律自由] ②设定法律责任，将责任与自由联结。 ③以国家权力和正当程序提供救济
	法律保障自由	方式	①法律划定国家权力的权限范围、行使程序。 ②法律对单个主体享有的自由进行界定和限制。 ③法律禁止主体任意放弃自由。 ④法律为各种对主体自由的非法侵害确立救济手段与程序
		原则	①个人自由并存原则。 ②自由保障原则。[消极自由＋积极自由] ③公益干预原则

【真题链接】

(1)法律对自由的作用。[论述题，清华大学2019年研]

(2)马克思说："法律不是压制自由的措施，正如重力定律不是阻止运动的措施一样。法律是肯定的、明确的、普遍的规范，在这些规范中自由获得了一种与个人无关的、理论的、不取决于个别人的任性的存在。法典就是人民自由的圣经。"可见，自由需要法律的确认和保障。试述法律确认和保障自由的原则。[分析题，对外经贸2017年研]

考点三：法与效率(见表21-3) ★★★★

表21-3 法与效率

要点	具体内容
效率	指通过一定的投入而获得收益最大化的比率
效率价值	即法所具有或应具有的促进社会财富增长和活动便利并满足人们对物质的需求和便利条件的价值
效率与公平	适应且矛盾：应尽量扩大二者之间的适应性，缩小其矛盾性。 ①在良好的社会制度下，效率和公平本质上统一。 ②正确的效率观包含社会公平因素，是伦理与功利、经济与社会效益的统一。 ③效率的前提是自由而公平的竞争
法对效率的促进作用	①确认并维护人权以调动生产者积极性，促进生产力进步。 ②承认并保障主体的物质利益，以鼓励主体为增进物质利益而奋斗。 ③确认并保障财产权，以营造良好营商环境。 ④确认、保护、创造最有效率的经济运行模式，以推动社会生产力快速发展。 ⑤承认和保护知识产权以解放和发展科学技术，使人类创造性的智力成果最大化地发展。 ⑥实施法律制度创新，减少交易费用以提高经济效率

【真题链接】法对效率有哪些促进作用？[简答题，山东大学2018年研]

考点四：法与正义（见表 21-4）★★★★

表 21-4　法与正义

要点	具体内容	
正义	含义	正义是合适地分配事物的状态，包括物质利益和惩罚的分配。 法学中的正义主要指社会正义，即社会共同生活的正直的、道德上合理的状态和规则
	罗尔斯的分类	①社会正义、个人正义。 ②实质正义［法律制定中的正义］、形式正义［法律执行和适用中的正义］
	特点	①普遍性 + 特殊性；②超时代性 + 时代性；③客观性 + 主观性
法的正义价值	正义作为法的价值的意义	①正义是法律的终极目的和存在根据，法律应与正义一致。 ②体现了通过法律对社会基本结构及其制度的理想化规范建构
	正义对法的作用	①正义是法律的存在根据和评价标准。 ②正义是法律发展和进步的根本动因。 ③正义适用于具体的现实法律实践
	法对正义的保障	法促进和保障分配正义、司法公正、社会正义和国际正义： ①将正义融入法律规范与制度中，实行法治化治理。 ②通过法律权利和法律义务机制，由立法设定。 ③通过法律效果认可机制，保障法律上的实体正义和程序正义

【真题链接】论述法对正义的实现作用。［论述题，扬州大学 2020 年研］

21.2　课后习题详解

1. 法如何维护秩序？

答：参见本章考研真题论述题第 2 题答案。

2. 为什么会存在无需法律的秩序和有法律却无秩序的状态？

答：（1）出现有法律却无秩序的状态的原因：

①法律制度与法律秩序的差别在于时间，法律制定的时间在先，而秩序的形成在后。这里所说的秩序是狭义的，是指在制定了法律之后，法律所预期出现的秩序。在法律制度形成之后，法律秩序何时形成取决于诸多因素。一方面，制度的制定者可能需要为制度的实施设定一个准备期。它既可以为社会各方提供一个心理和行为方式的调整适应过程，也可以为法律实施者充分筹集相关资源留出时间。另一方面，即使法律制度进入实施阶段，也不意味着预期的法律秩序会随之出现，它取决于法律实施方与法律遵守方之间实际的行为互动是否出现，以及这种行为互动的性质呈良性状态还是恶性状态。

②法律制度是可以建构的，法律秩序（良性秩序）却是生长出来的，后者是一个更加缓慢和复杂的过程。从历史上看，习惯法时代过渡到成文法时代，标志着法律制度从演进史向建构史的初步转折。法律秩序的形成，需要法律运作所产生的实际效果，并使法律实效转化为公民对法律的内心确认。这是一个外在无形、酝酿萌发的社会心理过程，最终使法

律制度转化为千千万万个社会成员所愿意遵循的行为习惯。

③制度形成阶段的矛盾终结方式是制度化和合法的，秩序形成阶段的矛盾后果有可能是非法、非秩序化的。人大立法以多数人原则为最终的矛盾解决方式，这是世界各国普遍通行的做法。

(2)出现无需法律的秩序的状态的原因：

①在特定的历史背景下，确实可能存在“有秩序但是没有法律”的情况，如通过武力、宗教以及非正式规则，以期实现一定时期内一定范围的相对安定。

②法律可能导致社会秩序的混乱。现实的法治实践表明，即使有了法律也不一定有秩序，甚至还会带来混乱。只从法律制度本身考虑，经常出现的是法律之间的矛盾。这种法律之间冲突的原因在于：a. 部门利益法律化，导致法律失去了维持秩序的作用；b. 经济社会发展导致先立的法和后立的法之间产生矛盾；c. 法律之间的竞合。

③法律对社会秩序的不作为。法律对社会的调控范围是有限制的，不是所有的社会秩序都是由法律控制的。这种法律的不作为大概可以分两种情形：a. 该社会秩序属于法外空间，不属于法律调整的范围；b. 该社会秩序在法律调整范围内，但法律调控对该秩序没有实际影响。

3. 如何理解“法典是人民自由的圣经”？

答：马克思认为：“法律是肯定的、明确的、普遍的规范，在这些规范中自由获得了一种与个人无关的、理论的、不取决于个别人的任性的存在。法典就是人民自由的圣经。”法典是指就某一现行的部门法进行编纂而制定的比较系统的立法文件。法律保障人民自由；法典是法律的系统性文件，是人民自由的圣经。自由与法律的关系，参见本章考研真题论述题第4题答案。

4. 法如何促进效率？

答：参见本章考点难点归纳相关内容。

5. 法如何实现正义？

答：参见本章考研真题简答题第5题答案。

6. 如何理解正义是社会制度的首要价值？

答：(1)马克思主义伦理学认为，正义与否的客观标准，主要在于其行为是否符合社会发展的要求与广大群众的利益。据此，正义即公正、公平。追求正义是人类社会发展的一种进步的价值取向，社会有了公平正义，才能和谐发展。

(2)社会是否公平正义，总是与社会制度联系在一起，正义往往被当作评价社会制度的一个价值标准，用以匡正人类不平等的自然事实。科学合理的制度能够使社会做到人人平等，或者保障人人平等；有缺陷的制度就会影响社会的公平和正义，不能保证人与人之间的平等。制度的生命在于公平和正义，制度的最大效用也在于保障公平和正义。

(3)社会正义是衡量社会全面进步的重要尺度，维护和实现社会正义，涉及社会生活的各个领域，关系最广大人民的根本利益，是我们党坚持立党为公、执政为民的必然要求，也是我国“为人民服务”这一社会主义制度的本质要求。

(4)只有切实维护和实现社会公平正义，人与人之间的关系才能得到恰当的调整和处理，整个社会才能处于比较协调、稳定、安宁、和谐的状态，人们的积极性、主动性、创造性才能充分发挥出来。不正义的社会制度必然造成人与社会关系不断的恶化，社会正义的缺失必然造成个人正义的缺失。

(5)社会正义体现在社会生活的各个方面：在社会学意义上，社会成员之间的社会地位、经济收入、消费水平比较接近而不过分悬殊；在法学意义上，人们的权利与义务对称，人们的获得应该与他们所承担的责任以及所作出的贡献相一致；在伦理学意义上，每个人都拥有平等的生存、发展的权利和机会。

21.3　考研真题与典型题详解

一、单项选择题

1. 秦某以虚构言论、合成图片的手段在网上传播多条“警察打人”的信息，造成恶劣影响，县公安局对其处以行政拘留8日的处罚。秦某认为自己是在行使言论自由权，遂诉至法院。法院认为，原告捏造、散布虚假事实的行为不属于言论自由，为法律所明文禁止，应承担法律责任。对此，下列哪一说法是正确的？(　　)［2017年法考真题］

A. 相对于自由价值，秩序价值处于法的价值的顶端

B. 法官在该案中运用了个案平衡原则解决法的价值冲突

C. “原告捏造、散布虚假事实的行为不属于言论自由”仅是对案件客观事实的陈述

D. 言论自由作为人权，既是道德权利又是法律权利

【解析】A项，自由和秩序都是法的最基本的价值，但相对于秩序价值，自由代表了人的最本质的人性需要，位于法的价值的顶端。B项，个案平衡原则，是指处于同一位阶上的法的价值之间发生冲突时，必须综合考虑主体之间的特定情形、需求和利益，以使得个案的解决能够适当兼顾双方的利益。价值位阶原则，是指在不同位阶的法的价值发生冲突时，在先的价值优于在后的价值。由此可知，本案中秦某的行为不属于言论自由，且扰乱了社会秩序，造成恶劣影响；法院要求其承担法律责任，是运用价值位阶原则解决法的价值冲突。C项，法官的观点本身不仅是对案件事实的陈述，也包含着一种价值判断。D项，从根本上说，人权是一种道德权利，为了保障人权的实现而将其法律化，所以言论自由作为人权，既是道德权利又是法律权利。

2. 某高校司法研究中心的一项研究成果表明：处于大城市“陌生人社会”的人群会更多地强调程序公正，选择诉诸法律解决纠纷；处于乡村“熟人社会”的人群则会更看重实体公正，倾向以调解、和解等中国传统方式解决纠纷。据此，关于人们对“公平正义”的理解与接受方式，下列哪一说法是不准确的？(　　)［2011年法考真题］

A. 对公平正义的理解具有一定的文化相对性、社会差异性

B. 实现公平正义的方式既应符合法律规定，又要合乎情理

C. 程序公正只适用于“陌生人社会”，实体公正只适用于“熟人社会”

1D　2C

D. 程序公正以实体公正为目标，实体公正以程序公正为基础

【解析】C项，“公平正义”既要求实体公正，也要求程序公正，只是说在“陌生人社会”与“熟人社会”的侧重点有所不同，而不是“非此即彼”地相互排斥。

二、多项选择题

林某与所就职的鹏翔航空公司发生劳动争议，解决争议中曾言语威胁将来乘坐鹏翔公司航班时采取报复措施。林某离职后在选乘鹏翔公司航班时被拒载，遂诉至法院。法院认为，航空公司依《合同法》负有强制缔约义务，依《民用航空法》有保障飞行安全义务。尽管相关国际条约和我国法律对此类拒载无明确规定，但依航空业惯例航空公司有权基于飞行安全事由拒载乘客。关于该案，下列哪些说法是正确的？（　　）［2016年法考真题］

A. 反映了法的自由价值和秩序价值之间的冲突

B. 若法无明文规定，则法官自由裁量不受任何限制

C. 我国缔结或参加的国际条约是正式的法的渊源

D. 不违反法律的行业惯例可作为裁判依据

【解析】A项，选择航空出行是公民的权利和自由，体现了自由价值；保证航空安全、维护航空秩序是秩序价值的体现。法官需在两个价值中作出取舍，体现了自由和秩序价值的冲突。B项，法无明文规定时，法官拥有较大自由裁量权，但并非不受任何限制。如本案中航空业惯例就是对法官自由裁量权的一个限制。C项，当代中国法的渊源主要是以宪法为核心的各种制定法，包括宪法、法律、行政法规、地方性法规、自治条例和单行条例、规章、国际条约和国际惯例等。D项，行业惯例是法的非正式渊源。当法律决定不能从正式渊源中找到确定的大前提时，就需要诉诸非正式渊源。

三、概念题

1. 自由与秩序［武大2006年研］

答：（1）自由是指从受到束缚的状态之中摆脱出来，或不受约束的状态。法学上的自由是指主体的行为与法律的既有规定相一致或相统一。其主要特点有：①自由意味着主体可以自主选择和从事的行为。②自由也表现为主体自主选择的行为必须与既有的法律规定相一致。③自由是人的本性。

（2）秩序是指在一定的时间和空间范围内，事物之间以及事物内部诸要素之间相对稳定的结构状态。秩序分为自然秩序和社会秩序，良好的社会秩序是社会进步的基础。通过法律建立和维护良好的社会秩序是推进改革和建设的重要前提。

（3）自由与秩序都是法律价值的内容，二者是辩证的对立统一关系。

2. 个人正义与社会正义［安徽师大2018年研］、**社会正义**［厦门大学2011年研］

答：正义从主体的角度可分为：①个人正义，指个人应公平地对待他人的道德态度和行为准则，适用于个人及其在特殊环境中的行动。②社会正义，指一个社会的基本制度及其所含规则和原则应合理、公正，适用于社会及其基本的经济制度、政治制度和法律制度。

ACD

四、简答题

1. 自由对于人的价值。［厦门大学 2013 年研；中南财大 2009 年研］

相关试题：你如何理解"每个人的自由发展是一切人的自由发展的条件"这一命题？［北航 2010 年研］

答：自由对于人的价值主要体现在以下方面：

(1) 自由作为人的属性，体现了人的主体性。自由是人的本性，正如马克思所说："自由确实是人的本质"。没有自由，人就不是主体。

(2) 自由体现了人的主观能动性，是人的自我意识的现实化。

(3) 自由推动了人类的发展。自由是人们奋进的动力和目标之一。人们对自由的追求是人类发展的前进动力。

马克思、恩格斯在《共产党宣言》中明确表达了所要追求的目标："代替那存在着阶级和阶级对立的资产阶级旧社会的，将是这样一个联合体，在那里，每个人的自由发展是一切人的自由发展的条件。"

2. 简述法律保证自由实现的方式。［中财 2011 年研］

答：从现代社会各国法律的具体规定来看，法律保障自由实现的方式主要有：

(1) 以权利和义务设定自由的范围和实现方式。静态意义上，法律以权利和义务规定设定了主体自由的具体范围。其中，权利确立了主体享有的具体自由的法律正当性，义务对主体享有自由的范围进行界定，从而使自由成为主体"可以做和可以从事任何不损害他人的事情的权利"。动态意义上，法律以权利和义务规定设定了主体自由的实现方式，对主体追求自由的行为给予规范化的引导、限定与约束。

(2) 将责任与自由联结，为平等的自由提供保护机制。自由本质上应是"为善的自由"，但却经常被人们用来"作恶"或滥用，从事形形色色的不良行为。所以，必须把责任与自由联结。社会生活中的自由与责任是对立统一的。

(3) 设置国家权力及正当程序以提供救济。法律通过划定国家权力本身的合理权限范围，明确规定公权力正当行使的程序，来排除各种非法妨碍。法律为各种对主体自由的非法侵害确立救济手段与程序。

3. 简述法律确认和保障自由的原则。［南航 2017 年研；吉大 2014 年研；南京大学 2013 年研］

答：法律确认和保障自由的原则具体如下：

(1) 个人自由并存原则。法律面前人人平等，法律所确认的自由应是所有人的自由，即法律要保证每个人享有的自由相同且互不冲突。因此，法律在权利和义务的设置上应保证人人平等地享有相同的权利，并合理划分权利的边界以防止冲突出现。

(2) 消极自由（非干预）之保障原则。即要禁止干预主体，保证主体自主的外在条件。这样法律应保持对主体行为的最大不干预；仅当主体违反公益干预原则时，才可将干预施于该主体之上。

(3) 积极自由（有限干预）之保障原则。即自由不意味着不干预，为了保障主体的一些自由而进行一定的干预是可行和必要的。这种干预实质上是为了保障主体的自由，且是有限的。

(4)公益干预原则。即为了保护公共利益或促进重要的公共福利，当公共利益受到个人自由侵害或个人自由的行使妨碍重要公共福利的发展时，在干预不可避免时，可以对个人自由施加干预。

4. 法对效率有哪些促进作用？［山东大学 2018 年研］

相关试题：法律对于效率的促进作用。［山东大学 2010 年研］

答：参见本章考点难点归纳相关内容。

5. 简述法律对正义的作用。［华侨大学 2016 年研］

相关试题：

(1)法律如何促进和保障社会正义？［安徽财大 2020 年研］

(2)简述法对正义的促进作用。［河北大学 2015 年研］

答："正义只有通过良好的法律才能实现"，这是因为法是或应当是实现正义的手段，法律最重要的价值在于实现正义。法律对正义的实现作用，总体上表现为：

(1)分配权利义务以确立和促进正义。法把指导分配正义的原则法律化、制度化，进一步具体化为权利、权力、义务和责任，从而实现对社会资源、社会利益和负担的分配权威、公正。即法律通过将社会生活的主要领域及其重要的社会关系纳入法律之内，使正义融入法律规范与制度之中，实行法治化治理，严格依法办事，从而全面促进和保障社会正义；通过法律权利和法律义务机制，公正地分配社会的利益和负担，并设定公正的程序来保障，使实体正义与程序正义得以通过立法来落实。

(2)惩罚罪恶以保障正义。这是法律平均正义的一个方面。法律凭借国家强制力使法律的权利、义务分配实在化、现实化，以保障法律正义的存在或实现。即通过法律效果上的认可与惩罚机制，在执法与司法上保障实体正义与程序正义的实现。

(3)补偿损失以恢复正义。法律补偿正义损失的具体方式是多样的：

①法律通过对违法犯罪的惩罚以及违法犯罪者的悔过自新来补偿已损失的道义上的正义。

②法律通过强迫违法犯罪者用实际行动弥补自己的过失，用自己的行动来抚平社会正义的创伤，使社会的正义得到恢复。

③法律通过迫使违法犯罪者赔偿受害者的物质损失和精神损害，从经济赔偿的角度修复被损害的正义。

【说明】本题也可按教材框架从法促进和保障分配正义、法促进和保障司法公正、法促进和保障社会正义、法促进和保障国际正义四个角度分点细答。

五、论述题

1. 试述法的秩序价值。［南京大学 2011 年研；西南政法 2010 年研］

答：法的秩序价值如下：

(1)秩序作为法的价值的意义：

①社会的秩序需求和秩序维持是法律产生的初始动机与直接目的。一方面，法律有助于解决社会纠纷和矛盾，减少冲突和混乱，维护社会秩序。另一方面，法律作为阶级分化、

阶级斗争的产物，它必然成为维护阶级统治秩序的重要方式之一。

②秩序是消解、缓和社会矛盾和冲突的一个基本参照标准。一般说来，社会矛盾和冲突的发生总是表现为秩序被破坏。这就要求社会管理者从中思考如何解决矛盾和冲突以维护现存秩序，或改善制度建立新的秩序。

③秩序作为法律的价值，不仅要从消极的角度来协调和解决社会矛盾和纠纷，而且还要从积极的角度，即作为社会的一种理想状态，鼓励社会合作，促进社会和谐。

(2)法律有助于社会秩序的建立。在现代社会，社会秩序的建立在很多情况下需要通过法律的方式实现，主要表现为以下三点：

①法律制度的设计本身就是在描绘人们所向往的社会秩序的基本蓝图，它也当然地成为某个特定社会所追求的目标，成为该社会建立其社会秩序的标准与参照。

②法律通过赋予社会主体一定的权利和自由来引导社会主体的各种行为，使这些行为主体在行为方式和行为结果上能够彼此协调和顺应，从而使相应的社会秩序得以建立。

③法律通过给社会主体施加一定的义务与责任的方式，使主体对自身的行为加以必要的克制与自我约束，从而建立相应的社会秩序。

(3)法律有助于社会秩序的维护，参见本章考研真题论述题第2题答案。

2. 论述法对秩序的维护作用。［扬州大学2017年研；南航2012年研］

相关试题：

(1)法对秩序的维护作用体现在哪些方面？［简答题，扬州大学2018年研；南京理工2011年研］

(2)法律对社会秩序的维护表现为诸多方面，你认为主要的是哪些？［简答题，北邮2009年研］

答：法对秩序起着重要的维护作用，具体表现在：

(1)维护阶级统治秩序。法律作为国家的重要统治手段，首先必然要维护以统治阶级整体的根本利益为核心的阶级统治秩序，使阶级统治合法化、制度化，从而最大限度地实现统治阶级的根本利益。其次，出于把阶级矛盾和冲突有效控制在社会秩序所许可的范围之内的政治需要，统治阶级也会适当地考虑被统治阶级的某些利益和需求，以减少其统治的社会阻力。

(2)维护权力运行秩序。社会秩序的存在离不开权力的存在与有效运行。因此，必须对权力的运行加以规范和约束，建立和维护有效的权力运行秩序，使权力运行始终处于可预期、可控制的范围内。权力运行秩序主要是针对社会的管理者而建构的。法律是消灭专制主义、限制自由裁量、建立权力运行秩序的重要手段，其作用主要体现在以下两个方面：①明确公民的各项政治权利和自由，并加以有力的保障，确保国家政权的民主性质。②法律要对国家权力系统的结构作出科学的安排，主要包括：规定各权力主体(各国家机关)之间的权限划分以及相互之间的合作、协调与制约关系，各权力主体内部的职权分配以及权力运行的程序机制等。

(3)维护经济秩序。法律对经济秩序的维护体现为使人们的经济活动摆脱偶然性与随意性，并使之逐渐地趋于稳定并获得相应的连续性和可预测性。如何合理有效地组织社会、管理社会，分配社会的利益和负担，利用社会的资源，建立社会权力的运行机制，也是法律在实现秩序价值时所要完成的具体任务。

(4)维护正常的社会生活秩序。国家履行这一职责的典型方式是通过法律来进行的。一方面，法律通过在各种社会利益及其需求的基础上确定主体相应的权利和义务，最大限度地避免社会矛盾和社会纠纷的产生；另一方面，法律也明确地规定相应的、文明的纠纷解决程序与机制。

(5)建立和维护国际政治经济新秩序。法的秩序价值必须与法的其他价值相协调，这种秩序应当是体现人类道德正义，体现人权、自由和平等精神，体现公共利益和人类幸福的秩序，而不是完全背离人类终极价值和其他一般价值的纯粹专制的秩序。法律在建立和维护国际政治经济新秩序中发挥着重要作用。

3. 如何理解“法律以自由为目的”？［首经贸2006年研］

答：(1)法律以自由为目的的含义：

古罗马法学家西塞罗有一句名言：“为了得到自由，我们才是法律的臣仆。”洛克明确指出：“不管会引起人们怎样的误解，法律的目的不是废除或限制自由，而是保护和扩大自由。这是因为在一切能够接受法律支配的人类的状态中，哪里没有法律，哪里就没有自由。这是因为自由意味着不受他人的束缚和强暴，而哪里没有法律，哪里就不能有这种自由。”

马克思也认为法律应以自由为目的，并作了极其深刻、明晰的论述。他说，“法律在人的生活即自由的生活面前是退缩的。”法律不能与自由相抵触，法律不是压制自由的手段，法律应以自由为目的。即使是法律的强制也只能以自由为目的。

(2)法律以自由为目的的体现：

①从法律权利和法律义务来看，法律权利是为自由而设定的，法律义务也是为自由而设定的。法律权利的设定与自由相抵触就必然会违反法律的初衷。法律义务的设定与自由相抵触，法律权利就化为乌有，自由也就没有法律的根据和保障。

②从法律的授权、禁止和义务规定来看，法律上的授权是对自由的确认，法律上的禁止和义务也应是为确保自由而设立。离开了自由的法律授权、法律禁止和法律义务，其本身就失去了灵魂。

③从法律的制定和实施来看，法律的制定要以自由为出发点和归宿，以自由为核心；法律的实施必须以自由为宗旨，法律的保护或打击、奖励或制裁都应以自由为依归。

4. 论述“自由”的含义及其与法律的关系。［华侨大学2014年研］

相关试题：

(1)法的自由价值及其实现方式。［中南财大2023年研］

(2)法律对自由的作用。［清华大学2019年研］

(3)论法律对自由的确认和保障。［中财2017年研］

(4)晚清翻译家严复将密尔的《论自由》译作《群己权界论》，并在译序中写道：“自由者，凡所欲为，理无不可，此如有人独居世外，其自由界域，岂有限制？为善为恶，一切皆自本身起义，谁复禁之？但自入群而后，我自由者人亦自由，使无限制约束，便入强权世界，而相冲突。故曰：人得自由，而必以他人之自由为界。此则《大学》絜矩之道，君子所恃以平天下者也。”

请结合上述材料，分析法律与自由的关系。[材料分析题，华南理工 2017 年研]

(5) 结合实际，谈谈法律对自由的保障与限制。[南航 2014 年研]

(6) 论述法与自由的关系。[上海财大 2022 年研]

答：(1) 自由是指从受到束缚的状态之中摆脱出来，或不受约束的状态。法学上的自由是指主体的行为与法律的既有规定相一致或相统一。一方面，自由意味着主体可以自主地选择和从事一定的行为；另一方面，自由也表现为主体自主选择的行为又必须与既有的法律规范的规定相一致。

自由作为法的价值的主要意义在于，法律应将确认和保障自由作为自己的价值追求。追求自由是人的本性，法律也应该将确认和保障自由作为自己的价值追求。此外，为了帮助主体实现自由，法律除了要确认和保障自由外，还应积极为主体实现自由提供各种现实条件。

(2) 自由与法律的关系：

①自由需要法律的保障，排除对自由的不合理妨害。近代以来，法律在实践中对主体自由的保障体现为两个方面：

a. 法律排除国家权力对某些个人自由的干涉，即保障主体的自由免受侵害。特别是私权领域，保障个人的生活选择不受公权力的干预。但随着福利国家的出现，传统上属于这类自由的领域，如就业、医疗、住房等，开始越来越受到政府福利政策的大幅干预。

b. 法律保障主体可以合法地享有行使各项权利的自由，排除主体自身对自由的滥用。法律为自由确立了合适的限度。超过了这个限度(或范围)，就不再是国家法律许可和保障的行为。相反，它要受到法律的禁止和限制。国家通过法律为个人的发展提供平等机会，使个人能自由地追求自己的合法目标；同时，国家还必须为保障个人的积极自由，提供必要的帮助。

②法律保障自由的一般方式，参见本章考研真题简答题第 2 题答案。

③法律确认和保障自由的原则，参见本章考研真题简答题第 3 题答案。

5. 联系历史与现实的实际，试论自由与秩序这一对价值在法律中的对立统一关系。[中南财大 2008 年研]

答：法的几种价值之间的位阶是有一定的差别的，它们之间有重要性的先后之分。一般说来，秩序是基本的价值，一个社会最基本的要求是有秩序的状态，没有稳定的社会秩序，其他的价值也就无法实现。自由与秩序价值的冲突表现为：自由强调的是主体个性的发挥，秩序强调的是有序状态的建立和维持，自由难免有打破既定秩序的倾向，秩序也会在一定程度上压抑自由以维持平衡，因此二者之间的冲突在所难免。那么，在立法和执法中就有一个价值的优先选择的问题。

自由与秩序之间是一种既对立又统一的关系，尽管可能存在一定的冲突，但是这种冲突不是绝对无法克服的，二者可以达成统一。

(1) 自由是以一定的秩序为前提的。自由价值高于秩序价值的观点首先是由于持这种观点的论者误解了自由的含义，这种观点对自由的解释有两个：一是认为自由是“社会主体需求之任意”，二是认为自由是“主体个性的发挥”。这两种对于自由的理解显然都是片面的。其实自由的概念中已经包含有与秩序相一致的意义。从哲学层面讲，自由意味着对必然性客观规律的认同；就法学意义而言，自由指的是在国家权力允许的范围内活动。要想获得自由，就必须认同客观规律，而社会生活的客观规律就是，人必须过有组织的社会生活，必须受社会秩序的制约，所以人不可能彻底摆脱拘束，只能以忍受一些拘束为代价而获取相对不受拘束的生活。自由永远是相对的，是和限制联系在一起的，不明白自由的限制在哪里，就不能了解什么是自由。而现实中人们总是通过制定规范建立秩序来确定自由，即法不禁止就是自由。

(2)秩序是以一定的自由为内容的。秩序价值高于自由价值的观点，以牺牲自由而获得秩序的看法也是不正确的。因为，秩序应该是一种以自由和平等作为内容和特征的秩序，而不是没有自由可言的封建等级秩序。现代社会的秩序不仅应该是一种稳定的社会状态，而且在这种稳定的社会状态中，人们拥有一定的自由和权利，没有自由的秩序不是我们追求的价值目标。而且，以牺牲自由为代价的所谓的秩序最终也不可能实现。没有自由或剥夺人们的自由，人们就会不断地为自由而奋斗，社会就不可能获得秩序的状态，只有以自由为基础的秩序才是稳定的秩序。其实，在市场经济基础上确立的现代社会的秩序，都以充分赋予人们自由为主要内容。因此，自由和秩序之间存在着统一性的一面，有着相互依存的关系。二者可以得到协调和平衡地发展，法律既可以赋予人们自由，同时也可以维护秩序。

(3)在现实生活中，确实存在着人们对自由和秩序的价值选择的问题，即在一定社会条件下，立法者和执法者在自由和秩序的优先选择方面存在着一定的差异。一般说来，在一种混乱的社会时期，法律应该以秩序作为首先选择的价值，以尽快恢复和稳定社会秩序。当社会处于稳定的状态时，应该更多考虑自由的价值，赋予人们更多的自由和权利。从法律发展的总体趋势来看，应该以自由和秩序的相对平衡为总体的价值目标，达到既维护社会的秩序，又能够使得人们充分地享受自由的目标，实现二者的协调和平衡，不可偏废。

6. “效率优先、兼顾公平”曾经在我国市场经济改革与发展中发挥重要作用，请结合法理学原理对此加以剖析。［武大 2007 年研］

答：公平与效率是两项最重要的法律价值，是衡量法律正义的终极尺度，同时也存在一个争议较大的问题，争议的焦点是在公平与效率的互动关系中究竟何者优先。从我国的情况看，“效率优先、兼顾公平”曾经在市场经济改革与发展中发挥了重要作用。然而，“效率优先，兼顾公平”的惯用语形式不能适用于法律的价值判断当中，在公平与效率的价值抉择中，正确的选择应当是而且只能是“公平优先，兼顾效率”。

(1)公平是社会正义的最基本的因素和法则，公平是法律应体现的首要价值。

法学和其他社会科学更多关注公平的制度安排和理念设计，从而使思维视角更多地向效率方向倾斜，但这并不能改变公平在社会正义体系中的基础性地位，这只是表明人们对公平的追求达到一个更高的价值层面。在这层意义上说，至少在法律上，不能把公平当作唯一的价值尺度。因为，公平观念下法律权利与义务的设定，不能完全取代效率观念下对权利义务的合理有效的安排。而且，公平或平等作为历史的范畴也不是永恒不变的。

(2)公平优先的观念应该既体现在实体法上又体现在程序法上。

①无论对于实体法还是对于程序法，公平都是价值选择的第一要素，是构建价值平衡系统的基准性因素。甚至，在效率因素不被充分考虑的情况下，法律依然可以——虽然可能不如人意——实现它的社会功能和价值，但如果抛开了公平和公正的因素，那么所谓“诉

讼的效率”则根本无从谈起。

②程序法的主旨，在于为实体法的实现创设条件，而不在于减少实体法实现的成本支出。程序法对效率价值的追求是其实现实体法律公平的一个副产品，程序法和实体法绝非一种投入和产出的关系，而是一种手段和目的的关系。既然实体法不能被看作程序法的一种“产出”，那么经济学的效率思维就不能简单地位移到法律的价值判断中来。

③程序法当然可以被看作一种效率机制，正如实体法可以被看作一种公平机制一样，但在这两种机制的顺位选择上，如果一味地套用“效率优先，兼顾公平”的话语，就颠倒了实体法与程序法的主从关系。

(3)正确对待经济分析法学中的效率观。只要法律是追求正义的，那么它首先必须是追求效率的。当公平与效率发生冲突时，公平应给效率让路。经济分析法学家对法律价值的效率性分析拓宽了法律价值研究的视角，是对法律的现实效用进行量的分析和更为有效的审视。然而，法律价值的核心仍然是公平优先。在价值问题上最主要的“法律标准”是公平和正义状态下所体现的社会正义，这种正义是法治社会中所有价值体系所追求的最高目标。至于效率，虽然也是法律价值评价的一个标准，但与公平和公正相比，显然不是在同一个价值评价层面上。效率更主要是一个经济学的标准。

7. 有观点认为：“法的效率价值与公平价值之间是矛盾的，强调效率必然会导致不公平，而强调公平又必然会降低效率”。请运用法理学有关知识和原理对上述观点进行分析。［中财 2010 年研］

相关试题：论法的公平与效率价值及其相互关系。［武大 2007 年研］

答：这种观点不正确。该观点只看到效率与公平之间的对立，而没有看到二者之间的统一，二者之间是对立统一的关系，即效率与公平是既相适应又相矛盾的社会价值。具体参见本章考点难点归纳相关内容。

8. 法与正义的关系。［北师 2008 年研］

相关试题：

(1)论述法对正义的实现作用。［扬州大学 2020 年研；首经贸 2016 年研］

(2)试论正义在法律生活中的作用。［山东大学 2018 年研］

(3)结合法理学的知识与方法，理论联系实际，论“看得见的正义”。［中山大学 2018 年研］

(4)结合我国法治现实，论述法律对正义的实现作用。［中财 2016 年研］

(5)“正义只有通过良好的法律才能实现。”“法是善良和正义的艺术。”你是如何理解的？［南航 2016 年研］

(6)试论法律的正义价值。［西北政法 2013 年研；北化 2010 年研］

答：正义与法律之间的相互作用体现在：

(1)正义对法律的进化有极大的推动作用。法律进化是在一定的社会中实现的，社会对法律的推进主要是通过正义得以实现的。社会进化的主要表现之一就是人的素质的提高，正义观的改善和进步是人的发展的重要方面，正是人的素质(包括正义观)的改善促进了法律的发展。法律的形式方面和实质方面的进步都离不开正义的推动，主要表现在：

①正义推动了法律精神的进化。法律精神进化的主要动力在正义。正义推动了法律内在价值的转换，即由前代的特权、压制、国家本位走向现代的平等、自由、个人本位(人权)。正义正是自由、平等、权利的精神家园。

②正义促进了法律地位的提高。法律在社会控制系统中的地位大致有两种形态：人治型和法治型。在人治社会中，法律的控制能力不足，它从属于统治者的权力意志；在法治社会中，统治者的权力意志服从法律，正是正义观念推进了法律由人治型向法治型转换。

③正义推动了法律内部结构的完善。这里最突出的表现是控权立法的产生与完备。正是在正义的推动下，法律内部结构发生了很大的变化，使法律更适合于保障人权和防治弊害。首先，正义观推动了宪法的产生。其次，正义推动了控权行政法的产生与完善。再次，正义推动了程序法的质与量的提高。最后，正义催生了专门针对国家机关和政治大人物的诉讼形式：宪法诉讼和行政诉讼，用正义之剑纠正不良立法和不良行政。

④正义提高了法律的实效。正义的重要内容之一是对社会一致、公正的管理。对法律来说，就是法律应当得到良好的实施，官方行为与法律保持一致。

(2)法律对正义的实现作用，参见本章考研真题简答题第5题答案。

9. 近来，钓鱼式执法引起社会普遍关注。在钓鱼式执法活动中，当事人原本没有违法意图，在执法人员的引诱之下，才从事了违法活动。试以法的价值理论评述该种执法活动。[武汉理工2010年研]

答：钓鱼执法是指行政主体在行政执法过程中，为了实现对案件的办理，行政人员及协助执法的有关人员，以实施某种行为有利可图为诱饵，暗示或者诱使他人实施违法行为，待违法行为实施之时或结果出现之后，对违法者实施行政处罚的一种行政执法行为。从法理角度来看，钓鱼执法体现了在秩序和正义之间发生冲突时，应该如何解决的问题。

(1)钓鱼执法的原因在于维护社会秩序的需要。钓鱼执法的目的是严打社会中存在的对社会秩序危害的行为，维护社会秩序。所以在这种程度上，钓鱼执法是可以理解的。但是钓鱼执法的行为本身偏离了其目的，以侵犯当事人合法权益甚至危及当事人人身安全为代价，这不仅不能起到法对社会秩序的维护，反而是对社会秩序的破坏。

(2)钓鱼执法反映了实质正义和形式正义之间的冲突。

法律正义是一种通过创制和执行法律来调整人与人之间的关系及其行为而形成的理想关系。根据正义与主体利益的关系不同，正义可分为实质正义与形式正义。实质正义是关于制定什么样的原则和规则来公正地分配社会资源的问题。形式正义则是如何实施这些原则以及违反规则如何加以处置的问题。在法律范围内，实质正义可以说是法律创制中的正义，形式正义则是法律执行和适用中的正义。

形式正义和实质正义具有内在一致性，其终极目的都是为了追求纠纷的公正解决，同时实质正义的实现有赖于程序正义的保障。但是二者之间也存在着一定的冲突，这种冲突是基于二者各自的内在属性产生的。当二者发生冲突时，应该坚持形式正义优先，没有形式正义的实质正义是不能保证的，同时实质正义被侵犯之后还可以救济，但是一旦形式正义被侵犯了，就没有办法救济了。

在钓鱼执法中，执法者显然犯了本末倒置的错误，将实质正义放在了比形式正义优先的位置。这种行为的结果很容易在程序上给公众留下执法不公的印象，从而会对执法甚至立法的公正性产生怀疑，这也是钓鱼执法不断受到批评的原因。

六、案例分析题

1. 在传染病疫情严重时，国务院颁布了一项条例，规定为了保护社会公益可以限制人身自由。某甲因违反该条例而被拘留15天，他不服，来找你咨询，你会如何回答他。[清华大学2006年研]

(1)该条例是否具有合法性？

(2)个人自由与社会公益如何协调？

(3)有人说“自由就是做法律允许的事情”。谈谈这句话的合理性和局限性。

答：(1)该条例不具有合法性。根据《立法法》第11条规定，对公民政治权利的剥夺、限制人身自由的强制措施和处罚，只能由法律规定。本案中，国务院的条例作了限制人身自由的规定，与法律规定冲突。

(2)个人自由与社会公益之间是平衡和协调的关系，二者兼顾，不可偏颇。个人利益要服从社会利益，局部利益要服从整体利益，暂时利益要服从长远利益，或者称作小局服从大局，小道理服从大道理。提倡和实行这些原则，绝不是说可以不注意个人利益，不注意局部利益，不注意暂时利益，而是因为归根结底，个人利益和社会利益是统一的，局部利益和整体利益是统一的，暂时利益和长远利益是统一的。必须按照统筹兼顾的原则来调节各种利益的相互关系。相反，如果违反社会利益而追求个人利益，违反整体利益而追求局部利益，违反长远利益而追求暂时利益，那么，结果势必两头都受损失。

个人自由是现代法治(宪政)所保护的基本权利，决不容肆意践踏，这是基本前提。但是，由于现代社会面临着公共性的危机和突发事件，行政机关需要承担起更多的责任，拥有更大的权力，不能单纯考虑个人自由而忽视社会公益。

(3)具体分析如下：

①合理性。自由权本身就具有“正当”的含义。即一个人在其自由权范围内可根据其意志自由决定其行为。至少在宪法学上，与其说自由是有限的、相对的，倒不如说对自由的限制是有限的、相对的。从本质上讲，自由的边界在于不侵犯他人权利，这是任何自由都必然包含的内在的限制。只要不侵犯他人和社会的权利，便属于个人自治的领地，国家或其他人便不能任意加以干预、限制。因此，应在保证他人行使自由的前提下来行使自己的自由，只有这样才称作真正的自由。自由是相对的，绝对的自由是不存在的。只有将自由建立在法律的基础之上，才能发挥它的优越性。因此，为了发挥自由的优越性，让人们更好地享受自由带来的快乐，就应该建立良好的法治社会，做到有法可依、有法可循。

②局限性：

a. 将自由等同于“法律允许的事情”在无形中限缩了自由的界限，因为从事法允许的事情只是法律上的自由，而不是普通意义上的自由。而且，法律的允许与禁止之间存在一定的空白地带，即法律不调控的领域，在这个领域原则上公民也是自由的。而本题观点认为，自由是做法律允许的事情，限缩了自由的界限。做法律不禁止的事情，自由的范围更为宽泛。

b. 法律和自由具有一些不尽相同的价值取向。法律所追求的是对已发案件真相的掌握与评判，法律意志也就是要通过司法建立和维护利于社会稳定的秩序。自由所追求的是一种对客观规律的认知、把握、运用或顺应，意志自由也就是主观见之于客观的活动。法律与自由，它们都有求序求真的需要，这是共性，是共同的价值取向。有共同取向，法律才能成为自由的护身保障，自由才能成为法律的终极性目标。但自由的认知度是无止境的，它是抽象的理想境界，它追求的是终极的绝对真理。法律的认知度则是有限制的，它是特定时代的具体人对某一案件的揭示与评判，它追求的是暂时的相对真理。因而法律有明确的时效性、明显的适用条件、严格的法定程序、严密的罪刑法定原则等，这些显然是以法律的局限为预设的。法律不讳言其局限性，它并不试图去做力所不及的事。

c. 在提倡"依法治国"的时代，法律是理性的思考，是理性社会的意志与实践。它给当事人沉默的权利，因为说与不说是一种"天赋人权"，刑讯逼供可强制人开口，但却很难强迫人不说谎。要让当事人说出真相，司法要有其他手段掌握案件真相，这就是其他收集证据的规则。用证据定案，而不理会当事人的沉默，是法律强制的绝招，再给些"坦白从宽"之利，不怕当事人不开辩解或供述的尊口。法律的这种聪明，源于它的理智，而非其自由意志。法律发展到这一步，也就有希望超越自身局限，获得社会意志的自由——对人权保护的理想追求。

2. 中国某城市为了加强社会治安管理，决定在交通流量大的交叉路口、火车站、汽车站、广场、银行等公共场所，暂时先安装20万台监视摄像机。这涉及如何处理公民自由与社会秩序、个人隐私与国家干预之间关系的复杂问题，市民有人赞同，有人反对。如果不联系该市的具体情况，就难以抽象地表示赞同或反对。[南开大学2006年研]

假设你赞同此举，那么请说明你做该判断的具体条件(主要是该市的状况)？安装监视摄像机的行为妥当的界限是什么？

答：(1)在公共场所安装监视摄像机，在一定程度上是对公民自由的限制，也是对个人隐私的干涉。但安装监视摄像机，也是为了加强社会治安管理，这就体现了自由与秩序的冲突。秩序是法的最基本价值，是实现其他价值的基础。在自由和秩序发生冲突时，出于秩序维护的需要可以对自由进行一定的限制。

自由总是与一定的责任、限制和约束相联系的，而责任、限制和约束就是秩序的内容，因而自由只能在秩序中获得，自由价值只有通过秩序价值才能实现。但对自由的限制需要条件，当公共利益受到个人自由的侵害或个人自由的行使妨碍重要公共福利的发展时，可以对个人的自由施加干预。

本案例中，安装监视摄像机的目的是加强社会治安管理，保障社会稳定的秩序，实现方式是在交通流量大的交叉路口、火车站、汽车站、广场、银行等公共场所安装，这并没有侵犯到公民的隐私权，只是为了公共利益而牺牲一定程度上的个人利益。

(2)安装监视摄像机的界限。法对自由是有一定限制的。自由是从事一切对他人没有害处的活动的权利。因此它必须有一个合理的限度。超过这个限度，就不再是国家法律许可和保障的行为，要受到法律的禁止和限制。法律对自由的限制标准大致有三点：①为促进自由权利人的利益，禁止其利用自由进行自我伤害；②禁止权利人在行使自由时侵犯他人的相同自由和其他权利；③自由的行使必须体现个人利益和社会利益、国家利益的统一，应当有利于或至少无害于社会、集体和国家。

第二十二章 法与人权

22.1 复习笔记

【知识框架(庖丁解牛)】

- 法与人权
  - 人权的概念
    - 人权的含义
    - 人权的价值
      - 人权是度量人的利益的分界
      - 人权是人们评价公共权力的道德标准
      - 人权是人们和谐共处的共同尺度
    - 中国特色社会主义人权思想
      - 人权道路的独特性
      - 人权主体的复合性
      - 人权内容的广泛性
      - 人权重心的现实性
      - 人权基点的人民性
      - 人权享有的普遍性
      - 人权保障的有效性
      - 人权发展的包容性
  - 人权体系
    - 人权体系及构成
    - 新兴人权
      - 和平权
      - 发展权
      - 环境权
  - 法对人权的保护作用
    - 国内法对人权的保护
      - 宪法保障
      - 立法保护
      - 行政保护
      - 司法保护
    - 国际法对人权的保护

【通关提要(提纲挈领)】

本章主要介绍法与人权。学习时，要重点掌握人权的价值、法对人权的保护作用，熟悉人权的概念和体系、中国特色社会主义人权思想。本章主要考查简答题和论述题，有时会结合社会热点进行考查，要能结合案例具体分析。

【考点难点归纳(厚积薄发)】

考点一：人权概述（见表22-1）★★★

表22-1　人权概述

要点	具体内容
本义	指人作为人所享有或应享有的权利
法律意义	指宪法和法律所保障的基本权利。“基本”有六方面含义：不可或缺性、不可取代性、不可转让性、持久稳定性、母体性和普遍性
特点	①最普遍性；②本源性；③综合性；④发展性
价值	①人权是度量人的利益的分界，其本质属性为利益。 ②人权是人们评价公共权力的道德标准。［公共权力能否善待于人］ ③人权是人们和谐共处的共同尺度
新兴人权	①和平权；②发展权；③环境权

【真题链接】简述人权的价值。［简答题，中财2018年研］

考点二：法对人权的保护作用（见表22-2）★★★★

表22-2　法对人权的保护作用

要点	具体内容		
国内法对人权的保护［最主要、最经常、最有效］	宪法保障	首要保障：在宪法中确认和保障人权	
	立法保护［前提］	实质上	规定法定人权的内容和范围，制定法定标准保护人权
		程序上	提供人权享有、实现、保护和救济的有效措施和方式
	行政保护	人权实现的重要环节	
	司法保护	人权法律保护的重要环节和最后一道防线	
国际法对人权的保护	国际人权法的类别	①人权宪章类。 ②防止和反对种族歧视类。 ③弱势群体人权保护类：妇女、儿童、难民和无国籍人等。 ④战时国际人道主义保护类	
	国际人权保护和救济制度	①加入国际人权公约和公认的国际法原则的国家承担保护人权的国际义务。 ②国际人权保护机构负有调查、监督人权问题及其解决的职责	

【真题链接】

（1）法是如何保护人权的？［论述题，浙江财大2018年研］

（2）论人权的国内法保护。［论述题，南航2018年研］

22.2　课后习题详解

1. 人权的含义是什么？

答：人权是指人作为人所享有或应当享有的权利。人权表达了所有人在人格上的普遍平等观念和固有尊严观念。人权是基于人的人格尊严而为所有人享有的、对于人的生存和发展具有重要意义的基本权利。人权具有与其他权利不同的特点：

(1)人权是普遍性的权利。即人权是普遍地为所有的人平等享有或应当享有的权利。

(2)人权是本源性的权利。即人权是其他权利存在的正当性根据和理由，在整个权利体系中属于最基础性的权利。

(3)人权是综合性的权利。即人权是包含多项权利内容的复杂的综合性权利体系。人权作为一个开放性的权利体系，其具体权利内容也随着人对自身的认识和理解而不断深化，新的权利类型也将不断地出现。

(4)人权是历史发展的产物。人权的历史发展特点从其主体、内容到保障措施等方面均可反映出来。

2. 为什么说人权是现代法的最基本的价值之一？

答：这是由人权的价值决定的，参见本章考点难点归纳相关内容。

3. 中国特色社会主义人权思想的基本内容和特征有哪些？

答：中国特色社会主义人权思想的基本内容和特征见表22-3。

表22-3 中国特色社会主义人权思想的基本内容和特征

要点	具体内容	
概念	①是马克思主义人权观中国化、现实化和当代化的时代产物。 ②是马克思主义人权原理与中国实际结合后进行创造性转化的思想结晶。 ③是对西方人权价值观和历史上的人权思想进行扬弃的必然结果。 ④是当代中国人权建设的根本指南	
基本内容和特征	道路的独特性	坚持把人权的普遍性与我国国情的特殊性相结合，走适合我国国情的人权发展道路
	主体的复合性	个人主体与集体主体的复合体
	内容的广泛性	权利主体与权利内涵的广泛性
	重心的现实性	发展是关键，以生存权和发展权为首要的基本人权
	基点的人民性	坚持人民主体地位，人是人权的立足点和出发点
	享有的普遍性	人权由全体人民普遍、平等地共有、共享
	保障的有效性	依靠强有力的制度安排指导具体的行动，确保人权得到贯彻落实
	发展的包容性	积极参与全球人权治理，着力推进包容性发展

4. 法是如何保护人权的？

答：参见本章考研真题论述题第1题答案。

5. 如何理解人权和主权的关系？

答：人权与主权的关系可分析如下：

(1)近代西方人权观中，基于对集权或集权国家的恐惧，将人权视为个人对抗国家的权利。但也要看到，那种主张完全摆脱公共权力的无政府主义也会导致对人权的伤害。

(2)人权的实现需要借助国家的保护和努力。人权本身在个人与国家的这个治理结构中有依附于国家权力的侧面，但这种依附并不能直接导致将人权置于国家之下，将主权对人权的支持直接延伸为主权高于人权。因而，应当辩证地看待人权与主权的关系，不能过于机械地说其中一个高于另一个。人权需要依赖国家主权的保障而得以实现，但主权的存在本身并不足以就意味着人权状况的改善。现代国家需要借助人权来提高其合法性基础，但人权的重要性并不能否认主权的必要性。

(3)在当代，关于人权和主权的关系中的一个重要问题是，必须警惕人权高于主权理论以及人道主义干涉的消极后果。

6. “人类家庭所有成员的固有尊严及其平等的和不移的权利的承认，乃是世界自由、正义与和平的基础。”请结合本章内容，阐述其中的法理。

答：“人类家庭所有成员的固有尊严及其平等的和不移的权利”即人权。这句话强调了人权是自由、正义和和平的基础。这些体现在人权作为法律价值具有的重要意义上：

(1)人权作为法的价值表明了法律对作为主体的人的肯定，即对人的独立且平等的人格与人的尊严的尊重。

(2)人权作为法的价值，表明了法律的来源、法律运作的各个环节以及法律的根本目的都基于人本身，并以人的正当利益和自由意志为关注焦点，以人的理想生活为直接目标。

(3)人权作为法的价值，既是对法律的精神、原则、规范的直接检验，也是对法律的精神、原则、规范的方向引导；既是对法律的内在品质进行反思与批判的标准，又是对法律的内在品质进行塑造与完善的依据。

22.3 考研真题与典型题详解

一、单项选择题

1. 下列关于人权的说法错误的是(　　)。[2018年法考真题]

A. 人权与法律权利在内容上是一致的

B. 人权的存在和发展是社会经济、文化发展的结果

C. 人权的主体要比公民权的主体宽泛，不仅包括个体人权，还包括集体人权

D. 为了更好地保护人权，人权应当被尽可能地法律化

【解析】A项，人权，是指每个人作为人应该享有或者享有的权利。从本质上讲，人权属于一种不依赖于法律规定即可存在的道德性权利，因此人权的内容只有在被法律确认之后才能变成法律权利，但并非所有的人权都会被法律确认，因此，人权的内容与法律权利的内容并不等同，“人权”概念的外延要比“法律权利”概念的外延大得多。

2. 关于法与人权的关系，下列哪一说法是错误的？(　　)[2014年法考真题]

A. 人权不能同时作为道德权利和法律权利而存在

B. 按照马克思主义法学的观点，人权不是天赋的，也不是理性的产物

C. 人权指出了立法和执法所应坚持的最低的人道主义标准和要求

D. 人权被法律化的程度会受到一国民族传统、经济和文化发展水平等因素的影响

【解析】A项，从根本上说，人权是一种道德权利。为了保障人权的实现，人权必须被

1A　2A

法律化。由此可知，被法律化的人权(法律权利)都是道德权利。

二、概念题

1. 人权[中山大学 2011 年研；南京理工 2011 年研]

答：参见本章课后习题第 1 题答案。

2. 人权和公民权[武大 2014 年研]

答：参见本章考研真题简答题第 1 题答案。

3. 人权的法律化[南京大学 2010 年研]

答：人权法律化是指通过现行的法律规范将人权确认的过程，被确认的人权是法定人权。法律意义上的人权是指宪法制度保障的基本权利，具有不可或缺性、不可取代性、不可转让性、持久稳定性、母体性和普遍性。法律意义上的人权为宪法规定的“公民的基本权利”。基本权利是法律对人先天既存和后天能够实现的价值的承认，是宪法所规定的人们在国家政治生活、经济生活、文化生活和社会生活中的根本权利。

三、简答题

人权和公民权有何区别？[对外经贸 2009 年研]

答：人权是“人们应当平等地享有的权利”。公民权是“公民依法享有的人身、政治、经济、文化等方面的权利。其中，由宪法规定的称为公民基本权利。”显而易见，人权与公民权是两个不同的概念，其差异表现在以下几个方面：

(1)主体不完全相同。其一，狭义的公民权仅限于有本国国籍的公民；而人权中的人指的是自然人，除本国公民外，还包括在本国领域内的外国人和无国籍人。其二，公民权的主体是个人；而人权的主体既包括个人，也包括集体、群体，如民族、国家、妇女、儿童等。

(2)适用范围不同。在一个特定国家里，只有本国公民才享有公民权，在该国的外国人和无国籍的人没有公民权。如各国宪法中规定，选举权、被选举权、直接或派代表参与国家管理权、政治地位平等权、平等担任公职权、全民公决权、自由回国权、担任总统和国会议员的资格等均属于本国公民专有权利，非本国公民不能享有。而各种人权则适用于一国领域内的所有人，包括外国人和无国籍的人。

(3)属性不同。公民权仅有法律属性；而人权除了法律属性外，还有道德属性和政治属性。从每个人应当享有的权利的角度看，人权属于道德范畴即应有权利。以美国为首的西方国家将人权作为国际政治斗争的工具，干涉其他国家的内政，给人权涂上了浓重的政治色彩，因而人权具有了政治属性。

(4)表达方式的差异。公民权，一般各国都在宪法中明确规定；而人权，有的国家在宪法中有规定，有的国家并未在宪法中规定。当然，宪法中未规定人权的国家不等于没有人权，因为国际法也是人权法的重要渊源，凡是加入人权公约的国家都必须尊重和保障相关人权。

(5)实施和监督机制的差异。公民权的实现靠国内法保障，有执法司法机关的监督、社会监督、群众监督和舆论监督。人权的实现除了国内法和国内机关的保障外，还有国际法和国际人权组织的监督。

四、论述题

1. 法是如何保护人权的？［浙江财大 2018 年研］

相关试题：

（1）论人权的国内法保护。［南航 2018 年研］

（2）论法律对人权的保护。［温州大学 2017 年研］

答：法对人权的保护体现为国内法和国际法对人权的保护上，二者相互补充、促进，互为保障。

（1）国内法对人权的保护。这是最有效、最主要的形式。我国目前已经基本建立了人权法律保障的主要法律部门，即通过宪法、行政法、刑法、民法、诉讼法等来具体确认人权，并提供人权救济的具体途径和方式。人权的国内法保护主要包括：

①人权的宪法保障。宪法的核心价值和主要功能是确认和保障人权。以宪法的形式确认和保障人权，是近代民主政治和法治的主要特征。人权的宪法保护要求，不仅要将尊重和保障人权确认为宪法原则，而且要求通过宪法确认公民的基本权利。这主要体现在宪法的操作方式上，即当基本权利面临侵害时，宪法通过何种方式和途径予以救济。

②人权的立法保护。这是人权得到实际保护的前提条件。实质上，法律规定了法定人权的内容和范围，为人权的享有、实现、保护和救济提供了法定的标准。程序上，法律规定了享有和实现人权、行政机关对人权采取保护措施以及司法机关对人权案件审判的程序、方式、方法。

③人权的行政保护。主要体现在三个方面：a. 划定政府权力和公民权利的界限，坚持政府权力法定、公民权利推定这一法治原则；b. 政府认真执行宪法的人权条款和权力机关的人权立法，将法定的人权转化为现实的人权；c. 政府将保障人权作为决策的决定性因素，将保障人权贯穿于政府的全部行政决策和实践。

④人权的司法保护。司法保护是人权的法律保护体系中的重要环节，是人权的法律保护的最后一道防线，具体表现为：a. 司法为解决私人主体之间的人权纠纷提供了一种公正的、值得信赖的、有效的渠道；b. 司法是纠正和遏制行政机关侵犯人权的行为的最有力的机制；c. 在实行司法审查制度的国家，司法是排除反人权的立法的重要机制；d. 符合正当程序和法治原则的司法程序和司法过程本身就是对人权的保障。

（2）国际法对人权的保护。进入 20 世纪以后，国际社会加强了对人权的普遍关注、保护和救济，以《联合国宪章》和《世界人权宣言》为基础，形成了国际人权法律体系。国际法对人权的保护的具体内容，参见本章考点难点归纳相关内容。

2. 谈谈你对法与人权关系的理解。［中山大学 2010 年研］

相关试题：论法与人权的关系。［武大 2009 年研］

答：（1）人权是一种超越法律的权利。从根本上讲，人权的正当性的根据首先在于它是一种道德性的权利。但人权的先法律性或先国家性，并不意味着人权的实现仅借助道德来保障。应充分认识以法律来保障人权的主要意义，认识人权从道德权利、政治诉求转换为法律权利的必要性。必须以法律确认和保障人权，从而，人权理念或者道德权利可以具体化，可以获得确定性，可以获得更具实体性也更有力的保障。

(2)人权的国内法保护。主要包括人权的宪法保护、建立专门的人权保护机构及人权的部门法保护。

(3)人权的国际法保护。目前，保障人权已经成为国际社会的一个主导性意识形态，人权国际化的基本标志是国际人权条约得到全球认同。人权的国际法保护主要包括国际条约、国际人权保护机构等。

(4)尊重和保障人权有重要的法律意义。人权需要借助法治来充分展开和顺利推进，同样现代法治也必须借助人权来健康发展。尊重和保障人权，奠定了法治的合法性基础，激发了法治发展的推动力，指引着法治的社会主义方向，引导着法治促进社会的顺利转型。

3. 论法治与人权保障。［厦门大学 2009 年研］

答：(1)法治与人权的含义：

①人权是人所应当享有的权利。人权的权利范围与保护程度是一个国家进步与文明程度的表现，是不同类型国家的重要差别。国家由奴隶制国家向封建制国家、资本主义国家和社会主义国家过渡的过程，其实也是人权内容不断丰富、发展的过程。

②法治是指以民主为前提和目标，以严格依法办事为核心，以制约权力为关键的社会管理机制、社会活动方式和社会秩序状态。在任何法律制度中，法治的内容是：对立法权的限制；反对滥用行政权力的保护措施；获得法律的忠告、帮助和保护的广泛、平等的机会；对个人和团体各种权利及自由的正当保护；以及在法律面前人人平等。

(2)法治保障人权：

①国家由非法治国家向法治国家的转换，也是人权内容与保护的一次飞跃。人权保障状况是法治国家与非法治国家的重要区别之所在。在所有国家中，法治国家是人权最有保障的国家，它本身就是以国家对于公民人权的充分保障作为标志的。从一定意义上讲，法治的所有价值目标都可归结为充分尊重和保障人权，促进公民自由意识和能力的提高。通过法治保障人权，是人的自由发展历程中的重要环节。对国家权力的法律限制本身就是对人权的有力保障。法律至上性的最终目标也是为人的权利和自由的发展服务的，充分尊重和扩展人权是法治的终极性的目的性价值。

②法治国家与非法治国家的区别，不是法治国家中没有侵犯人权的事件发生，而仅仅在于：法治国家侵犯人权的事件相对较少；侵犯人权的事件一旦发生，即能获得依法处理——侵权者必将受到法律的应有制裁，受害者必能获得法律的应有保护。即在法治国家中，人权能够获得相对较好的法律保障。

(3)法治保障人权的途径，参见本章考研真题论述题第 1 题答案。

第六编 法治与法治中国

第二十三章 法治原理

23.1 复习笔记

【知识框架(庖丁解牛)】

- 法治原理
  - 法治的概念
  - 现代法治的理念
    - 现代法治的一般要义
      - 前提和目标是民主
      - 根本原则是法律至上
      - 核心是严格依法办事
      - 关键在于制约权力
      - 是一种国家治理方式、社会治理机制
      - 是一种社会活动方式、社会秩序状态
    - 当代中国法治的基本要义
      - 科学立法
      - 严格执法
      - 公正司法
      - 全民守法
  - 法治与法制
    - 法制的含义
    - 法治与法制的联系：法制是法治的基础，法治是法制的深化
    - 法治与法制的主要区别
      - 法律地位不同
      - 产生和存在的时代不同
      - 与权力的关系不同
      - 价值观念不同
      - 与民主的关系不同
  - 法治与人治
    - 人治的基本含义
    - 法治与人治的主要区别
      - 政治领袖的地位不同
      - 法律的地位和作用不同
      - 权力是否受法律的约束不同
      - 内含价值观念不同
      - 政治基础不同
    - 法治与人的作用
  - 法治与德治：本质属性、互补性

【通关提要(提纲挈领)】

本章主要介绍法治原理，属于重点章节。学习时，应重点掌握法治的含义，深刻理解并牢记法治与法制、法治与人治、法治与德治的关系。本章常考简答题和论述题，也可结合社会热点考案例分析题。复习背诵时，可以“一句话总结＋具体阐述”的逻辑结构在理解对比基础上记忆。

【考点难点归纳(厚积薄发)】

考点一：现代法治概述(见表23-1) ★★★★

表23-1 现代法治概述

要点	具体内容	
现代法治的含义	前提和目标	民主：法治必须建立在民主基础之上又以民主为目的
	根本原则	法律至上
	核心	严格依法办事
	关键	制约权力
	实质	即法的统治，是一种治理社会、国家的方式，是规范社会活动的方式，是一种良性的社会秩序状态
当代中国法治的基本要义	“十六字方针”	有法可依、有法必依、执法必严、违法必究
	“新十六字方针”	科学立法、严格执法、公正司法、全民守法

【真题链接】

(1)法治的含义。[论述题，清华大学2019年研]

(2)论当代中国法治的基本要义。[论述题，浙工大2019年研]

考点二：法治与法制(见表23-2) ★★★★

表23-2 法治与法制

要点		法治	法制
含义		法的统治	①法律制度的简称。 ②法律的体系、体制与架构的整体
区别	法律的地位	强调法律至上	不必然包含法律至上的含义
	产生和存在的时代	资产阶级的产物，只存在于资本主义社会和社会主义社会	产生于奴隶社会，存在于整个法律社会
	与权力的关系	约束权力，一切权力服从法律	可能是法治或人治下的法制
	价值观念	必然包含自由、平等、人权等价值观念	不一定包含自由、平等、人权等价值观念
	与民主的关系	民主是法治的前提	不要求必须以民主为政治基础和目标
联系		①法制是法治的基础和制度前提；②法治是法制的深化	

【真题链接】法治与法制的关系。[简答题，华东师大2019年研]

考点三：法治与人治(见表 23-3) ★★★★

表 23-3 法治与人治

要点		法治	人治
含义		法的统治	领导人或统治者的统治
区别	领导人或统治者的地位	必须服从法律	人至高无上，有超越法律的权力
	法律的地位和作用[形式区别，分界线]	法律的地位至高无上[法大]	法律的地位低下，纯粹是统治工具[权大]
	权力是否受法律约束	任何权力必须服从法律	权力经常不受法律约束
	价值观念[实质区别]	以民主为基础和目标，贯彻和追求自由、平等、人权等价值观念	反自由、反平等、反人权
	政治基础	民主制度	专制集权
联系[法治与人的作用]		①倡导法治、反对人治并非否定人的作用。要在理性基础上发挥人的主观能动性。 a. 从立法来看，法是人制定的，立法要体现最广大人民的公共意志。 b. 从守法来看，法律要获得全体人民的自觉遵守和服从。 ②法治最终要靠人运用法律来治理。法治通过规则来发挥人的作用。 ③法治总体上优于人治	

【真题链接】简述法治与人治的主要区别。[简答题，扬州大学 2020 年研；吉大 2012 年研]

考点四：法治与德治(见表 23-4) ★★★★

表 23-4 法治与德治

要点		法治	德治
区别	本质属性	属于政治文明	属于精神文明，是思想建设方式
	行为基本准则	法律规范	道德规范
	冲突解决方式	在法治社会，法律大于道德	在德治社会，道德大于法律
	与人治的关系	与人治根本对立	与人治有一定的相通性和一致性
联系[互补性]		①二者相辅相成、互相促进。现代社会的调控模式要以德治为基础，以法治为主导。二者缺一不可，不可偏废。 ②法治优于德治，理由有二： a. 法律的确定性、外在强制性可为治理国家和社会提供明确的准则与强有力的手段。 b. 现代法治不排斥道德的应有作用，同时又注入了民主、自由、人权等新的价值元素，比中国传统德治更符合时代特性与要求。 ③法治的有效实现依赖于必要的道德基础	

【真题链接】

(1)简述法治和德治的区别。[简答题，上海交大 2021 年研]

(2)试述中国语境下德治与法治的关系。[论述题，中国政法 2020 年研]

23.2　课后习题详解

1. 马克思说："在民主的国家里，法律就是国王；在专制的国家里，国王就是法律。"请结合该语境，谈谈你对现代法治原理的理解。

答：马克思的这句话表明了"法治"和"人治"的根本区别，反映了民主和法治的关系。分析如下：

(1)法治与人治的区别和联系，参见本章考点难点归纳相关内容。

(2)民主是法治的前提和目标。法治必须以民主为前提。首先，民主确保法是多数人意志的体现，保证法在社会中得到有效的贯彻实施，维护法的尊严和权威。其次，法治必须建立在民主的基础之上又以民主为目的，不以民主为目标的法治必将蜕化为人治甚至专制。

2. 法治与法制的主要区别是什么?

答：参见本章考点难点归纳相关内容。

3. 法治与人治的主要区别是什么?

答：参见本章考点难点归纳相关内容。

4. 为什么说"奉法者强则国强"?

答：奉法者强则国强，意思是执行法律的人依法办事，那么国家就强大。法治的核心在于严格依法办事。法治是文明社会的基本共识和普遍追求，是人类文明和进步的重要标志，已经成了时代的主旋律。

(1)法治是中国进入现代社会的必然要求。我国有几千年的人治历史，其中存在过许多盛世时期，创造了灿烂的文化，在世界上产生了深远的影响。从历史发展的惯性规律来讲，这种社会治理模式中有不少可援用的经验。但是，人类社会已经进入现代化时期，过去的一些做法已经不合时宜。在现代中国，由于工业化、城市化的进程加速，人的个体性大大增强，交易方式日益复杂化，传统的治理手段对人的控制大大弱化，必须通过法治来加强对人的保护和对个人行为的规范。而且，随着社会经济的发展，市民社会已逐渐培育和建立起来，社会各个阶层也有了比较明显的分化，要保证国家和社会之间的良性互动，在社会各阶层之间建立良好的关系，也需要法治予以调整。

(2)法治是市场经济发展的基本保障。从市场经济发展的角度看，法治是构建市场经济秩序的基本保障。市场经济本质上是法治经济，市场和法治是同一硬币的两面，缺一不可。与计划经济时代不同，市场经济对资源的配置是通过竞争机制实现的，这就必须依循一套完善的规则，以实现通过市场"看不见的手"对经济的调整。

(3)法治是解决中国社会现实矛盾、维护社会稳定的有效手段。发展是硬道理，稳定是硬任务，稳定压倒一切。社会不稳定因素的增多，固然与利益分化和冲突有关，但在很大程度上也是由于作为社会矛盾主要化解机制的司法程序未能充分发挥其应有作用所致。解决社会矛盾可以通过"协商""调解""仲裁"和"裁判"等多种方式，这些解决方式都应当纳入法治的轨道。

(4)法治是实现社会正义的有效方式。我国在经济高速发展的同时，贫富差距逐渐拉大，实践中出现了分配不公、劳动者权益不能得到充分保障、因行政权力产生“暴利”、利用垄断地位产生“暴富”等问题，其重要原因就在于规则的缺失或者是对现有规则的漠视。为了有效地实现社会正义，应当进一步加强社会立法，完善其他方面的立法。

(5)法治是实现国富民强的根本保障。如果在一个国家里，执法者严格执法，那么这个国家就能保持强大；如果执法者徇私枉法，则国家必然衰弱。由于历史、经济、文化、意识形态等诸多因素，随着中国作为世界大国的崛起，必将受到一些西方势力的遏制。对此，最好的防范办法就是通过法治实现国富民强、社会和谐。

5. 相传，清朝大学士张英的族人与邻人争宅基，两家因之成讼。族人驰书求助，张英却回诗一首：“一纸书来只为墙，让他三尺又何妨？万里长城今犹在，不见当年秦始皇。”族人大惭，遂后移宅基三尺。邻人见状亦将宅基后移三尺，两家重归于好。请根据上述材料，阐述依法治国和以德治国的关系。

答：上述材料体现了依法治国和以德治国的关系。法安天下，德润人心。国家和社会治理要坚持依法治国和以德治国相结合。必须坚持一手抓法治、一手抓德治，既重视发挥法律的规范作用，又重视发挥道德的教化作用。通过法治可以体现道德理念，强化法律对道德建设的促进作用；通过道德可以培养法治精神，强化道德对法治文化的支撑作用。实现法律和道德相辅相成、法治和德治相得益彰。

23.3 考研真题与典型题详解

一、单项选择题

小明和小强分两个苹果。小明抢先拿了大的苹果，小强非常气愤，说：“你怎么好意思先拿大苹果。要是我先拿，我一定先拿小苹果。”小明方冷冷一笑：“呵呵，你先拿，大苹果不也是我的吗？没有区别啊！”则下列说法错误的是(　　)。[2019年法考真题]

A. 法的调整对象是人的行为，而非行为的结果，结果的正当性并不能证成过程的合理性

B. 程序公正是实体公正的前提，实体公正是程序公正的目标

C. 道德的关键是律己，而非律人。小明的问题在于以较高的道德标准要求小强，以较低的道德标准要求自己

D. 当前社会矛盾多发，道德因缺乏强制力而被公众漠视，应当加强法治在解决社会矛盾中的作用

【解析】D项，现代社会，法律是最重要的社会规范，要加强法治在解决社会矛盾中的作用。道德的强制力表现为良心对自己的谴责、社会舆论等方式，这种强制力与法律以军队、警察、监狱等国家机器为后盾的国家强制力相比，较为弱小，但并不代表道德没有强制力。一切规范都有保证自己实现的强制力。

二、多项选择题

1. “近现代法治的实质和精义在于控权，即对权力在形式和实质上的合法性的强调，

D ▎ 1ACD

包括权力制约权力、权利制约权力和法律的制约。法律的制约是一种权限、程序和责任的制约。”关于这段话的理解，下列哪些选项是正确的？（ ）［2013 年法考真题］

A. 法律既可以强化权力，也可以弱化权力

B. 近现代法治只控制公权，而不限制私权

C. 在法治国家，权力若不加限制，将失去在形式和实质上的合法性

D. 从法理学角度看，权力制约权力、权利制约权力实际上也应当是在法律范围内的制约和法律程序上的制约

【解析】B 项，私权力与“公权力”相对应，具有“私人”（个人）性质，故常被称为“私权”或“私权利”，它涵盖了一切不为法律明文禁止的个人行为。但权利的行使是有边界的，即法治的目标不仅仅是要控制公权力以防止其侵犯私权利，同时也要限制私权力的滥用。

2. 公元前 399 年，在古雅典城内，来自社会各阶层的 501 人组成的法庭审理了一起特别案件。被告人是著名哲学家苏格拉底，其因在公共场所喜好与人辩论、传授哲学而被以“不敬神”和“败坏青年”的罪名判处死刑。在监禁期间，探视友人欲帮其逃亡，但被拒绝。苏格拉底说，虽然判决不公正，但逃亡是毁坏法律，不能以错还错。最后，他服从判决，喝下毒药而亡。对此，下列哪些说法是正确的？（ ）［2013 年法考真题］

A. 人的良知、道德感与法律之间有时可能发生抵触

B. 苏格拉底服从判决的决定表明，一个人可以被不公正地处罚，但不应放弃探究真理的权利

C. 就本案的事实看，苏格拉底承认判决是不公正的，但并未从哲学上明确得出“恶法非法”这一结论

D. 从本案的法官、苏格拉底和他的朋友各自的行为看，不同的人对于“正义”概念可能会有不同的理解

【解析】A 项，法律和道德虽然密切相关，但二者并不完全等同。近现代法在确认和体现道德时大多注意二者重合的限度，倾向于只将最低限度的道德要求转化为法律义务，注意明确法与道德的调整界限。由此可知，道德与法律之间有时也可能出现冲突。B 项，苏格拉底认为，守法即正义，即使所遵守的法律是恶法。因而苏格拉底虽然遭受不公正的处罚，但是他仍然坚守内心的信仰，不放弃追求真理的权利。C 项，苏格拉底服从判决的原因在于，他认为即使不公正的判决（法律）也应当得到遵守，因为守法即正义。可见，苏格拉底认为“恶法亦法”，而不是“恶法非法”。D 项，本案的法官认为苏格拉底信奉新神，蛊惑青年，是不正义的行为，应当受到处罚。苏格拉底认为，守法即正义，即使是遵守恶法。而他的朋友则认为，不公正的法律不是法律，不值得遵守。可见，不同的人对“正义”的概念可能有不同的理解。

3. 孙某早年与妻子吕某离婚，儿子小强随吕某生活。小强 15 岁时，其祖父去世，孙某让小强参加葬礼。小强与祖父没有感情，加上吕某阻拦，未参加葬礼。从此，孙某就不再支付小强的抚养费用。吕某和小强向当地法院提起诉讼，请求责令孙某承担抚养费。在

2ABCD 3ABD

法庭上，孙某提出不承担抚养费的理由是，小强不参加祖父葬礼属不孝之举，天理难容。法院没有采纳孙某的理由，而根据我国相关法律判决吕某和小强胜诉。根据这个事例，下面哪些说法是正确的？（ ）[2006 年法考真题]

A. 一个国家的法与其道德之间并不是完全重合的

B. 法院判决的结果表明：一个国家的立法可以不考虑某些道德观念

C. 法的适用过程完全排除道德判断

D. 法对人们的行为的评价作用应表现为评价人的行为是否合法或违法及其程度

【解析】C 项，法与道德都属社会规范，法通过评价人们的行为是否合法来规范人们的行为，道德通过评价人们的行为是否符合道德来规范人们的行为。法与道德在内容上存在相互渗透的密切联系，在法的适用过程中可以纳入一定的道德判断。

三、概念题

法治[扬州大学 2018 年研；南师 2017 年研；清华大学 2016 年研；苏州大学 2015 年研；南京大学 2009 年研]

答：参见本章考研真题论述题第 1 题答案。

四、简答题

简述法制与法治的区别和联系。[杭师大 2018 年研；吉大 2014 年研]

相关试题：

(1)法治与法制的关系。[华东师大 2019 年研]

(2)简述法制与法治之间的主要区别。[河南师大 2018 年研]

(3)论述法制与法治。[论述题，北邮 2015 年研]

(4)法制和法治。[辨析题，武大 2013 年研]

(5)简述法治与法制。[重庆大学 2012 年研]

(6)论法治与法制的区别。[河北大学 2012 年研]

答：参见本章考点难点归纳相关内容。

五、论述题

1. 试阐述法治的含义，谈谈你对法治的理解。[中山大学 2014 年研]

相关试题：

(1)结合法治与法制、人治的关系论述法治所具有的含义。[西南政法 2025 年研]

(2)法治的含义。[清华大学 2019 年研]

(3)法治的基本内涵。[宁夏大学 2016 年研]

(4)试析“法治就是依法办事”。[简答题，中财 2010 年研]

答：法治即法律的统治，是一种治国方略，是依法办事的原则，是将国家权力的行使和社会成员的活动纳入完备的法律规则系统。法治的前提和目标是民主，原则是法律至上，核心是严格依法办事，关键是制约权力，是一种国家治理方式、社会治理机制、社会活动方式和社会秩序状态。其含义如下：

(1)法治的前提和目标是民主。民主是法治产生的前提，决定了法治的性质，是法治的力量源泉。民主与法治相互制约、相辅相成。民主是由法治保障的民主；法治是以民主为内容的法治。法治离开了民主，则失去了存在的依据；民主脱离了法治，就成了脱缰的野马，失去了必要的保障。民主与法治只有紧密结合，才能互相促进，共同发展。

(2)法治的根本原则是法律至上。法律在所有社会规范中享有至高效力。任何人都必须服从法律，否则就应承担法律责任。

(3)法治的核心是严格依法办事。法治作为一个动态的或能动的社会范畴，其基本的意义是依法办事。依法办事是法治的最基本准则。这要求全体社会公民、社会组织都必须服从法律，严格按照法律规定办事，依照法律程序行使权利、职权，履行义务。

(4)法治的关键是制约权力。以法律限制权力，首先要强调一切国家权力最终皆以宪法和法律为根据，否则权力的存在就不具有正当性；其次要强调任何公共权力的行使最终都必须以宪法和法律为根据，遵循法律规定的正当程序。

(5)法治是一种治理社会、国家的方式，是规范社会活动的方式，是良性的社会秩序状态。在这个意义上，法治是相对于人治而言的。在法治状态中，人们都自觉地把法当作自己的行为准则，用法来引导自身的行为，行使权利，履行义务。无论是作为治国方略，还是作为依法办事的原则，法治最终要表现为一种良好的法律秩序；且法治不是单纯的法律秩序，而是有特定价值基础和价值目标的法律秩序。

2. 论法治与人治的差异。［河北大学 2013 年研］

相关试题：

(1)简述法治与人治的主要区别。［简答题，扬州大学 2020 年研；吉大 2012 年研］

(2)为什么说"法治应当优于一人之治"(亚里士多德语)？［南航 2013 年研］

答：参见本章考点难点归纳相关内容。

3. 论法治和德治的关系。［南航 2018 年研］

相关试题：

(1)法治与德治的区别与联系。［简答题，安徽大学 2022 年研］

(2)简述法治和德治的区别。［简答题，上海交大 2021 年研］

(3)试述中国语境下德治与法治的关系。［中国政法 2020 年研］

答：参见本章考点难点归纳相关内容。

第二十四章　法治与经济和科技

24.1　复习笔记

【知识框架(庖丁解牛)】

- 法治与经济和科技
  - 法治与经济
    - 经济的含义
    - 经济与法律的关系
      - 经济基础决定法律
      - 法律对经济的作用
        - 确认经济关系
        - 规范经济行为
        - 维护经济秩序
        - 服务经济活动
    - 建设法治经济
      - 坚持和完善社会主义基本经济制度
      - 完善社会主义市场经济法律制度
      - 营造公平竞争、规范有序的经济法治环境
      - 适应、把握和引领经济新常态
      - 加快建设市场经济法律体系
  - 法治与科技
    - 科技的含义
    - 科技对法治的影响
      - 对立法的影响
        - 科技提出新的立法领域
        - 科技运用于立法活动
      - 对司法的影响
        - 案件事实认定和裁判
        - 司法方法创新
      - 对公民法律意识的影响
    - 法治对科技的作用
      - 通过法律管理科技活动
      - 促进科技经济一体化、成果商品化
      - 预防科技引发的社会问题
    - 网络社会的法律问题
      - 网络改变社会
      - 法律规范网络秩序
      - 构建网络社会法治秩序

【通关提要(提纲挈领)】

本章主要介绍法治与经济和科技的相互关系。学习时，需重点掌握法治与经济的关系、法治如何促进经济发展，以及科技对法律的影响，法律如何促进科技发展四个重点问题。本章主要考查简答题或论述题，不是重点，但可结合社会热点时政加以理解记忆。

【考点难点归纳(厚积薄发)】

考点一：法治与经济(见表 24-1) ★★★★

表 24-1 法治与经济

要点	具体内容	
经济与法律的关系	经济基础决定法	①经济基础的性质决定法律的性质。 ②经济基础决定法律的基本内容。 ③经济基础的发展变化决定法律的发展变化。 ④经济基础决定法的作用的实现程度
	法对经济基础的反作用	①确认、巩固和发展有利的经济基础。如确认经济关系、规范经济行为、维护经济秩序、服务经济活动。 ②限制、削弱和扫除不利的经济基础
建设法治经济	建设社会主义法治经济的核心内涵和要求主要包括： ①坚持和完善社会主义基本经济制度[基石]。以宪法和其他法律确认和巩固社会主义基本经济制度，完善和发展社会主义基本经济制度[第一要务]。 ②完善社会主义市场经济法律制度[基础性工作]。首先要加快建设和完善现代产权制度。 ③营造公平竞争、规范有序的经济法治环境。 ④适应、把握和引领经济新常态。要加快完善引领和保障经济发展新常态的法律规范体系，转变政府职能，处理好政府与市场的关系。 ⑤加快建设市场经济法律体系。要以新发展理念为指导，尽快完善和创新市场经济法律体系，培育更加公平的市场经济法治环境	

【真题链接】简述法律对经济的作用。[简答题，华侨大学 2018 年研]

考点二：法治与科技(见表 24-2) ★★★

表 24-2 法治与科技

要点	具体内容	
科技对法治的影响	对立法的影响	①科技提出新的立法领域，如专利法、计算机法等的出现和发展。 ②科技运用于立法活动，法律规范日趋科学化，立法技术更加科学；出现了技术法律规范，并逐渐形成了庞大的技术法律规范群
	对司法的影响	集中体现在司法过程的三个方面——事实认定、法律适用和法律推理，司法方法也在依托新技术实现创新
	对公民法律意识的影响	科技发展影响法律意识法治，促进法律观念的革新
法治对科技的作用	①通过法律管理科技活动。 ②法治促进科技经济一体化、科技成果商品化。 ③法治预防科技引发的社会问题	

【真题链接】法律对科学技术发展的作用。[简答题，清华大学 2019 年研]

24.2 课后习题详解

1. 如何全面建设法治经济？

答：参见本章考点难点归纳相关内容。

2. 现代科技对法治发展有哪些影响？

答：现代科技对法治发展的影响具体如下：

(1)科技对立法的影响：

①科技提出新的立法领域。科技成果一旦开始应用于生产领域，种种新的社会关系就相继出现，法律问题也接踵而至，调整科学技术带来的新问题的科技法律大量涌现，科技法也逐渐成为一个独立的法律部门，而科技法学作为一个新的独立的学科，也被广泛承认。不断革新的科技会对法律传统产生挑战。

②科技运用于立法活动。许多科技成果成为确立法律规范的依据。大量科技领域的专业术语、概念被吸纳到法律之中，大量的技术规范被赋予了法律效力。当立法涉及专门的科技知识时，必须依靠立法者与专门科技部门和科技专家的通力合作，征询科技专家的意见，或者以委任立法的形式进行。科技的发展，不仅影响到立法的内容、立法的方式、立法程序与技术，也影响到立法的工作方式。

(2)科技对法律实施的影响。这主要集中在司法领域。司法过程中事实认定和法律适用的环节受到了现代科学技术的深刻影响。电子证据的出现挑战了既有的证据法则和事实认定的基础，人工智能和大数据技术的发展改变了法官的思维方式，一定程度上减轻了法官的工作负担，提高了同案同判的可能性。

(3)科技会影响公民的法律意识。法律意识常受到科技发展的影响和启迪。同时，科技发展促进了人们法律观念的革新，出现了一些新的法律思想、法学理论，如近些年来出现的法律信息论、法律系统论、法律控制论等就是例证。另外，科技的发展对法学的发展也会产生重要影响。

3. 为什么说网络空间不是"法外之地"？

答：网络空间不是"法外之地"。运用虚拟网络空间的主体是现实存在的。科技与法律相辅相成，互联网需要法律规范其发展。具体分析如下：

(1)网络改变社会：

①网络问题的产生。网络科技的迅猛发展加上有关法律法规的滞后，会导致网络暴力、网络无序化等一系列网络问题产生。

②网络社会是现实世界的折射。互联网的应用打破了人类在追求自由过程中的自然限制和社会限制，人类控制和利用自然的能力空前增强，人与人之间的关系也日趋紧密。互联网一方面给社会带来了平等的气息，另一方面在技术与文化等方面也产生信息不平等。促进网络社会的进一步发展需要法律引导网络，构建网络社会中的平等与自由。

③网络和现实世界的相互作用。网络社会问题会给现实世界造成危害，也要用法律来规范网络社会秩序，即网络空间依然需要法治。

(2)法律规范网络秩序：

①通过法律保障公民进行理性网络表达。随着网络时代的来临，使得以民主政治形式发生变化，民众可以通过网络对他们关注的各种社会问题，从本国政治、经济的发展到全球性事务，进行“投票”、发表意见、参政议政。

②通过法律构建安全的网络经济活动环境。以互联网为载体的举世瞩目的“网络经济”，大大提升了信息的流动速度，从而使市场得以扩大，劳动力就业机会增多，同时也应防范网络诈骗和网络制假售假活动。

③通过网络治理培育一种便利快捷、促进和谐的网络文化。以互联网为标志的信息时代带来了知识爆炸，大大提高了知识在生产活动中的地位。网络社会的信息优势的发挥，需要构建有序、干净的网络环境。

4. “法律人要熟悉科学的发展情况，法律需要跟上技术发展的步伐。”请结合本章内容，阐述其中的法理。

答：法治与科技相互影响、相互作用。

(1)科技对法治的影响，参见本章课后习题第2题答案。

(2)法治对科技的作用，参见本章考点难点归纳相关内容。

24.3　考研真题与典型题详解

一、单项选择题

生物科技和医疗技术的不断发展，使器官移植成为延续人的生命的一种手段。近年来，我国一些专家呼吁对器官移植进行立法，对器官捐献和移植进行规范。对此，下列哪种说法是正确的？（　　）［2006年法考真题］

A. 科技作为第一生产力，其发展、变化能够直接改变法律

B. 法律的发展和变化也能够直接影响和改变科技的发展

C. 法律既能促进科技发展，也能抑制科技发展所导致的不良后果

D. 科技立法具有国际性和普适性，可以不考虑具体国家的伦理道德和风俗习惯

【解析】法与科学技术有着紧密的联系，科技进步对法的影响体现在立法、司法和法律思想等方面。法对科技进步的作用表现在：①运用法律管理科技活动，确立国家科技事业的地位以及国际科技竞争与合作的准则；②法律对于科技经济一体化特别是科技成果商品化，具有积极的促进作用；③在知识经济时代，法律具有对科技活动和科技发展所引发的各种社会问题的抑制和预防作用。AB两项，法律与科技之间的相互作用是间接的，科技不能直接改变法律，法律也不能直接影响和改变科技的发展。D项，科技立法具有国际性和普适性，同时也具有本土性。如器官移植立法明显地与各个国家的伦理道德、固有价值观念有关。

二、多项选择题

某国跨国甲公司发现中国乙公司申请注册的域名侵犯了甲公司的商标权，遂起诉要求

C　|　ABCD

乙公司撤销该域名注册。乙公司称，商标和域名是两个领域完全不同的概念，网络域名的注册和使用均不属于中国《商标法》的调整范围。法院认为，两国均为《巴黎公约》成员国，应当根据中国法律和该公约处理注册纠纷。法院同时认为，对驰名商标的权利保障应当扩展到网络空间，故乙公司的行为侵犯了甲公司的商标专用权。据此，下列表述正确的是（ ）。[2008 年法考真题]

A. 法律应该以社会为基础，随着社会的发展而变化

B. 科技的发展影响法律的调整范围，而法律可以保障科技的发展

C. 国际条约可以作为我国法的渊源

D. 乙公司的辩称和法院的判断表明：法律决定的可预测性与可接受性之间存在着一定的紧张关系

【解析】A 项，法律应该与社会发展和文明进化相适应。随着社会的发展，驰名商标的权利保障也需要扩展到网络空间，法律应当适应这一变化。B 项，科学技术对法律的影响体现在立法、司法以及法律思想、法学理论上；法律对科学技术的保障作用体现为运用法律管理科技活动、对于科技经济一体化特别是科技成果商品化的促进作用。C 项，条约生效后，根据“条约必须遵守”的国际惯例，对缔约国的国家机关、团体和公民就具有法律上的约束力，因而国际条约也是当代中国法的渊源之一。两国均为成员国，应当根据中国法律和该公约处理注册纠纷。D 项，本案中，乙公司称，商标和域名是两个领域完全不同的概念，网络域名的注册和使用均不属中国《商标法》的调整范围。而法院认为，对驰名商标的权利保障应当扩展到网络空间。可见法律决定的可预测性与可接受性之间存在着一定的紧张关系。

三、简答题

1. 简述法律对经济的作用。[华侨大学 2018 年研]

答：法律服务于经济，具体表现为法律对经济具有能动的反作用：

(1)确认、巩固和发展有利的经济基础。法对经济基础具有指引和预测的作用。它可以通过提供行为规范，总结和反映成功的经验来促进经济关系和经济活动向健全完全的方向发展，引导经济关系和经济活动朝着有利于掌握政权的阶级的方向发展。

①确认经济关系。创建新的生产关系及改造旧的生产关系。

②规范经济行为，保障经济有序运行。法律主要通过民商法、经济法、行政法和程序法等对经济活动进行调控，对经济行为加以规范，促进经济的稳定与增长。法律规范为主体的经济活动提供制度和行为模式的指引，引导经济关系和经济行为朝着法律预设的模式迈进，从而增加经济行为的可预测性。

③维护经济秩序。市场经济秩序的形成，需要的是在一种普遍的、抽象的、一般性规则下进行的自由选择，需要经济生活主体在法治下自由地追求自我利益和自我发展。

④服务经济活动。法律规范可以规定经济关系的内容，法律制度能服务于经济活动，这样可以提高社会经济效率。

(2)限制、削弱和扫除不利的经济基础。法对经济基础也可能具有限制和削弱作用。一个社会往往存在不同的生产关系，有的生产关系与政治统治是相冲突的，对不利于政治统

治的经济基础，掌握政权的阶级往往利用法作为手段来限制其发展，甚至可能彻底废除。

2. 科技进步对法律的影响。［清华大学 2018 年研］

答：参见本章课后习题第 2 题答案。

四、论述题

1. 对于马克思“无论是政治的还是市民的立法，都是对于经济关系的反映”的理解。［南师 2010 年研］

相关试题：简述为什么说法决定于一定的经济基础。［简答题，中财 2006 年研］

答：马克思的这句话表达了经济基础对法的决定作用。法由经济基础所决定，并为经济基础服务。具体表现在：

(1) 经济基础的性质决定法的性质。法在本质上是由经济基础决定的，有什么样的经济基础，就有什么性质的法。每种经济基础都有自己特定类型的法。

(2) 经济基础决定法的内容。法律只是经济关系的一般性和制度性记载。法所规定的权利义务和它们的相互关系，以及权利和义务的社会价值都是由经济基础决定的。

(3) 经济基础的发展变化决定法的发展变化。法从无到有，从低级到高级，从一种社会类型到另一种社会类型，归根结底都是由经济基础决定的。经济基础的发展与变革总会引起法的发展与变革。

(4) 经济基础决定法的作用的实现程度。法的有用性以满足人们的经济生活需要为衡量尺度。

注意，经济基础对法的决定作用是从最终意义上讲的。法并不是从经济基础中直接、自发地产生出来的，经济基础对法的决定作用要通过人的有意识的活动来实现。

2. 某夫妇婚后多年未育，盼子心切，遂与保姆达成“借腹生子”协议。医院提取夫妇双方的精子和卵子培育受精卵后，植入保姆子宫。保姆成功妊娠生育后，该夫妇按协议付给保姆 10 万元。此事件在社会上引起热议。赞同者认为，“试管婴儿”技术实现了那些不能生育者的生育梦想，法律应予肯定；反对者认为，通过此项技术“借腹生子”，容易引发社会伦理紊乱，法律应予以干预。［2013 年法硕真题］

根据法律与科技关系的基本原理，结合上述材料分析并阐述：

(1) 科技发展对立法有何影响？

(2) 立法应如何规范科技成果的应用？

答：(1) 科技发展对立法的影响，主要包括：

①科技拓宽了法律的调整范围，产生了新的法律部门。科学技术使大量新的立法领域出现，产生了众多的法律部门，典型的如科技法。

②科技在一定程度上影响和改变了法的内容和原理，如禁止近亲结婚，婚姻法这一限制性规定显然是建立在生理学和医学的基础之上的。材料中试管婴儿等医学技术的进步引发“借腹生子”等事件，冲击着传统的婚姻家庭关系、父母子女关系及相关的法律法规。

③科技影响了法律技术和法律调整机制。在法律技术上，科技发展不仅产生大量法律技术规范，还把大量的技术性的、专业性术语带到法律术语中，从而影响了法律技术水平，

而现代科技在法律适用方面发挥的作用也越来越显著，如现代刑侦手段、运用现代技术对证据的认定等，都体现了科技对法的影响。

④科技影响了立法方法和立法体制，如科技提高了立法技术和委托立法水平。

⑤科技对法律调整提出了许多新问题和新挑战，如克隆技术和安乐死。

⑥科技进步对法律的评价标准产生影响。如人们会根据医学技术的进步，确立新的法律评价标准，并要求法律不断完善。

(2)科技成果的应用具有双重性，立法应使其向积极方面发展，并控制其消极方面。立法对科技成果的应用要合理规范，使其符合社会基本伦理和社会发展的需要。具体措施包括：

①通过立法规定科技成果的主体、条件和适用范围，以及规范科技成果的范围，以保证法律规定能够更全面地规范和调节科技成果的运用。

②通过立法规范相关程序，比如科技成果的权利转让、科技成果向科技产品的转化以及科技产品销售过程中的一系列监督和问题解决途径。

③通过立法规定相应的法律责任及制裁措施，既要保证科技成果运用过程中权利人的合法权益，又要惩罚非法行为，进而让科技成果的运用更加合理。

第二十五章　法治与社会发展

25.1　复习笔记

【知识框架（庖丁解牛）】

- 法治与社会发展
  - 法治与政治
    - 政治的含义
    - 法与政治的一般关系
      - 政治对法的影响
      - 法对政治的作用
    - 法治与执政党
      - 执政党对法的作用
      - 法对执政党的作用
    - 法治与民主
      - 民主是法治的基础
      - 法治是民主的保障
  - 法治与文化
    - 文化的含义
    - 法与文化的一般关系
      - 文化对法的作用
      - 法对文化的作用
    - 法治的文化基础
    - 法治对文化的维护和促进
  - 法治与社会治理
    - 治理和社会治理的概念
    - 坚持依法治理
      - 加强社会治理立法
      - 推进多层次多领域依法治理
      - 构建以司法为中心的多元化纠纷解决机制
      - 推进法律服务体系建设
    - 坚持法治与自治相结合
  - 法治与生态文明
    - 生态文明的含义
    - 生态文明保护的法治要求
    - 依靠法治保护生态和促进生态文明

【通关提要（提纲挈领）】

本章主要介绍法治与社会发展。学习时，需重点掌握法与政治的关系、法治与民主的关系、法与文化的关系，熟悉法治与社会治理和生态文明的关系。本章主要考查简答题或论述题，可结合社会热点时政加以理解记忆。

【考点难点归纳(厚积薄发)】

考点一：法治与政治(见表25-1) ★★★★

表25-1 法治与政治

要点	具体内容	
法与政治的一般关系	政治对法的影响	①法在内容上反映统治阶级的政治要求。政治力量在国家中的构成状况决定国家政权和法律的性质。国家政权组织形式影响法律的制定和实施。 ②法始终服务于统治阶级的政治。 ③政治的发展变化常直接导致法的发展变化
	法对政治的作用	①协调政治关系，规范政治行为。 ②促进政治发展，解决政治问题
法治与执政党	执政党对法的作用	①政策是法律制定的依据并能指导法律实施。 ②通过法定程序任命国家行政和司法官员以保证法的实施
	法对执政党的作用	①执政党政策转变为法律，以保证政策的实现。 ②法律制约执政党的政策及活动，要求其依法执政
法治与民主	民主是法治的基础	①民主是法治产生的前提。 ②民主的性质和内容决定了法治的性质和内容。 ③民主是法治的力量源泉。 ④民主保障良法的制定及适用，有力推动法治发展
	法治是民主的保障	①法治确认和保障人民的民主权利和自由。 ②法治确认和保障民主制度。 ③法治规范民主政治运行，保障民主政治的发展

【真题链接】试述法治与民主的关系。[论述题，人大2016年研；首师大2014年研]

考点二：法治与文化(见表25-2) ★★★★

表25-2 法治与文化

要点	具体内容	
法与文化的一般关系	文化对法的决定作用	①法反映社会中居主导地位的文化所包含的价值标准。 ②法的规则来源于社会中通行的重要规则。 ③法可吸收社会亚文化中的合理内容
	法对文化的作用	法在推动社会主义文化大繁荣、提高国家文化软实力、建设文化强国方面起着重要的促进和保障作用，主要表现为： ①支持和促进文化事业发展。 ②强化主文化的价值标准、行为模式。 ③强化社会主义核心价值观

续表

要点	具体内容	
法治的文化基础	一般性	整个社会主文化中的重要构成部分，如道德、宗教、习惯、风俗等
	专门性	即法律文化，是法律现象的精神部分，由社会的经济基础和政治结构决定，具有历史性、群体性。法治文化的内核是法律意识和法治精神
法治对文化的维护和促进	与法对文化的一般作用在性质和范围上基本相同。 ①法治能促进文化事业发展，强化主文化的价值和行为规范，促进科学知识的传播与运用，并对亚文化产生影响。 ②法治能保证社会活动主体在文化事业建设中发挥更大的自主性和创造性，能保证和促进社会文化自主协调发展	

【真题链接】

(1)试析法律文化的概念与特点。[简答题，中山大学 2018 年研]

(2)简述法对文化的作用。[简答题，南航 2017 年研]

考点三：法治与社会治理(见表 25-3) ★★★

表 25-3 法治与社会治理

要点	具体内容	
社会治理	目标	实现社会治理现代化。具体有三大任务：①保障人民安居乐业；②维护社会安定有序；③促进社会公平正义
	理念	“四民意识”：①要站稳人民政治立场；②要始终坚持以人民为中心；③要始终坚持制度上的人民主体地位；④要始终坚持以人民的权利为目的的社会主义法治
	体系	党委领导、政府负责、民主协商、社会协同、公众参与、法治保障、科技支撑
坚持依法治理	①加强社会治理立法。 ②推进多层次多领域依法治理。 ③构建多元化纠纷解决机制，要以司法为中心。 ④推进法律服务体系建设	
坚持法治与自治相结合	应大力推进社会组织依法自治： ①加快社会组织立法，规范社会组织的成立和运行。 ②建立社会组织联合执法机制，大力查处社会组织违法违规行为。 ③推进社会规范[社会软法]建设	

【真题链接】法治与社会自治。[论述题，厦门大学 2015 年研]

考点四：法治与生态文明(见表 25-4) ★★★

表 25-4 法治与生态文明

要点	具体内容
社会主义生态文明观	①坚持生态兴则文明兴。 ②坚持人与自然和谐共生。

续表

<table>
<tr><th>要点</th><th colspan="2">具体内容</th></tr>
<tr><td>社会主义生态文明观</td><td colspan="2">③坚持绿水青山就是金山银山。
④坚持良好生态环境是最普惠的民生福祉。
⑤坚持山水林田湖草生命共同体的全方位保护。
⑥坚持用最严格制度、最严密法治保护生态环境。
⑦坚持建设美丽中国全民行动。
⑧坚持共谋全球生态文明建设</td></tr>
<tr><td rowspan="2">社会主义法与生态文明建设</td><td>完善生态文明建设的基本制度</td><td>①健全法律法规；②完善标准体系；③健全自然资源资产产权制度和用途管制制度；④完善生态环境监管制度；⑤严守资源环境生态红线；⑥完善经济政策；⑦推行市场化机制；⑧健全生态保护补偿机制；⑨健全政绩考核制度；⑩严明责任追究制度</td></tr>
<tr><td>健全生态环境保护法治体系</td><td>①完善生态环境保护法律体系。
②健全生态文明建设执法体制。
③强化生态文明建设的司法保障。
④依法鼓励公众积极参与生态文明建设</td></tr>
<tr><td>生态文明保护的法治要求</td><td colspan="2">生态文明需要法治保护，人与自然的关系需要法律调整。
法治保障生态文明成果，促进人与自然的和谐互动，保证贯彻可持续发展模式</td></tr>
<tr><td>依靠法治保护生态、促进生态文明</td><td colspan="2">要保证可持续发展战略实现，生态保护的法律制度建设的内容应包括：①生态资源产权制度；②生态资源使用制度；③生物多样性保护制度；④生态权益平等和代际保障制度；⑤生态损害责任制度；⑥生态保护创新与合作制度</td></tr>
</table>

25.2 课后习题详解

1. 如何理解法治与执政党的关系？

答：法治和执政党的关系具体如下：

(1)执政党对法的作用：

①政策是法律制定的依据，并为法律的实施提供指导。执政党通过法定程序将自己的政策转变为法律并在法律范围内规定具体政策来引导法律实施。主要包括转化和指导两种方式，即将党的总政策和基本政策转变为法律和具体政策指导法律的实施。

②通过法定程序任命国家的行政和司法官员以保证法的实施。无论是法律的立、改还是废都需要具体国家人员来完成。对国家行政、司法官员的选择和安排，也是执政党影响法治的重要方式。执政党通过这种方式，规范党的领导方式，提高党组织的工作能力，提高党员的素质和水平，尤其是能促使各级领导干部带头遵纪守法。

(2)法对执政党的作用：

①法律保证执政党政策的实现。执政党政策只有被制定为法律，才能上升为国家意志，获得更有力的实施保障。政策法律化使政策借助法律调整所特有的方式和机制得到更好的贯彻。

②执政党的政策及活动受到法律的制约。执政党必须依法执政，特别是依宪执政，在宪法和法律规定的范围内活动。

2. 如何理解法治与民主的关系？

答：参见本章考研真题论述题第1题答案。

3. 法治与法治文化的关联体现在何处？

答：法治与法治文化的关联性主要体现在以下几方面：

(1)法治文化是法治的文化基础。法治文化孕育法治，法治文化的形成影响法治的建立。民众法治意识较高，法治理论成熟体系化，社会管理者具备法治思维，法律实施运用法治方略。因此，法治文化建设是法治建设的重要环节，要实现全面依法治国，必然要以建设相应的法治文化为条件。

(2)法治维护和促进法治文化。参见本章考点难点归纳相关内容。

4. 如何理解法治在社会治理中的作用？

答：社会治理，通常也被称为社会管理，是社会建设的重要部分，是指国家、个人和社会组织等社会管理主体以实现社会和谐稳定和社会公正为目标，运用各种管理手段和方式对社会秩序、社会结构、社会事业、社会利益关系等所进行的治理活动。社会治理需要遵循法治原则，运用法治思维，满足人民日益增长的美好生活需要，提高人民的获得感、幸福感、安全感。

(1)加强社会治理立法，确保社会治理于法有据。全国人大及其常委会应遵循民主和科学原则，加强社会治理领域立法，保障改善民生、维护社会公平正义，完善社会主义法治体系，确保社会治理有法可依。

(2)推进多层次多领域依法治理。为实现这一目标，党和政府应当首先对社会实施依法治理，深化基层组织和部门、行业依法治理，发挥社会规范在社会治理中的积极作用，深入开展多层次多形式法治创建活动，发挥人民团体和社会组织在法治社会建设中的积极作用，深入推进社会治安综合治理。

(3)构建以司法为中心的多元化纠纷解决机制。进入21世纪之后，法院在解决纠纷、处理争议上发挥着越来越重要的作用。但法院不能解决所有的社会矛盾，要构建多元化的社会矛盾纠纷化解机制。即要加强人民调解，打牢基础建设；强化行政调解，调配救济资源；建立联席制度，搞好诉调对接；坚持党委领导，把握正确方向；畅通诉求渠道，凝聚多元合力；提升司法权威，增强司法水平；加大宣传力度，营造良好环境。

(4)推进法律服务体系建设。良好的社会治理能够促成公民尊法学法守法用法的良性循环。建设法律服务体系建设，营造全民尊法学法守法用法的氛围，形成自觉守法、遇事找法、解决问题靠法的习惯。建设完备的法律服务体系，要加大法律资源投入，统筹城乡区域法律服务资源配置；建设专业化法律服务队伍，扩展法律服务受益群体，改进法律服务内容与方式。

5. 如何用法治保障生态和促进生态文明？

答：运用法治保护生态和促进生态文明，要坚持以可持续发展战略为核心。要实现可持续发展战略，生态保护的法律制度建设应包括以下内容：(1)生态资源产权制度；(2)生态资源使用制度；(3)生物多样性保护制度；(4)生态权益平等和代际保障制度；(5)生态损害责任制度；(6)生态保护创新与合作制度。

6. “为了保障人民民主，必须加强法制。必须使民主制度化、法律化，使这种制度和法律不因领导人的改变而改变，不因领导人的看法和注意力的改变而改变。”请结合本章内容，阐述其中的法理。

答：这句话体现了法治对民主的重要性，即法治是民主的保障。民主应是社会的一种常态，是一个现代文明国家最低的要求。参见本章考研真题论述题第 1 题答案。

25.3　考研真题与典型题详解

一、单项选择题

奥地利法学家埃利希在《法社会学原理》中指出：“在当代以及任何其他的时代，法的发展的重心既不在立法，也不在法学或司法判决，而在于社会本身。”关于这句话涵义的阐释，下列哪一选项是错误的？(　　)[2009 年法考真题]

A. 法是社会的产物，也是时代的产物

B. 国家的法以社会的法为基础

C. 法的变迁受社会发展进程的影响

D. 任何时代，法只要以社会为基础，就可以脱离立法、法学和司法判决而独立发展

【解析】法是社会的产物。社会性质决定法律性质，社会物质生活条件在归根结底的意义上最终决定着法律的本质。社会是法的基础，制定、认可法律的国家以社会为基础，国家权力以社会力量为基础；同时还可以说，国家法以社会法为基础，“纸上的法”以“活法”为基础。法律变迁与社会发展的进程基本一致。D 项，其说法过于绝对，不符合一般原理。

二、概念题

1. 法治[河北大学 2016 年研；苏州大学 2015 年研；南航 2012 年研；南京大学 2009 年研]

答：法治即法律之治，法治要求任何个人或组织都在法律规定的范围内活动，任何人没有逾越法律的特权，法律具有最高的权威。亚里士多德曾经将法治定义为，“已成立的法律获得普遍的服从，而大家服从的法律又应该本身是制定得良好的法律”。这个定义在形式意义上对法治作了经典性的表述。从实质意义来看，法治与民主密不可分，二者相互促进、互为基础，法律至上是法治的原则，严格依法办事是法治的核心，制约权力是法治对国家治理、社会治理的基本要求。

2. 法律文化[浙江财大 2018 年研；杭师大 2018 年研；河北大学 2017 年研；中山大学 2016 年研；南师 2016 年研；宁夏大学 2016 年研]

答：法律文化，是指在历史发展过程中积累起来的，关于法律调整的理论、观念和有

D

关法的制定、法的适用等方面的法律技术的总和。它是人们运用法律调整社会关系的智慧、知识和经验的结晶，反映出法律调整所达到的水平。一定社会的法律文化状况，通过社会的法律意识状况、国家的立法、司法等方面的程度和效率表现出来。一定的法律文化表明了作为社会调整器的法的发展程度和在社会中发挥作用的程度，表明了社会成员法律意识形态的发展水平，表明了社会法律生活的发展程度和状态。法律文化包括：奴隶制法律文化、封建法律文化、资本主义法律文化、社会主义法律文化等。

三、简答题

1. 简述法与政治的关系。［山东大学 2011 年研］

相关试题：

(1) 运用法与政治的原理，论述法对政治的功能。［论述题，中山大学 2014 年研］

(2) 法与民主政治的一般关系。［南京大学 2012 年研］

(3) 简述法对政治有哪些功能或者作用？［中南财大 2008 年研］

答：法与政治的关系可分析如下：

(1) 二者的共同点。法与政治都产生于一定的生产方式，都是一定经济基础之上的上层建筑，都反映一定阶级的意志和利益。二者相互作用、相辅相成。政治对法有直接的影响、制约作用；法又确认和调整政治关系，直接影响政治的发展。在二者关系中，政治对法具有主导作用，法对政治具有服务作用。主要表现为：

①政治的发展变化直接导致法、法治的发展变化。

②当法的状况和法的制定、修改、废止是由于政治的发展变化所引起的时候，当法反映政治目的和要求的时候，这种法的活动是为政治服务的。

(2) 二者的不同点：

①范围不同。政治可以反映在法律上，上层建筑其他部分如意识形态同样体现政治。法律反映政治，但并不是所有的法律都直接反映政治。

②政治意识不等于法律意识。政治家可能抛弃法律，不以法律的手段去解决问题，实行不讲法律的政治，但法律家却不能不关心政治。特别是某些政治概念不一定适宜作法律概念。

(3) 政治对法的影响和法对政治的作用，参见本章考点难点归纳相关内容。

2. 简述法对文化的作用。［南航 2017 年研］

答：法对文化具有保障和规范作用。法律在推动社会主义文化大繁荣、提高国家文化软实力、建设文化强国方面起着重要的促进和保障作用，主要表现为：

(1) 支持并促进文化事业的发展。法通过对文化事业建设管理等活动的规制，为文化事业组织的设立、文化企业法人地位的取得、国家的财政性投入等提供保障，保证和促进文化事业的发展。特别是法对科学文化有保护和推广的作用。

(2) 强化主文化的价值标准。法以国家意志形式强化了社会主文化的价值标准和信仰，并渗透到社会的亚文化中，对亚文化起到同化和融合的作用，对整个社会的文化认同和凝聚力的加强具有非常重要的意义。

(3) 强化社会主文化的行为模式。法律规范通过对主文化的道德习惯等进行规定，确认和保障主文化认可的公序良俗以及行为模式。

(4)繁荣哲学社会科学。这是我国文化事业发展的重要组成部分。宪法法律保护社会科学工作者从事科学研究的自由和权利，发展有中国风格、中国气派和中国特色的哲学社会科学，为经济社会发展和国家治理提供学理支撑和智力服务。

(5)强化社会主义核心价值观。以“富强、民主、文明、和谐，自由、平等、公正、法治，爱国、敬业、诚信、友善”为主要内容的社会主义核心价值观是当代中国社会主义价值体系的内核。我国宪法和诸多法律法规明确提出国家倡导社会主义核心价值观，并在法治建设的各个领域各个环节贯彻落实。宪法法律将社会主义核心价值观融入中国特色社会主义法律体系，必将为社会主义价值体系建设提供强大的制度支持，为社会主义核心价值观的落实创造良好的法治环境。

四、论述题

1. 试述法治与民主的关系。[人大2016年研；首师大2014年研]

相关试题：

(1)试说明“法治是民主的保障”。[中财2017年研]

(2)民主与法治的关系。[社科院2012年研；上海交大2012年研]

答：法治与民主是近现代社会上层建筑中两个重要的组成部分，二者紧密联系，相辅相成，不可分离。

(1)民主是法治的前提和基础。

①民主是法治产生的前提。只有具有民主的基本事实，法治才得以产生，没有民主就没有法治。社会主义法治也不例外。广大人民只有掌握国家政权，争得民主，才可能制定出真正反映人民意志的法律，并在社会生活中成为人们行为的依据和准则，才能产生社会主义法治。

②民主决定了法治的性质。近现代的法治总是与民主联系在一起的。有什么性质的民主，就有什么性质的法治。同时，民主的内容也决定了法治的内容，法治是民主的法律化、制度化，是民主的体现和保障，民主的发展也必然带来法治的发展。民主的性质、内容和范围越扩大，法治也必将越完善。

③民主是法治的力量源泉。只有充分发扬民主，才能在立法上充分反映掌握政权的阶级的整体意志，在执法和司法上获得该阶级成员的普遍拥护和支持，使法治的实现具有坚实的民主基础。

④民主是良法制定及适用的有效保障，是推动法治发展的动力。民主能够促进民众权利和自由意识及能力的提高，培育其守法精神，发扬民主能更有力地约束国家权力。

(2)法治是民主的体现和保障。

①法治确认和保障人民的民主权利和自由。实行法治，通过宪法和法律确认和保障人民的民主权利和自由，是民主政治的基本前提。

②法治是对民主制度的确认和保障。民主制度必须通过法治来体现和保障。人民的意志只有通过法定程序才能得到体现和确认，对权力的制约和平衡也只有通过法定程序来实现。对法治的违背和破坏，就是对民主制度的违背和破坏。制度化法律化的民主，才是有

保障的民主。没有法治保障，民主就只能是抽象的理论原则。

③法治是对民主政治运行的规范，是民主政治发展的保障。民主政治建设只有纳入法治的轨道才能有序运行，保持政治稳定。在社会转型的关键时期，特别是社会矛盾的凸显期，民主政治发展更需要法治的规范和保障。没有法治，民主政治的运行和发展就可能导致秩序失控，危及政治稳定和社会和谐。

(3)民主与法治相统一：

①民主与法治是相互制约、相辅相成的。民主是由法治保障的民主；法治是以民主为内容的法治。法治离开民主，则失去了存在的依据；民主脱离了法治，就失去了必要的保障。民主与法治只有紧密结合，才能互相促进，共同发展。

②在我国社会主义条件下，发展民主，实行法治，应当做到民主法治化与法治民主化相统一。

a. “民主法治化”，指社会主义民主要由法律确认和保障，要在法律制度层面上使之具有稳定性、连续性和极大权威性，不因领导人的更迭和领导人看法的改变而改变。民主的原则通过法律化、制度化确认和固定下来，既能保障民主正常运行，又能使民主受到必要的制约，从而防止个人独断专行或极端民主化和无政府主义行为，使民主不断得到发展。

b. “法治民主化”，指法治尤其是其赖以实现的法律制度及立法、执法、司法、守法与法律监督各个环节都充分体现民主的精神和原则，从而使法治在其运行和实现过程中，能充分体现人民的意愿和利益。

2. 法律与文化的关系。［武大 2013 年研］

答：参见本章考点难点归纳相关内容。

第二十六章　全面依法治国　建设法治中国

26.1　复习笔记

【知识框架(庖丁解牛)】

- 全面依法治国　建设法治中国
  - 全面依法治国方略
    - 依法治国方略的提出
    - 从依法治国到全面依法治国
    - 全面依法治国的重大意义
      - 党领导人民治理国家的基本方略
      - 社会主义市场经济发展的客观需要
      - 民主政治建设的根本保障
      - 社会文明进步的重要标志
      - 中国共产党依法执政的法治前提
      - 国家长治久安的有力保证
      - 人民美好生活的急切要求
  - 中国特色社会主义法治道路
    - 法治道路的理性选择：知识、实践、经验、意志
    - 核心要义
      - 坚持党的领导
      - 坚持中国特色社会主义制度
      - 贯彻中国特色社会主义法治理论
    - 基本原则
      - 坚持中国共产党的领导
      - 坚持人民主体地位
      - 坚持法律面前人人平等
      - 坚持依法治国和以德治国相结合
      - 坚持依法治国与依规治党有机统一
      - 坚持从中国实际出发
  - 建设中国特色社会主义法治体系
    - 完备的法律规范体系
      - 价值优良
      - 逻辑严谨
      - 实际可行
    - 高效的法治实施体系
    - 严密的法治监督体系
    - 有力的法治保障体系
    - 完善的党内法规体系
  - 全面推进法治中国建设
    - “法治中国”的概念
    - 总体要求
      - 依法治国、依法执政、依法行政共同推进
      - 法治国家、法治政府、法治社会一体建设

【通关提要(提纲挈领)】

本章主要介绍了法治与法治中国的相关知识，主要包括法治的概念和内涵要求、中国特色社会主义法治道路、法治体系及全面依法治国的内容，重点是法治的内在要求及法治中国建设的相关内容。本章经常考查简答题和论述题，复习时需熟练掌握法治内涵及原则、中国法治建设的要求及其基本原则、内涵，另须注意与社会热点时事相结合。

【考点难点归纳(厚积薄发)】

考点一：全面依法治国概述(见表 26-1)　★★★★

表 26-1　全面依法治国概述

要点	具体内容	
总目标	建设中国特色社会主义法治体系，建设社会主义法治国家	
重大意义	①是党领导人民治理国家的基本方略。 ②是社会主义市场经济发展的客观需要。 ③是民主政治建设的根本保障。 ④是社会文明进步的重要标志。 ⑤是中国共产党依法执政的法治前提，是执政兴国的必然要求。 ⑥是国家长治久安的有力保证。 ⑦是人民美好生活的急切要求	
政治方向	①坚持党的领导；②坚持以人民为中心；③坚持习近平法治思想指导；④坚持中国特色社会主义法治道路	
工作布局与重要任务	建设中国特色社会主义法治体系	①完备的法律规范体系[第一要义]。 ②高效的法治实施体系[关键]。 ③严密的法治监督体系。 ④有力的法治保障体系。 ⑤完善的党内法规体系
	全面依法治国的基本途径	坚持依法治国、依法执政、依法行政共同推进。 坚持法治国家、法治政府、法治社会一体建设
	统筹推进国内法治和涉外法治	
基本格局	科学立法[前提]	保证良法善治
	严格执法[关键]	对行政机关的正当要求，维护法律权威
	公正司法[重点]	对司法机关的基本要求，确保公平正义
	全民守法[基础]	是法治建设的基础工程，提升社会文明
重要保障	组织保障	①充分发挥党的组织机构在全面依法治国中的领导作用。 ②健全党领导全面依法治国的制度和工作机制。 ③各政权机关的党组织和党员要发挥应有的重要作用。 ④政法委员会是党委领导政法工作的组织形式，必须长期坚持

续表

要点		具体内容
重要保障	人才队伍保障	①建设高素质专门法治队伍；②加强法律服务队伍建设；③创新法治人才培养机制
	发挥“关键少数”的保障作用	必须抓住领导干部这个“关键少数”，让各级领导干部在全面依法治国中发挥关键作用
	科技支撑	要充分利用高科技手段，更新法治手段，优化法治方式，促进法治发展

【真题链接】党的十八届四中全会通过的《中共中央关于全面推进依法治国若干重大问题的决定》指出：“全面推进依法治国，总目标是建设中国特色社会主义法治体系，建设社会主义法治国家。这就是，在中国共产党领导下，坚持中国特色社会主义制度，贯彻中国特色社会主义法治理论，形成完备的法律规范体系、高效的法治实施体系、严密的法治监督体系、有力的法治保障体系，形成完善的党内法规体系，坚持依法治国、依法执政、依法行政共同推进，坚持法治国家、法治政府、法治社会一体建设，实现科学立法、严格执法、公正司法、全民守法，促进国家治理体系和治理能力现代化。”

请从理论与实践相结合的角度，对上述资料进行分析和论述。[论述题，中山大学2018年研]

考点二：中国特色社会主义法治道路（见表26-2）★★★★

表26-2　中国特色社会主义法治道路

要点		具体内容
核心要义	政治保障	坚持党的领导[最本质特征]
	制度保障	坚持中国特色社会主义制度[根本制度基础]
	思想保障	贯彻中国特色社会主义法治理论
基本原则	①坚持中国共产党的领导。[根本保证、根本要求] ②坚持人民主体地位。 ③坚持法律面前人人平等。 ④坚持依法治国和以德治国相结合。 ⑤坚持依法治国与依规治党有机统一。 ⑥坚持从中国实际出发，突出法治的中国特色、实践特色和时代特色	

【真题链接】简述中国特色社会主义法治道路必须坚持的基本原则。[简答题，扬州大学2020年研]

考点三：全面推进法治中国建设（见表26-3）★★★★

表26-3　全面推进法治中国建设

要点		具体内容
“法治中国”的独特内涵和要求	主体	人民
	核心	依法治“权”
	维度	统筹国内、国际法治

续表

要点	具体内容	
“法治中国”的独特内涵和要求	依据	以宪法为核心的中国特色社会主义法律体系
	标志	维护宪法法律权威
	总目标	建设社会主义法治体系、法治国家，通过法治来确立、维护和保障人权，让发展成果公平惠及全体人民，实现人的全面自由发展
法治中国建设的总体要求［基本途径］	依法治国、依法执政、依法行政共同推进	①三者具有内涵的统一性、目标的一致性、作用的相关性，必须彼此协调、共同推进、形成合力。 ②依法治国是全局，依法执政是核心，依法行政是关键。三者缺一不可、不可偏废，应当通盘谋划、共同推进
	法治国家、法治政府、法治社会一体建设	三者各有侧重、相辅相成：法治国家是法治建设的目标，法治政府是建设法治国家的主体，法治社会是构筑法治国家的基础

26.2　课后习题详解

1. 如何理解全面依法治国基本方略？

答：在当代中国，法治是中国共产党领导人民治理国家的基本方略，是全面建成小康社会的客观需要，是社会文明进步的重要标志，是中国共产党长期执政和国家长治久安的重要保障。

依法治国是党领导人民治理国家的基本方略，是党的执政方式和国家治理方式的重大变革。它把坚持党的领导、发扬人民民主和严格依法办事统一起来，从制度上和法律上保证党的基本路线和基本方针的贯彻实施，保证党始终发挥领导核心的作用。这对于推进社会主义民主政治建设、促进社会主义市场经济的发展、确保国家长治久安和社会稳定等都有着极其重要的意义。

2. 如何理解中国特色社会主义法治道路的核心要义？

答：中国特色社会主义法治道路是中国特色社会主义道路在法治领域的具体体现。习近平将中国特色社会主义法治道路凝练为“三个核心要义”，指出：坚持党的领导、坚持中国特色社会主义制度、贯彻中国特色社会主义法治理论，“这三个方面实质上是中国特色社会主义法治道路的核心要义，规定和确保了中国特色社会主义法治体系的制度属性和前进方向”。其中，党的领导是根本，中国特色社会主义制度是基础，中国特色社会主义法治理论是指导思想和学理支撑。

(1)坚持党的领导。党的领导是中国特色社会主义最本质的特征，是社会主义法治的最根本保证。坚持党的领导是中国民主政治制度的本质和优势，是中国特色社会主义民主政治制度的基本原则，不可动摇，不可转向。坚持党的领导，把党的领导贯穿于依法治国各领域全过程，是社会主义法治的政治保障，保障社会主义法治的正确政治方向。具体要求是党领导立法、保证执法、支持司法、带头守法。

(2)坚持中国特色社会主义制度。中国特色社会主义制度是中国特色社会主义法治体系的根本制度基础，是全面推进依法治国的根本制度保障，是社会主义法治的制度保障，保障社会主义法治立足于社会主义基本经济制度和民主政治制度的基础上。

(3)贯彻中国特色社会主义法治理论。中国特色社会主义法治理论是法治体系的理论指导和学理支撑，是全面推进依法治国的行动指南，是社会主义法治的思想保障，保障着社会主义法治的科学发展。

这三个核心要义揭示了中国特色社会主义法治道路的基本内涵和内容，确定了其根本性质和要求，描绘了这条道路的鲜明特征和标识。深入理解、全面把握这三个核心要义对坚持中国特色社会主义法治道路、全面依法治国、建设法治中国具有战略性和全局性意义。

3. 中国特色社会主义法治体系的基本构成是什么？

【真题链接】分析中国特色社会主义法治体系。［论述题，湘潭大学2023年研］

答：中国特色社会主义法治体系是由社会主义法治的各个方面有机构成的，联系紧密、结构完整、形式严谨的统一整体。其基本构成包括：

(1)形成完备的法律规范体系。完备的法律规范体系是指一国所有的法律规范，能够良好地反映人民意志，满足社会生活的现实需要，作为一个整体其各个部分有机衔接、彼此协调，具有良好的逻辑结构，体系完整、结构科学、内容完善的理想状态。完备的法律规范体系大体相当于完备的法律体系或法律制度体系。完备的法律规范体系，其规则内容要符合宪法精神、反映人民意志、得到人民拥护；其表现形式要逻辑严密、结构完整、形式严谨；其调整范围要全面覆盖、无所疏漏，能够全面调整人们的法律行为以及需要法律调整的社会领域。完备的法律规范体系是对立法内容、表现形式和调整范围的要求。

(2)形成高效的法治实施体系。高效的法治实施体系是指法律规范得到及时而有效实施的体制机制的总体。法治实施体系包括法治现实运作的全过程，包括法律的适用和遵守两大方面，包括执法、司法、守法三大环节或者三大子体系。从执法上讲，高效的法治实施体系意味着要有严格的行政执法、依法行政，实现了政府的法治化，构建了政府的法治实施体系。从司法上讲，必须要有能够实现公平正义的司法机关和司法机制，确保每一个案件的裁判都能体现出公平正义。从守法上讲，必须要有全社会的普遍守法体系。

(3)形成严密的法治监督体系。严密的法治监督体系，是良好法治的保证，也是重要的标志。要增强监督合力和确保监督实效，必须要形成科学有效的、对权力运行予以有效制约和监督的体系。严密的法治监督体系是指监督的机构设置严密，监督的运行机制严密，监督机构的实际效果严密。要使监督机构相互之间无缝连接。立法监督机构、监察监督机构、司法监督机构、政党监督机构、法律监督机构、社会监督机构都有合理的科学分工。法治监督机构的各个子体系、子系统之间是相互协同的，分工负责，彼此衔接，有机运行。法治监督体系是否运行良好，是以最终效果来评价的。法治监督的有效性是其体系是否严密的检验尺度和重要表现。

(4)形成有力的法治保障体系。有力的法治保障体系是法治的必要保证，是确保法治有效运行的外在体制机制的总体。就宏观目标而言，法治保障体系包括政治保障、制度保障、思想保障、组织保障、人才保障、运行保障等。坚持党的领导，是社会主义法治的政治保障；坚持中国特色社会主义制度是社会主义法治的制度保障；贯彻中国特色社会主义法治理论是社会主义法治的思想保障；建设素质过硬的法治工作队伍是社会主义法治的组织和人才保障，保障法治的尊严、权威和有效实施；建立科学的法治建设指标体系和考核标准并有效实施是社会主义法治的运行保障，保障全面推进依法治国各项任务的细化和落实。

(5)形成完善的党内法规体系。“党内法规”专指中国共产党的“党内法规”。“党内法规是党的中央组织以及中央纪律检查委员会、中央各部门和省、自治区、直辖市党委制定的规范党组织的工作、活动和党员行为的党内规章制度的总称。”中国共产党的党内法规已经成为一个较为完备的体系，党内法规体系已经成为中国特色社会主义法治体系的重要组成部分和国家治理体系的重要组成部分。

4. 如何全面推进法治中国建设?

答：参见本章考点难点归纳相关内容。

5. 如何理解“法治中国”?

答：参见本章考研真题论述题第2题答案。

6. 古语有云：“驭大国者以法理为本。”请结合全书相关内容，阐释其理论精义。

答：这句话表明要全面依法治国。全面依法治国基本方略的形成具有重大意义。具体说来，全面依法治国是党领导人民治理国家的基本方略，是市场经济发展的客观需要，是民主政治建设的根本保障，是社会文明进步的重要标志，是共产党依法执政的法治前提，是国家长治久安的有力保证，是人民美好生活的急切要求。

26.3　考研真题与典型题详解

一、单项选择题

1. 关于法治社会、法治国家、法治政府间的关系，下列说法错误的是(　　)。[2019年法考真题]

A. 法治社会是法治国家的基础

B. 法治政府是法治建设的主体

C. 法治社会是法治建设的目标

D. 法治政府的建设对法治国家的形成具有示范作用

【解析】全面依法治国，要坚持依法治国、依法执政、依法行政共同推进，坚持法治国家、法治政府、法治社会一体建设，实现科学立法、严格执法、公正司法、全民守法，促进国家治理体系和治理能力现代化。其中，法治国家是法治建设的目标，法治政府是法治国家的主体，法治社会是法治国家的基础。法治政府的建设，对法治国家的建设具有示范作用。

2. 关于加快建设法治政府，下列说法不正确的是哪一项?(　　)[2018年法考真题]

A. 必须建立重大责任终身责任追究制度及责任倒查机制

B. 建立健全行政裁量权基准制度，细化、量化行政裁量标准

1C　2D

C. 积极推进政府法律顾问制度，建立政府法制机构人员为主体、吸收专家和律师参加的法律顾问队伍

D. 为完善行政组织和行政程序法律制度，行政机关可以法外设定权力

【解析】D 项，完善行政组织和行政程序法律制度，行政机关要坚持法定职责必须为，法无授权不可为。行政机关不得法外设定权力，没有法律法规依据不得作出减损公民、法人和其他组织合法权益或者增加其义务的决定。

3. 全面推进依法治国，总目标是建设中国特色社会主义法治体系，建设社会主义法治国家。关于对全面推进依法治国的重大意义和总目标的理解，下列哪一选项是不正确的？（ ）［2015 年法考真题］

A. 依法治国事关我们党执政兴国，事关人民的幸福安康，事关党和国家的长治久安

B. 依法治国是实现国家治理体系和治理能力现代化的必然要求

C. 总目标包括形成完备的法律规范体系和高效的法律实施体系

D. 通过将全部社会关系法律化，为建设和发展中国特色社会主义法治国家提供保障

【解析】D 项，全面推进依法治国并不是要将全部社会关系法律化，有些社会关系并不适合或者不能够被法律所调整，全部社会关系法律化缺乏必要性和可行性。

4. 全面依法治国，必须坚持人民的主体地位。对此，下列哪一理解是错误的？（ ）［2016 年法考真题］

A. 法律既是保障人民自身权利的有力武器，也是人民必须遵守的行为规范

B. 人民依法享有广泛的权利和自由，同时也承担应尽的义务

C. 人民通过各种途径直接行使立法、执法和司法的权力

D. 人民根本权益是法治建设的出发点和落脚点，法律要为人民所掌握、所遵守、所运用

【解析】C 项，《宪法》第 2 条规定，中华人民共和国的一切权力属于人民。人民行使国家权力的机关是全国人民代表大会和地方各级人民代表大会。可见，人民并非直接行使立法、执法和司法的权力。

5. 相传，清朝大学士张英的族人与邻人争宅基，两家因之成讼。族人驰书求助，张英却回诗一首："一纸书来只为墙，让他三尺又何妨？万里长城今犹在，不见当年秦始皇。"族人大惭，遂后移宅基三尺。邻人见状亦将宅基后移三尺，两家重归于好。根据上述故事，关于依法治国和以德治国的关系，下列哪一理解是正确的？（ ）［2016 年法考真题］

A. 在法治国家，道德通过内在信念影响外部行为，法律的有效实施总是依赖于道德

B. 以德治国应大力弘扬"和为贵、忍为高"的传统美德，不应借诉讼对利益斤斤计较

C. 道德能够令人知廉耻、懂礼让、有底线，良好的道德氛围是依法治国的重要基础

D. 通过立法将"礼让为先""勤俭节约""见义勇为"等道德义务全部转化为法律义务，有助于发挥道德在依法治国中的作用

【解析】A 项，道德有助于法律的有效实施，但法律的有效实施从根本上依靠的是国家

3D 4C 5C

强制力，并非总是依赖于道德。B 项，“忍为高”并非以德治国应大力弘扬的传统美德。国家和社会治理需要法律和道德共同发挥作用。坚持以德治国不是让公民放弃通过诉讼维护自己的合法利益，而是通过加强公民道德建设，引导人们正确行使法定权利、自觉履行法定义务。D 项，依法治国需要法律和道德共同发挥作用，法律不能将一切社会关系都纳入自己调整的范围，法律应当承认和保证道德的作用方式和范围。

6. 坚持党对法治事业的领导，是我国社会主义法治的主要特色，也是我国社会主义法治的根本保证。关于党的领导的理念，下列哪一理解是错误的？(　　)［2014 年法考真题］

A. 坚持党对社会主义法治事业的领导是当代中国社会发展的必然结果

B. 我国法治事业，从总体部署到决策的具体实施，都是在党的大力推动下实现的

C. 只要抓住立法环节，把党的各项政治主张和要求上升为法律，就能全面实现党对社会主义法治事业的政治领导

D. 党带头遵守宪法和法律与坚持党对法治事业的领导是不矛盾的

【解析】C 项，党的领导具有全面性。党对法治事业的政治领导，就是要把党的各项政治主张和要求及时地反映到立法之中，把法治实践活动自觉地纳入党的中心工作和党的总体战略部署之中。可见，党对社会主义法治事业的政治领导不仅包括立法环节，也包括法律实施环节，还包括法治机关及其工作人员在法律活动中的政治自觉。

二、多项选择题

关于对全面推进依法治国基本原则的理解，下列哪些选项是正确的？(　　)［2015 年法考真题］

A. 要把坚持党的领导、人民当家作主、依法治国有机统一起来

B. 坚持人民主体地位，必须坚持法治建设以保障人民根本利益为出发点

C. 要坚持从中国实际出发，并借鉴国外法治有益经验

D. 坚持法律面前人人平等，必须以规范和约束公权力为重点

【解析】全面推进依法治国的基本原则包括：坚持中国共产党的领导、坚持人民主体地位、坚持法律面前人人平等、坚持依法治国和以德治国相结合、坚持从中国实际出发。

三、不定项选择题

1. 关于党的领导和社会主义法治的关系，下列说法错误的是(　　)。［2018 年法考真题］

A. 党的领导是中国特色社会主义最本质的特征，是社会主义法治最根本的保证

B. 必须坚持党领导立法、保证执法、支持司法、带头守法

C. 政法委员会是党委领导政法工作的组织形式，必须长期坚持

D. 党内法规应严于和高于国家法律

【解析】D 项，党纪可以严于国法，但不能高于国法，在法治国家中，宪法和法律至上。

2. 全面依法治国，需要解决法治建设不适应、不符合推进国家治理体系和治理能力现代化目标的问题。下列有助于解决上述问题的措施是(　　)。［2016 年法考真题］

6C　▎　ABCD　▎　1D　2ABCD

A. 增强法律法规的针对性和可操作性，避免立法部门化倾向

B. 改进行政执法体制，消除多头执法、选择性执法现象

C. 大力解决司法不公和司法腐败问题，提高司法公信力

D. 增强社会成员依法维权意识和国家工作人员依法办事观念

【解析】A 项，是完善立法体制的表现。B 项，是深入推进依法行政，加快建设法治政府的表现。C 项，是保证公正司法，提高司法公信力的体现。D 项，是增强全民法治观念，推进法治社会建设的体现。

3. 全面推进依法治国，要求深入推进依法行政，加快建设法治政府。下列做法符合该要求的是(　　)。[2015 年法考真题]

A. 为打击医药购销领域商业贿赂，某省对列入不良记录逾期不改的药品生产企业，取消所有产品的网上采购资格

B. 某市建立行政机关内部重大决策合法性审查机制，未经审查的，不得提交讨论

C. 某省交管部门开展校车整治行动时，坚持以人为本，允许家长租用私自改装的社会运营车辆接送学生

D. 某市推进综合执法，为减少市县两级政府执法队伍种类，要求无条件在所有领域实现跨部门综合执法

【解析】A 项，依法行政的内容之一是依法全面履行政府职能，行政机关要坚持法定职责必须为，法无授权不可为。本题中，政府的行为是行政机关积极履行行政职责的表现。B 项，深入推进依法行政，要健全依法决策机制，建立行政机关内部重大决策合法性审查机制，未经合法性审查或经审查不合法的，不得提交讨论。C 项，依法行政要求坚持严格规范公正文明执法，依法惩处各类违法行为。本题中，家长的行为严重威胁学生安全，为法律所禁止，交管部门不应当允许。D 项，依法行政要求深化行政执法体制改革，在有条件的领域推行跨部门综合执法。无条件在所有领域实现跨部门综合执法过于绝对，且可行性较低。

四、简答题

简述中国特色社会主义法治道路必须坚持的基本原则。[扬州大学 2020 年研]

相关试题：

(1)论述坚持中国特色社会主义法治道路应遵循的基本原则。[论述题，上海交大 2024 年研]

(2)《中共中央关于全面推进依法治国若干重大问题的决定》确立的“全面推进依法治国的总目标”是什么？实现这一目标应坚持哪些基本原则？[安徽师大 2018 年研]

(3)结合十九大报告提出的新时代我国社会主要矛盾是人民日益增长的美好生活需要和不平衡不充分的发展之间的矛盾，运用法理学中法的运行相关知识，论述全面推进依法治国总目标的思路。[华中农大 2018 年研]

(4)在我国实施依法治国应遵循的原则。[宁夏大学 2016 年研]

3AB

答：全面推进依法治国的总目标是建设中国特色社会主义法治体系，建设社会主义法治国家。即要在中国共产党领导下，坚持中国特色社会主义制度，贯彻中国特色社会主义法治理论，形成完备的法律规范体系、高效的法治实施体系、严密的法治监督体系、有力的法治保障体系以及完善的党内法规体系。实现科学立法、严格执法、公正司法、全民守法，促进国家治理体系和治理能力现代化。无论采取什么样的法治改革举措，创新出何种法治理论，走中国特色社会主义法治道路都必须始终坚持以下基本原则：

(1)坚持中国共产党的领导，是社会主义法治的根本保证和根本要求，是党和国家的根本和命脉所在，是全国各族人民的利益和幸福所系。根据我国社会主义法治建设的经验，应把党的领导贯彻到依法治国的全过程和各方面。必须坚持党领导立法、保证执法、支持司法、带头守法，把依法治国基本方略同依法执政基本方式统一起来，把党总揽全局、协调各方同人大、政府、政协、审判机关、检察机关依法依章程履行职能、开展工作统一起来。

(2)坚持人民主体地位，保障人民合法权益。人民是依法治国的主体和力量源泉，人民代表大会制度是保证人民当家作主的根本政治制度。必须坚持法治建设为了人民、依靠人民、造福人民、保护人民，以保障人民根本权益为出发点和落脚点，保证人民依法享有广泛的权利和自由、承担应尽的义务，维护社会公平正义，促进全体人民共同富裕。

(3)坚持法律面前人人平等，保证宪法法律有效实施。任何组织和个人都必须尊重宪法法律权威，都必须在宪法法律范围内活动，都必须依照宪法法律行使权力或权利、履行职责或义务，都不得有超越宪法法律的特权。把平等性从各种属性当中抽取出来作为中国特色社会主义法治的基本原则，坚持法律面前人人平等，反对任何人以任何借口任何形式以言代法、以权压法、徇私枉法。

(4)坚持依法治国和以德治国相结合。必须坚持一手抓法治、一手抓德治，既重视发挥法律的规范作用，又重视发挥道德的教化作用，以法治体现道德理念、强化法律对道德建设的促进作用，以道德滋养法治精神、强化道德对法治文化的支撑作用，实现法律和道德相辅相成、法治和德治相得益彰。

(5)坚持依法治国与依规治党有机统一。法律规范与党内法规都是社会规范的重要组成部分，依规治党的重要依据是党内法规，依法治国的主要依据是国家法律，实现全面依法治国和全面从严治党的有机统一，必须以其内在的共同属性为着眼点，统筹推进、一体建设。依规治党是依法治国的重要保障，依法治国是依规治党的重要依托。实现依法治国与依规治党的有机统一，要求注重宪法法律与党内法规的衔接和协调，以法治理念统领依法治国与依规治党。

(6)坚持从中国实际出发，推动法治理论创新。必须从我国基本国情出发，同改革开放不断深化相适应，总结和运用党领导人民实行法治的成功经验，围绕社会主义法治建设重大理论和实践问题，推进法治理论创新。汲取中华法律文化精华，借鉴国外法治有益经验，但绝不照搬外国法治理念和模式。

五、论述题

1. 2014年中共十八届四中全会决定指出“全面推进依法治国，总目标是建设中国特色社会主义法治体系，建设社会主义法治国家。这就是，在中国共产党领导下，坚持中国特色社会主义制度，贯彻中国特色社会主义法治理论，形成完备的法律规范体系、高效的法治实施体系、严密的法治监督体系、有力的法治保障体系，形成完善的党内法规体系，坚持依法治国、依法执政、依法行政共同推进，坚持法治国家、法治政府、法治社会一体建设，实现科学立法、严格执法、公正司法、全民守法，促进国家治理体系和治理能力现代化。”[南航 2015 年研]

请结合十八届四中全会决定精神和有关知识，论述依法执政的基本内容。

答：依法执政是指党依照宪法、法律和党法党规管党治党、领导国家和人民，即依照法定的程序和方式将自身意志上升为国家法律，以法治形式实施和执行自己的政治纲领和政治主张，领导人民带头遵守宪法法律和实施党法党规。依法执政是中国共产党执政的基本方式，是依法治国的核心和关键。

(1)依法执政的主要内容：

①执政党要依法进入国家政权组织，依法执掌、领导、运用国家政权，实现执政宗旨和目标。

②依法支持、督促、保证国家机关依法行使国家权力，履行职责。

③依法行使党章和宪法所赋予的职权，在宪法和法律的范围内活动。

(2)依法执政的主要要求：

①要强化执政的法治意识。领导干部必须高度重视宪法法律的学习，把熟练掌握宪法法律知识、法治理念、法治精神作为履职尽责的基本条件，不断提高运用法治思维和法治方式深化改革、推动发展、化解矛盾、维护稳定能力。

②要构建执政的法治体制。依法正确处理党同国家政权机关之间的关系，要旗帜鲜明地坚持宪法确定的党的领导地位，把党对国家政权机关的领导作为依法执政最根本的原则，充分发挥党总揽全局、协调各方的领导核心作用。同时，要按照宪法法律规定的原则、职责和程序，不断改进党领导国家政权机关的方式方法

③要严守执政的法治程序。依法进行决策、行使权力，改进党的执政与领导方式，规范依法执政程序。

2. 论“法治中国”的涵义与主要方面。[对外经贸 2014 年研]

相关试题：根据十八届四中全会精神论述法治中国的意义。[首经贸 2015 年研]

答：法治中国是法治国家、法治政府、法治社会等具体法治领域核心概念的上位概念，其工作布局是坚持依法治国、依法执政、依法行政共同推进，坚持法治国家、法治政府、法治社会一体建设；其重点任务是着力推进科学立法、严格执法、公正司法、全民守法。

(1)法治中国通过全面推进依法治国，为全面深化改革、全面建成小康社会和实现中华民族伟大复兴的中国梦提供根本保障。其内涵和要求包括：

①主体是人民，法治建设为了人民、依靠人民、造福人民、保护人民。

②核心在于依法治“权”，依法规范与约束国家公共权力、规范公民行为与维护社会秩序。

③维度是统筹国内法治和国际法治两个大局，为实现中华民族的强国梦奠定基础。

④依据是以宪法为核心的中国特色社会主义法律体系。

⑤标志是维护宪法法律权威，依据国家法律治国理政，依据党内法规管党治党。

⑥总目标是建设社会主义法治体系、建设社会主义法治国家，通过法治来确立、维护和保障人权，让发展成果公平惠及全体人民，实现人的全面自由发展。

(2)法治中国的意义。切实贯彻和落实依法治国，是中国迈向富强、民主、文明、和谐的强有力保障和强大推动力，是实现科学发展、社会公平正义、人民幸福的基本治理方略，是实现国家治理体系和治理能力现代化的必然要求。

(3)法治中国要求依法治国、依法执政、依法行政共同推进，三者是一个统一的整体，相辅相成、不可分离。依法治国具有统领性、根本性和全局性，总揽法治的全局；依法执政具有导向性和决定性，为依法治国提供价值理念和政治意识；依法行政则具有主体性和实践性。

(4)法治中国要求实现法治国家、法治政府、法治社会一体建设。在区别上，三者定位各有侧重，法治国家是从宏观层面对法治中国进行的顶层设计及实践，法治政府是在中观层面对行政机关提出的法治要求，而法治社会则是从微观层面对法治中国建设的基本保障；在关联上，三者功能互补互促，法治国家是法治政府和法治社会建设的根本保障，法治政府是法治国家的关键环节和法治社会的主导，法治社会是法治国家和法治政府建设的基本前提和力量源泉。

3. 试论社会主义法治国家建成后的基本特征。［北航 2016 年研］

答：法治国家与国家法治的概念不同，它是指国家依靠正义之法来治国理政、管理社会，从而使权力和权利得到合理配置的社会状态，法治理念得以实现，良好的法秩序得以形成。成熟的法治国家通常具备五个方面的基本标识：

(1)法律之治。国家、社会治理的基本方式是法治，民主政治、市场经济、社会管理、文化建设以及生态文明要实现法治化。

(2)程序之治。在一定程度上，程序之治就是法治，依照程序办事就是依法办事。程序能保障权力制约、人权和科学决策。

(3)人民主体。即要实现以人为中心的发展，法治要为了人民、依靠人民、造福人民、保护人民。

(4)依法行政。即法律至上，政府要依法办事。

(5)良法善治。这是法治国家的最高境界。